Bergen
Norheimsund
Øystese
Eidfjord
Hardangervidda
Odda
Rosendal
Hardangerfjord
Ryfylke
Haugesund
Stavanger
Jæren
Egersund

Der Autor: Alexander Geh, Jahrgang 1961, lebt als freier Autor und Lektor in Offenbach am Main. Nach dem Studium (Germanistik, Sport sowie Film/Fernsehen) arbeitete er als Verlagsredakteur, bevor er auf das ereignisreiche Dasein als freischaffender Schriftsteller umstieg.

Skandinavien ist Alexander Gehs zweite Heimat geworden. Jahr für Jahr wandelt er auf nordischen Pfaden – und immer wieder schafft es ein Troll, sich in seinen Rucksack zu schmuggeln, um ihn beim Schreiben zu humorvoll ironischen Passagen zu verleiten.

Seine Bücher im Regenbogen Verlag:
Norwegen selbst entdecken
Südnorwegen mit Oslo selbst entdecken
Dänemark selbst entdecken
Jütland selbst entdecken
Dänische Inseln mit Kopenhagen selbst entdecken

Ein herzliches Dankeschön an: Hilde Gjergedal, Knut Goksøyr, Egil Grødal, Doris Hammersvik, Birger Holtermann, Lena Johnsen, Odd Andreas Myrvang, Else Karin Orholm, Andreas Schmitt und an meine Zaubermaus. Ferner an die LeserInnen Claudia Baumgarten, Oliver Brehm, Gunnar Broch, Katharina Buchner, Beate Deckert, Renate Fabianski, Sabine Hermesdorff, Kornelia Lilli und Claudia Schare.

Alexander Geh

WESTNORWEGEN FJORDLAND

selbst entdecken

Regenbogen Reiseführer Klaus Stromer

Autor und Redaktion dieses Reiseführers haben alle veröffentlichten Angaben nach bestem Wissen erstellt. Obwohl die Redaktion die Fakten mit größtmöglicher Sorgfalt überprüft hat, sind inhaltliche Fehler nicht vollständig auszuschließen. Daher besteht auf die Angaben keinerlei Garantie seitens des Verlages oder des Autors – für alle Angaben übernehmen weder der Verlag noch der Autor Gewähr.
Dieser Umstand gilt besonders auch für die Preise; denn auch nach dem Recherchieren vor Ort dauert es einige Zeit, bis ein Reiseführer produziert ist und erscheinen kann. Hinzu kommt die schwer berechenbare Inflation. Wenn man aber auf die in diesem Buch angegebenen Preise einen Erfahrungswert schlägt, kommt man auch in den folgenden Jahren noch auf das dann herrschende Preisniveau.

Vollständig aktualisierte und erweiterte Neuauflage 1996

CIP-Kurztitelaufnahme der Deutschen Bibliothek

Geh, Alexander
Westnorwegen-Fjordland selbst entdecken/Alexander Geh
Konstanz, Regenbogen Reiseführer Klaus Stromer 1996
ISBN 3-85862-226-5
NE:GT

Lizenzgeber: Baumann und Stromer AG
Reihenkonzept: Klaus Stromer
Redaktion: Alexander Geh
Fotos: Alexander Geh
Birger Holtermann u.a.
siehe Bildnachweis (S.390)
Produktion: Hirn & Stromer GmbH, Konstanz
Druck: Fuldaer Verlagsanstalt

Inhalt

Wasserfall Tveitafossen im Husedal ▶

Vorwort

Natur ohne Massentourismus – 1996 hat Norwegen den Umweltpreis für europäische Urlaubsländer erhalten, als zweites Land nach der Schweiz. Und in Norwegen gibt es viel Natur selbst zu entdecken.

Die Eiszeiten haben eine unverwechselbare Landschaft geformt: etwa die Fjorde, jene von Gletschern ausgehobelte, bis zu 1300 Meter tiefe Täler; als sich das Eis zurückzog, füllten sich die Täler, die in die Nordsee auslaufen, mit Meerwasser. Zum zweiten die markanten Gebirge, in den unteren Regionen oft vom Eis glatt geschmirgelt, doch die Gipfel, wo der Druck des glazialen Panzers nicht so stark war, zum Teil wild, zackig, alpin. Dort oben thronen mehrere Gletscher, die nach den jüngsten Erkenntnissen jedoch keine Hinterlassenschaft der Eiszeit, sondern jüngeren Ursprungs sind. Zusammen mit strotzenden Wasserfällen, stillen Seen und der zerklüfteten Felsküste ist das Landschaftsgemälde vollendet.

Das westnorwegische Fjordland vereint alle diese Höhepunkte auf übersichtlichem Raum. Wer schon einmal die Gelegenheit hatte, das nordische Land auf 2700 Straßenkilometern von Süd nach Nord zu durchqueren, weiß die kurzen Entfernungen zu schätzen.

Fjorde gibt es selbstverständlich entlang der gesamten Küstenlinie, doch nirgendwo prägen sie die Geographie wie in dem beschriebenen Gebiet, reichen sie so weit in das Land hinein: Der breite Sognefjord endet, in mehrere Arme verzweigt, mehr als 200 Kilometer von der Küste entfernt.

Die Kapitel dieses Buches beschreiben Städte und Regionen. Sie sind in Form einer Rundreise angeordnet, die in Stavanger, im Südwesten, beginnt, der Küste hinauf bis Kristiansund folgt und im Landesinneren wieder nach Süden zurückkehrt. Sämtliche Namen, auch fast alle Museen, werden auf norwegisch genannt, weil Ihnen die deutsche Übersetzung vor Ort nicht weiterhelfen würde. Im allgemeinen sind Touristenbüros, Unterkünfte und Sehenswertes gut ausgeschildert und mit den international üblichen Symbolen gekennzeichnet. Ein spezielles Kapitel zu Land und Leuten braucht dieses Buch nicht – Sie werden Norwegen und NorwegerInnen beim Lesen und Reisen kennenlernen. Viel Vergnügen.

Vor der Reise

Information zu Hause

■ **Norwegisches Fremdenverkehrsamt**, Mundsburger Damm 45, Postfach 760 820, 22087 Hamburg, Tel. 040 - 2271 0810, Fax 2271 0815.

Der Informationsgehalt von Werbebroschüren ist naturgemäß bescheiden. Fragen Sie gezielt nach Unterkunftsverzeichnissen sowie nach dem Heft »Fahrpläne«, das wichtigsten Verbindungen im öffentlichen Fern- und Nahverkehr auflistet. Dieses Heft ist in der Regel nicht vor März verfügbar. Wer vorher bestellt, bekommt unter Umständen die Vorjahresausgabe zugeschickt.

■ **Scanforum Versandservice**, Christophstraße 18–20, 45130 Essen.

Neuer Vertrieb für Werbe- und Infomaterial über die Länder Skandinaviens. Angeboten werden »Infopakete« über Regionen (Südnorwegen West) und touristische Themen wie Transport, Übernachtung, Aktivurlaub u.a. 4 DM für maximal 4 Infopakete. Über die Qualität des Materials kann an dieser Stelle noch keine Aussage gemacht werden, weil die ersten Infopakete erst mit Erscheinen dieses Buches vorliegen.

■ **Reisebüros**, die auf Skandinavien spezialisiert sind, haben diverse Rabattsysteme im Angebot, die Ermäßigungen für Transport und Unterkunft geben oder miteinander kombinieren.

Information aus Norwegen

■ Gezielte Fragen an die **Fremdenverkehrsämter in Norwegen** helfen bei der Urlaubsplanung. Die Adressen der lokalen Touristenbüros finden Sie in den einzelnen Kapiteln, gleich im Anschluß an die jeweilige Einleitung. Bestellen Sie rechtzeitig, denn die großen Büros sind dünn besetzt und haben ab April eine Flut von Anfragen zu bewältigen, während die kleinen in ländlichen Gebieten häufig erst im Mai ihre Arbeit aufnehmen.

■ Zudem gibt es eine zentrale Anlaufstelle für jedes **fylke**. Ein fylke kann man, grob vereinfacht, mit einem deutschen Bundesland vergleichen, ist aber völlig anders strukturiert. Das westnorwegische Fjordland gliedert sich in vier **fylker**. Von Süden nach Norden sind das *Rogaland* (mit Stavanger), *Hordaland* (mit Bergen), *Sogn og Fjordane* und *Møre og Romsdal.* Versprechen Sie sich von den

Broschüren nicht zu viel, aber manchmal werden auch lesenswerte, gut aufgemachte Texthefte zu Kultur, Wirtschaft, regionaler Geschichte u.a. beigelegt; deshalb hier die Adressen.

- **Rogaland Reiseliv**, Øvre Holmegt. 24, N-4006 Stavanger, Tel. 0047 - 5189 5003, Fax 5189 5001.
- **Hordaland og Bergen Reiselivsråd**, Slottsgt. 1, N-5003 Bergen, Tel. 0047 - 5531 6600, Fax 5531 5208.
- **Sogn og Fjordane Reiselivsråd**, Postboks 299, N-5801 Sogndal, Tel. 0047 - 5767 2300, Fax 5767 2806.
- **Møre og Romsdal Reiselivsråd**, Postboks 467, N-6501 Kristiansund N. Tel. 0047 - 7167 3977, Fax 0047 - 7167 0070.

Einreisebestimmungen

Reisedokumente

Urlauber aus dem deutschsprachigen Raum benötigen Personalausweis oder Reisepaß, um sich für maximal drei Monate in Norwegen aufzuhalten. Kinder bis 16 Jahre benötigen einen Kinderpaß (ab 10 Jahre mit Bild). Wer länger als drei Monate bleiben möchte, muß bei der Norwegischen Botschaft im eigenen Land ein Visum beantragen.

Wer mit dem eigenen Fahrzeug anreist, braucht offiziell nur Führerschein und Fahrzeugschein. Die grüne Versicherungskarte ist nicht vorgeschrieben, kann sich aber als nützlich erweisen. Das Nationalitätskennzeichen sollte am Heck kleben, die TÜV-Plakette noch drei Monate gültig sein.

Haustiere

Seit 1994 ist es möglich, Struppi, Garfield, Hansi & Co. in den Urlaub nach Norwegen mitzunehmen. Das setzt allerdings eine langwierige und teure Prozedur voraus, weil allein zweimal Blutproben des Aspiranten an das Veterinäramt in Oslo zu schicken sind. Für Gebühren und Tierarztkosten müssen Sie mit mindestens 300 DM rechnen. Wen das nicht abschreckt, kann sich die notwendigen Unterlagen für 3 DM Unkostenbeitrag vom Norwegischen Fremdenverkehrsamt zusenden lassen.

Norwegen ist tollwutfrei und will es bleiben; insofern möchte ich um ein wenig Verständnis für das aufwendige Verfahren werben.

Zoll

- **Geld:** Norwegische Kronen können unbegrenzt mitgebracht werden; bei der Ausfuhr sind nur 5000 NOK erlaubt.
- **Lebensmittel:** Verboten ist die Einfuhr von Frischfleisch und Wurst, Eiern, Milchprodukten, Kartoffeln, frischem Gemüse und anderen leicht verderblichen Lebensmitteln. Konserven sowie

sterilisierte Milch- und Eiprodukte sind genehmigungsfrei (maximal 5 kg Fleisch und Wurst pro Person). An Süßwaren darf 1 kg pro Person eingeführt werden. Die mitgebrachten Lebensmittel sollen maximal 15 kg pro Erwachsenen ausmachen. Kinder scheinen demnach ohne Essen auszukommen; nur Süßwaren dürfen sie bis zur oben genannten Maximalgrenze mit sich führen.

■ **Alkohol:** zollfrei nur für Personen, die mindestens 20 Jahre alt sind. Entweder 1 l Spirituosen + 1 l Wein + 2 l Bier oder 2 l Wein + 2 l Bier. Zusätzlich können 4 l Wein und 10 l Bier verzollt werden, bei umgerechnet 7–10 DM für 1 l Wein aber kaum sinnvoll.

■ **Tabak:** zollfrei nur für Personen, die mindestens 16 Jahre alt sind. 200 Zigaretten oder 50 Zigarren oder 250 g Tabak inklusive 200 Zigarettenpapierchen.

■ **Ansonsten:** Kleidung und Reiseutensilien sind zollfrei, Medikamente nur in kleinen Mengen, die erkennbar für den Eigenverbrauch bestimmt sind, Benzin nur im 5-l-Reservekanister. Verboten sind Rauschgifte, Angelnetze und Ausrüstung für den Krebsfang, Sprengstoffe, Waffen und Munition. Die Bestimmungen für Jäger mit Waffenschein erfahren Sie bei *Direktoratet for Naturforvaltning,* Tungasletta 2, N-7004 Trondheim, Telefon (Landesvorwahl) 0047 - 7358 0500.

■ **Kontrollen:** Die norwegischen Zöllner sind unbestechlich und gewissenhaft. In erster Linie interessieren sie sich dafür, ob die erlaubten Mengen an Alkohol und Tabakwaren überschritten werden. Dabei konzentrieren sie sich zwar auf ihre Landsleute, was aber nicht bedeutet, daß erwischte Ausländer mit Milde rechnen können. Die gängigsten Ausreden sind bekannt; die Zollverwaltung des Fährhafens Larvik hat sie sogar drucken lassen, um den Kandidaten die deftigen Bußgelder zu ersparen. Wer mit der Autofähre anreist und nicht kontrolliert werden mag, erhöht die Chancen, wenn sich das eigene Fahrzeug nicht unter den ersten zwanzig befindet, die von Bord rollen.

■ **Strafen:** 1 l Spirituosen zuviel 200 NOK, 2 l 400 NOK, 3 l 800 NOK, 4 l 1200 NOK. 2 l Wein zuviel 200 NOK, 4 l 400 NOK, 6 l 800 NOK, 8 l 1200 NOK. 400 Zigaretten zuviel 200 NOK, darüber die gleiche Staffelung bis 1200 NOK für 1000 Zigaretten. Wer eine der genannten Höchstmengen überschreitet oder wessen Strafe 3000 NOK übersteigt, wird bei der Polizei angezeigt.

Diplomatische Vetretungen

■ **Deutschland:** Kgl. Norwegische Botschaft, Mittelstraße 43, 53175 Bonn, Telefon 0228 - 819 970, Fax 0228 - 373 498. Konsulate in Berlin, Bremen, Dresden, Düsseldorf, Frankfurt am Main, Hamburg, Hannover, Jena, Kiel, Lübeck, München, Rostock und Stuttgart.
■ **Schweiz:** Kgl. Norwegische Botschaft, Dufourstraße 29, 3005 Bern, Teleefon 031 - 444 676, Fax 031 - 435 381.
■ **Österreich:** Kgl. Norwegische Botschaft, Bayerngasse 3, 1037 Wien, Telefon 01 - 715 6692, Fax 01 - 712 6552.

Klima und Reisezeit

Temperaturen

Der Golfstrom und seine warmen westlichen Winde sorgen in Skandinavien für mildes Klima und weitaus höhere Temperaturen als in vergleichbar nördlich gelegenen Regionen der Erde, wie etwa Grönland und Sibirien. In Norwegen bleiben die Häfen im Winter bis weit über den Polarkreis hinaus eisfrei.

Zwei naturgegebene Grenzen sorgen für markante Unterschiede in den Temperaturen: zum ersten die zwischen den Küstenstrichen auf der einen sowie dem Binnenland und selbst dem inneren Fjordland auf der anderen Seite. Je weiter man sich von der Küste entfernt, desto wärmer, aber auch kälter kann es werden. An der maritim geprägten Küste fallen die Temperaturunterschiede zwischen Sommer und Winter wesentlich geringer aus als im Landesinneren: So liegt die Höchsttemperatur in den Küstenstädten Bergen und Stavanger um 26°C, im Lærdal hingegen, ganz im Inneren des Sognefjords, schon um 29°C, die Tiefsttemperatur in Bergen und Stavanger bei -5,5°C, im Lærdal bei -11,5°C. – Zum zweiten besteht ein Unterschied zwischen Talregionen und Hochland. Als Durchschnittstemperaturen für die Monate Juni bis August verzeichnet die Statistik sowohl für Bergen und Stavanger als auch für das Lærdal um 15°C. Hier gleichen sich die Zahlen, weil es im Lærdal zwar wärmer werden kann, aber nachts auch rascher wieder abkühlt, während Sie im sommerlichen Bergen abends um 21 Uhr bei 20°C spazieren gehen können. Den landesweiten Wärmerekord hält übrigens das südnorwegische Hallingdal mit knapp 35°C.

Niederschläge

Für alle Küsten- und Gebirgsregionen Norwegens gilt, daß mehr Niederschlag fällt als im geschützten Landesinneren. An der Küste fällt er meist als Regen, in den Bergen von Ende September bzw. Oktober bis März bzw. April als Schnee.

Als Rekordhalter in Sachen Regen ist Bergen mehr berüchtigt als berühmt, denn die von den Nordseewinden landeinwärts gedrückten Wolken bleiben mit Vorliebe an den die Stadt umgebenden Hügeln hängen, um sich in aller Gemütsruhe abzuregnen: So vermeldet die Statistik 2100 mm Niederschlag im Jahresdurchschnitt, aber sogar 3000 mm sind möglich. Auch die Küstenstadt Stavanger (1015 mm) ist mit dem feuchten Element vertraut, während das Lærdal (410 mm) von seiner Binnenlage profitiert und dermaßen geschützt liegt, daß hier Bewässerungsanlagen für die Landwirtschaft zum Einsatz kommen. Vergleicht man jedenfalls die Zahlen mit München (mehr als 900 mm) und Frankfurt am Main (um 550 mm), erscheinen sie weniger bedrohlich. Und bevor Sie beim Lesen Ihren Regenschirm aufklappen, sei vermerkt, daß das Niederschlags-Gros in den stürmischen Monaten der dunklen Jahreshälfte fällt.

Reisezeit

Auf eine umfangreiche Klimatabelle wird hier bewußt verzichtet, da sie leicht Erwartungen wecken könnte, die ebenso rasch enttäuscht werden könnten. Wer in Norwegen drei Wochen Sonnen-*Garantie* erwartet und sich bevorzugt am Strand räkeln möchte, ist ohnehin fehl am Platze. Die Attraktivität dieses Landes ergibt sich aus der Vielfalt von Landschaft *und* Wetter: In einem Tal mag die Sonne scheinen, während der Talzug nebenan von dunklen Wolken beherrscht wird. Sonne und Regen können sich, besonders an der Küste, mehrmals am Tag abwechseln.

Als beste Reisezeit gilt der Zeitraum von Mai bis September, wenn die Täge am längsten sind. Im Mai und im Juni besteht die Aussicht auf nur spärlichen Regen und wenige Touristen, wobei es bis in den Juni hinein noch recht frisch sein kann. Ab Juli nimmt der Niederschlag allmählich zu; dafür steigen die Temperaturen spürbar, weil es selbst 1000 km unterhalb des Polarkreises nicht mehr richtig dunkel wird. Bleibt der Juli trokken, kann es sogar unangenehm heiß werden, zumindest wenn man aktiv sein möchte. Im Juli macht ganz Skandinavien Urlaub, wodurch es in den bekannten Orten wie Geiranger oder Flåm zu ungewohntem Gedränge kommt. Der August ist zunächst ein eher wechselhafter Monat. Aber von Mitte August bis September, wenn die Hauptsaison vorüber ist, hat es zuletzt immer mindestens zwei, drei sonnenreiche Wochen gegeben. Dann schlägt die Stunde der Wanderer, zumal der Herbst mit seiner Farbsinfonie ab Ende September Einzug hält, an der Küste bis zu drei, vier Wochen später als auf dem Hochland.

Daß alle Statistiken nur bedingt aussagekräftig sind, beweist das Jahr 1995, als in den Monaten Juli und August sich in weiten Teilen des Südens, aber auch des Westens kaum ein Regentropfen blicken ließ.

Kleidung und Ausrüstung

Sonne, Wärme und wenig Regen sind also, trotz aller Unkenrufe, ebenso möglich wie wechselhaftes Wetter. Wer mit Petrus nicht auf Du und Du steht und ein paar feuchte und kühle Tage erwischt, hat mehr von den Ferien, wenn folgende Tips berücksichtigt werden:

■ **Kleidung:** Shorts, T-Shirts, dünne Hemden und Blusen gehören ebenso ins Reisegepäck wie Regenzeug, ein Wollpullover, stabiles Schuhwerk und warme Unterwäsche. Gesellschaftskleidung ist selbst in gehobenen Restaurants nicht zwingend, doch wer auf ein feines Diner steht, wird sicher nicht unvorbereitet anreisen.

Die sogenannte »atmungsaktive« Regenkleidung erweist sich in der Tat als eine Verbesserung gegenüber Ölzeug und Daunenjacken. Körperliche Anstrengung setzt aber auch den Wunderfasern Grenzen, z.B. bei Rucksackträgern auf dem Rücken, was durch die direkte Auflage verständlich ist. Die Feuchtigkeit kommt zwar nicht rein, der Schweiß aber auch nicht raus. Gleiches erfährt, wer unter dem Regenzeug zu warm angezogen ist, während zu dünne Unterbekleidung rasch zum Frieren führt. Doch wer hat schon Variationen parat, die Temperaturen von 5–25°C meistern? Und wenn die Poren erst einmal durch den Schweiß verstopft sind, braucht der durch die Werbung verzauberte Benutzer eine Waschmaschine und Spezial-Waschmittel, um die »Atmungsaktivität« wiederherzustellen. Wie gesagt, die neuen Materialien sind gut, garantieren aber trotz Preisen von 350 bis 900 DM für eine Jacke und ab 250 DM für eine Hose keine Wunderdinge.

■ **Zelte** sollten regenfest, windstabil und mit tauglichen Heringen verankert sein. An der Küste können sich auch im Sommer starke Winde ein Stelldichein geben.

Ab Spätsommer muß man damit rechnen, daß Feuchtigkeit und Atemluft über Nacht das Außenzelt von innen anfeuchten. Deshalb sind Zelte anzuraten, deren Außenzelt vom Innenzelt zu trennen und nicht durch das Gestänge miteinander verbunden sind.

Zelte ohne robuste Bodenwanne können durch eine zusätzliche Unterlage vor Beschädigungen, etwa durch spitze Steine, geschützt werden. Ein englischer Rasen als

Untergrund ist nämlich die Ausnahme.

■ **Schlafsäcke** aus Kunstfasern haben gegenüber den mit Daunen gefüllten den Vorteil, daß sie schneller trocknen, wenn sie nachts von außen feucht geworden sind. Als Unterlage empfehlen sich (aufblasbare) Isomatten, weil die gewöhnlichen Luftmatratzen aus der guten, alten Pfadfinderära ebenfalls anfällig für feuchte Luft sind, abgesehen von der unbequem spaltenreichen Liegefläche.

Geld

■ **Währung:** Währungseinheit ist die *Norwegische Krone*, in diesem Buch stets mit NOK abgekürzt. 1 Krone entsprechen 100 *Øre*. Die kleinste Münze ist 50 Øre wert; Wechselgeld wird dementsprechend auf- oder abgerundet. Der Wechselkurs lag zu Redaktionsschluß bei 22,50 DM für 100 NOK, das entspricht ungefähr 400 NOK für 100 DM. Schlechter Wechselkurs in Deutschland, hohe Umtauschgebühren in Norwegen.

■ Den besten **Wechselkurs** erzielt, wer sein Geld in Norwegen vom eigenen Postsparbuch abhebt. Das Geld wird in NOK ausgezahlt, immer im Gegenwert von runden Hunderter-Beträgen, maximal 1000 DM täglich und 2000 DM monatlich (anders als in Deutschland, wo man inzwischen 3000 DM im Monat abheben kann). Die Formulare halten die knapp 1200 Postämter bereit, die den Geldumtausch abwickeln. Nachdem die »Deutsche Post« registriert hat, daß ihre Kunden tatsächlich nach Norwegen reisen, hat sie nach einigen Jahren Unterbrechung wieder eine Liste mit den entsprechenden Postämtern gedruckt. Diese ist (theoretisch) in jedem deutschen Postamt zu bekommen.

■ Für **Reiseschecks** berechnen die Banken 1 % des Betrags, doch der Wechselkurs ist relativ günstig. – Der Höchstbetrag für **Euroschecks** liegt bei 1300 NOK, die Gebühren dafür halten sich in Grenzen. – **Kreditkarten** werden gewöhnlich akzeptiert, bevorzugt »American Express« und »Visa«.

Gesundheit

Es ist vollbracht: Seit 1994 gelten die E-111-Formulare der bundesdeutschen Krankenkassen auch in Norwegen, womit Sie Anspruch auf kostenlose Behandlung in Krankenhäusern und bei allgemein praktizierenden Ärzten haben. Eventuell ausgelegte Honorare (u.a. Fachärzte, Zahnärzte) bekommen Sie zu Hause zurückerstattet, aber nur bis zu der Summe, die die Behandlung im Heimatland gekostet hätte. Da die Gebühren in Norwegen höher liegen, rentiert sich eine zusätzliche Reisekrankenversicherung. Gesetzlich wie privat Versicherte sollten sich vor Reiseantritt bei Ihrer Krankenkasse über die Modalitäten erkundigen.

Stellen Sie auf alle Fälle eine Reiseapotheke zusammen, weil die meisten Medikamente, selbst gegen kleinere Wehwehchen, in Norwegen nur auf Rezept zu bekommen sind.

Körperbehinderte

Der Standard in Hotels ist besser als in Jugendherbergen und auf Campingplätzen, wobei der Hotel-Buchungsservice den Urlauber von umständlicher Zimmersuche befreit. Rollstuhlgerechte Ferienhütten sind immer noch rar. Die Campingplätze sind weit schlechter auf Behinderte eingestellt, als offizielle Stellen rühmen. Erkundigen Sie sich über Reisebüro oder (besser) Reederei, welche Fähren behindertengerecht ausgestattet sind. Die beste Anlaufstelle für Informationen (in Norwegen) ist:

■ **Norges Handikapforbund**, Postboks 9217, N-1034 Oslo, Telefon 0047 - 2217 0255.

Karten

Das Angebot ist vielfältig, doch die Bezeichnung der einzelnen Kartenserien entspricht nicht unbedingt dem, was Sie bieten. Im Falle Norwegens, das von seiner Südspitze bis zur Grenze nach Rußland rund 2750 Straßenkilometer mißt, eignen sich Übersichtskarten bestenfalls als Wandschmuck, aber kaum zum praktischen Gebrauch. Sie bekommen die Karten sowohl in Deutschland als auch in Norwegen (Buchläden, Tankstellen und sogar Gemischtwarenläden).

■ **Cappelen Kart,** in Deutschland verlegt von »Kümmerly & Frey«: Straßenkarte in fünf Blättern, wird alle 4–5 Jahre zuverlässig aktualisiert und von den Norwegern gelegentlich unzuverlässig ausgeliefert, kann aber vor Ort fast an jeder Tankstelle gekauft werden. Blatt 1: Süd-Norwegen (Norwegen südlich der Bahnlinie Oslo-Bergen, mit dem Fjordland von Stavanger bis Bergen), Blatt 2: Mittel-Norwegen I (von Bergen bis Ålesund), Blatt 3: Mittel-Norwegen II (von Ålesund bis Kristiansund), je 1 : 325.000.

Hervorragende Farbgebung, mit touristischen Zusatzangaben (z.B. Campingplätze, besser als jede Campingkarte), übrigens: Das norwegische ø wird auf den Karten als ö geschrieben, weil die Blätter in Schweden gedruckt werden, wo das ö und nicht das ø geläufig ist. Je Blatt 19,80 DM.

■ **Vegkart,** herausgegeben von »Statens Vegvesen«, der staatlichen Straßenbehörde: nüchterne Karte mit nur wenigen Zusatzinfos, mit insgesamt 5 Blättern für Westnorwegen schlicht zu teuer. Im Maßstab 1 : 250.000. Je Blatt 15,80 DM, komplette Mappe Norwegen (21 Karten) 229 DM.

■ **Wanderkarten**, verlegt vom norwegischen Landesvermessungsamt: sehr zu empfehlen, erstellt auf der Grundlage der topographischen Kartenblätter. Sind solche Karten im Rahmen dieses Buches von Interesse, wird ausdrücklich auf sie hingewiesen. Maßstab von 1 : 25.000 bis 1 : 200.000. Je Blatt 19,80 bis 29,80 DM.

■ **Topographische Karten,** ebenfalls verlegt vom norwegischen Landesvermessungsamt: eignen sich gut für Wanderer, was noch nicht bedeutet, daß alle Wanderwege eingezeichnet oder daß die eingezeichneten nicht inzwischen überwuchert sind. Das Datum der letzten Begehung ist auf dem unteren Blattrand aufgedruckt (field checked 19xx). Im Maßstab 1 : 50.000. Je Blatt 16,80 DM.

■ **Bezug:** Solch spezielle Karten bekommen Sie bestenfalls in Fachbuchhandlungen. Bücher wie Karten über ganz Skandinavien vertreibt der *Nordis Buch- und Landkartenhandel*, Postfach 100 343, D-40767 Monheim, Tel. 02173 - 953 712, Fax 02173 - 542 78. Bestellen Sie den Gesamtkatalog, der selbst Sonderwünsche wie »Fisch- und Jagdkarten« oder einen »Bergen-Stadtplan« aus dem Jahr 1768 zu befriedigen verspricht.

Lektüre

Geschichte, Gegenwart, Unterhaltung

■ **Asbjørnsen und Moe:** *Norwegische Märchen.* Immerhin Jacob Grimm soll geurteilt haben: »Die besten Märchen, die es gibt.« Teils international bekannte Märchen, die die Herausgeber mit Trollen u.a. norwegisierten.

■ **Hamsun, Knut:** *Victoria.* Die Geschichte der unmöglichen Liebe zwischen einem Müllerssohn und einer Tochter aus gehobenen Kreisen. Spielt Ende des letzten Jahrhunderts. 1920 ging der Literaturnobelpreis an Knut Hamsun; weitere bekannte Werke sind »Hunger«, »Pan« und »Segen der Erde«.

■ **die horen:** *Norwegen.* Zeitgenössische Literatur aus Norwegen. Konkurrenzlose Zeitschrift zur internationalen Literatur und Kunst. Band 163. Im »Verlag für neue Wissenschaft«, Bremerhaven.

■ **Ibsen, Henrik:** *Nora.* Einer der ersten Autoren überhaupt, der die Gleichberechtigung und das Spießertum in der zweiten Hälfte des letzten Jahrhunderts thematisierte. Ibsen war der erste norwegische Schriftsteller, der außerhalb Skandinaviens den Durchbruch schaffte.

■ **Larsson, Vetle Lid:** *Mein scheußlicher Bruder, Onkel Harry und ich.* Nimmt die 68er Generation auf die Schippe, die gegen ihre Eltern rebellierte und nun aus dieser Rolle selbst genauso wenig zu machen versteht. Ein Lesevergnügen, köstlich und geistreich vom (damals) 31 Jahre jungen Autoren Larsson geschrieben.

■ **Laxness, Halldór:** *Salka Valka.* Spielt in der zweiten Hälfte des letzten Jahrhunderts und beschreibt die Abhängigkeit isländischer Fischer von dänischen Kaufleuten, kann aber ohne weiteres auf die damaligen Zustände in Norwegen übertragen werden. Laxness, selbst Isländer, erhielt 1955 den Literaturnobelpreis.

■ **Merian:** *Norwegen.* Gelungene Mischung in bewährter Manier: mit traumhaft schönen Fotos sowie Texten zu Oslo und Bergen, Amundsen und Munch, zu Kunst, Geschichte und Stabkirchen, Land und Leuten, zu Umwelt, Sport und Politik.

■ **Moberg, Vilhelm:** *Die Auswanderer* und *In der neuen Welt.* Erzählt Gründe und den Verlauf der großen Auswanderungswellen zwischen 1850 und 1915. Zwar am Beispiel Schwedens, doch die Unterschiede sind unbedeutend.

■ **Staalesen, Gunnar:** *Bittere Blumen.* Wieder ein gelungener Krimi aus der Feder des populären Autoren, der Privatdetektiv Varg Veum mit Umweltkriminalität und Mord konfrontiert. Die Stadt Bergen dient nicht als Kulisse, sondern lebt in diesem Buch. Vorzüglich die Kombination aus Spannung und Ironie.

■ **Thomsen, Knud:** *Speckseites Ostseefahrt.* Schildert die Wikinger nicht als blutrünstige Eroberer, und plötzlich, nicht durch den Heroenglanz der Sagas verzerrt, wirken sie menschlich. Thomsens Wikinger sind am dänischen Limfjord zu Hause, aber was macht das schon? Amüsant geschrieben – so macht Geschichte Spaß.

■ **Undset, Sigrid:** *Kristin Lavranstochter.* Erzählt den Konflikt zwischen Christentum und heidnisch geprägter Lebensanschauung; die Handlung spielt im 14. Jahrhundert. 1928 wurde Sigrid Undset mit dem Literaturnobelpreis ausgezeichnet; weitere bekannte Werke sind »Jenny« und »Frühling«.

Reise

Spezielle Literatur über Westnorwegen ist eher selten; den einzigen Reiseführer mit den harten facts vor Ort halten Sie glücklicherweise in den Händen. In der folgenden Aufstellung finden auch einige lesenswerte Bücher Erwähnung, die das ganze Land zum Thema haben.

■ **Adams, Karin:** *Norwegen mit dem Wohnmobil bis zum Nordkap.*

Mehr zum Kennenlernen und Hineinschnuppern denn als harter Reiseführer gedacht. Wendet sich an Norwegen-Neulinge, die eine Reise mit dem Wohnmobil vorbereiten. Geschrieben aus der Sicht der Neugierigen, kein allwissender Reisebegleiter – mal eine Abwechslung.

■ **Betz, Klaus:** *Norwegen.* Wunderbare Fotos, und die Texte verraten den Landeskenner, der gekonnte Schwerpunkte zu setzen versteht. Nur die Gliederung, mit Routen und Reisetagen, ist schwierig zu handhaben. Der Westen wird relativ großzügig berücksichtigt, vom Sørfjord bis Sunndalsøra. Eine (46,80 DM teure) Bereicherung.

■ **Geh, Alexander:** *Fjorde, Gletscher, Wasserfälle.* Beschreibt eine mehrmonatige Fahrradreise im Wechsel der Jahreszeiten, die bis zu Lofoten und Vesterålen führte. Kämpfe mit Wetter und Wegen, aber auch interessante Begegnungen mit Menschen, unvergeßliche Stunden in stiller, prächtiger Natur. Hilfreich zum Kennenlernen, Planen.

■ **Gläßer, Ewald:** *Norwegen.* Landschaftsführer aus ungewöhnlichem Blickwinkel. Portraitiert Küste und Fjordland, Bauerntäler und Gebirgsgebiete samt ihrer Kulturgeschichte. Viele Hintergründe, für die in üblichen Reiseführern kein Platz (und Wille) ist. Die teilweise überfrachteten Karten genügen selbst Studienräten.

■ **HB-Bildatlas:** *Südnorwegen/ Fjordland.* Preiswertes Heft (14,80 DM) für Einsteiger. Die gängigen Reiseziele repräsentieren den Westen des Landes: Bergen, Hardangerfjord, Jostedalsbre, Ålesund. Die Texte sind sachkundig, wenn auch ein wenig zu geschichtsträchtig; die Fotoauswahl ist gut, die Bildqualität dem Preis angemessen.

■ **Klauer, Bjørn:** *Norwegen zu Fuß und auf Ski.* 3500 km von Oslo nach Kirkenes. Hat wirklich viel zu berichten, spannend vor allem die Veränderung des Menschen durch den langen Aufenthalt in der Natur. Ein Kontrapunkt zur Konsumwelt, auch wenn der zähflüssige Nominalstil den Lesespaß ein wenig beeinträchtigt.

■ **Köhne, Gunnar** (Hrsg.): *Anders reisen Norwegen.* Schaut hinter die Kulissen, flotter Stil, breites Spektrum: von Wirtschaft und Wohlfahrt, Medien, Frauenalltag, Umweltschutz und Minderheiten – ideal zum Kennenlernen. Auch der Reiseteil ist lesenswert, als Begleiter vor Ort jedoch nicht konzipiert und bescheiden.

■ **Kreutzkamp, Dieter** (Hrsg.): *Norwegen.* Ein facettenreiches Buch mit hochwertigen Fotos und Reportagen über Reisen zu unbekannten wie bekannten Zielen, so vielfältig wie Norwegen selbst. Sowohl für Nordland-Neulinge zum Schnuppern als auch für Wiederkehrer. Ein Teil der Texte entstammt übrigens meiner Feder.

■ **Mayr, Herbert:** *Norwegen.* Erlebnis Fernwandern. Sechs spannende Routenerzählungen, viele Fotos und informative Exkurse zu Kultur und Geschichte, fast zu schade für ein »Wanderbuch«. Der Infoteil ist etwas dünn geraten, das Format für unterwegs zu groß und der Preis (46 DM) zu hoch.

■ **Mayr, Herbert:** *Wildes Norwegen.* Mountain Bike Touren. Fünf sehr schöne Reisebeschreibungen mit Exkursen zu Kultur und Geschichte, durch die schnellere Fortbewegung mit dem Rad noch lebhafter als das Wanderbuch desselben Autors. Der Infoteil wieder etwas karg, der Preis (38 DM) wieder gesalzen.

■ **Pathe, Frank:** *Norwegen per Rad.* Mit ausgezeichnetem Infoteil zur Vorbereitung. Die 112 Etappen sind teilweise miteinander zu kombinieren; aber man darf nicht erwarten, daß alle auf zwei Rädern getestet werden konnten. Aus dem Verlag des Spezialisten Wolfgang Kettler, viele Karten, ein reeller Preis (24,80 DM).

■ **Seitz, Josef:** *Skandinavien.* Zum Abschluß »der« Tip für Biker, der Motorradtrips durch ganz Skandinavien beschreibt, also nur wenig Platz für einzelnen Länder läßt. Dafür aber gut geschrieben und vor allem mit brillanten Fotos geschmückt. Wer also häufiger gen Norden aufbricht, hat damit Spaß und praktische Hilfe.

Bildbände

■ **Dressler, Fritz & Hauke / Schneider, Lothar:** *Norwegen.* War jahrelang einer der schönsten Bildbände, da mit interessanten Texten, guten Fotografien sowie vor allem historischen Aufnahmen anspruchsvoll gestaltet. Nun als Auslaufmodell für preisgünstige 29,80 DM zu erstehen. Nehmen Sie die Chance wahr.

■ **Ligges, Wulf:** *Norwegen.* Positiv die rahmenlosen, doppelseitigen Fotos, die durch ihr Großformat eindrucksvoll wirken, zudem die Berücksichtigung von Schwarz-Weiß-Bildern und daß ungewohnt viele Motive Nordnorwegen zeigen – eine Abwechslung. Die Texte könnten etwas lebhafter und übersichtlicher strukturiert sein. (78 DM).

■ **Pollmann, Bernhard / Keuchel, Thomas:** *Norwegen.* Wandern in grandioser Landschaft. Locker und gekonnt geschrieben. Toll zum Schmökern, auch zum Anregen, nicht immer zum Nachahmen, denn die Touren, einige in schwer zugänglichen Nationalparks, sind recht anspruchsvoll. Guter Infoteil, teils herrliche Fotos (68 DM).

■ **Schäfer, Josef / Völkel, Eva:** *Norwegen.* Zwar eher knapper, geschichtslastiger Textteil, aber dafür 145 brilliante Fotos, das Motivspektrum so abwechslungsreich, wie das Land eben ist. Die fesselnde Reise führt von Süden nach Norden, begleitet von einer infor-

Serpentinenpiste Trollstigen ▶

mativen Bildlegende. Ein Tip für Norge-Liebhaber (119 DM).

■ **Trobitzsch, Jörg:** *Naturwunder Norwegen.* Die umfangreichen Texte verraten den Landeskenner. Gegliedert nach Themen: Nordlicht und Mitternachtssonne, Mythologie und Gebirgswelt, Gletscher, Fjorde, die Samen in Nordnorwegen u.a. Die Motive orientieren sich an dem Buchtitel. Die Bildqualität ist gut, nicht durchweg top (68 DM).

■ **Wünsche, Erica / Liese, Knut:** *Norwegen.* Langer Textteil, der nicht nur die Geschichte, sondern auch die Gegenwart einbezieht. Unter den Fotos finden sich bekannte, aber auch viele neue Motive und Blickwinkel. Für Einsteiger das momentan vielseitigste Werk, für Insider und Sammler nicht minder interessant (68 DM).

■ **Bezug:** siehe Karten.

Anreise

Mit dem eigenen Fahrzeug

Was gibt es Schöneres, als den Urlaub mit einer Schiffsreise einzuläuten? Wer mit dem eigenen Fahrzeug gen Norwegen unterwegs ist, kommt daran nicht vorbei.

Die meisten der eingesetzten Fähren sehen durchaus wie Schiffe aus, doch, der Kapazität wegen, gleichen sie eher schwimmenden, waagerecht konstruierten Hochhäusern. Anders wären die teilweise moderaten Preise nicht zu machen. 900–2600 Passagiere befördern die Fähren bei voller Auslastung; und die wollen essen, trinken, zollfrei einkaufen, sich vergnügen, sich waschen, schlafen und müssen auch mal. Die Zeit der kleinen Schiffe, als man nach dem zweiten Rundgang die anderen Passagiere bereits kannte, ist passé.

Sie werden bemerken, wie verschieden die persönliche Gestaltung der Überfahrt ausfallen kann. Gerade in der Hochsaison suchen die Ruhebedürftigen, oft erkennbar an den modischen Jacken der Outdoor-Generation, verzweifelt nach einem stillen Plätzchen und können gar nicht verstehen, warum die Norweger so lebhaft zu internationaler Schunkelmusik tanzen, in Hundertschaften die einarmigen Banditen malträtieren oder sich in einem irrsinnigen Tempo besaufen. Für die Norweger gehört die Fährfahrt zum Urlaub, und erst danach kehren sie in ihre scheinbar reglementierte Welt zurück. Doch wieso nicht das ein oder andere Angebot annehmen? Beispielsweise das zum warmen Buffet (um 150 NOK). Jedem seine Komposition, doch die diversen Fischhappen sind eine mehrfache Versuchung wert.

Wer zwar eine Nachtabfahrt, aber keine Kabine gebucht hat und die Nacht im Schlafsessel verbringen will, muß damit rechnen, daß unbequeme Sessel, Schnarcher, Betrunkene oder Schulklassen auf pubertären Streifzügen die ersehnte Nachtruhe stören. Spätestens beim morgendlichen Anblick der norwegischen Felsenküste ist das alles vergessen.

Die Fährrouten

Welche Fähre man wählt, hängt selbstverständlich vom Preis sowie von der eigenen Reiseroute ab. Fast alle Fähren legen in den norddänischen Häfen *Hanstholm, Hirtshals* und *Frederikshavn* ab. Die einzige Fährverbindung nach Westnorwegen startet in Hanstholm und steuert zunächst *Egersund,* nahe

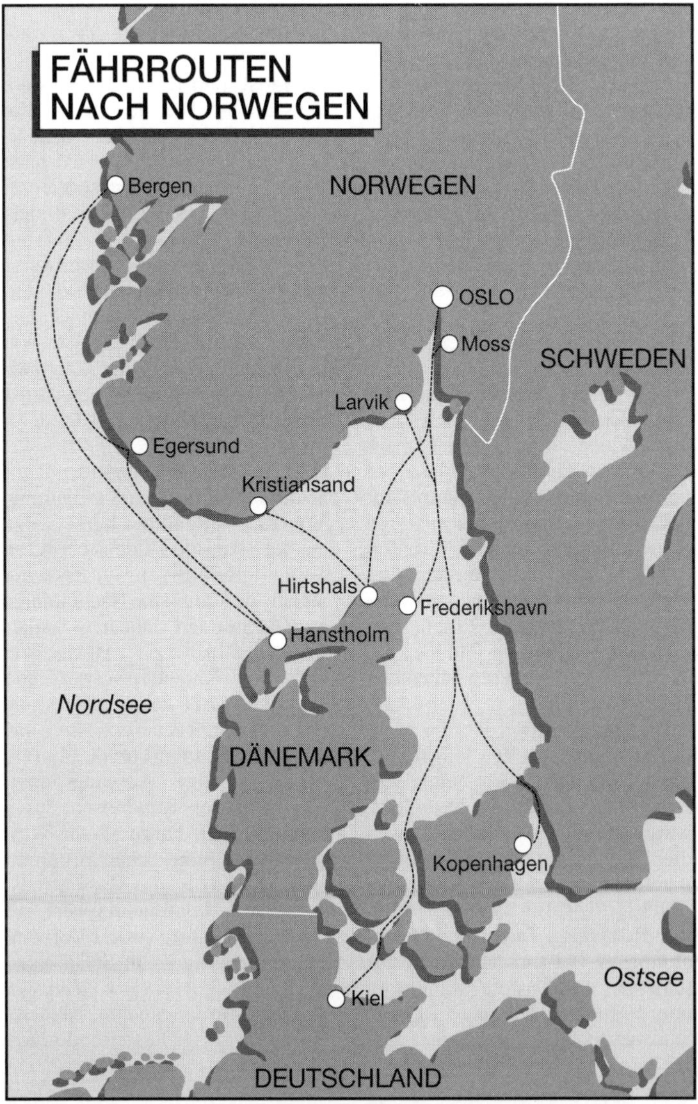
FÄHRROUTEN
NACH NORWEGEN
Bergen
NORWEGEN
OSLO
Moss
SCHWEDEN
Larvik
Egersund
Kristiansand
Hirtshals
Frederikshavn
Hanstholm
Nordsee
DÄNEMARK
Kopenhagen
Ostsee
Kiel
DEUTSCHLAND

Stavanger im norwegischen Südwesten gelegen, und danach *Bergen* an. Nach Südnorwegen, bereits spürbare Anfahrtswege gen Westen inklusive, empfehlen sich Hirtshals-*Kristiansand* und Frederikshavn-*Larvik*. Bequem, aber auch teuer ist die einzige Direktverbindung zwischen Deutschland und Norwegen, *Kiel-Oslo*. Sie hat den Vorteil, daß man rund 400 Autokilometer durch Dänemark spart, die man in Norwegen jedoch, mit dem Doppelten an Zeitaufwand, wieder draufpacken muß. Die anderen Fähren nach Oslo legen wiederum in Norddänemark ab, was sich kaum noch rechnet. Sehen Sie sich die Landeshauptstadt lieber im Rahmen einer späteren Reise an und widmen Sie Ihre Zeit dem schönen, wilden Westen. Der Vollständigkeit wegen, auch im Hinblick auf weitere Reisen, werden hier auch die im Hinblick auf Westnorwegen weniger lohnenden Routen aufgeführt.

Im folgenden werden die wichtigsten Fakten zu den Fährrouten nach Norwegen noch einmal gebündelt. Auf einen Preisvergleich wird dabei bewußt verzichtet, weil die unüberschaubare Anzahl von Kombinationstickets, Rabatten bei gleichzeitiger Buchung von Hin- und Rückreise, Tages- und Nachtabfahrten, Ermäßigungen für schwach ausgelastete Abfahrten oder bestimmte Personengruppen, Saisonzuschläge etc. Ihnen das genaue Studium der Prospekte nicht erspart.

■ **Hanstholm-Egersund-Bergen:** der schnellste Weg ins Fjordland, in der Nebensaison viermal wöchentlich nach Egersund, dreimal nach Bergen, in der Hauptsaison sechsmal nach Egersund, dreimal nach Bergen. Angenehme Überfahrt auf der »MS Bergen«, preiswerte Übernachtung in Schlafsessel oder, besser, auf Couchette möglich. Die Reise entlang der Westküste von und nach Bergen, lange Zeit zwischen Inseln und Schären, ist wirklich eindrucksvoll. Reederei *Fjord Line.*

■ **Hirtshals-Kristiansand:** mit gut 4 Stunden die flotteste Verbindung. Von Kristiansand aus kurze Wege ins Setesdal und zu den schönsten Sørlandorten. Bis zu vier Passagen täglich, darunter eine Nachtabfahrt mit 6 Stunden Dauer. »Schlafsessel« außer zur Hochsaison kostenlos, Kabine preiswert und anzuraten. Bei voller Auslastung laut und eng. Reederei *Color Line.*

■ **Frederikshavn-Larvik:** Larvik ist ein günstiger Ausgangspunkt, besonders für Rundreisen durch Südnorwegen. Fähre »Peter Wessel« als gutbürgerlicher Mittelweg zwischen Luxus und Massentransport. In der Relation preiswert sind die Nachtabfahrten in der Vor- und Nachsaison, auch im Schlafsessel möglich. Reederei *Larvik Line.*

■ **Kiel-Oslo:** angenehm, bequem, entspannend, gediegen und teuer, für Studenten immerhin zum halben Preis. In einem der beiden Schiffe zudem billige Kabinen unter dem Autodeck, mit U-Boot-Atmosphäre; Übernachtung in Kabinen obligatorisch. Erspart viele Kilometer durch Dänemark. 20 Stunden unterwegs, wie eine kleine Seereise. Reederei *Color Line.*

■ Auf der Route **Hirtshals-Oslo** pendelt mit der »Color Festival« eines der neuesten und schönsten Schiffe. Ab Hirtshals meist Tages-, ab Oslo Nachtabfahrten. Ist also gut für die Rückreise, in Kombination mit einer anderen Route für die Hinfahrt, denkbar. Übernachtung in Kabinen obligatorisch. Bei Tagesabfahrten 8,5 Stunden unterwegs. Reederei *Color Line.*

■ **Frederikshavn-Oslo:** in der Hauptsaison ab Dänemark leider nur Tagesabfahrten, also ähnlich wie bei Hirtshals-Oslo. Preiswerte Übernachtung in 3- und 4-Bett-Räumen. Bei Tagesfahrten 9 Stunden unterwegs. Reederei *Stena Line.* (Von außen sind die Pötte dieser Reederei weniger ansehnlich, Inneneinrichtung und Service jedoch sind o.k.)

Die Reedereien

Die Prospekte der Reedereien erhalten Sie in jedem Reisebüro, das über den Aloha-Standard hinaus sortiert ist. Teilweise kann auch direkt bei den Reedereien reserviert werden. Beim Buchen ab April erspart ein Fax die ständigen Wahlwiederholungen und Wartezeiten per Telefon.

■ **Fjord Line:** c/o Karl Geuther GmbH, Martinistraße 58, 28195 D-Bremen, Tel. 0421 - 1760 363, Fax 0421 - 18 575. – Kontiki Reisen, Wettingerstraße 23, CH-5400 Baden, Tel. 056 - 306 666, Fax 056 - 306 630. – Austria wie unter »Color Line«.

■ **Color Line:** Postfach 2646, D-24025 Kiel, Tel. 0431 - 974 090, Fax 0431 - 974 0920. – Chemin des Grives, CH-1261 Le Vaud, Telefon 223 664 260, Fax 223 664 178. – Österreichisches Verkehrsbüro, Friedrichstraße 7, A-1043 Wien, Tel. 01 - 588 000, Fax 01 - 588 00 370.

■ **Larvik Line:** Reisebüro Norden, Ost-West-Straße 70, 20457 Hamburg, Tel. 040 - 3600 1578, Fax 040 - 366 483. – Reisebüro Glur, Spalenring 11, CH-4009 Basel, Tel. 061 - 2716 733, Fax 2716 779. – Austria wie unter »Color Line«.

■ **Stena Line:** Schwedenkai, D-24103 Kiel, Tel. 0431 - 9090, Fax 0431 - 909 200. Austria wie unter »Color Line«.

Mit dem Flugzeug

Linienflug

Die Preise von Linienflügen sind inzwischen so flexibel wie die der Ölpreise. Es gibt eine ganze Reihe von Spartarifen, die eine wirkliche

Alternative zu den regulären Preisen darstellen und attraktive Angebote für diverse Zielgruppen umfassen. Wegen der wechselnden Preise und der Vielfalt der Zusatzbestimmungen können hier zwar die interessantesten Spartarife vorgestellt, nicht aber alle Preise aufgelistet werden. Ermäßigungen gibt es mit *Flieg & Spar*, wo Hin- und Rückflug gleichzeitig gebucht werden müssen, der Rückflug frühestens am Sonntag nach Reiseantritt möglich ist und eine Umbuchung nach dem Hinflug nur gegen Aufpreis angenommen wird. Mit *Super Flieg & Spar* gelten die gleichen Konditionen, wobei das Ganze mindestens eine Woche vor Reiseantritt gebucht werden muß. Für Flüge in der Hochsaison reicht diese eine Woche keinesfalls aus, weil nur wenige Plätze für die Spartarife vorgesehen sind. Jugendliche bis 24 Jahre und Studenten bis 26 Jahre erhalten noch einmal 25 % Nachlaß auf diese Spartarife. »SAS« bot zuletzt zusätzliche Rabatte auf Super Flieg & Spar für den Zeitraum 15.6.–15.8. an (nicht auf Jugendtarif). Bitte erkundigen Sie sich beim nächstliegenden Büro von »SAS« oder »Lufthansa«. »SAS« versorgt übrigens die Routen ab der Schweiz und Österreich.

■ **Nach Oslo:** mit »SAS« (Scandinavian Airlines System) entweder direkt oder über die SAS-Drehscheibe Kopenhagen. Direktflüge ab Düsseldorf, Frankfurt am Main, Hamburg, Genf, München, Zürich. – Ab Berlin, Hannover, Stuttgart, Wien mit Umsteigen in Kopenhagen. – Ab Innsbruck und Salzburg mit Umsteigen in Frankfurt oder Zürich, ab Klagenfurt mit Umsteigen in Zürich.

Mit »Lufthansa« direkt ab Berlin, Frankfurt am Main, Hamburg, München.

Von Oslo bestehen Direktverbindungen nach Stavanger, Haugesund, Bergen, Florø, Alesund, Molde, Kristiansund und Sogndal.

■ **Nach Bergen:** mit »SAS« und »Lufthansa« direkt ab Hamburg, sonst nur mit Umsteigen in Kopenhagen oder Oslo.

■ **Nach Stavanger:** mit »SAS«, umsteigen in Kopenhagen obligatorisch.

■ **Preisbeispiele:** wie gesagt, bestenfalls als Anhaltspunkte zu nehmen (F&S = Flieg & Spar, SF&S = Super Flieg und Spar): Hamburg-Bergen mit F&S um 1060 DM, mit SF&S um 770 DM. 15.6.–15.8. um 620 DM. – Hamburg-Oslo mit F&S um 940 DM, mit SF&S um 650 DM. 15.6.–15.8. um 520 DM. – Berlin-Oslo mit F&S um 970 DM, mit SF&S um 645 DM. 15.6.–15.8. um 530 DM. – Frankfurt-Oslo mit F&S um 1270 DM, mit SF&S um 880 DM. 15.6.–15.8. um 690 DM. – München-Oslo mit F&S um 1430 DM, mit SF&S um 990 DM. 15.6.–15.8. um 800 DM. – Zürich-Oslo ab etwa 730 SFr.

Mit der Eisenbahn

Noch Anfang der 90er Jahre kostete die Bahnfahrt von Hamburg nach Oslo runde 400 DM, und das für mindestens 15 Stunden Reisezeit, weil unterwegs zwei Eisenbahnfähren in Anspruch genommen werden müssen. Seit Bahn-Card und die neuen Spartarife die unflexible Preispolitik ablösten, ist die Eisenbahn endlich zur gewünschten Alternative geworden. Mit einer deutlich entlasteten Reisekasse läßt sich die unverändert mühselige Reise leichter verschmerzen. Welchen Spartarif Sie innerhalb Deutschlands in Anspruch nehmen, hängt von den Reisetagen sowie von Ihrem Wohnort und damit von der Entfernung zur Grenze ab. Wer es eilig hat, nach Westnorwegen zu kommen, kann, ebenfalls je nach Heimatort, auf die marternde Bahnfahrt nach Oslo verzichten und über Hamburg direkt zum norddänischen Fährhafen Hirtshals reisen. Dessen Pendant auf der anderen Seite des Skagerraks, Kristiansand, ist eine Station der Bahnstrecke Oslo-Stavanger.

Dauerkarten

Wer mit der Bahn nach Norwegen reist, wird auch dort Bahn (und Bus) als Verkehrsmittel benutzen. Ab der Grenze lohnt sich eine Dauerkarte, mit der Sie über einen bestimmten Zeitraum hinweg in Dänemark, Schweden (als Transitländer) und Norwegen die Eisenbahn frequentieren können. Da die norwegische Geographie mit den tief ins Land reichenden Fjorden und vielen Gebirgszügen kein zusammenhängendes Gleisnetz zuläßt, müssen Sie zusätzliche Kosten für den Bustransport veranschlagen. Hinzu kommen die Platzkarten, die für alle Fernverkehrszüge erforderlich sind.

Zwei Dauerkarten für Vielfahrer sind derzeit im Angebot (alles weitere über den Inlandtransport im folgenden Kapitel »Unterwegs in Norwegen«):

■ Die **ScanRail-Karte** (früher Nordtourist-Ticket) gilt für Dänemark, Norwegen, Schweden und Finnland. Es gibt verschiedene Zeiträume: Für 5–15 Tage bzw. einen Monat (2. Klasse) zahlen Erwachsene 314/606 DM, Senioren (ab 60) 274/527 DM, Jugendliche (bis 25) 234/454 DM sowie Kinder (4–11) 157/303 DM. Die Benutzung der Eisenbahnfähren Puttgarden-Rødby und Helsingør-Helsingborg (auf der Strecke Hamburg-Oslo) sowie Saßnitz-Trelleborg (Weiterfahrt durch Schweden nach Oslo) ist mit der ScanRail-Karte kostenlos. Für die Fähren Frederikshavn-Oslo, Frederikshavn-Moss (bei beiden Linien sind Kabinen auf Nachtfahrten obligatorisch), Kopenhagen-Oslo und Frederikshavn-Larvik werden 50 % Rabatt gewährt.

Eine ausreichendes Info-Blatt bekommen Sie in Reisebüros mit Skandinavien-Programm oder bei »Norden Tours«, Ost-West-Straße 70, 20457 Hamburg, Telefon 040 - 3600 1578, Fax 040 - 366 483.

■ Für Jungvolk bis 26 Jahre kommt weiterhin das **Inter-Rail-Ticket** in Frage. Das neue System, das sich in verschiedene Europazonen gliedert, ist zwar komplizierter, kommt aber denjenigen entgegen, die nicht kreuz und quer durch Europa hasten, sondern sich eine bestimmte Region aussuchen. Dänemark, Deutschland, Österreich und die Schweiz bilden zusammen eine Europazone, Norwegen, Schweden und Finnland eine weitere. Bei der Benutzung von zwei Europazonen ergeben sich 380 DM (für 15 Tage) und 500 DM (für einen Monat), wobei die Anfahrt aus dem Heimatland zur Grenze des Nachbarstaats mit 50 % des regulären Fahrpreises hinzukommt; deutsche Inter-Railer reisen mit einem der aktuellen Inland-Spartarife eventuell billiger an.

Auto und Fahrrad huckepack

■ **Autoreisezüge** direkt nach Norwegen gibt es zwar nicht. Trotzdem können sich Süddeutsche, Österreicher und Schweizer Streß und Autobahnkilometer ersparen, wenn sie einen Autoreisezug nach Hamburg nehmen. Der PKW darf nicht länger als 6 m und nicht höher als 1,5 m sein, Dachgepäckträger inklusive. Autoreisezüge verkehren in der Regel nachts. Fragen Sie bei der Zugauskunft nach dem nächstgelegenen Startbahnhof. Erheblicher Rabatt bei gleichzeitiger Buchung von Hin- und Rückfahrt. Die Autoreisezüge verkehren nur in der Ferienzeit; deshalb rechtzeitig anmelden. Letztendlich kommt diese bequeme Reiseform nur für Wohlhabende in Frage, da etwa von München nach Hamburg deutlich mehr als 600 DM zu veranschlagen sind.

■ **Fahrradtransport:** ein leidiges Thema, da es auch im Zeitalter der Europäischen Union keine grenzüberschreitenden Gepäckwagen gibt. Sie müssen Ihren Drahtesel im voraus verschicken. Wann und in welchem Zustand er am Zielbahnhof eintrifft, sind die großen Unbekannten.

Mit dem Bus

Busse aus Deutschland fahren nach Oslo und Stavanger. In beiden Städten empfiehlt sich die Weiterreise mit Flugzeug, Eisenbahn oder Schnellbus, je nach Reiseziel. Die Anreise mit dem Bus ist preiswert, aber strapaziös.

■ **Eurolines Scandinavia**, Adenauer Allee 78, 20097 Hamburg, Tel. 040 - 247 106, Fax 040 - 280 2127. Fahrplanauskunft und Buchung.

Nach Oslo ab Hamburg über Kopenhagen. Zubringer ab München, Nürnberg, Karlsruhe, Frankfurt am Main, Kassel, Köln, Hannover, Bremen. Preisbeispiele einfach/retour für München, Frankfurt, Köln, Hamburg: Erwachsene 250/430 DM, 240/425 DM, 195/340 DM, 155/270 DM. Senioren (ab 60), Jugendliche (bis 25) und Studenten mit gültigem Ausweis 230/395 DM, 225/390 DM, 180/315 DM, 150/260 DM. Kinder (4–11) 125/215 DM, 120/215 DM, 95/170 DM, 80/135 DM.

Nach Hirtshals/Dänemark (Anschluß Fähre) ab Hamburg. Zubringer wie oben, plus Berlin. Preisbeispiele einfach/retour für München + Frankfurt (gleich), Köln, Berlin, Hamburg: Erwachsene 155/260 DM, 110/175 DM, 105/165 DM, 85/130 DM. Senioren (ab 60), Jugendliche (bis 25) und Studenten mit gültigem Ausweis 145/235 DM, 100/160 DM, 100/155 DM, 70/100 DM. Kinder (4–11) 80/130 DM, 55/87 DM, 75/115 DM, 45/60 DM.

Der Rückfahrttermin muß nicht im voraus gebucht werden; das Ticket ist 6 Monate lang gültig und in den meisten Reisebüros zu erstehen. Die Rückfahrt können Sie in Norwegen buchen: *Nor-Way Bussexpress:* Tel. 2217 5290, Fax 2217 5922. In der Hauptsaison müssen Sie 2–4 Wochen vorher bestellen oder auf einen Abspringer hoffen. Kein Fahrradtransport.

■ **Deutsche Touring**, Am Römerhof 17, 60486 Frankfurt am Main, Tel. 069 - 79030, Fax 069 - 707 4721. Fahrplanauskunft und Buchung.

Nach Kristiansand, Mandal, Flekkefjord und Stavanger ab Hamburg über Flensburg und Hirtshals/Dänemark (Fähre): Preisbeispiele einfach/retour für Hamburg, Flensburg (16.6.–20.8.): nach Kristiansand und Mandal 140/223 DM, 116/186 DM. Nach Flekkefjord 163/260 DM, 140/223 DM. Nach Stavanger 186/298 DM, 163/260. Außerhalb der Saison rund 15 % Rabatt. Konditionen ähnlich wie oben. Buchung Rückfahrttermin in Norwegen: *Nor-Way Bussexpress:* Tel. 2217 5290, Fax 2217 5922. Kein Fahrradtransport.

Mitfahren

Preisbeispiel: von Frankfurt am Main nach Oslo 96 DM plus Fährkosten ab Norddänemark, die natürlich in voller Höhe. Pro Kilometer werden 7 Pfennig für Fahrer/in und 3 Pfennig für die Vermittlung berechnet. Rufen Sie in der nächstgelegenen Mitfahrerzentrale an.

Unterwegs in Westnorwegen

Information vor Ort

Den Idealfall vorausgesetzt, erhalten sie im jeweiligen Fremdenverkehrsamt bzw. Touristenbüro eine (auch) deutschsprachige Broschüre über die Stadt oder Gemeinde, in der Sie sich gerade befinden. Die Broschüre stellt Sehenswürdigkeiten vor und enthält einen Stadtplan, Tips für Sightseeing-Touren, Wanderungen und andere Aktivitäten, Adressen von Unterkünften, Restaurants, Sportstätten, Postämtern, Banken und anderen Dienstleistungseinrichtungen. Sie erhalten in dem Büro Auskunft über Verkehrsverbindungen und Abfahrtzeiten, können Fahrräder und Ruderboote ausleihen und bekommen Privatquartiere vermittelt. Bitte halten Sie diesen Idealfall nicht für selbstverständlich; in kleineren Städten und Gemeinden wird die Betreuung der Touristen mehr oder weniger ehrenamtlich organisiert bzw. sind die Fremdenverkehrsbüros nur von Mai bis September besetzt. Sie können aber davon ausgehen, daß die Info-Stellen *(Turistinformasjon, Turistkontor)* mit einem »i« gekennzeichnet und gut ausgeschildert sind.

Unter der Rubrik »Information« finden Sie in jedem Kapitel Postadresse, Telefon- und Faxnummer, Öffnungszeiten und besondere Serviceangebote des Fremdenverkehrsamts.

Transport

Flugzeug

Unter der Rubrik »Weiterreise« finden Sie die Flughäfen inkl. Anfahrt (Bus oder Taxi) sowie die Direktverbindungen innerhalb Westnorwegens und, sofern vorhanden, nach Oslo.

■ Da die zerfurchte, unwegsame Landschaft eine rasche Verbindung auf dem Landweg oft behindert, gibt es in Westnorwegen gleich **11 Flughäfen**, nämlich Stavanger, Haugesund, Bergen, Sogndal, Førde, Florø, Sandane, Ørsta/Volda, Ålesund, Molde und Kristiansund. In den letzten Jahren wurde das Kurzstreckenflugnetz wegen der beschleunigten Transportzeiten auf dem Landweg allerdings etwas ausgedünnt.

■ **Information:** Fordern Sie zu Hause das Flugplanheft *Flyruter i*

Norge an, das sämtliche Inlandflugverbindungen enthält; zu bekommen bei »Braathens SAFE«, Postboks 55, N-1330 Oslo Lufthavn, Tel. 0047 - 6759 7000, Fax 0047 - 6712 0139. Oder bei »Widerøe«, Postboks 82, Lilleaker, N-0216 Oslo, Tel. 0047 - 2273 6500, Fax 2273 6590.

■ **Preise:** Die Fluggesellschaften *SAS*, *Braathens SAFE*, *Widerøe*, *Coast Air* u.a. teilen sich das Inlandflugnetz. Das verschachtelte Preissystem (Wochentage, Rückflugbuchung, Senioren, Kinder usw.) erfordert die Nachfrage im Reisebüro oder am Flughafen, wo die beteiligten Fluggesellschaften Servicetelefone unterhalten.

Interessant sind einige Rabattsysteme, die sich jedoch meist nur rentieren, wenn man das ganze Land bereist, da die Gesellschaften nicht jeden Flughafen anfliegen. Zur Übersicht und zur Planung eines Ganz-Norwegen-Trips seien die Rabattsysteme trotzdem genannt:

■ **Visit Norway Pass:** »Braathens SAFE«. Gilt einen Monat, nur für Nicht-Skandinavier. Ein Kurzstrecken-Coupon, darunter sind alle Flüge südlich von Trondheim zu verstehen, kostet 115 DM, Kinder zwischen 2 und 16 erhalten 50 % Rabatt. Der Coupon kann wahlweise zwischen zwei Flughäfen eingesetzt werden, gilt jedoch nur für den kürzesten Flugweg. Wer umsteigt, braucht einen zweiten Coupon. Deshalb ist es sinnvoll, sich rechtzeitig in »Flyruter i Norge« über mögliche Direktverbindungen zu erkundigen; die unter Weiterreise aufgelisteten Direktflüge können sich mit jedem neuen Flugplan ändern. »Braathens SAFE« bedient u.a. Stavanger, Haugesund, Bergen, Ålesund, Molde, Kristiansund und Oslo.

■ **Widerøe** bietet ein ähnliches System. Die Coupons gelten ebenfalls für festgelegte Bereiche, der Flugraum südlich von Trondheim ist einer davon. Ein Coupon kostet um 430 NOK, gültig nur 1.7.–15.8. Information auch »SAS«. »Widerøe« bedient u.a. Stavanger, Bergen, Florø, Førde, Sandane, Sogndal, Ørsta/Volda und Oslo.

■ **Visit Scandinavia Air Pass:** »SAS« bedient Stavanger, Haugesund, Bergen, Oslo u.a. Wer mit »SAS« nach Skandinavien fliegt, kann zusammen mit seinem Ticket mindestens einen und höchstens sechs Coupons für innerskandinavische Flüge erstehen. Die Coupons kosten, je nach Entfernung, 70–80 US-Dollar. Da für innernorwegische Flüge 70 US-Dollar zusätzlich pro Pass berechnet werden, sind vor allem die Verbindungen ab Kopenhagen nach Bergen und Stavanger interessant.

Eisenbahn

Für Rundreisen reicht das dünne Gleisnetz wegen der tief ins Land reichenden Fjorde nicht aus. Doch niemand sollte sich die Chance entgehen lassen, möglichst viele Etappen und Tagesausflüge mit Zügen der Norwegischen Staatsbahnen (NSB) zu unternehmen – die imposante Natur wird es lohnen. Die drei Strecken durch Westnorwegen führen von Oslo aus entlang der Südküste nach Stavanger, über die karge Hochebene Hardangervidda nach Bergen sowie über Dombås und durch das enge, wilde Romsdal nach Åndalsnes. Das übersichtliche Fahrplanheft *NSB Togruter* erhalten Sie in allen Bahnhöfen. Am Zielort können Sie von einer tadellosen Busanbindung ausgehen, was Sie nicht der rechtzeitigen Nachfrage enthebt.

Die drei folgenden Zeitkarten sind eher für Langzeiturlauber (innerhalb Skandinaviens) interessant, weniger für Südnorwegen-Fahrer.

■ Die **ScanRail-Karte**, die für Dänemark, Norwegen, Schweden und Finnland gilt, lernten Sie schon im Kapitel »Anreise« kennen.

■ Die **NSB Kundekort** kostet 420 NOK, gilt ein Jahr und gewährt 30 % Rabatt auf normale Abfahrten sowie 50 % auf grüne Abfahrten, die im Fahrplanheft mit einem grünen Punkt gekennzeichnet sind. Kinder bis 11 Jahre können Sie umsonst begleiten, Kinder von 12 bis 15 Jahren zahlen 50 %. Nur 2. Klasse, Paßfoto obligatorisch.

■ Die **Grønt Kort**, die grüne Karte, kostet 250 NOK, gilt ein Jahr und gewährt 50 % Rabatt auf alle grünen Abfahrten. Konditionen wie bei der Kundenkarte, aber kein Paßbild nötig.

■ Auf allen Fernstrecken muß eine **Platzkarte** bestellt werden (20 NOK), vorsichtshalber am Tag zuvor. Anhand der Reservierungen setzt NSB nur soviel Waggons ein, wie benötigt werden. Die Fernzüge sind meist gut gefüllt, was bei Nachtfahrten wegen der schlechten Luft unangenehm werden kann.

■ **Gepäck:** Wer ein Fahrrad dabei hat und eine Etappe mit dem Zug zurücklegt, zahlt für den Drahtesel 60 NOK, unabhängig von der Streckenlänge. Jedes *Gepäckstück*, das nicht getragen werden kann und im Gepäckwagen befördert wird, kostet noch einmal 30 NOK.

Hurtigrute

Der Werbeslogan lautet vielversprechend »Die schönste Seereise der Welt«. 11 Dampfer verkehren entlang der norwegischen Küste auf der Postschifflinie »Hurtigrute«, die seit 1893 besteht. Der südlichste Hafen ist Bergen, der nördlichste Kirkenes, 1250 Seemeilen entfernt, fast an der Grenze nach Rußland. Für die Hin- und Rückreise brauchen die Schiffe 11 Tage, wobei sie insgesamt 34 Häfen in jeder Richtung bedienen. Befördert werden Passagiere, Fracht und eben Post, was die Reise vor allzu steifem Kreuzfahrt-Charakter bewahrt. Das Be- und Entladen gleicht einem Ritual, an dem auch

Bewohner der Küstenorte teilnehmen. Kräne hieven Container, Motorräder und Baumkübel an Bord der älteren Schiffe. Die neuen Kähne mit Namen *Nordlys*, *Kong Harald* und *Richard With,* 1993 und 1994 gebaut, haben riesige Bäuche, in denen Gabelstapler geschäftig hin- und herrollen und sogar 50 Autos Platz finden.

Unter den Mitreisenden überwiegen ältere Semester; nach einigen Tagen solch beschaulicher Ruhe werden die Jüngeren wohl schneller zappelig.

■ **Häfen:** In Westnorwegen laufen die Hurtigruten-Schiffe ab Bergen noch Florø, Måløy, Torvik, Ålesund, Molde und Kristiansund an.

■ Die **Preise** sind deftig, erhöhten sich von 1991 bis 1995 um etwa 25 %, lassen sich aber für ein Kurztrip innerhalb Westnorwegens eventuell noch verschmerzen: Die Passage von Bergen nach Kristiansund kostet im Sommer (1.6.–30.9.) 841 NOK, ohne Bett; in der Nebensaison sind die Tickets ungefähr 25–45 % billiger. Wer drei Mahlzeiten im Restaurant einnimmt, zahlt rund 400 NOK am Tag. Es gibt allerdings auch eine Kafeteria, deren Gerichte gleichermaßen preiswert wie durchschnittlich sind: Mikrowelle ahoi!

Unter der Rubrik »Weiterreise« finden Sie die Anlegestellen und Etappenpreise zu den anderen Häfen zwischen Bergen und Kristiansund.

Personenfähren

Ihre Beinamen »Küstenexpreß«, »Fjordbus« oder »Schnellboot« geben ihre Funktion präzise wieder. Die Personenfähren verbinden die Küstenstädte miteinander und erreichen auch entlegene, auf dem Landweg nicht zugängliche Siedlungen im inneren Fjordland. Sie bringen die Menschen zur Arbeit oder zum Einkaufen in die Stadt, und Touristen lernen Küste und Fjorde auf dem Wasserweg kennen. In Küstenbooten kann es bei schwerem Seegang allerdings passieren, daß sich die Aufmerksamkeit von der Landschaft auf das schwindende Wohlbefinden verlagert. Boote, die länger unterwegs sind, haben gewöhnlich eine Kafeteria an Bord. Bezahlt wird an Deck oder im »Terminal« am Kai. Einziger Nachteil: Wegen der hohen Geschwindigkeit können die Passagiere nicht auf Deck.

■ Unter der Rubriken »Weiterreise« werden Fähranleger und direkte **Verbindungen** aufgeführt.

■ Verglichen mit anderen Transportmitteln, besonders dem Bus, ist die Zeitersparnis beträchtlich und sind die **Preise** dementsprechend hoch: So braucht man zum Beispiel für die Passage von Stavanger nach Haugesund mit der Schnellbootlinie »Flaggruten« 75 statt 130 Minuten und zahlt momentan 155 statt 98 NOK mit dem Bus.

Autofähren

Fjordland-Urlauber kommen nicht um sie herum, und die meisten wollen es auch gar nicht. Im Gegenteil, sie strömen selbst bei Nieselregen und kühlem Wind auf das Deck, während die Norweger betont cool im Auto sitzen bleiben oder sich in die Kafeteria verziehen. Es sei denn, die Sonne strahlt – dann packen sie sich zielstrebig einen Stuhl und plazieren sich im günstigsten Einstrahlungswinkel auf Deck.

■ **Fahrscheine** bekommen Sie vom Personal oder, wenn es sich um eine stark frequentierte Linie handelt, am Kassenhäuschen vor dem Fähranleger. Dort reihen Sie sich in die numerierten Wartespuren ein; Schilder markieren die Zielorte. Steuert die Fähre mehr als zwei Orte an und Sie verlassen den Kahn nicht am Endpunkt, kann es passieren, daß sie rückwärts an Bord fahren müssen.

■ In der Hochsaison sowie an Freitag- und Sonntagnachmittag, wenn die Wochenendausflügler unterwegs sind, gibt es keine Garantie, daß auf der nächsten Fähre **Platz für alle** ist.

■ Am Kai finden Sie immer einen **Fahrplan**. Handelt es sich um einen entlegenen Winkel, sind nur drei oder vier Abfahrten am Tag möglich. Im Zweifelsfall sollten Sie sich im voraus erkundigen.

Unter der Rubrik »Weiterreise« finden Sie Anlegestellen und Fährverbindungen. Die Fähren pendeln meistens zwischen 6 und 23 Uhr; aber Vorsicht: Ich habe schon einmal eine Nacht am Kai geschlafen, weil mein Fahrplanheft (siehe nächsten Absatz) einen Fehler enthielt. Nachtabfahrten gibt es nur bei wenigen Linien, die für den LKW-Verkehr einsatzbereit sein sollen.

■ **Preise:** Eine Preistabelle enthält das bereits erwähnte Heft »Fahrpläne«; siehe unter »Vor der Reise, Information zu Hause«. Die Preise müssen maßvoll sein, und das kostet den Staat im Jahr Millionen an Subventionen. Deshalb werden immer mehr Autofähren von Brücken abgelöst, die nicht unbedingt in die Landschaft passen, aber eben den Verkehr beschleunigen.

Bus

Gegenüber Schiff, Eisenbahn und Flugzeug sicher die profanste Art der Fortbewegung, doch der Bus verbindet viele abgelegene Siedlungen mit der Außenwelt, zum Teil nur einmal täglich und am Wochenende überhaupt nicht. Der Fahrplan für lokale Routen wird alljährlich ausgedünnt. Dabei geht es gerade auf diesen Strecken so schön gemütlich zu, wenn der Busfahrer unter Umständen Post in die Briefkästen steckt oder Pakete abgibt. Wenn Sie eine Wanderung unternehmen und unterwegs aussteigen möchten, dürfte das nach einer

Autofähre auf dem Høgsfjord (oben); Busreisen anno dazumal ▶

HØGSFJORD

netten Anfrage kein Problem sein, ebenso wie der Transport eines Fahrrads. Überlandbusse bieten ein flottes Vorwärtskommen und sind mit allen Schikanen ausgestattet, nehmen aber normalerweise keine Fahrräder mit.

Unter der Rubrik »Weiterreise« finden Sie Direktverbindungen und einzelne Preise von Fernverkehrsrouten. Normalerweise kostet ein Beförderungskilometer etwa 1,30 NOK. Kinder (4–16) zahlen meist 50 % des regulären Fahrpreises; für Studenten und Senioren gelten häufig eigene Tarife, je nach Strecke. Studenten brauchen dafür einen internationalen Studentenausweis.

Trampen

Trampen ist in Norwegen nicht üblich. Verkehrsarme Straßen und unstetes Wetter fordern von Mitfahrwilligen viel Geduld. Das lose Anquatschen auf Fähren oder an Tankstellen paßt nicht zum eher zurückhaltenden Naturell der Norweger.

Unterkunft

Hotel

Die norwegischen Hotels bieten hohen Standard für entsprechende Preise. Sie können in alten Holzvillen wohnen, die Ende des 19. Jhs. im verschnörkelten Schweizer Stil gebaut wurden und reichlich mit historischem Inventar ausgestattet sind. Wer auf ein Hallenbad, auf Sauna, Solarium, Disco und Pub nicht verzichten mag, findet diese eher in den modernen Bauten, deren Betonfassaden nicht immer schön anzuschauen sind, deren Zimmer aber in der Regel sehr wohnlich wirken. Viele Hotels arrangieren Ausflüge in die Natur und zu Sehenswürdigkeiten. Im allgemeinen ist der Standard entlang der Küste einen Tick höher als im Inland.

Hotelzimmer sind auf den ersten Blick ausgesprochen teuer, weil die Betreiber außerhalb der Reisesaison mit einem festen Kontingent an Tagungen und Konferenzen rechnen können. An den Wochenenden und in der Feriensaison, wenn solche Veranstaltungen brachliegen, gehen die Preise dann deutlich nach unten. Ab einer Aufenthaltsdauer von 3–5 Tagen gewähren die meisten Hotels Rabatte. Unter der Rubrik »Unterkunft« werden in den einzelnen Kapiteln Adressen, Preise, meist auch die Lage angegeben sowie in Einzelfällen Zimmer beschrieben. Alle Preise verstehen sich mit Frühstück und die Zimmer mit Bad, sofern nicht anders erwähnt. Aufpassen: In vielen Hotels mit Lage zum Meer oder zum Fjord kosten die Zimmer nach hinten genauso viel wie die mit Aussicht.

Seit den 80er Jahren haben sich verschiedene Hotelpässe auf dem Markt etabliert. Die angeschlossenen Hotels und Hotelketten gewähren in einem bestimmten Zeitraum feste Preisnachlässe und nehmen dem Gast die Buchung für die nächste Unterkunft ab. Allerdings weichen die tatsächlichen Preise öfters ein wenig von denen ab, die der Hotelpaß verspricht, bevorzugt nach oben. Die meisten Vorteile beinhaltet der *Fjord Pass,* dem eine große Zahl an Hotels angeschlossen sind, die in Standard und Stil sehr unterschiedlich ausfallen. Es kommt keine Langeweile in sich ähnelnden Zimmern auf, wie es bei Hotelketten bisweilen der Fall ist. Deshalb wird der Fjord Pass als einziger Hotelpaß in den einzelnen Kapiteln erwähnt. Beim Kauf eines Hotelpasses erhalten Sie generell die Liste mit den beteiligten Hotels.

■ Der **Fjord Pass** gilt in rund 250 Hotels und Pensionen, die, je nach Standard, in vier Kategorien unterteilt sind. Doppelzimmer (DZ) mit Bad 520–890 NOK, Einzelzimmer (EZ) mit Bad 410–605 NOK, DZ ohne Bad, 430–710 NOK, EZ ohne Bad 365–405 NOK, Extra-Bett 120 NOK, Kinder bis 2 Jahre gratis, Kinder von 3 bis 15 Jahre mit 50 % Rabatt. Der Fjord Pass kostet 75 NOK und gilt für 2 Erwachsene mit ihren Kindern unter 15 Jahren, je nach Hotel 1.5.–30.9. oder 1.6.–31.8. oder 15.6.–15.8.

■ Der **Scandinavian Bonus Pass** gilt in den »Inter Nor Hotels«, das sind mehr als 31 Hotels südlich von Trondheim sowie 180 weitere in Rest-Skandinavien. Anspruch auf nobles Wohnen. DZ 680–990 NOK, EZ (mit oder ohne Kinder) 475–625 NOK, Kinder bis 15 Jahre im Extra-Bett gratis, ab 16 Jahre im Extra-Bett 85 NOK. Der Paß kostet 41 DM oder 90 NOK und gilt für 2 Erwachsene und die mitreisenden Kinder, etwa 5.5.–25.9. und an allen Wochenenden.

■ Die Hotelschecks von **Best Western** gelten in mehr als 45 Hotels südlich von Trondheim bzw. in rund 170 Hotels in Skandinavien und im Baltikum. Hotelschecks für 82 DM pro Person im DZ, Kinder bis 14 Jahre 50 % im Extra-Bett, meist gratis im Bett der Eltern. Vom 15.5. bis zum 15.9. Wie die »Inter Nor Hotels« erfüllt »Best Western« gehobene Ansprüche. Einige Hotels dieser Kette sind auch dem Fjord Pass angeschlossen.

■ **Kauf und Information:** in spezialisierten Reisebüros, die zum Teil in Norwegen-Werbebroschüren inserieren.

Pension

Pensionen sind zwar preiswerter als Hotels, aber nur dünn gesät, so daß in Städten telefonisch vorbestellt werden muß, in der Hochsaison bis zu zwei Wochen im voraus. Die Preise reichen von 200 bis 650 NOK für ein Doppelzimmer (DZ), je nach Standort und Einrichtung, Extra-Bett mit Preisnachlaß kein Problem. EZ werden ungerne vermietet, da die Kapazität begrenzt ist und ein DZ mehr einbringt. Die Zimmer (bis 450 NOK) sind gewöhnlich nur mit einem Waschbecken ausgestattet; Gemeinschaftsbad und WC befinden sich auf dem Flur. Das Frühstück ist in der Regel nicht im Zimmerpreis inbegriffen. Etwa die Hälfte der Pensionen verfügt über einen gemeinsamen Aufenthaltsraum, in dem der eingeschaltete Fernseher manchmal gesprächstötend wirken kann.

Unter der Rubrik »Unterkunft« werden in den einzelnen Kapiteln Adressen, Preise, meist auch die Lage angegeben sowie in Einzelfällen Zimmer beschrieben.

Jugendherberge

Jugendherbergen heißen auf norwegisch »Vandrerhjem« (Wanderer-Heim). Der Standard ist äußerst unterschiedlich, reicht von komfortablen Einzelzimmern, die manche Pension in den Schatten stellen, bis zu spartanischen 6-Bett-Zellen für Klosterschüler. Manche bieten Mahlzeiten rund um die Uhr und vermieten Fahrräder, Boote u.a. Kochgelegenheiten haben fast alle. Verkehrsanbindungen sind dagegen nicht obligatorisch. Es ist faszinierend, wo man überall eine Jugendherberge entdeckt. In der Hauptsaison sollte man sein Bett telefonisch bestellen, um unliebsame Überraschungen zu vermeiden.

Wichtig ist, daß man nicht im heimatlichen Jugendherbergswerk organisiert sein muß, um im vandrerhjem übernachten zu dürfen. Deshalb werden sie auch häufig von jungen Familien frequentiert, die sich die Hotelpreise nicht leisten wollen oder können. Für diese Zielgruppe halten die Jugendherbergen oft Mehrbett-Zimmer als Familienzimmer frei.

■ **Preise:** Wer einen deutschen Jugendherbergsausweis dabei hat, erhält als Mitglied Rabatt. Die Preisspanne reicht derzeit von 60 bis 175 NOK pro Bett im Mehrbett-Zimmer, von 75 bis 295 NOK für ein EZ und von 150 bis 525 NOK für ein DZ; normal sind 85 bis 140 NOK für das billigste Bett. Dazu kommen 40–50 NOK für Bettzeug, falls der Gast keinen Leinenschlafsack dabei hat, da die üblichen Schlafsäcke aus »hygienischen Gründen« verboten sind. Nicht-Mitglieder zahlen 25 NOK Aufschlag pro Bett. Kinder von 4 bis 15 Jahre zahlen 50 % des regulären Preises für Bett (im Zimmer der Eltern) und Mahlzeiten.

Ein Frühstück schlägt mit rund 50 NOK zu Buche, ein Lunch-Paket mit 35–50 NOK und ein Abendessen *(middag)* mit rund 75–95 NOK.

Unter der Rubrik »Unterkunft« finden Sie in den einzelnen Kapiteln Preise und die wichtigsten Daten, wie Öffnungszeiten.

■ **Information:** Bestellen Sie am besten das Gesamtverzeichnis der Dachorganisation: *Norske Vandrerhjem,* Dronningensgate 26, N-0154 Oslo, Tel. 0047 - 2242 1410, Fax 2242 4476. Kostenlos erhalten Sie die aktuelle Preisliste. Besser ist das Handbuch mit allen hilfreichen Angaben, vor allem zu Selbstverpflegung, Aktivitäten wie Fahrradvermietung, Öffnungszeiten, Verkehrsanbindungen u.a. Zu bekommen für 25 NOK (am besten Euroscheck beilegen).

Campingplatz

Wer sich am liebsten ständig in der Natur aufhält, ist auf dem Campingplatz gerade recht. Zelten an der Küste, am Fjord, See, Fluß oder Wasserfall – fast immer vernimmt man rauschendes oder plätscherndes Wasser im Hintergrund, ab und zu rahmen steil aufragende Berge die Plätze in stillen Tälern. Rund 90 % aller Campingplätze werden als Nebenerwerb betrieben, und da scheidet sich rasch die Spreu vom Weizen. Der typische Durchgangsplatz liegt direkt an der Straße, bietet nur den nötigsten Service und manchmal nicht mal das. Doch es gibt sie, die hübschen Plätze mit Sitzbänken, zusätzlichen Anpflanzungen, sauberer Sanitäranlage, gemütlicher Camperküche und eventuell einem Panorama als Krönung. Den Zeltplatz können Sie sich generell selbst suchen; Parzellen sind nicht üblich. Stromanschlüsse sind zwar vorhanden, doch eine 50-m-Kabeltrommel kann von Nutzen sein. Auf manchen Plätzen kommt der Eigentümer abends zum Kassieren.

Unter der Rubrik »Unterkunft« finden Sie in den Kapiteln alle notwendigen Angaben: Öffnungszeiten, Preise, W & T (Waschmaschine und Trockentrommel), falls vorhanden, ebenso Kiosk und Spielplatz sowie Vermietung von Booten, Fahrrädern etc.

■ Die **Öffnungszeiten** sind Richtzeiten. Öffnet ein Platz offiziell am 1.6., legen die meisten Besitzer den tatsächlichen Termin auf das Wochenende vor oder nach dem 1.6. – je nach Wettervorhersage und Nachfrage. Gleiches gilt für das Ende der Saison, wobei mehr als zwei Wochen Zuschlag bei entsprechenden Voraussetzungen keine Ausnahme sind.

■ Die offizielle **Klassifizierung** nach Sternen (*,**,***,****) können Sie getrost vergessen. Ein toller Platz, der nicht Tag und Nacht beaufsichtigt wird, bekommt keinen dritten Stern. Doch zählen Sie einmal die 3-Stern-Plätze, auf denen Sie nachts eine Aufsicht antreffen. Und über den Zustand der Sanitäranlage sagen drei Sterne noch gar nichts aus. Dafür können Sie davon ausgehen, daß 4 (oder, neu 5) Sterne mit einem fürstlichen Honorar zu entlohnen sind.

■ Wer eine feste Unterkunft bevorzugt, findet auf fast allen

Plätzen **Hütten** *(hytter)* in diversen Ausführungen. »Campinghütten« bestehen aus einem Raum, Etagenbetten mit 2–4 Betten, Tisch und Stühlen, Kochplatte sowie Kühlschrank. Bettzeug, Geschirr und Kleiderschränke sind die Ausnahme. Kostenpunkt 130–375 NOK. – »Ferienhütten« haben mehrere Schlafräume, sind mit Küche und Bad »autark« eingerichtet und kosten für 4–6 Personen 400–800 NOK aufwärts. Der Trend geht zur komfortablen Hütte.

■ **Campingpreise:** In diesem Buch wird in drei Kategorien unterschieden: Kategorie 1 reicht bis 65 NOK, Kategorie 2 von 70 bis 95 NOK und Kategorie 3 beginnt mit 100 NOK. Fast alle Betreiber berechnen den Preis nach Zelt mit/ohne Auto, ungeachtet die Personenzahl. Für Alleinreisende ist diese Regelung eine Bestrafung, für vier Personen in einem Zelt oder Wohnmobil ein glücklicher Umstand. Wohnmobile und Autos plus Zelt kosten normalerweise den gleichen Preis. Zudem sind bei Wohnmobilen 10–25 NOK für den Stromanschluß zu veranschlagen; ein deftiger Aufschlag, weiß man um die niedrigen Energiepreise in Norwegen. Deshalb sind auch die 5–10 NOK, mit denen die Duschautomaten (2–10 Minuten pro Einheit) zu füttern sind, mehr unverhohlene Zusatzeinnahme als Notwendigkeit. Wanderer und Fahrradfahrer mit Zelt dürfen mit 30–60 NOK rechnen, Motorradfahrer mit etwa 10 NOK mehr, wenn überhaupt.

■ **Information:** Der *Norsk Camping Guide* erscheint jedes Jahr. Die Liste der Campingplätze ist nicht vollständig: Aufgenommen werden nur diejenigen, die dafür bezahlen. Der Info-Gehalt ist mehr als bescheiden: keine Preise, kaum Öffnungszeiten, informativ nur die Symbole zur Ausstattung, aber die dürfen die Betreiber persönlich auswählen. Vorsicht also, wenn diese Publikation in einem Info-Büro ausliegt oder irgendwo zum Versand angeboten wird. In Kooperation mit diesem Reiseführer reicht die »Cappelen Kart« aus; siehe unter »Vor der Reise, Karten«.

Ferienhütte

Oft handelt es sich um das ehemalige Wohnhaus von Familien, die neu gebaut haben oder weggezogen sind.

Feriehytter können Sie bereits zu Hause im voraus bestellen. Außer dem Nachteil, daß man die Qualität der Unterkunft nicht bei der Bestellung einschätzen kann, macht eine solche feste Buchung unflexibel. Welch Freude, die Wetterkarte im TV zu verfolgen, die für halb Norwegen frohe Botschaften verkündet, nicht aber für den Fleck, an den man sich gebunden hat. Vor allem ist Norwegen wegen seiner landschaftlichen Vielfalt ein klassisches Rundreiseland. Hat man nicht gerade eine Kante gefunden, in die man immer wieder zurückkehren möchte – eigentlich Frevel – kann ich vom Buchen einer Ferienhütte nur abraten.

■ Die größten **Anbieter** sind *Norsk Hytteferie*, Boks 3404 Bjølsen, Postboks 3404, N-0406 Oslo, Tel. 0047 - 2235 6710, Fax 2271 9413. – Und *Fjordhytter*, Lille Markevei 13, N-5005 Bergen, Tel. 0047 - 5523 2404, Fax 0047 - 5523 2404. Nur für Westnorwegen.

Auch in Wochenzeitungen und Wochenendausgaben von Tageszeitungen werden Hütten, von Privatleuten, angeboten.

Privatquartier

Keine Scheu vor Schildern am Straßenrand, die Aufschriften wie »hytte« (Hütte) oder »rom« (Zimmer) tragen. Privatquartiere können komfortabel, gemütlich und billig ebenso wie schlicht, schmuddelig und überteuert sein. Anschauen lohnt sich.

Jedermannsrecht

Das Jedermannsrecht ist ein ungeschriebenes Gesetz, das den Aufenthalt in freier Natur regelt. Es stammt aus einer Zeit, als Reisende selten zu ihrem Vergnügen unterwegs waren und sich niemand mit den Problemen großer Touristenzahlen befassen mußte. Wer die dünn besiedelte Weite in Norwegen, Schweden oder Finnland schon einmal erlebt hat, wird die Notwendigkeit solch einer Regelung verstehen. Das Jedermannsrecht erlaubte, über das Land anderer zu gehen, wenn es keine Wege gab. Wurde der Reisende von Dunkelheit oder schlechtem Wetter überrascht, durfte er auf dem Grund anderer übernachten und sich auch von der Natur ernähren. Obwohl sich die Zeiten geändert haben, wird die Regelung in Norwegen unverändert großzügig ausgelegt.

Plötzlich gerät das Jedermannsrecht in die Diskussion: In den letzten Jahren mehren sich die Klagen über Umweltsünder. Bäume müssen als Brennholz herhalten, Entenküken als Braten auf dem Lagerfeuer, Rastplätze als Müllhalden. Die meisten Schlagzeilen liefern heute jene Wohnmobil-Touristen, die mitten in Ortschaften oder auf Grundstücken parken, um dort zu übernachten, und die ihre chemischen Toiletten in Seen, Müllcontainer und öffentliche WCs entleeren, um die Kosten für Campingplatz (und Entsorgung) zu sparen. Sicher stellen diese Simpel nicht die Mehrheit, aber sie bringen die Masse der Wohnmobilisten in Verruf.

Zuerst sei einmal betont, daß das Jedermannsrecht ohnehin nicht für

Autofahrer und Gruppen gilt, außer im Notfall. Die gehören ins Hotel, in die Hütte oder auf den Campingplatz. Wenn Negativ-Meldungen überhand nehmen, werden sich diejenigen durchsetzen, die die Aufhebung des Jedermannsrechts befürworten.

Wenn das Jedermannsrecht Bestand haben soll, verlassen Sie eine Raststelle prinzipiell sauberer, als Sie sie vorgefunden haben. Und scheuen Sie sich nicht, Übeltäter bei der Polizei anzuzeigen.

Es ist erlaubt:

- freies Gelände ohne Erlaubnis zu durchqueren, als Wanderer, Reiter oder Skiläufer.
- wildwachsende Blumen zu pflücken sowie Beeren und Pilze zu sammeln, außer auf Privatgrundstücken oder im Bereich von Anpflanzungen.
- eine Nacht lang in freier Natur zu zelten, wobei ein paar hundert Meter Distanz zur nächsten Siedlung eingehalten werden sollten. Ist das Grundstück einer Siedlung zuzuordnen, muß dort um Erlaubnis gefragt werden.
- mit herumliegenden Ästen und Reisig unter größter Vorsicht ein Feuer zu machen, wenn keine Brandgefahr besteht und wenn es nicht ausdrücklich verboten ist. Bei längerer Trockenheit ist offenes Feuer im Freien grundsätzlich verboten.
- an Ufern zu baden, die nicht erkennbar zu einem Grundstück gehören.

Es ist nicht erlaubt:

- ohne Erlaubnis Höfe, Häuser oder Siedlungen zu betreten bzw. zu durchqueren.
- bestellte Äcker, eingezäuntes oder anderweitig abgegrenztes Terrain zu betreten.
- Bäume und Büsche zu fällen, Zweige oder Äste abzubrechen, Borke oder Rinde abzuschälen. Das gilt auch für entwurzelte Bäume.
- Pflanzen, die unter Naturschutz stehen, zu pflücken oder auszugraben.
- auf Felsgestein ein Feuer zu entfachen, da es bei großer Hitze zerspringen kann. Der jahrtausendealte Stein muß nicht einer kurzfristigen Vergnügung zum Opfer fallen.
- Vogelnester zu beschädigen oder Vogeleier zu entnehmen.
- Abfall an Raststellen zu hinterlassen. Das Vergraben ist eine schlechte Lösung, weil es Tiere gibt, die diesen Abfall wieder ausgraben und sich, z.B. an scharfkantigen Konservenbüchsen, verletzen können.
- Toilettentanks außer an den ausgewiesenen Entsorgungsstationen zu entleeren. Wanderer sollten ihre Exkremente vergraben.
- störenden Lärm zu verursachen.
- Zäune zu beschädigen oder geschlossene Gatter offen zu lassen.

■ mit dem Pkw die befestigten Wege zu verlassen.

Essen und Trinken

Während man Franzosen oder Dänen bescheinigen möchte, daß sie leben, um zu essen, scheint auf die Norweger eher das Gegenteil zuzutreffen. Noch vor fünfzehn Jahren konnte man die bezahlbaren Restaurants in der Landeshauptstadt Oslo an den Finger einer Hand abzählen. Da aber Norwegen, auch wenn das den Einheimischen suspekt scheinen mag, nicht der Nabel der Welt ist, haben inzwischen ein paar kulinarische Ideen aus dem Ausland Einzug gehalten.

In Großstädten und entlang der Küste hat sich in den letzten Jahren eine Szene entwickelt, die sich oft schmecken und sehen lassen kann, während sich das Angebot im Landesinneren nicht selten noch auf Hotelrestaurants und Kafeterien beschränkt. Die Norweger treffen den feinen Unterschied zwischen Café auf der einen und Kafe und Kafeteria auf der anderen Seite. Während Cafés sich zum Teil als urige Kneipen mit origineller Einrichtung entpuppen, dominieren in den Kafes und Kafeterien Holzmöbel-Imitationen aus Kunststoff, Selbstbedienungstresen und Mikrowellen-Kost. Diese Ausgabe der zugegeben preiswerten Gastronomie findet sich in den städtischen Einkaufszentren oder bildet für die Jugendlichen in ländlichen Gebieten oft den einzig möglichen Treffpunkt. Steht eine gute Köchin oder ein guter Koch am Herd, läßt sich auch in scheinbar öden Etablissements gut oder zumindest deftig essen. Einen großen Bogen empfehle ich um die Imbißbuden mit Namen *gatekjøkken*: Das Repertoir der »Straßenküche« beschränkt sich auf Pommes frites, pampige Hamburger, fade Hot-Dogs und Internationales aus dem Tiefkühlfach, zum Beispiel Mikrowellen-Lasagne.

Gutes Essen hat wie fast alles in Norwegen seinen (hohen) Preis. Ein gepflegter Restaurantbesuch erreicht rasch Dimensionen von 150–250 NOK pro Person – selbstverständlich sind nach oben keine Grenzen gesetzt. Preiswert sind dagegen die Mittagstische, die sowohl in Restaurants als auch in rustikaleren Kneipen feilgeboten werden: *Dagens rett* und *Dagens lunch* sind entweder Tellergerichte oder zwei- bis dreigängige Menüs. Portionen, Qualität, aber auch die Preise fallen verschiedener aus, als es von den Initiatoren der Mittagstisch-Alternative beabsichtigt war. In Kneipen werden immerhin wohlschmeckende Tagesgerichte für 49–99 NOK auf den Tisch gestellt. Die Konkurrenz ist groß, was zwar zu niedrigen Preisen, aber auch zu ständigen Schließungen und Neueröffnungen führt.

Deshalb wird unter der Rubrik »Essen und Trinken« in einzelnen Kapiteln nur ein kurzer Querschnitt der Gastronomie gezeichnet. Wo es neben den Hotelrestaurants nur Kafeterien gibt, entfällt die Rubrik, ebenso in Regionalkapiteln; der »kostbare« Platz soll nicht dieser schnellebigen Szene geopfert werden. Ungewöhnliche Speisetempel werden nicht verschwiegen.

Im folgenden widme ich mich den Eß- und Trinkgewohnheiten sowie der »typisch norwegischen Küche«, skizziere die gängigen Gerichte aber nur kurz, da die Erfahrung zeigt, daß genüßliche Schlemmer-Reportagen leicht falsche Erwartungen wecken.

Frokost

Das Frühstück nimmt der Tourist in Form eines reichhaltigen Buffets ein. Zu Kaffee, Tee, Milch und wässrigem Orangensaft gibt es mehrere Brot-, Marmelade- und Käsesorten, darunter den milden *Gudbrandalsost* aus Kuh- und Ziegenmilch oder den hellbraunen Ziegenkäse *Geitost*, die nach Karamel schmecken und nur in dünnen Scheiben etwa auf Knäckebrot verzehrt werden sollten, sowie den scharfen *Gammelost* aus geronnener Milch. Wurst gehört nicht zu den Stärken der Norweger; doch wer den blassen, saftlosen Schinken und die geschmacksarme, farbstoffgetränkte Salami liegen läßt und die kräftig rote oder schwärzliche Schafswurst probiert, mag doch noch auf seine Kosten kommen. Mitunter werden auch geräucherter Lachs, Krabbencocktail und Heringshappen zum Frühstück gereicht; die Marinaden schmecken süßlich bis scharf, nicht zu vergleichen mit den zurückhaltenden mitteleuropäischen Kompositionen. Joghurt, Müsli und Obst sind nicht obligatorisch.

Lunsj / Lunch

Lunsj oder Lunch wird zwischen 12 und 15 Uhr serviert. Wer kein Menü oder Tellergericht vorzieht, die vor allem in Kneipen und einem Teil der Restaurants angeboten werden, steht wieder vor einem Buffet, diesmal kalt und warm. Neu sind die kräftig gewürzten Fischfrikadellen, *fiskekaker*, und die weißen, faden Fischbällchen, *fiskeboller*, denen die diversen Lachssalate vorgezogen werden sollten, auch wenn sie mit schweren Saucen angemacht sind. Es lohnt sich, hier den größten Hunger zu stillen, denn den kalten und warmen Braten, ebenfalls Bestandteil des Mittagsbuffets, kennen wir aus heimischen Gefilden. Als Beilagen überwiegen Kartoffeln und Gemüse. Interessanter scheinen da die Cremespeisen aus Mult- und anderen Beeren, die bunten Puddingsorten, Torten und warmen Waffeln mit Sahne und Marmelade. Bei diesem Teil des Buffets scheinen sich die Norweger etwas von den Dänen abgeschaut zu haben – zum Vorteil aller Beteiligten. Jene Multbeere wächst hauptsächlich in arktisch geprägten Regionen, vereinzelt aber auch südlich des Polarkreises.

Middag

Gibt es nicht mittags, sondern zwischen 17 und 21 Uhr. Das Buffet ist out; Menüs oder Tellergerichte sind in. Natürlich beginnen wir mit dem Fisch. Als Delikatessen gelten neben Lachs, *laks*, Seewolf, *steinbit*, gedünstete oder gebratene Dorschzungen, *torsktunger*, Seeteufel, *breiflabb*, und gelaugter, anschließend gekochter Stockfisch, *lutefisk*. Dem Besitzer schmalerer Geldbeutel seien Dorschfilet, *torsk*, oder Scholle, *rødsprette*, empfohlen. Wer Fleisch vorzieht, hält es entweder norwegisch mit Elch, *elg*, Schneehuhn, *rype*, und Rentier, *reinsdyr*, das als Filet, Kotelett oder geschnetzelt serviert wird. Als Garnierung für Elch und Ren schätzen Kenner Preiselbeeren. Wer keine Experimente wagt, vertraut bekannten Namen wie Entrecote, Lammkotelett oder Steak. Vegetarier-Teller sind keine Seltenheit mehr und kosten nur gut die Hälfte eines Fisch- oder Fleischgerichts. Ein Hinweis: Die Bezeichnung *Dagens middag* erweist sich, anders als Dagens rett, selten als billige Alternative.

Norwegische Eigenheiten

■ Gehört **Kaffee** zum bestellten Gericht, bekommen Sie solange Nachschub, wie Sie wollen.

■ **Rømmegrøt** ist eine fette Sauerrahmgrütze, die mit Zimt, Zucker oder süßem Johannisbeersaft schmackhaft gemacht wird. Rømmegrøt, in manchen Gegenden auch rømmegraut (nynorsk), ist eine billige Speise zum Sattwerden, nicht für verwöhnte Gaumen, aber urnorwegisch und deshalb einen Versuch wert.

Skål

■ **Alkohol** ist extrem teuer und nur umständlich zu erwerben. Wein, *vin*, und Spirituosen bekommen Sie nur in den Läden der staatlichen Monopolgesellschaft mit dem eindeutigen Namen *Vinmonopolet*. Das Netz dieser Alkoholläden ist keineswegs flächendeckend. Wo eine Filiale von »Vinmonopolet« steht und ob Bier im Supermarkt verkauft werden darf, entscheiden die fylker und Gemeinden. Die ersten drei Vinmonopolet-Zweigstellen im westnorwegischen fylke Sogn og Fjordane öffneten sage und schreibe am 1.10.1991 ihre Pforten! Solch einschneidenden Ereignissen gehen meist zähe öffentliche Diskussionen voraus, in denen die alkoholabgeneigten Pietisten nur millimeterweise zurückweichen, bis sich das inzwischen schlechte Gewissen der Mehrheit durchsetzt. Und so wirken manche

Läden von »Vinmonopolet« denn auch wie Fluchtpunkte von lichtscheuem Gesindel: unscheinbare Fassade, heruntergezogene Rollos, Werbung nicht erlaubt. Wer sich trotzdem hinein traut, steht vor einem Tresen, damit kein Unbefugter die Flaschen berühren kann. Eine Flasche Wein kostet 45 NOK, eine Flasche Aquavit 270 NOK. Skål!

Bier, *øl*, gibt es mancherorts in speziellen Bierläden, mitunter auch in Lebensmittelläden. Sie werden neben dem alkoholfreien Bier drei weitere »Klassen« bemerken: Lettøl, Leichtbier (bis 2,5 %), Pils (bis 4,75 %) und Gulløl (bis 7 %). Eine Halbliterflasche Pils kostet um 20 NOK. Skål!

In der Gastronomie besitzen Restaurants und Hotelpubs oft die vollen Schankrechte, während Kneipen nur Bier verkaufen dürfen. Für einen halben Liter Bier (heißt *halvliter,* oft aber 0,4 l) muß der Gast 35–50 NOK berappen, für ein Glas Wein mindestens 40 NOK. Skål!

■ **Ohne Prozente:** Neben alkoholischen Getränken bekommen Sie natürlich Cola und andere international bekannte Brausen sowie Mineralwasser. Die einzige einheimische Marke heißt *Farris;* genauso gut mundet *Ramløsa* aus Schweden. Auf Wunsch wird Ihnen in Restaurant oder Kneipe gratis ein Glas Wasser gebracht; damit hat kein Kellner ein Problem. Die Geschäfte führen eine große Auswahl an süßen, künstlich schmeckenden Limonaden. Wohlschmeckend ist die norwegische Milch, die es in einem halben Dutzend Versionen zu kaufen gibt; siehe gleich anschließend unter »Tips für Selbstverpfleger«.

Tips für Selbstverpfleger

In Westnorwegen ist die Besiedlung dicht genug, so daß die Selbstversorgung mit Lebensmitteln keine Probleme aufwirft. Selbst abgelegene Siedlungen überraschen durch einen kleinen Gemischtwarenladen. Die Tendenz geht aber zu betonierten, häufig unansehnlichen Dienstleistungsburgen, die an den Ausfallstraßen der Städte und größeren Ortschaften plaziert werden. Friseur, Zahnarzt, Kafeteria, Bank – die unterschiedlichsten Läden sind hier unter einem Dach vereint. Lebensmittel bilden nur einen kleinen Teil des Angebots, sind wegen der hohen Mieten nicht durchweg billiger. Die Lebensmittel-Ketten locken mit Dumping-Preisen für echte und vermeintliche Grundnahrungsmittel, oft Brot, Obst und Cola. Die kleinen Tante-Emma-Läden verbreiten wesentlich mehr Atmosphäre, doch ihr Schicksal dürfte besiegelt sein, da

Touristen wie Norweger den Trend zum Supermarkt bitter beklagen, zu 90 % aber dort einkaufen gehen. Ein Grund dafür sind die eher hohen Standardpreise für Lebensmittel, die routinierte Nordlandfahrer dazu bewegen, die Grundversorgung bereits zu Hause sicherzustellen. Was keineswegs als Plädoyer für übertriebene Planwirtschaft verstanden werden soll, denn wer ein fremdes Land kennenlernen will, sollte sich ein wenig ausliefern – zumal die liebgewonnene Berichterstattung von den generell hohen Preisen ein bißchen die Realität verschleiert. Differenzieren tut not.

■ Die Qualität von norwegischem **Gemüse** *(grønnsaker)* und **Obst** *(frukt)* ist überwiegend exzellent, wenn sich auch einige Produkte dem mitteleuropäischen Standard angleichen: So erreichen etwa die Tomaten zunehmend das uns vertraute Rote-Wassersack-Niveau. Das während der EU-Debatte bemühte Argument der norwegischen Bauern, der Beitritt würde die »Reinheit der norwegischen Lebensmittel« bedrohen, wirkt daher etwas peinlich. Zwischen Gewächshäusern in Holland, Deutschland und Norwegen besteht kein prinzipieller Unterschied.

Repräsentativ ist die Tomate nicht, wie einleitend betont. Lauch *(porré)*, Blumenkohl (blomkål) u.a. schmecken ausgezeichnet, ebenso wie zum Beispiel Pflaumen *(plommer)* und Äpfel *(epler)* aus einheimischem Anbau ein Genuß sind.

■ **Brot** *(brød)*: Und überall im Ausland vermissen die leidgeplagten Deutschen ihr hartes Schwarzbrot; nicht anders in Norwegen, wo in der Regel die Wahl zwischen *loff* und *kneipp* besteht: das erste ein Weißbrot, mal als Kasten, mal spiralähnlich gebacken, während das zweite ein etwas festere Kruste besitzt und etwas grober ist. In den letzten Jahren haben sich einige Variationen auf dem Markt durchgesetzt, zu denen auch Brote mit geradezu knackiger Kruste zählen; diese tragen, je nach Region, unterschiedliche Namen, zum Beispiele *rugbrød.*

Typisch norwegisch sind die diversen Sorten an Fladenbrot: Das hauchdünne *flatbrød* aus Roggen-Vollkornmehl paßt vor allem zu Käse, Fisch und Fleisch. – Die lappenartigen *lefser* werden mit Wasser angefeuchtet und eine Viertelstunde in ein Handtuch verpackt, bevor man sie traditionell in zusammengerolltem Zustand verzehrt; mit pikanten Aufstrichen, etwa Marmelade, Wurst oder Salzbutter *(saltet smør)*, schmecken sie vorzüglich. – Knäckebrot *(knekkebrød)* gibt es ebenfalls zu erstehen.

■ **Milch:** Die Norweger sind große Milchtrinker, und das Angebot ist ausgesprochen vielfältig: Bei der *H-Melk* handelt es sich nicht etwa um H-Milch deutscher Prägung, sondern um frische Vollmilch. –

Gaumenfreude pur ist die *Kultur Melk,* eine Mischung aus Kefir und Dickmilch, die das Müsli zum kulinarischen Traum befördert. (Komme ich aus Norwegen zurück, kann ich wochenlang kein Müsli essen, weil mir die hochgeschätzte Kultur Melk fehlt.) *Skummet Kultur Melk* ist die Fettspar-Version. – *Kefir* gibt es zudem, hat aber nicht den Eigengeschmack der Kultur Melk. – *Lett Melk* schließlich ist die übliche fettarme Milch.

■ Ebenso vielfältig ist das Angebot an **Käse** *(ost).* Mittlerweile auch bei uns bekannt ist der aromatische, rindenfreie *Jarlsberg.* – Pikanter, aber nicht streng schmeckt der dunkelgelbe, cremige *Ridder.* – Wer einen milden, geschmacksneutralen Käse bevorzugt, hält sich an *Norvegia,* den es in diversen Fettgehaltstufen, aber auch in einer unübersehbaren Kümmel-Version gibt. – Mit dem *Gudbrandalsost* betreten wir urnorwegisches Terrain, denn der hellbraune Käse aus Ziegen- und Kuhmilch ist mit seinem Hauch von Karamelgeschmack allemal gewöhnungsbedürftig. Am besten mundet er, hauchdünn mit einem Käsehobel vom Block abgenommen, auf Knäckebrot oder flatbrød (siehe oben). – Wer einen resistenten Gaumen sein eigen nennt, kann sich in der nächsten kulinarischen Dimension an den strengen, dunkelbraunen *Gammelost* aus geronnener Milch wagen.

■ **Fisch und Fleisch:** werden oben unter »Lunsj« und »Middag« vorgestellt. Fleisch wird in Supermärkten, teils verpackt, teils an der Theke, inzwischen oft zu akzeptablen Preisen angeboten, während Fisch, ob aus dem Tiefkühlfach oder direkt vom Händler, meistens seinen Preis hat. Hier lohnt es sich, die Einheimischen in Küstenorten nach ihren Bezugsquellen zu fragen.

■ **Süßwaren:** Zeigt sich das Wetter launisch, ist Nervennahrung gefragt. In dieser Abteilung läßt sich ein kleiner Vorrat, zu Hause zusammengestellt (laut Zoll nur 1 kg pro Person erlaubt), durchaus vertreten, denn besonders Schokolade ist teuer in Norwegen. Als Ausweichobjekte für den schmalen Geldbeutel bieten sich Kekse an.

Wer nicht jede Krone umdrehen muß, findet seit einigen Jahren nun auch in den Bäckereien wahre Leckereien. Aus Dänemark wurden Ideen und Rezepte für Plundergebäck importiert, gefüllt mit Pudding, Quark und/oder Früchten, garniert mit Schokoladen- oder Zuckerguß, mit Kokosraspeln oder Rosinen.

■ **Preise:** Die billigste (und in ihren Läden am sterilsten wirkende) Lebensmittelkette heißt »Rema 1000«. Sonderangebote für Gemüse, Obst oder Brot offerieren fast alle Läden, während die Milchprodukte nur selten vom Standardpreis abweichen.

Gemüsemarkt für Selbstverpfleger (oben); Lachszucht im Norddal, bei Florø ▶

POTETER
GULLEROT
KÅL
KÅLROT
BLOMKÅL
PURRE

Einige Preisbeispiele, teils saisonabhängig: 1 kg Lauch 20–30 NOK. 1 Blumenkohl 7–10 NOK. 1 kg Tomaten 20–40 NOK. 1 kg Pflaumen 12–25 NOK. 1 kg Äpfel 15–30 NOK. 1 kg Trauben um 15 NOK. 1 kg Bananen 8–15 NOK. 1 Brot (meist 750 g) 7–15 NOK. 0,5 kg Butter 15–20 NOK. 1 l Milch 5–10 NOK. 1 l Joghurt um 21 NOK. 1 kg Jarlsberg 60–75 NOK. 1 kg Ridder um 75 NOK. 6 Eier 12–15 NOK. 1 kg Hackfleisch *(kjøttdeig)* ab 39/49 NOK. 1 kg geräucherter Lachs (im Supermarkt) 120-175 NOK. 1 l Orangen- oder Apfelsaft 7–13 NOK. 300 g Schokolade um 20 NOK. 1 Päckchen Zigaretten um 45 NOK.

Praktisches A–Z

Abkürzungen

In diesem Buch ersetzen Abkürzungen acht häufig genannte Wörter. DZ: Doppelzimmer. – EZ: Einzelzimmer. – HS: Hochsaison. – NS: Nebensaison. – W & T: Waschmaschine und Trockentrommel (auf Campingplätzen). – WM: Wohnmobil. – Ww: Wäschewaschbecken (auf Campingplätzen). ZS: Zwischensaison.

Diplomatische Vertretungen

■ **Botschaft Deutschlands**, Oscarsgate 45, 0258 Oslo, Telefon 2255 2010, Fax 2244 7672. – Konsulate in Bergen, Haugesund, Kristiansund, Skien, Stavanger, Trondheim und Ålesund.

■ **Botschaft der Schweiz**, Bygdøy Allé 78, 0268 Oslo, Tel. 2243 0590, Fax 2244 6350. – Konsulate in Bergen und Stavanger.

■ **Botschaft Österreichs**, Thomas Heftyesgt. 19–21, 0244 Oslo, Tel. 2255 2348, Fax 2255 4361. – Konsulat in Bergen.

Einkaufen

■ **Tax Free** heißt die Zauberformel, die Touristen die 16,7 % Mehrwertsteuer zurückbeschert, abzüglich einer Gebühr, worauf 10–15 % Ersparnis bleiben. Voraussetzungen: Geschäft mit dem rot-blau-weißen Tax Free-Schild, Einkauf im Wert von mindestens 300 NOK, Versiegelung der Ware und Tax Free-Scheck, auf dem Sie Name, Anschrift und Adresse eintragen, Ausreise spätestens einen Monat nach dem Einkauf, ungebrauchte Ware und Scheck sowie Ausweispapiere bei der Ausreise vorlegen, am Flughafen, an Bord der Fähre oder an größeren Grenzübergängen. Der Zoll ist nicht zuständig.

An den genannten Punkten gibt es Broschüren, die Sie auf das Angebot einstimmen und eine Auswahl der Tax Free-Geschäfte auflisten.

■ Geeignete **Souvenirs** sind Norweger-Pullis, die endlich auch in lebhaften Farben gestrickt werden, handgearbeitete Latex-Trolle, eigenwilliger Schmuck, Kunsthandwerk, Glas und Käsehobel; die kommen nämlich aus Norwegen. Porzellan und Keramik machen einen recht altbackenen Eindruck, und den Kitsch dürfen Sie selbst entlarven.

Eintrittspreise

Die Eintrittspreise zu Sehenswürdigkeiten werden in diesem Buch wie folgt gegliedert: Eintritt Erwachsene/Kinder. Welche Altersgrenzen für Kinder gelten, ist sehr verschieden. Die untere Grenze liegt häufig bei 3–5 Jahren, die obere bei 11, 13 oder 15 Jahren. Familien mit Kindern erhalten ab und zu vergünstigte Tarife, die in diesem Buch gesondert aufgeführt werden. Fragen Sie deswegen immer nach.

Feiertage und Feste

■ Am Nationalfeiertag, dem **17. Mai**, wird der nichtsahnende Tourist durch ein farbenprächtiges Schauspiel überrascht. Umzüge mit Musikkapellen, Fähnchen schwenkende Kinder, Erwachsene und Jugendliche in Trachten und allerorts fröhliche Stimmung. Der Trubel gilt dem 17. Mai 1814, als Norwegens Verfassung unterzeichnet wurde.

■ **Weitere gesetzliche Feiertage** sind der Neujahrstag, die Ostertage von Gründonnerstag bis Ostermontag, der 1. Mai, Christi Himmelfahrt, Pfingstsonntag und -montag sowie der Erste und Zweite Weihnachtstag.

■ Typisch skandinavisch ist hingegen der **Mittsommertag**, der in Norwegen *Jonsok* oder *St.Hans* genannt wird und stets auf den 24. Juni fällt. Am Vorabend, *St.Hansaften*, wird die kürzeste Nacht des Jahres traditionsgemäß mit einem großen Feuer, Musik und Tanz gefeiert. Die Jugendlichen, die weder Ideen noch etwas für das Althergebrachte übrig haben, freuen sich auf den offiziellen Anlaß für ein weiteres Besäufnis.

■ Am 29. Juli feiern die Norweger ihren Nationalheiligen Olav mit dem **Olsokfest**, an traditionsbeladenen Orten proben sich Laiendarsteller in Originalkostümen an einem historischen Schauspiel.

Öffnungszeiten

Es existiert kein einheitliches Ladenschlußgesetz; im Sommer gelten teilweise verkürzte Öffnungszeiten.

■ **Banken:** 15.5.–15.9. Mo–Fr 8.30–15 Uhr, Do bis 17 Uhr, sonst Mo–Fr 8.30–15.30 Uhr, Do bis 17 Uhr.

■ **Geschäfte und Warenhäuser:** Mo–Fr 9–16/17 Uhr, Do bis 18/20 Uhr, Sa 9–13/14 Uhr.

■ **Museen:** Die Öffnungsperioden (in diesem Buch) sind Richtzeiten. Viele Museen öffnen am Wochenende vor oder nach dem offiziellen Termin, wenn der auf einem Werktag liegt. Gleiches gilt für das Saisonende.

■ **Post:** 20.6.–20.8. Mo–Fr 8–16.30 Uhr, Sa 9–12 Uhr, sonst Mo–Fr 8–17 Uhr, Sa 9–13 Uhr.

■ **Supermärkte** (Lebensmittel): Mo–Fr 9–20/21 Uhr, Sa 10–16/18 Uhr.

■ **Vinmonopolet:** Mo–Mi 10–16/17 Uhr, Do 9–17/18 Uhr, Fr 9–16/17 Uhr, Sa 9–13 Uhr.

Post

■ **Porto:** Briefe oder Postkarten nach Mitteleuropa kosten derzeit 4,50 NOK (bis 20 g) oder 6 NOK (bis 50 g). Die nächste Gebührenerhöhung kann nicht mehr weit sein.

■ Beim Briefmarkenkauf bekommen Sie blaue Aufkleber mit dem Kürzel **A-Post**. Diese, auf Briefumschlag oder Postkarte geklebt, sorgen für den schnellstmöglichen Transport.

■ **Poste Restante** heißt die Zauberformel, um Post aus der Heimat, um das Päckchen mit der vergessenen Badeente entgegenzunehmen. Wer keine feste Adresse hat, kann postlagernd erreicht werden. Solche Post wird zwei Monate aufbewahrt. Holt sie niemand ab, geht sie kostenfrei an den Absendet zurück. Der Standardbriefkopf sieht für solche Sendungen folgendermaßen aus:

– Name
– Poste Restante
– N-Postleitzahl mit Ortsname
– Norwegen

Radio

Je nach Standort empfangen Sie über Kurz- und Mittelwelle deutschsprachige Sender.

■ Vor Ort versorgen Sie einige Lokalstationen in den Sommermonaten mit Nachrichten, bevorzugt auf englisch. Achten Sie auf Schilder mit der Aufschrift **Turistradio**, denen Sie die jeweilige Frequenz entnehmen können.

■ Ein interessantes Programm ist übrigens **Radio Schweden**, das auf MW 1179 kHz und KW 6065 kHz zu empfangen ist und abends eine halbe Stunde Informationen aus ganz Skandinavien in deutscher Sprache ausstrahlt. Der Beginn dieser Sendung wechselt von Jahr zu Jahr, liegt mal auf 20.30 Uhr, mal auf 22 Uhr.

Sprachprobleme

Werden selten auftreten. Das Deutsche ist zwar neben Französisch zweite Fremdsprache in den Schulen, aber nicht so verbreitet wie in Dänemark oder Holland. Dafür sprechen wesentlich mehr Norweger Englisch, als wir es aus Mitteleuropa kennen. Im Notfall hilft die internationale Zeichensprache, denn es gibt zwar norwegische Wörter, die dem Deutschen ähneln, durch die (schnelle) Aussprache aber nur schwer verständlich ankommen. Mehr in dem Kapitel »Eine Nation – zwei Sprachen«.

Telefon

■ Für **Auslandsgespräche** wählen Sie 00, die Landeskennzahl, die Ortsnetzkennzahl (Vorwahl) ohne 0 und die Rufnummer. Landeskennzahlen: Deutschland 49, Österreich 43, Schweiz 41, Luxemburg 352, Niederlande 31, Belgien 32, Norwegen 47.

Sie müssen für Auslandsgespräche kein Postamt aufsuchen, sondern können das von jeder Telefonzelle aus tun. Mittlerweile gibt es drei Generationen von Apparaten, deren älteste doch spürbar in die Jahre gekommen sind. Diese Apparate haben noch Wählscheiben und schlucken maximal 5-NOK-Münzen; das ständige Nachrollen von 1-NOK-Münzen ist nervenaufreibend, mitunter auch die Verbindung. Die mittlere Generation, silberne Apparate mit Tastatur, nimmt manchmal 10-NOK-Münzen, manchmal nicht. Zuverlässiger sind die modernen, schwarzen Apparate, die generell 10-NOK-Münzen akzeptieren und über ein Restbetrag-Display verfügen.

■ **Inlandsgespräche** unterscheiden sich vom international gängigen Muster. In ganz Norwegen gelten achtstellige Telefonnummern, ohne Vorwahl. Egal, ob Sie in Bergen eine Nummer in Stavanger, Ålesund, Geiranger oder Bergen anwählen: Alle acht Ziffern sind notwendig, die Gebühren selbstverständlich nicht identisch.

Toiletten (öffentliche)

Selten erwähnt, häufig gebraucht. Die besten Chancen haben Sie an Verkehrsstationen, also Fähranlegern, Bahnhöfen und Busbahnhöfen, in Einkaufszentren und Rathäusern.

Zeit

■ In Norwegen gelten, wie in Deutschland, Mitteleuropäische Zeit (**MEZ**) und Mitteleuropäische Sommerzeit (**MESZ**), letztere ab 1996 bis zum letzten Oktoberwochenende.

Zeitungen

■ Internationale Presse verkaufen die blauen **Narvesen-**Kioske, die mit zudem einem bunten, stilisierten »N« gekennzeichnet sind.

Autoreisen

Von Alkohol bis Wintersperren

■ **Alkohol:** Die erlaubte Promillegrenze liegt bei 0,5 %. Bevor Sie das erste »skål« aussprechen und die Stimmung steigt, lesen Sie unter dem Stichpunkt »Bußgeld« weiter.

■ **Anschnallpflicht:** gilt auf Vorder- und Rücksitzen, sofern Gurte vorhanden sind. Kinder unter vier Jahren sollten, nicht nur in Norwegen, in passenden Kindersitzen plaziert sein.

■ **Autovermietung** *(Bilutleie):* Der Wochentarif für einen Mittelklassewagen der unteren Kategorie liegt über 4000 NOK; eine exklusive Art der Fortbewegung, auch wenn in der Sommersaison und an den Wochenenden Rabatte möglich sind. Die meisten Firmen vermieten, Führerschein und Personalausweis vorausgesetzt, nur an Personen, die älter als 25 Jahre sind.

■ **Benzin:** An den Tankstellen gibt es bleifreies Normalbenzin (92 Oktan) und Superbenzin (95/97/98 Oktan), grün gekennzeichnet, bleihaltiges Superbenzin (98 Oktan) sowie Dieselkraftstoff. Das schwach verbleite *Lavbly* (97 Oktan), entsprechend dem deutschen Super plus, befindet sich auf dem Rückzug und war an den großen Tankstellen 1995 kaum noch zu bekommen; eventuell dreimal bleifreies und einmal bleihaltiges Superbenzin tanken oder drei Viertel zu einem Viertel auf einmal, aber ohne Gewähr.

Die Preise schwanken auch in Norwegen, lagen zuletzt zwischen 8,15 NOK (normal bleifrei) und 8,90 NOK (super bleihaltig) sowie bei 7,10 NOK für Diesel.

■ **Bußgeld:** Die norwegischen PolizistInnen gelten als freundlich und hilfsbereit, aber kompromißlos in Sachen Verkehrsverstöße. *Politi* kennt alle Ausreden; die drastischen Bußgelder haben so manche Urlaubskasse geplündert: Parken im Halteverbot kostet 300 NOK, bei abgelaufener Parkzeit 100 NOK, nicht eingeschaltetes Abblendlicht 400 NOK, 20 km/h Geschwindigkeitsübertretung in geschlossenen Ortschaften 2000 NOK, außerhalb geschlossener Ortschaften 400 NOK für je 5 km/h zuviel. Zu viel Alkohol im Blut wird mit anderthalb Bruttomonatsgehältern oder Gefängnisstrafen ohne Bewährung geahndet. Bußgelder sind sofort zu bezahlen. Der Strafenkatalog verschlägt deutschen Auto-Lobbyisten die Sprache.

■ **Geschwindigkeit:** Sofern sie nicht eingeschränkt ist, beträgt die zugelassene Höchstgeschwindigkeit außerhalb geschlossener

Ortschaften 80 km/h. Ausnahmen bilden die wenigen Autobahnen und Autostraßen mit 90 km/h als Höchstgrenze. Busse und Wohnwagen-Gespanne dürfen nicht schneller als 80 km/h sein, Gespanne mit ungebremsten Anhängern sogar nur 60 km/h. Innerhalb geschlossener Ortschaften gilt Tempo 50 km/h.

■ **Karten:** 1992 wurden das norwegische Straßennetz teilweise neu numeriert. Wer mit veralteten Karten oder Atlanten unterwegs ist, hat ohnehin nicht viel Freude, weil in jedem Jahr neue Tunnel und Straßen über ehemals unzugängliches Terrain freigegeben werden. Die Cappelen Kart (siehe unter »Vor der Reise, Karten«) markiert solche Verbindungen als gestrichelte Linien und versieht sie mit der Jahreszahl der geplanten Eröffnung. Die Karte selbst wird ca. alle 4–5 Jahre überprüft. Das Jahr der letzten Drucklegung finden Sie unten links am Blattrand.

■ **Licht:** Abblendlicht tagsüber vorgeschrieben.

■ **Maße:** Die zulässige Wagenbreite beträgt 2,50 m, für Wohnwagen 2,30 m. Zugfahrzeug und Wohnwagen dürfen zusammen nicht mehr als 18,50 m messen.

Im fylke Rogaland gilt für die Brücke über die Meerenge *Skjoldastraumen* als maximale Breite 2,40 m; Straße 515.

■ **Maut:** Stoßen Sie vor Gebirgspässen, Brücken und Tunneln auf ein Schild mit der Aufschrift »Bomstasjon«, »Bompenger« oder »Avgift«, wird Maut verlangt. Die Straßenbenutzungsgebühr dient der Refinanzierung von kostspieligen Bauprojekten oder deren Instandhaltung.

An stark befahrenen Straßen zahlen Sie an (bedienten oder automatisierten) Kassenhäuschen, während auf einsamen Wegen eine Schranke die Weiterfahrt versperrt. Bevor Sie den Schlagbaum heben, legen Sie den fälligen Betrag, der sichtbar angeschrieben steht, in einen vorbereiteten Umschlag, versehen den mit Autokennzeichen und Datum und stellen sich selbst die Quittung aus. Den geschlossenen Umschlag werfen Sie in eine Art Briefkasten.

Die Preise für die meisten Privatstraßen und/oder älteren, kaum benutzten Hochlandpisten liegen bei 10–20 NOK für einen Pkw. Für moderne Straßenbauprojekte wie Meeres- und Fjordtunnel oder lange Brücken sind rasch mehr als 50 NOK für einen Pkw und 120 NOK für ein Wohnmobil zu berappen. Neuer Spitzenreiter ist der praktische Tunnel zwischen Sogndal und Fjærland, am Sognefjord, der mit 110 NOK für einen Pkw und 350 NOK für ein Wohnmobil über 6 m und 3,5 t, jeweils inklusive Fahrer, zu Buche schlägt. Dagegen ist Bergen ein »Waisenknabe«, das für den Mautring um die Innenstadt läppische 5 NOK verlangt; natürlich ist diese Gebühr vor allem wegen des hohen Verkehrsaufkommens moderat.

■ **Notruf** seit 1994 einheitlich: Feuerwehr unter Tel. 110, Polizei unter Tel. 112, Krankenwagen unter Tel. 113.

■ **Pannenhilfe:** Der norwegische Automobilverband *NAF* betreut etwa vom 20.6. bis zum 25.8. die Hauptverkehrsrouten. Vor allem an den Paßstraßen stehen (in unregelmäßigen Abständen) Notruftelefone am Straßenrand. Die NAF-Alarmzentrale in Oslo ist 24 Stunden besetzt: Tel. 2234 1600.

Mit einem gültigen Auslandschutzbrief erhalten Sie zu Hause die Kosten für die Hilfe am Straßenrand und für den Transport in eine Wekstatt zurück; vorher aber das Kleingedruckte studieren.

■ **Rauchen:** ist am Steuer im Ortsbereich verboten.

■ **Schneeketten:** im Gebirge bei schneebedeckter oder vereister Fahrbahn vorgeschrieben.

■ **Spikes:** erlaubt vom 1.11. bis zum ersten Sonntag nach Ostern. Vermietung von Spikesreifen: In *Oslo* »Ulrich Gummiservice« (keine Kondomerie), Bygdøy Allé 135, Einfahrt ab Messeveien, Tel. 2255 7718, Fax 2244 8252. – In *Kristiansand* »Parko«, Vestre Strandgt. 13, Tel. 3802 1332, Fax 3802 2668. – In *Larvik* vermittelt durch die Reederei »Larvik Line«, siehe unter »Anreise, Reedereien«. Bestellung bei der Buchung der Fährpassage.

■ **Tiere:** Verkehrsschilder, die auf Tiere hinweisen, sollten Sie ernst nehmen. Der Zusammenstoß mit einem Elch bedeutet zumindest für das Auto oft, nicht selten aber auch für die Passagiere, den Friedhof. Die Kolosse sehen schlecht und traben unbeeindruckt vom Verkehr auf die Fahrbahn. Rentiere und Damwild sind flinker auf den Beinen, haben jedoch nie gelernt, die Geschwindigkeit eines Automobils einzuschätzen. Am häufigsten sind Begegnungen mit Ziegen und Schafen, die die Straße als leicht gangbares Terrain schätzen, sich bei Sonnenschein bevorzugt auf dem warmen Asphalt niederlassen, auch in Kurven, oder in Tunneleinfahrten Schutz vor Regen suchen. Ist trotz aller Vorsicht ein Unfall geschehen, sind Sie verpflichtet, die Polizei zu verständigen, um den Schaden zu regulieren.

■ **Tunnel:** waren und sind die Lösung, um den aufwendigen Bau und Erhalt von Paßstraßen zu umgehen oder lawinengefährdete Trassen zu verlegen. Der klassische Abenteuertunnel ist auf dem Rückzug: unbeleuchtet oder kümmerliche Reflektoren, unbelüftet, eine Fahrspur mit Ausweichbuchten, Wasser von der Decke tropfend. Die neue Generation ist beleuchtet und mit Ventilatoren, Haltebuchten und Nottelefonen ausgestattet.

Die Hitliste der längsten Tunnel für das in diesem Reiseführer vorgestellte Gebiet: *Gudvangentunnel*

(Gudvangen-Undredal, Straße 50) 11,4 km. – *Høyangertunnel* (am Sognefjord, Straße 55) 7,522 km. – *Vallaviktunnel* (am Eidfjord, Straßen 7 und 13) 7,511 km. – *Fjærlandstunnel* (Sogndal-Fjærland, Straße 5) 6,7 km, der mit den 110 NOK. – *Haukelitunnel* (Haukelifjell, Straße 11) 5,688 km. – *Freifjordtunnel* (Meerestunnel vor Kristiansund, Straße 1) 5,086 km. – *Flenjatunnel* (Undredal-Flåm, Straße 50) 5,024 km.

■ **Werkstätten:** sind gut ausgerüstet und besorgen Ersatzteile von nicht allzu exotischen Modellen. Immens die Lohnkosten. Besorgen Sie sich zu Hause das aktuelle Register mit Vertragswerkstätten Ihrer Automarke.

■ **Wintersperren:** Die angegebenen Zeiträume können sich durch das Wetter verschieben. Straße 13 (Vikafjell) von Mitte Januar bis Ende März. – Straße 45 (Hunnedal) von Anfang Januar bis Ende Februar. – Straße 45 (Sirdal-Setesdal) von Mitte November bis Mitte Mai. Straße 337 (Lysebotn-Sirdal) von Dezember bis Mitte Mai. – Straße 55 (Sognefjell/Jotunheimen) von November oder Dezember bis Mitte Mai. – Straße 63 (Geirangerveien zur Str. 15) von November bis Mitte Mai. Straße 63 (Trollstigen) von November bis Mitte Mai. – Straße 252 (Tyin-Eidsbugarden/Jotunheimen) von Mitte Oktober bis Mitte Juni. – Straße 258 (Strynefjell, alter Weg parallel zur Straße 15) von Oktober bis Mitte Juni.

Wohnmobile im Trend

■ **Pro und Kontra:** Für das Wohnmobil sprechen die Unabhängigkeit von Wetterlaunen und der Platz für das Reisegepäck. Dagegen sprechen die hohen Kosten für das Anmieten und, je nach Größe, für Sprit und Fähre. Als Konsequenz fahren viele Wohnmobilisten »autark« durch Norwegen, Lebensmittel gebunkert und möglichst jede Krone für Übernachtungskosten sparend; darunter leidet der Kontakt mit den Norwegern, aber auch das Einvernehmen, denn es gibt es seit einiger Zeit Probleme, zum Teil aus Unkenntnis:

■ **Nicht wohl gelitten** unter vielen Norwegern ist die Karawane an Wohnmobilen, die mittlerweile im Sommer durch das Land zieht. Das größte Problem stellt die falsch ausgelegte Regelung dar, überall in freier Natur übernachten zu dürfen. Dieses »Jedermannsrecht« gilt nicht für Autofahrer; mehr darüber im Kapitel »Unterwegs in Norwegen«. Wohnmobile gehören auf den Campingplatz. Wenn weit und breit keiner in Sicht ist, hat kaum jemand etwas dagegen, wenn das Fahrzeug unauffällig für die Nacht geparkt wird; aber nicht in Grundstückseinfahrten, halb auf der Straße, sogar in Städten oder in Sichtweite von Campingplätzen, wie es häufig geschieht. In manchen

Landesteilen kursieren Unterschriftenlisten, um den Wohnmobilisten das Übernachten unterwegs generell zu verbieten; manche Hartgesottene befürworten bereits die offizielle Aufhebung des Jedermannsrechts, auch für »Unschuldige«. Verstärkt wird die Abneigung durch die verbreitete Praxis, die Dosenkost dem Einkauf im norwegischen Supermarkt prinzipiell vorzuziehen – vor allem aber durch die extrem Sparwilligen, die ihre chemischen Toiletten in Seen und Flüsse, öffentliche WCs oder sogar in Abfallcontainer entleeren. »Einzelfälle«, meinen Sie? Mitnichten. Die Anzahl der durch Norwegen pilgernden Wohnmobilisten ist immens, desto größer auch die Zahl der Verantwortungslosen, die, zum Schaden der Verantwortungsbewußten, die ganze Zunft unmöglich machen. Sicher haben die Norweger den Wohnmobil-Trend etwas verschlafen, sind spezielle Stellplätze immer noch rar, Entsorgungsstationen jedoch schon lange nicht mehr.

Ich persönlich habe nichts gegen Wohnmobilurlaub, und für eine Familie mit Kindern ist das geräumige Gefährt eine segensreiche Alternative. Doch schon häufig habe ich bei Kontakten ein bißchen den Leitfaden herausgehört, die hohen Mietkosten für sich selbst wieder ins Lot zu bringen. Wer mehr als 125 DM am Tag für ein Wohnmobil hinblättert, muß vielleicht nicht an der Museumskasse über den hohen Eintrittspreis lamentieren oder über die 5 NOK, die der Duschautomat auf dem Campingplatz verlangt. Auch wenn es in der Sachc stimmig sein mag, scheint mir manchmal die Relation verlorenzugehen. Übrigens: Wer die Wohnmobilkosten einspart, kann sich einen prima Hüttenurlaub leisten – und macht urnorwegisch Ferien in Norwegen.

■ **Straßen:** Kurvenreiche, schmale Sträßchen, niedrige Tunnel machen vor allem das westnorwegische Straßennetz für Urlauber mit Wohnwagen-Gespannen und großen Wohnmobilen schon mal zum Abenteuer. Übung und Geschick sind gefragt, um heikle Situationen zu meistern. Eine Karte, auf der die kniffligsten Verkehrswege markiert sind, gibt es momentan nicht (mehr). Sie kommen meistens gut zurecht, wenn Sie vor Ort Einheimische nach den Wegen fragen, sollten sich aber bewußt sein, daß norwegische Autofahrer mit ihrem Terrain bestens vertraut sind und die Unerfahrenheit ausländischer Verkehrsteilnehmer eventuell unterschätzen.

■ **Information:** Das Norwegische Fremdenverkehrsamt verschickt eine Karte, auf der Entsorgungsstationen sowie (ein Teil der) Campingplätze eingezeichnet sind.

Mautstation im Grødal (oben); vorsicht: Schafe lassen sich bei Sonnenschein bevorzugt auf dem warmen Asphalt nieder ▶

PERSONBIL KR 10
LASTEBIL KR 300
MOTORSYKKEL KR 5
ÅRSKORT KR 100

Ferien aktiv

Draußen vor der Tür

Unter der Rubrik »Verschiedenes« finden Sie in den einzelnen Kapiteln Vorschläge für die Aktivitäten, die hier aufgeführt sind – Wanderungen erhalten eine eigene Rubrik.

Wandern

Wanderungen sind das Nonplusultra, um Norwegens Natur möglichst nah kennenzulernen. Spätestens in der Einsamkeit des Gebirges läßt sich der Alltag von zu Hause abstreifen. Die Tageszeit, das Wetter und das Streckenprofil übernehmen die Gestaltung des Tagesablaufs, bestimmen, wann und wo gegessen (und geschlafen) wird. Wasserfälle, Seen und Wildbäche, Schluchten und Täler, schneebedeckte Gipfel und Gletscher gewöhnen Augen und Ohren an eindrucksvolle Stimmungen. Um etwas von diesen Stimmungen mitzubekommen, muß man nicht unbedingt eine mehrtägige Wanderung absolvieren, sondern kann sich auch für (mehrere) Tagestouren entscheiden.

Wanderungen werden in einer eigenen Rubrik innerhalb der Kapitel vorgestellt. Es überwiegen Tagestouren, die eher im Interesse von Rundreisenden liegen. Enthalten sind Angaben zu Startpunkt, Schwierigkeitsgrad, Anreise, Dauer und meistens auch zum Streckenprofil.

■ **Saison:** Juni, August und September bieten die günstigsten Voraussetzungen zum Wandern. Der Juli ist der Ferienmonat in Norwegen, die Übernachtungskapazität in den klassischen Wandergebieten ist ausgelastet. Im Juni können Schnee sowie reißende Bäche und Sümpfe infolge der Schneeschmelze manche Passage erschweren oder auch unmöglich machen. Ab September/Oktober beleben herbstliche Farben die Landschaft, fällt in den Hochlagen der erste Schnee. Eine Winterwanderung muß keine Spinnerei sein, stellt aber enorme Anforderungen an die Teilnehmer und ist nur mit entsprechender Vorbereitung durchzuführen.

■ **Vorsichtsmaßnahmen:** Da es in einsamen Gegenden nicht sicher ist, ob man unterwegs andere Wanderer trifft, sollte dort niemand allein aufbrechen. Ein Partner kann im Fall einer Verletzung immer noch Hilfe holen. Generell empfiehlt es sich, am Ausgangspunkt jemand über die geplante Route und die voraussichtliche Dauer der Wanderung zu unterrichten. Ein Zettel unter der Windschutzscheibe des Autos erfüllt ebenfalls diesen Zweck. Falls tatsächlich etwas passiert, können die Helfer gleich im richtigen Gebiet suchen. Wanderkleidung in auffälligen Farben erweist sich im Notfall als große Hilfe.

■ **Ausrüstung:** Im Kapitel »Vor der Reise« bin ich bereits auf das Thema Kleidung eingegangen. Generell dabei haben sollte der Wanderer festes Schuhwerk, eventuell ein Paar Turnschuhe zum Durchwaten von Wasserläufen, leichte Bekleidung ebenso wie taugliches Regenzeug, Wollpullover, Mütze, Handschuhe und warme Unterwäsche, ferner Karten, Kompaß, Streichhölzer, Schnellverband, Sonnencreme und ein Regencape für den Rucksack. Der Schlafsack sollte Minusgrade vertragen, das Zelt, sofern Übernachtungen geplant sind, nicht mehr als 3 kg wiegen und wenig Stauraum beanspruchen.

■ **DNT:** »Den Norske Turistforening« konstituierte sich 1868, um dem Wandervolk eine Infrastruktur zu schaffen. Wege wurden angelegt und markiert, Hütten für die Übernachtung gebaut. Als landesweite Dachorganisation, der die lokalen Wandervereine angeschlossen sind, ist DNT theoretisch der Ansprechpartner für alle, die eine mehrtägige Wanderung planen. Das zentrale Büro in Oslo informiert allerdings nur Mitglieder über Öffnungszeiten der Hütten, Preise und Routen, und selbst das nur schleppend. Nicht-Mitglieder erkundigen sich deshalb besser vor Ort.

Wer sich für längere Wanderungen interessiert und dabei zwangsläufig in Hütten übernachten muß, sollte sich überlegen, Mitglied in der DNT zu werden, um einmal Ermäßigungen für Mahlzeiten und Übernachtungen in Anspruch zu nehmen und zum anderen reichlich mit Informationsmaterial und Karten versorgt zu werden; dies zwar nicht kostenlos, aber aus erster Hand. Die Mitgliedschaft kostet jährlich 300 NOK, für Senioren (ab 67) und Jungvolk (bis 25) 160 NOK und für jedes weitere Familienmitglied 100 NOK (Stand 1996). Wer das Norwegische beherrscht und die gut aufgemachte Mitgliedszeitschrift »Fjell og Vidde« sowie das Jahrbuch beziehen möchte, muß 60 NOK zulegen. Die Mitgliedschaft verlängert sich nicht automatisch. Hat man die Nachricht über die neuen Mitgliedsbeiträge erhalten, sendet man am besten einen Euroscheck über die gewünschte Beitragssumme (mit oder ohne Publikationen). Bei allen anderen Zahlungsverfahren sind die Gebühren exorbitant.

Adresse: DNT, Postboks 1963 Vika, N-0125 Oslo, Telefon 0047 - 2283 2550, Fax 2283 2478.

■ **Übernachtung:** Die Hütten, die von DNT und den Suborganisationen betrieben werden, unterteilen sich in drei Kategorien: bediente, unbediente mit Proviant und unbediente ohne Proviant. Fast jede Hütte hat ihre eigene Öffnungszeit, meist zwischen Ende Juni und Mitte September. Viele unbediente Hütten sind generell abgeschlossen und nur mit dem DNT-Standardschlüssel zu öffnen. So können Nicht-Mitglieder nur in bedienten oder offenen unbedienten Hütten übernachten, es sei denn, ein DNT-Mitglied hält sich in einer sonst verschlossenen Hütte auf oder Sie bringen vorher in Erfahrung, ob und wo Sie den Schlüssel ausleihen können. DNT-Mitglieder haben immer Vorrang, doch es ist noch niemand schutzlos der Nacht preisgegeben worden. In unbedienten Provianthütten legt man das Geld für die entnommenen Waren in einen Umschlag, der seinerseits in einem speziellen Kasten deponiert wird. Vertrauen ist unter Wanderern Ehrensache. Wer Holz verfeuert, muß für Nachschub sorgen, sofern ein Anbau mit Axt und Stämmen vorhanden ist. Ebenso ist das Putzen der Hütte selbstverständlich. Wer lieber im Zelt übernachtet, kann dies in einer Entfernung von 150 m tun und zahlt nur einen kleinen Solidarbeitrag für die Benutzung von Toilette, Aufenthaltsraum und Dusche, sofern vorhanden.

■ **Preise für Kost und Logis:** Preise *in bewirtschafteten Hütten* (Mitglieder/Nicht-Mitglieder). Übernachtung in EZ, DZ oder 3-Bett-Zimmer 140/190 NOK, im 4- bis 6-Bett-Zimmer 100/150 NOK, im Schlafsaal 70/120 NOK, Matratzenlager 50/100 NOK, Zelt 30/45 NOK pro Person. Bettwäsche 55 NOK, Leinenschlafsack 25 NOK. Frühstück 60/80 NOK, Hafergrütze oder müsliähnliche Mischung 22/32 NOK, Tellergerichte 58–72/73–87 NOK, Abendessen (3 Gänge) 120/150 NOK, Kinderteller 33/43 NOK, Thermoskanne Kaffee oder Tee 16/21 NOK, belegtes Brot 8/10 NOK.

Preise *in unbedienten Hütten.* Logis inklusive Verbrauch von Brennmaterial 90/140 NOK, Matratzenlager 50/100 NOK, Zelt pro Person 20/30 NOK, Tagesaufenthalt 20/30 NOK. Entweder befindet sich in der Hütte eine Geldkassette mit Einwurfschlitz, in den Sie den Betrag samt ausgefülltem Zettel stecken, oder es liegen Formulare aus, mit denen Sie das Geld nach der Rückkehr in die Zivilisation bar auf einem Postamt einzahlen. Tragen Sie sich ins Hüttenbuch ein.

■ **Wegenetz:** Über 18.000 Kilometer hat DNT inzwischen markiert, in der Regel mit rot an Steine und Bäume gemalten T's oder, die althergebrachte Methode, mit aufgeschichteten Steinhaufen. Trotzdem sollten Sie eine Karte mitnehmen, um zusammen mit einem Kompaß doppelt gewappnet zu sein. Den markierten und eingezeichneten Pfaden sollten Sie unbedingt folgen; wer abseits der markierten Wege in unüberschaubarem

Terrain wandert, begibt sich unnötig in Gefahr.

■ **Organisierte Wanderungen:** Sowohl die DNT als auch lokale Wandervereine bieten (auch für Nicht-Mitglieder) geführte Wanderungen an, zu denen sich kleine Gruppen nach Anmeldung zusammenfinden. Vor allem bei Ausflügen und Kursen auf den Gletschern, in Eigenregie nicht zu machen, profitieren die Teilnehmer von der Erfahrung ihrer Bergführer.

Angeln

Angler finden entlang der Küste und an den Fjordufern ebenso vorzügliche Bedingungen wie an vielen Flüssen und ungezählten stillen Gebirgsseen. Im Mittelpunkt des Interesses stehen Lachs und Meerforellen, während an den Seen vor allem Forellen und Saiblinge aus dem Wasser gezogen werden. Einheimische Fischer verdienen sich etwas nebenbei, indem sie Touristen mit ihren Kuttern aufs Meer oder auf den Fjord hinaus schippern.

■ **Angelscheine:** Wer in Norwegen angeln möchte, muß zunächst die staatliche Angellizenz erwerben. Einzahlungsscheine gibt es auf jedem Postamt; der Preis liegt momentan bei 90 NOK, für Lachs, Meerforelle und Meersaibling bei 180 NOK. Angelplätze an Flüssen und Seen muß man zusätzlich bezahlen; die *fiskekort* bekommen Sie entweder im lokalen Touristenbüro, in Sportgeschäften, auf Campingplätzen, in Hotels oder direkt bei den Eigentümern und Pächtern, die ihre Rechte weiter vermieten. Zur Wahl stehen Tages-, Wochen- und Saisonkarten. Für Lachse darf man mit 50–300 NOK für eine Tageskarte rechnen. Wer am Meer oder im Fjord angeln möchte, muß außer der Angellizenz nichts bezahlen.

■ Da in den vergangenen Jahren Parasiten, Krankheiten und saurer Regen den Fischbeständen arg zusetzten, gelten strenge **Bestimmungen** für die Einfuhr von Angelausrüstungen. Prinzipiell sind nur ungebrauchte oder desinfizierte Angeln erlaubt; einige Eigentümer und Pächter von Fischgründen verlangen die Desinfektion vor Ort, um sicherzustellen, daß das Angelgerät nicht bereits zuvor in gefährdeten Gewässern benutzt wurde. Die Regelungen bezüglich der einzelnen Gewässer sind dermaßen unterschiedlich, daß sie hier nicht detailliert aufgeführt werden können. – Gleiches gilt für die **Schonzeiten**, die von Fluß zu See verschieden sein können. Manche Flüsse sind sogar ein ganzes Jahr lang für Angler tabu, damit sich der Bestand von Überfischung und Krankheiten erholen kann. Die Lachssaison beginnt meist am 1.6. und endet zwischen Mitte August und Mitte September. Auch hier sind lokal abweichende Regelungen möglich.

■ **Lektüre:** Das Buch »Angeln in Norwegen« enthält alle notwendigen Informationen, stellt die einzelnen Angelgebiete vor und verrät, wo Sie die Angelscheine kaufen können. Herausgeber ist der Verlag »Nortrabooks«, der zur norwegischen Tourismusindustrie gehört und meist schönfärberische Bücher veröffentlicht, was bei einem nüchternen Angelführer nicht funktioniert. Der Preis (39,80 DM) ist happig, zumal man nur einen kleinen Ausschnitt der angegebenen Gebiete bereisen kann, doch vielleicht können sich mehrere passionierte Angelfreunde ein Buch teilen? – Preiswerter ist das gleichnamige Sonderheft der Fachzeitschrift »Blinker« (15,80 DM). Bezug siehe unter »Karten« im Kapitel »Vor der Reise«.

Fahrradfahren

Für Radwanderungen spricht die langsame Fortbewegung, die die Landschaft intensiver erfahren läßt. Jederzeit und überall kann der Radler einen Halt einlegen, schauen, genießen. Der eigene Rhythmus einer Fahrradreise bestimmt so alltägliche Dinge wie Übernachtung und Verpflegung, indem man nicht ohne weiteres einem Schlechtwettergebiet entfliehen oder die Packtaschen mit x-beliebig vielen Waren auffüllen kann. Der Kontakt zur Natur ist unmittelbar, der Bruch mit der Zivilisation ebenso. Wer das ohne Wehklagen verkraften kann, wird seinen Spaß haben.

In Westnorwegen locken die langen, flachen Straßen an den Fjorden sowie einige befahrbare Wege im Gebirge, die abseits des Straßenverkehrs den Kontakt zu unberührter Natur ermöglichen. Ein klassisches Radlerland ist Norwegen jedoch nicht. Die mitunter häufigen Wetterwechsel können mürbe machen. Die gebirgige Geographie mit ihrem anstrengenden Auf und Ab erfordert schon eine gewisse Fitneß. Unbeleuchtete oder schlecht belüftete Tunnel durchkreuzen so manchen Routenwunsch. Im westnorwegischen Fjordland konzentriert sich der Verkehr häufig auf wenige Straßen. Zwar gibt es Nebenstraßen, auf denen Radler oder Verkehrsstreß vorwärtskommen, doch sind sie nicht so miteinander verknüpft wie in anderen Landesteilen. Immerhin wird das Radwegenetz erweitert, wenn auch (aufgrund fehlender Erfahrung) nicht überall durchdacht.

■ **Übernachtung:** Auch für Radwanderer gelten die Regeln des Jedermannrechts. Ein nett gelegener Campingplatz ist allemal einem ungemütlichen Wildcamping vorzuziehen.

■ Die Schokoladenseiten des Radlerlebens kann auch erfahren, wer den eigenen Drahtesel im oder am Auto verstaut, um sich auf **Tagestouren** zu begeben. In Unterkünften, Sportgeschäften und

Radwandern im Westen: über dem Eikesdal (s.S. 260) ▶

Touristenbüros können geländegängige Fahrräder gemietet werden.

■ **Rallarvegen:** Eine der spannendsten Routen, auch für Tagesausflügler, führt auf einem alten Transportweg aus der Zeit des Eisenbahnbaus über die Hardangervidda; siehe unter »Flåm, Rallarvegen«.

Golf

Golfplätze sind auch in Norwegen im Kommen, obwohl die Saison auf Mai bis September begrenzt ist und sich solche Investitionen erst allmählich amortisieren. In den einzelnen Kapiteln sind unter »Verschiedenes« Adressen und Telefonnummern von Golfplätzen vermerkt. Eine Gastkarte kommt auf etwa 100–250 NOK. Doch nicht überall können Sie ohne weiteres mitmischen. Deshalb empfiehlt es sich, vor Reiseantritt den Dachverband anzuschreiben.

■ **Information:** *Norges Golfforbund,* Hauger Skolevei 1, N-1351 Rud.

Kanu, Kajak, Rafting

Zahlreiche an Seen und Flüssen gelegenen Campingplätze vermieten Kanus, Kajaks, Ruderboote. Raftingtouren bieten professionelle »Erlebniszentren« an, die auch mehrtägige Wildnis-Ferien sowie andere modische Aktivitäten wie Paragliding und Freeclimbing in ihren Programmen führen.

■ **Information:** *Norges Kajakkforbund,* Hauger Skolevei 1, N-1351 Rud.

Reiten

Die genannten Vereine und Gestütsbesitzer organisieren Ausritte und stellen erfahrenen Reitern Pferde zur Verfügung. Wegen der Imagepflege besitzen die meisten natürlich Fjordpferde. Wer nicht zum ersten Mal auf einem Pferderücken sitzt, kann sich einer mehrtägigen Tour ins Hochland anschließen, das Nonplusultra in nordischen Landen. Für solche Ausflüge sind meist langfristige Anmeldungen erforderlich. Eine der attraktivsten Wochentouren führt auf die Hardangervidda; siehe unter »Rjukan«.

■ **Information:** *Norsk Rytterforbund*, Hauger Skolevei 1, N-1351 Rud.

Tauchen

Die rauhe Küste Westnorwegens hat viele Schiffe in die Tiefe gezogen. Wracks und die einigermaßen intakte Unterwasserwelt bilden ein spannendes Revier für Taucher. Entlang der Küste bieten Tauchklubs Kurse für Anfänger sowie Exkursionen für Fortgeschrittene an, teilweise auch Quartiere. Die Ausrüstung kann gemietet werden. Es gibt Klubs, die sich auf Gruppen konzentrieren und Individualtouristen abblitzen lassen; deshalb vorher anfragen. Wer seine Luftflaschen mitbringt, muß ein Zertifikat vorweisen, damit sie aufgefüllt werden.

■ **Information:** *Norsk Dykkerforbund*, Hauger Skolevei 1, N-1351 Rud.

Tiersafaris

Fotosafaris spüren im Rahmen einer organisierten Tour die Protagonisten der nordischen Tierwelt auf. Hoch im Kurs stehen Elche, Biber und Vögel. Diese Exkursionen schaden der Natur normalerweise weniger, als wenn ungenügend informierte Touristen auf eigene Faust durch die Botanik streifen.

Vogelkunde

Die Insel Runde ist das größte norwegische Seevögelparadies südlich des Polarkreises. Lesen Sie das Kapitel über Runde und Herøy.

Wasserfreuden

An Küste und Fjorden verteilen sich zwar viele Sandstrände, doch zum Baden dürfte es der Mehrzahl der mitteleuropäischen Touristen meist etwas zu frisch sein. Am wärmsten ist das Wasser von Juli bis Mitte August. Alternativ finden sich in in jeder Gemeinde Schwimmbäder, in Einzelfällen sogar mit Meerwasser gespeist.

An Küste und Fjorden vermieten Vereine wie Hotels Segelboote und Surfbretter oder stellen Motorboote zum Wasserskilaufen zur Verfügung.

Geschichte und Gegenwart

Die älteste Spuren menschlicher Besiedlung stammen aus der älteren Steinzeit, als die Gletscher der letzten Eiszeit zu schmelzen begannen (10.000 bis 9.000 v.Chr.). Es handelt sich um Schädelfunde und ausgegrabene Flintsteine – Kieselgestein aus Quarz oder verwandten Gesteinsarten, das leicht zu bearbeiten ist und aus dem sich, typisch für diese Epoche, Gebrauchsgegenstände herstellen ließen. Jene Ur-Norweger, streng genommen Indogermanen, gingen entlang der Südküste auf Rentierjagd, später auf Fischfang.

In der jüngeren Steinzeit (4000 bis 1500 v.Chr.) wurden die bis dahin ortsungebundenen Sippen seßhaft. Sie hielten sich nun domestiziertes Vieh und bauten Kulturpflanzen wie Gerste und Weizen an, wenn der felsige Boden auch nur spärliche Zonen preisgab. Aus Jungsteinzeit und Bronzezeit (1500 bis 500 v.Chr.) stammen die ältesten *Felszeichnungen.* Sie zeigen Boote, Bäume, Symbole sowie schematisierte Darstellungen von Menschen und Tieren. Felszeichnungen (norwegisch: *helleristninger*) waren Bestandteile von Riten, sollten z.B. die Götter beschwören, damit den Jägern das Glück hold sei oder daß die Ernte gut ausfalle. Ein anderes Relikt dieser Zeit sind die *Grabhügel*, die Macht und Reichtum des Sippenführers dokumentierten.

Parallel mit dem Übergang von der Bronze- zur Eisenzeit (500 v.Chr.) wurde es kälter und feuchter in Nordeuropa. Der Klimaumschwung erzwang den Bau fester Unterkünfte, die von der Schlafstätte bis zum Viehstall alles unter einem Dach vereinten. Als Baumaterialen bewährten sich Holz und Grassoden. Klimawechsel, Übervölkerung, Streit zwischen den einzelnen Stämmen und Abenteuerlust gelten als die Ursachen der Völkerwanderung, die noch vor dem Beginn unserer Zeitrechnung einsetzte. Als Germanen und Römer ihre ersten Kämpfe ausfochten, waren noch keine Stämme aus dem Norden beteiligt. Die *Haruden*, die wahrscheinlich aus dem heutigen *Hardanger* stammten, gehörten um 450 n.Chr. zu den ersten Urnorwegern, die es nach Mitteleuropa zog. In der Regel kamen die reisefreudigen Nor(d)mannen gut mit der angestammten Bevölkerung aus. Sie trieben Handel oder nahmen sich (unbesiedeltes) Land, zum Beispiel Inseln vor der Küste Schottlands, die sich gut für die Schafzucht eigneten.

Wie schrecklich war Hägar?

Als Wendepunkt gilt das Jahr 793, als eine Horde Normannen die kleine Holy Island vor der Ostküste Englands heimsuchte. Sie plünderten das Kloster *Lindisfarne*, brannten es nieder und erschlugen die Mönche. In der Folgezeit häuften sich solche Vorkommnisse, verbreiteten die Wikinger, wie sich die Normannen auf Beutezug nannten, Angst und Schrecken. Sie bildeten keine Volksgemeinschaft, und der Name »Wikinger« galt nicht nur für Norweger, sondern auch für Südschweden und Dänen. Gleichzeitig betätigte sich nicht jeder Normanne als Wikinger: Während sich die einen auf Beutezug begaben, segelten andere zu den Handelsplätzen, gründeten Siedlungen oder kombinierten diese Lebensformen miteinander. Auf Handels- oder Beutefahrten segelten Normannen nach Colonia (Köln) und Parisia (Paris), nach England und Irland, zum Mittelmeer oder über die Wolga. Sie verdingten sich als Leibwachen des Kaiser von Byzanz und überquerten mit ihren Booten auf dem Landweg enorme Entfernungen bis zum Schwarzen Meer. Ob Händler oder Räuber – daß sie relativ unangefochten Meere und Flüsse beherrschten, verdankten sie ihrer Schiffsbaukunst. Die wendigen, solid gebauten Drachenboote waren den anderen Konstruktionen überlegen.

Ein Grund für die aggressive Expansion in der Fremde waren die Zustände zu Hause, wo Zwist und Landnot zunahmen und die Axt immer häufiger als Argumentationshilfe eingesetzt wurde. Norwegen bestand um 850 aus vielen kleinen Fürstentümern, die nichts Besseres zu tun hatten, als miteinander um die Macht zu konkurrieren. Einer dieser Potentaten war *Harald Hårfagre* (um 850–933), dessen Beiname »Schönhaar« auf eine stattliche Erscheinung schließen läßt. Nachdem Harald mit einer Reihe anderer Kleinherrscher Bündnisse geschlossen hatte, stellte er sich in der Schlacht von *Hafrsfjord* seinen ärgsten Widersachern. Es muß ein fürchterliches Gemetzel gewesen sein, das sich da draußen in dem kleinen Fjord ganz in der Nähe von Stavanger abspielte. Haralds Sieg vereinte Norwegen erstmals zu einem Reich und machte ihn selbst zum König. Er festigte seine Macht, indem er die »gewonnenen« Landstriche unter seinen zahlreichen Nachkommen verteilte, führte eine Art Steuersystem in Naturalien ein und stellte die Bauern dafür unter seinen Schutz.

Da Schönhaars Versöhnungswillen begrenzt war, mußten viele der Unterlegenen ihr Glück anderswo versuchen. Sie besannen sich auf ihre Tugenden als Siedler, Händler und Räuber. Zu den bekanntesten neuen Siedlungen gehörten 875 die Hebriden, Shetlands, Orkneys und die Insel Man. Doch Harald Schönhaar säuberte die britischen Inseln von allen Wikingern, die ihm nicht treu ergeben waren. Bereits 874 hatten sich die ersten Normannen auf Island niedergelassen, wo nur ein paar irische Mönche lebten. Die Neu-Isländer unterhielten zwar enge Handelsbeziehungen mit dem norwegischen Mutterland, blieben aber unabhängig. Der Händler *Gunnbjørn*, den ein Sturm 875 an Island vorbeitrieb, sichtete weiter östlich ein gebirgiges Land, kam wegen des Eises aber nicht weiter voran. Auf diese Überlieferung besann sich 982 *Erik der Rote*, ein streitbarer Wikinger, der aus Norwegen nach Island verbannt worden war, aber auch dort keine friedliche Atmosphäre verbreitete. Erik segelte los zu neuen Ufern – und entdeckte Grönland. Um 1000 stießen Grönland- oder Island-Wikinger nach Nordamerika vor; manche Quellen sprechen von Eriks Sohn Leif. Ausgrabungen, die norwegische Archäologen in den 1960er Jahren auf Neufundland vornahmen, förderten Reste von Siedlungen zu Tage, die denen der grönländischen und isländischen Normannen entsprachen.

Festigung und Zerfall

Um die Jahrtausendwende ebbten die Wikingerzüge auf dem europäischen Kontinent ab. Ob das mit dem Christentum zu tun hatte, das sich zum selben Zeitpunkt zu Hause durchsetzte? Haralds einst geschlossenes Reich bröckelte wieder, und sein getaufter Urenkel, König *Olav Trygvasson*, hatte zwar die Kleinherrscher im südlichen und westlichen Norwegen bekehrt, starb aber im Kampf gegen die »unheilige« Allianz aus Dänen, Schweden und Trøndelager Fürsten. Erst König *Olav Haraldsson* gelang es, den neuen Glauben endgültig durchzusetzen. Daß seine Überzeugungsarbeit auf Feuer und Schwert basierte, gereicht ihm nicht zu Ehren, entsprach aber der christlichen Praxis im Mittelalter. So verwundert es auch nicht, daß Olav 1030 in der Schlacht von *Stiklestad* sein Ende fand. Im Jahr darauf wurde er heilig gesprochen. *Magnus Olavsson*, der von 1035 bis 1047 regierte, konsolidierte Reich und Königshaus und behauptete sich gegen die Besitzansprüche der dänischen und schwedischen Nachbarn.

Die neue Stabilität zeigte erste Auswirkungen: 1048 wurde *Oslo* gegründet, 1070 *Bergen*, dank der verkehrsgünstigen Lage an der Westküste die wichtigste Stadt nach dem Bischofssitz und Königshof *Nidaros*, dem heutigen *Trondheim*. 1250 erteilte König *Håkon IV.* der Lübecker Hanse eine Art Handelszuschlag für Bergen. Die straff geführte Kaufmannsgilde organisierte ein Handelsnetz, das halb Europa umspannte, und trat sozusagen die Nachfolge der Normannen an. Die Koggen der Hanse erwiesen sich als die bestgebauten Schiffe seit den Drachenbooten der Wikinger. 1262 wurden Island und Grönland in das norwegische Königreich integriert. Island hatte seit Eriks Zeiten mehr oder weniger unter dem Einfluß der norwegischen Herrscher gestanden. Erpressungen, Intrigen sowie Streit unter den Isländern bereiteten den Boden, um die »Kolonie« zu binden und folgsame Leute in weltliche und geistliche Positionen zu hieven, auf die sich die Herrscher im fernen Nidaros verlassen konnten. Norwegen befand sich auf dem Höhepunkt seiner Macht und in einer Phase relativen Wohlstands, der freilich nur den privilegierten Schichten vorbehalten blieb. Bauern und Fischer lebten in Abhängigkeit und finanzierten direkt oder indirekt Gesetzmäßigkeiten und Launen des Feudalsystems.

1349 brach die Pest über Norwegen herein und raffte mehr als die Hälfte der Bevölkerung dahin. Eine eindrucksvolle Schilderung finden Sie in Sigrid Undsets Romantrilogie »Kristin Lavranstochter«. Eine weitere Katastrophe, wenn auch ganz anderer Art, hatte 1319 begonnen, ohne daß die Konsequenzen vorherzusehen waren. Da *Håkon V.* keine männlichen Erben hinterließ, sahen sich die Patrizier nach einem neuen König um und entschieden sich für den Schwedenkönig *Magnus Eriksson*, der die Krone 1343 seinem Sohn *Håkon VI.* überließ. Nach dessen Tod 1380 war es mit der Selbständigkeit Norwegens plötzlich vorbei. Håkons dänische Witwe, *Margarethe I.*, durfte zwar den Thron nicht besteigen, zog aber geschickt die Fäden und betrieb die Vereinigung von Dänemark und Norwegen, die 1387 mit der Krönung Margarethes als kleinskandinavische Königin offiziell besiegelt wurde – Erbfolgeregelung hin oder her. Aus klein machte sie groß, indem sie 1397 die Verflechtung der nordischen Königshäuser nutzte und die *Kalmarer Union* gründete, in der sich nun auch Schweden wiederfand. Die umtriebige Margarethe strebte mit ihrem jetzt großskandinavischen Reich nach Höherem, doch das ist mehr dänische als norwegische Geschichte.

Während Schweden ständig gegen die Zwangsunion rebellierte und 1523 unter Gustav Vasa die Unabhängigkeit erkämpfte, verkümmerte Norwegen zur dänischen Provinz. Die fernen Herrscher in Kopenhagen besetzten die entscheidenden Verwaltungsposten mit eigenen Leuten und machten das Dänische zur Amtssprache. Sie verschacherten die Shetlands und Orkneys als Mitgift an das schottische Königshaus. Die

Handelsrechte verkauften sie an ausländische Geschäftsleute, neben den Deutschen von der Hanse meist Engländer, Schotten und Holländer. Was die dann in ihren Machtbereichen trieben, berührte die Dänenkönige wenig. Kaum einen adligen Lehensherrn hielt es länger als notwendig dort draußen an der Peripherie; die Baronie in Rosendal ist einer der spärlichen Feudalsitze in Norwegen. Das Schicksal der Bauern und Fischer werden Sie in den einzelnen Kapiteln dieses Buches kennenlernen.

Union mit Schweden

Mit dem *Kieler Frieden* 1814 wurde Europa neu aufgeteilt. Dänemark, das als Verbündeter Napoleons zu den Verlierern gehörte, verlor Norwegen an Schweden. Norwegen hatte unter den Napoleonischen Kriegen schwer gelitten: Zum einen legte die englische Seeblockade den Handel lahm, zum anderen mußten viele Norweger als Soldaten ihr Leben lassen. Umso verständlicher, daß sich 1814 die Stimmen mehrten, die die Unabhängigkeit forderten und die Union mit Schweden verwarfen. Der dänische Statthalter in Christiania, wie Oslo inzwischen hieß, war ein Neffe des aktuellen Dänenkönigs. Er engagierte sich für die Bildung einer Verfassunggebenden Versammlung, ohne insgeheim das Ziel einer Wiedervereinigung von Norwegen und Dänemark aus den Augen zu verlieren. In Eidsvoll, nördlich von Christiania, trafen sich im April 1814 112 Abgeordnete zur *Nationalversammlung*. Am 17. Mai verabschiedeten sie die neue Verfassung und wählten den dänischen Prinzen *Christian Fredrik* zum König. Die Schweden zeigten sich allerdings nicht bereit, auf die Union zu verzichten. Nach erfolglosen Verhandlungen zwangen sie Christiania mit militärischem Druck zum Nachgeben. Immerhin erkannte Schwedens König *Karl Johan* die Nationalversammlung und ihre Verfassung an, setzte allerdings Änderungen durch, die die Union bestätigten und die Außenpolitik den Schweden unterstellte. Trotzdem bedeutete der Unionsvertrag eine wesentliche staatsrechtliche Verbesserung für Norwegen. Die neue Verfassung hatte nationale Rechte institutionalisiert, die den Auftakt zum langen Marsch in die Unabhängigkeit bildeten. Der 17. Mai war fortan Nationalfeiertag. Die Nationalversammlung konstituierte sich in Christiania. Die Mitglieder verlegten sich auf eine Taktik der kleinen Schritte, um mehr Freiheiten zu erreichen. Das norwegische Parlament, das *Storting*, sollte noch bis 1884 auf sich warten lassen.

Bedeutsamer war die nationale Bewegung in Teilen der Bevölkerung, die in Eidsvoll ihren Anfang nahm: 434 Jahre zur geschichtslosen Randlage Europas degradiert, besannen sich Intellektuelle, Künstler und gewöhnliche Bürger auf alles, was sie als urnorwegisch einstuften: Wikinger, Stabkirchen, Kunsthandwerk wie die bäuerliche Rosenmalerei, bestimmte Darstellungsformen von Kunst und, ganz wichtig, Sprache und Literatur. 1872 wurde der tausendste Jahrestag der Schlacht am Hafrsfjord mit Gedächtnisfeiern und der Enthüllung eines Haralds-Denkmals in Haugesund gewürdigt. Der Rest der typisch norwegischen Stabkirchen, die seit dem Mittelalter zu Hunderten verfallen waren, geriet allmählich in den Mittelpunkt der Denkmalspflege. Der Bergenser *Johan Christian Dahl* (1788–1857) malte wirklichkeitsnahe Bilder nordischer Landschaften und traf den Nerv der Zeit. Die Sagas feierten Wiederauferstehung, und die norwegischen Märchen, die *Asbjørnsen* und *Moe* 1842 herausgaben, sind noch heute ein gefragtes Geschenk. Zu den glühendsten Patrioten gehörten viele Schriftsteller, darunter *Henrik Wergeland* (1808–1845), der sich auch als Politiker betätigte. Um die Sprache von allem Dänischen zu reinigen, engagierten sich Wissenschaftler wie Hobby-Sprachforscher: Einer von ihnen, der Bauer *Ivar Aasen* (1813–1896) aus Møre in Westnorwegen, schuf aus den Dialekten der ländlichen Gebieten eine neue, alte Sprache und gilt als Urheber der kuriosen Situation, daß im heutigen Norwegen zwei Schriftsprachen gleichberechtigt nebeneinander stehen; siehe nächstes Kapitel.

Auch wenn nicht alle Norweger einen solch missionarischen Eifer an den Tag legten, stieß die Suche nach nationaler Identität meist auf offene Ohren. Der Nachholbedarf war enorm, und seine Umsetzung glich ein wenig die ökonomischen Probleme aus, denen sich das Land damals gegenübersah. In den ersten dreißig Jahren der Union stand Norwegen ständig am Rand der Pleite. Doch die Gesundung der Staatsfinanzen bedeutete noch keine Verbesserung des allgemeinen Lebensstandards. Bauern und Fischer lebten unverändert in Abhängigkeit von Abnehmern und Grundeigentümern und trugen das Risiko einer schlechten Saison. Die landwirtschaftlichen Produktionsmethoden waren überholt. Und obwohl die Bauern künftig mehr Viehhaltung und Milchwirtschaft betrieben, obwohl sich mit der Erfindung der Harpunenkanone der Walfang als Wirtschaftszweig etablierte, obwohl die Fortschritte in der Schiffsbautechnik den Fischfang erleichterten und den Grundstein zu einer der größten Handelsflotten überhaupt legten und obwohl die Industrialisierung einsetzte, reichten die vorhandenen Arbeitsplätze und Wirtschaftsstrukturen nicht aus, um die stetig wachsende Bevölkerung zu ernähren. Zwischen 1825 und 1915 verließen rund 800.000 Menschen das Land, auf der Suche nach einem besseren Leben. Die meisten Schiffe brachen gen Nordamerika auf. Der schwedische Autor *Vilhelm Moberg* schildert in »Die Auswanderer« und »In der neuen Welt« das harte Schicksal der Emigranten.

Endlich unabhängig

Das stichnadelartige Taktieren des Stortings führte zum Ziel: 1905 entschieden sich die Norweger in einer ersten Volksabstimmung für die vollständige Souveränität, in einer zweiten für die konstitutionelle Monarchie als Staatsform. Landeshauptstadt wurde Christiania. Schweden verzichtete auf eine militärische Intervention – wenn man bedenkt, mit welcher Hingabe die Völker Mitteleuropas neun Jahre später in den Krieg zogen, verdient diese Entscheidung Anerkennung.

Den König mußte sich Norwegen von außerhalb besorgen. Der dänische Prinz Carl wurde als *Håkon VII.* im Nidaros-Dom zu Trondheim gekrönt. 1913 beschloß das Storting das fällige Frauenwahlrecht. Zur selben Zeit begann der Bau von Anlagen für die Wasserkraftgewinnung, die das Land heute zusammen mit dem Öl energieunabhängig macht. Im Ersten Weltkrieg erklärte sich Norwegen neutral. Da die Handelsflotte, inzwischen die drittgrößte überhaupt, überwiegend Versorgungseinsätze für die Alliierten fuhr, verloren die Reeder im U-Boot-Krieg beinahe die Hälfte ihrer Schiffe. Trotzdem verdienten sie prächtig am Krieg und schufen sich eine starke Position auf dem internationalen Markt. 1924 erhielt Kristiania, nachdem die Schreibweise bereits norwegisiert worden war, seinen ursprünglichen Namen Oslo zurück.

Auch auf anderen Gebieten machten NorwegerInnen von sich reden: Bereits 1903 hatte *Bjørnstjerne Bjørnson* (1832–1910), Wegbereiter des literarischen Realismus im eigenen Land, für sein Lebenswerk den Literaturnobelpreis erhalten. Ihm folgten 1920 der geniale Erzähler *Knut Hamsun* (1859–1952, »Hunger«, »Pan«, »Victoria«, »Segen der Erde«) sowie 1928 *Sigrid Undset* (1882–1949, »Jenny«, »Frühling«, »Kristin Lavranstochter«). 1911 erreichte *Roald Amundsen* als erster Mensch den Südpol. 1924 wurde sein Ex-Kollege *Fridtjof Nansen,* mittlerweile Hochkommissar beim Völkerbund, mit dem Friedensnobelpreis ausgezeichnet, nachdem er sich erfolgreich um die Rückführung von Kriegsgefangenen nach dem Ersten Weltkrieg bemüht hatte.

Der Zweite Weltkrieg

Der Zweite Weltkrieg ist das

finsterste Kapitel der jüngeren norwegischen Geschichte. Am 9. April 1940 besetzte Hitlers Wehrmacht das Land, um den nordnorwegischen Erzausfuhrhafen Narvik zu kontrollieren, Flottenstützpunkte an der Küste zu postieren und eine Nordflanke für den Angriff auf die Sowjetunion zu schaffen. Der Überfall mit Namen »Weserübung« verlief planmäßig – abgesehen von einer Ausnahme: Im Oslofjord versenkte eine altertümliche Kanone den Kreuzer »Blücher«, verzögerte so die Einnahme Oslos und ermöglichte König und Parlament die Flucht nach England. Håkon VII. lehnte jede Verhandlung mit den Deutschen ab und übertrug dem Storting die Vollmacht für den Widerstand. Die Deutschen bombardierten ebenso gezielt wie willkürlich norwegische Städte, in Westnorwegen bevorzugt entlang der Küste (Molde, Kristiansund u.a.). Im Norden gelang es britischen, französischen, polnischen und einheimischen Verbänden, Narvik zurückzuerobern; der Kriegsausbruch in Frankreich bewog die Alliierten dann aber zur Einstellung des Kampfes. In den ersten Besatzungstagen verloren schätzungsweise 7500 Menschen das Leben.

Die Deutschen setzten den Norweger *Vidkun Quisling* in Oslo als Statthalter ein, der allerdings den Weisungen aus dem militärischen Oberkommando unterstand. Quisling, früher Verteidigungsminister, war bereits im Dezember 1939 zu vorbereitenden Gesprächen nach Berlin gereist; sein Name entwickelte sich zum Synonym für Kollaborateur.

Der Widerstand zeigte sich in verschiedenen Formen: Der Großteil der Handelsflotte war bei Kriegsausbruch 1939 vorsichtshalber in Großbritannien stationiert worden und nun für die Alliierten unterwegs, Juden wurden heimlich über die Grenze nach Schweden geschleust, und zahlreiche Norweger beteiligten sich unter britischem Oberbefehl an Überfällen und Sabotageakten oder kämpften als Partisanen. Viele mußten ihren Einsatz mit dem Leben bezahlen. In Gefangenen- und Arbeitslagern fristeten Widerstandskämpfer neben slawischen und anderen Kriegsgefangenen ein kümmerliches Dasein. Als sich 1943 die Niederlage der Deutschen auf dem Kontinent abzeichnete, nahmen die Grausamkeiten zu. Bei ihrem Rückzug hinterließ die Wehrmacht in Nordnorwegen verbrannte Städte, Siedlungen und Fabriken.

Am 7. Mai 1945 kapitulierte das deutsche Oberkommando in Norwegen. Der König kehrte aus dem Exil zurück und wurde für seine hartnäckige Haltung mit Jubel in den Straßen Oslos empfangen. Vidkun Quisling wurde zum Tode verurteilt und hingerichtet. Ungefähr 20.000 Norweger, darunter der betagte Schriftsteller Knut Hamsun, erhielten Gefängnisstrafen wegen Kollaboration. Die Abrechnung mit der Vergangenheit führte zu tragischen Szenen innerhalb der Bevölkerung. Frauen, die mit deutschen Soldaten befreundet gewesen waren, mußten Beschimpfungen und in Einzelfällen auch Mißhandlungen über sich ergehen lassen – die Selbstjustiz und ihre Ursachen galten lange Zeit als Tabuthema.

Der plötzliche Reichtum

Als im Herbst 1945 das Storting neu gewählt wurde, erreichte die sozialdemokratische *Arbeiterpartei* erstmals die absolute Mehrheit, die sie erst 1961 wieder abgeben sollte. In ihre Amtszeit fielen die Wiederaufbauphase, die Beitritte 1960 zur Europäischen Freihandelszone *EFTA* und 1949 zur *NATO*, das Resultat der Besatzungszeit im Zweiten Weltkrieg. Offiziell blieben die Stationierung fremder Truppen und die Lagerung von Atomwaffen untersagt. Bis in die 60er Jahre sollten die traditionellen Erwerbssparten Fischerei und Landwirtschaft die tragenden Säulen der Wirtschaft bleiben.

1957 folgte *Olav V.* seinem verstorbenen Vater als König. Die Aufgaben der Königsfamilie beschränken sich gemäß der Verfassung auf Repräsentation. Olav V. starb 1991, worauf sein Sohn als *Harald V.* den Thron bestieg.

1964 begann eine neue Ära für Norwegen, als in der Nordsee die ersten Probebohrungen nach Öl aufgenommen wurden. Fünf Jahre dauerte es, bis Rentabilität versprechende Vorkommen feststanden. Die Ausbeutung des *Ekofisk*-Feldes, südwestlich von Stavanger, startete 1971, und ein Jahr später folgte die Gründung der staatlichen Ölgesellschaft *Statoil.* Stavanger etablierte sich als Ölmetropole, in der das Zusammenprallen von Alt und Neu heute am deutlichsten zu verfolgen ist.

1972 entschieden sich die Norweger per Volksabstimmung gegen die Mitgliedschaft in der Europäischen Gemeinschaft. Für nordische Verhältnisse verlief die Diskussion ungewöhnlich heftig und hinterließ Gräben in Familien wie Parteifraktionen.

Die Erdölförderung verhalfen Norwegen zu außerordentlichen Einnahmen. Die einheimische Wirtschaft war so stark, daß sie sich von den internationalen Krisen vorerst freihielt. Nach schwedischem Vorbild entstand ein Wohlfahrtsstaat, der seit 1945 im Kleinen vorbereitet worden war, nun aber im Großen finanziert werden konnte. Doch obwohl es das erklärte Ziel aller Regierungen war, die anderen Wirtschaftszweige möglichst unabhängig von der Ölförderung zu halten, ist es genau umgekehrt gekommen. Die Ölwirtschaft hat den Norwegern hohe Löhne und hohe Preise beschert. Facharbeiter zogen und ziehen in die Ölzentren entlang der Westküste; viele junge Menschen wanderten in die Städte ab, unterstützt durch die unselige Zentralisierungspolitik der frühen 70er Jahre. Die traditionellen Wirtschaftszweige hatten das Nachsehen, wie das Beispiel Fischerei zeigt: Vom Fischfang ohne finanzielle Unterstützung oder Nebenjob zu leben, ist heute eigentlich unmöglich. Die radikale Dezimierung der Fischbestände und die industrialisierte Fangtechnik haben ganze Küstenstriche nahezu entvölkert, zumal die Städte ein komfortableres und weniger hartes Leben versprechen. Inzwischen korrigierte das Parlament seine frühere Leitlinie, indem es steuerliche Anreize für diejenigen beschloß, die in spärlich besiedelten Landstrichen bleiben oder dort hinziehen. Die unheilvolle Bindung der Gesamtwirtschaft an die Kapriolen des Ölpreises hat jedenfalls ihre Spuren hinterlassen, Anfang der 90er zum Beispiel die höchste Arbeitslosigkeit seit Jahrzehnten.

Trotzdem stärkte die Parlamentswahl 1993 überraschend der regierenden Arbeiterpartei unter *Gro Harlem Brundtland* den Rücken (36,9 %). Den drei konservativen Parteien Høyre (17 %), Zentrum (16,8 %) und Christliche Volkspartei (7,9 %) trauten die Bürger keine langfristigen Perspektiven zu. Zweimal, 1985 und 1989, hatten die zuvor die Parlamentswahlen gewonnen, waren sich innerhalb eines Jahres in die Haare geraten und danach jeweils von einem Minderheitskabinett Brundtland abgelöst worden – die Verfassung schließt Neuwahlen aus.

Schreckgespenst EU

Seit sie im Konzert der großen Wirtschaftsnationen mitsingen, haben die Norweger viele Segnungen und Mißgriffe der modernen Zeit nachgeahmt. Leider haben sie die Tendenz, der Welt beweisen zu wollen, wie toll ihr Land ist. Anstatt die Natur für sich sprechen zu lassen, wurden Betonburgen, Einweg-Verpackungen und Hamburger-Ketten wie selbstverständlich importiert. Anders bei den gelungenen Olympischen Winterspielen 1994 in *Lillehammer,* als sich das Organisationskomitee, das Betonspektakel von Albertville noch vor Augen, rechtzeitig darauf besonnen hatte, »grüne Spiele« zu präsentieren. Die internationale Anerkennung hat die Norweger in ihrem unerschütterlichen Glauben an sich selbst bestärkt; oder ist der gar nicht so unerschütterlich?

Die Debatte um den Beitritt zur EU verlief ähnlich heißblütig wie die erste 1972. Die Debatte war sehr von Emotionen geprägt, die selbst abstruse Argumente nicht aus den Schlagzeilen hielt. So war manchen Gegnern allein die Bezeichnung »Europäische Union«

suspekt, da die unfreiwillige Zweisamkeit mit Schweden 1814–1905 ebenfalls unter dem Namen Union vollzogen worden war. Ähnlich den bayrischen Bauern, die Wahlsiege der SPD mit der Verstaatlichung ihrer Höfe gleichsetzen, beschworen die norwegischen EU-Gegner die Gefahr, daß alle nationalen Errungenschaften an die Brüsseler Machthaber zu übereignen seien. Eine Karikatur zeigte, vor dem Hintergrund der Lofoten, eine Tafelrunde, an der ein fetter Kohl den besten Platz an der Stirnseite eingenommen (und damit die geliebte Heimat symbolisch übernommen) hat. Die Argumentation der EU-Befürworter war allerdings auch nicht gerade geschickt. Da wurden wirtschaftliche Horrorszenarien entworfen, falls Norwegen nicht den Sprung in die europäische Gemeinschaft wagen würde – dieselbe Strategie hatten die Beitrittswilligen 1972 gefahren, worauf sich die ökonomische Situation trotz Ablehnung blendend entwickelte. (Pikanterweise befand sich die Konjunktur schon vor der Abstimmung im November '94 im Aufwind.) Auch 1994 geisterten ständig Zahlen und Statistiken durch die Medien, was ein Beitritt nun finanziell bringe und was nicht. Daß die EU-Gegner die Abstimmung mit knapp 53 Prozent für sich entschieden, lag letztlich an der unsicheren Antwort auf die Frage: »Was passiert, wenn?« Ein bißchen mehr Selbstsicherheit hatte ich erhofft von einer Nation, die ihr Land unverändert für den Nabel der Welt hält.

Sie hätte sicher viel Positives in die EU eingebracht, diese fortschrittliche Gesellschaft, in der etwa die Gleichberechtigung nicht nur ein Lippenbekenntnis ist. Im Storting sitzen heute 65 Frauen und 100 Männer. Im öffentlichen Dienst sollen mindestens 40 % der Beschäftigten Frauen oder Männer sein, die erforderliche Qualifikation der Bewerber vorausgesetzt. In Einrichtungen wie Krankenhäuserm, Altersheimen und Kindergärten ist der Anteil der Frauen überproportional groß, in Führungspositionen von Firmen (noch) ausgesprochen gering. Der freie Markt tut sich mit der Gleichberechtigung schwer. Und wer kann abschätzen, wie viele Ehemänner und Lebenspartner von mehr als 70 % berufstätiger Frauen im Haushalt aktiv sind? Die hohe Quote an Teilzeitjobs läßt vermuten, daß die traditionellen »Nebenaufgaben« wie Kindererziehung und Haushalt auch in Norwegen vorwiegend von den Frauen betreut werden. Auf dem Ausbildungssektor herrscht dagegen Parität. Wohltuend ist die selbstverständliche Akzeptanz der Gleichberechtigung in der Öffentlichkeit. Es ist belustigend zu verfolgen, wenn ein Tourist aus den südeuropäischen Macho-Hochburgen eine Norwegerin entdeckt, die

Nachgebildeter Bautastein bie Vervik, Ryfylke (s.S. 120) ▶

im Straßenbau, als Baggerführerin oder Busfahrerin arbeitet, wenn derjenige den Kopf ungläubig schüttelt oder ein verräterisch überlegenes Lächeln aufsetzt.

Sie zeigen zwei Seiten, die norwegischen Otto Normalverbraucher mit Namen *Ola* und *Kari Nordman*. Während sie werktags die Gesetzmäßigkeiten des freien Marktes widerspruchlos hinnehmen, fahren sie am Wochenende hinaus zum Angeln oder Wandern, treffen sich zum Orientierungslauf, ziehen sie sich in die eigene Hütte zurück, die irgendwo im Gebirge oder an der Küste steht, und finden das *hyggelig*, was etwa mit gemütlich oder angenehm übersetzt werden kann. Jeder dritte Haushalt besitzt angeblich eine solche Hütte – Tendenz steigend. Trotz Kreditkarten sind sie ein naturverbundenes Völkchen geblieben, und wer als Tourist die Zurückhaltung auf der anderen und der eigenen Seite überwindet, wird freundliche und hilfsbereite Menschen kennenlernen, die in einer rauhen, aber prächtigen Natur leben und einiges zu erzählen haben.

Eine Nation – zwei Sprachen

Norge und Noreg

Knapp 4,2 Millionen Norweger leisten sich den Luxus, gleich zwei offizielle Sprachen zu verwenden. Wie im letzten Kapitel bereits dargelegt, war Norwegen von 1380 bis 1814 dänische Provinz und wurde von Kopenhagen aus regiert. Als der »Kieler Frieden« 1814 die Union zwischen Schweden und Norwegen festlegte, regten sich infolge der Verfassunggebenden Versammlung von Eidsvoll erste national ausgerichtete Strömungen, die sich mehr Eigenständigkeit zum Ziel setzten.

Eine heftige Diskussion entbrannte um die offizielle Schriftsprache, die mit dem Dänischen nahezu identisch war. Gemäßigte Sprachforscher und Schriftsteller setzten sich dafür ein, die Schriftsprache allmählich zu »norwegisieren«. Der profilierteste Befürworter dieser Linie war der Lehrer *Knud Knudsen* (1812–1895), der als sprachlicher Berater am 1850 gegründeten Bergenser Theater großen Einfluß besaß.

Die radikaleren Kollegen hatten anderes im Sinn: Zum einen wollten sie alle dänischen Elemente ihrer Sprache ausmerzen, zum anderen durch die Vermischung ländlicher Dialekte einen nationalen Grundwortschatz bilden. Der wichtigste Vertreter dieser Gruppe war *Ivar Aasen* (1813–1896). Der Bauernsohn und Autodidakt aus Westnorwegen hatte sich Griechisch und Latein sowie die aktuellen europäischen Kultursprachen beigebracht. Aasen betrachtete die Dialekte der ländlichen Bevölkerung als »lebendige Nachkommen des Urnorwegischen« und machte sie zum Gegenstand seiner Forschung. Von 1842 bis 1846 war er im Land unterwegs und sammelte Erkenntnisse, die er in einer Grammatik und einem Wörterbuch für die neue Sprache umsetzte.

Nicht alle Norweger teilten Aasens missionarischen Eifer. Sein Versuch, aus einem »Dialektsubstrat« eine eigenständige Sprache zu entwickeln, stieß vor allem in den Städten auf wenig Gegenliebe. Das Bürgertum schrieb nicht nur »danonorwegisch«, es sprach auch so – und sah nicht ein, nun eine völlig neue Sprache lernen zu müssen. Auch anerkannte Schriftsteller wie *Henrik Ibsen* (1828–1906) und *Bjørnstjerne Bjørnson* (1832–1910), die sich durchaus für nationale Symbole engagierten, reagierten verhalten und bevorzugten die gemäßigte Variante.

Die mit Leidenschaft geführten Auseinandersetzungen um dieses Thema führten schließlich dazu, daß beide Sprachvarianten 1885 offiziell anerkannt und seitdem durch mehrere Reformen einander angeglichen wurden. Die gemäßigte, danonorwegische Variante heißt heute *bokmål* (Buchsprache), die radikale in Aasens Tradition *nynorsk* (Neunorwegisch). Den Grundschulen wird freigestellt, ob sie in bokmål oder nynorsk unterrichten; die Lehrer sollen sich dabei nach ihren Schülern richten. In Radio und Fernsehen müssen mindestens 25 % der Beiträge in nynorsk verfaßt sein. In Postämtern und Behörden liegen Formulare in beiden Sprachen aus.

Nynorsk wird vor allem in den ländlichen Gebieten des Westens und Südwestens verwendet. Die Verstädterung entzieht dem Neunorwegischen dabei mehr und mehr die Basis. Weniger als ein Fünftel der Grundschulkinder lernen heute nynorsk. Gleichzeitig wurde 1991 die erste Gymnasialklasse vermeldet, die ihren Unterricht auf neunorwegisch hält.

Der Sprachenstreit schwelt unverändert; er war und ist auch sozial motiviert. Nynorsk-Anhänger beklagen ein verstecktes Taktieren der anderen Seite, um das Neunorwegische unter den gesetzlich garantierten Anteil in Presse und Rundfunk zu drücken. Die Gegenseite erzählt von Rundfunkredakteuren, die gefeuert worden seien, weil sie Angleichungen abgelehnt hätten und nicht auf die bis dahin gültige bokmål-Version verzichten wollten. Es gibt radikale bokmål-Anhänger, die die »primitive Bauernsprache« einfach ignorieren und ihr vorwerfen, zu wenig adäquate Begriffe für Abstrakta zu beinhalten. Ein weiterer Beleg für die soziale Komponente ist die Nachahmung der »gehobenen Sprache«, wenn unterschiedliche soziale Schichten aufeinander treffen. Ein Kenner der Debatten schildert den Fall eines Dorfes, in dem ein größeres Bauvorhaben anstand. Die Ingenieure kamen von außerhalb und brachten ihr bokmål mit, das die ihnen direkt unterstellten Mitarbeiter aus dem Dorf mit der Zeit übernahmen. So kletterte bokmål auf der sozialen Leiter nach unten und spaltete die Gemeinde, die zuvor einheitlich nynorsk gesprochen hatte.

Als Tourist in Norwegen stoßen Sie zwangsläufig auf die Spuren der Zweisprachigkeit. Milchtüten tragen entweder den Aufdruck »melk« (bokmål) oder »mjølk« (nynorsk). Das Krankenhaus heißt »sykehus« (bokmål) oder »sjukehus« (nynorsk), die Kirche »kirke« (bokmål) oder »kyrkja« (nynorsk), in manchen Gemeinden, die ihren eigenen Dialekt pflegen, auch »kirkje« oder »kyrkje«. Die Straßennamen werden unter bokmål und nynorsk aufgeteilt: So kann in einer x-beliebigen Stadt die Kongensgate (gate = bokmål) von der Strandgata (gata = nynorsk) abzweigen. Vor manchen Tunneln werden Sie »ved raud blink« (nynorsk) aufgefordert, bei rotem Blinklicht vor der Einfahrt zu warten, während der Hinweis andernorts bevorzugt »ved rød blink« (bokmål) geschrieben wird.

Selbst für den Landesnamen Norwegen existieren zwei Versionen, wie Sie auf Briefmarken und Banknoten bemerken werden: »Norge« (bokmål) und »Noreg« (nynorsk). Letzteres bereitete einem deutschen Urlauber Unannehmlichkeiten, als er zu Hause einer der frisch herausgegebenen 50-Kronen-Schein zurücktauschen wollte. Der aufmerksame Bankbeamte hielt den Schein mit dem Aufdruck »Noreg« für eine Fälschung und alarmierte die Polizei. Sollten das Ihnen passieren, können Sie die Situation jetzt selbst aufklären.

Wörterkladde

Wer sich als Besucher eines kleinen Landes die Mühe gibt, das ein oder andere Wort in der Sprache der Gastgeber zu verwenden, steigt automatisch in der Achtung, wird mit (nicht unbedingt ernst gemeinten) Schmeicheleien hofiert und mag davon in verschiedener Hinsicht profitieren. Der gute Wille schafft eine positive Verbindung zum Gesprächspartner.

Die Kladde ordnet mal die deutschen, mal die norwegischen Wörter auf der linken Seite nach dem Alphabet, je nachdem, wie Sie es vor Ort vorwiegend gebrauchen können; damit es Ihnen nicht so ergeht wie einer Leserbriefschreiberin: »Gegessen haben wir manchmal Sachen, von denen wir erst hinterher oder gar nicht erfuhren, was es war.«

Auf Karten und Hinweisschildern werden Sie gelegentlich bemerken, daß Namen ein »et«, »en« oder »a« angefügt ist. Es handelt sich hierbei um direkte Artikel, die, anders als im Deutschen, an das Substantiv angehängt werden. »et« und »en« stammen aus dem bokmål, »a« aus dem nynorsk. Die hier aufgeführten Wörter und Begriffe geben in der Regel die bokmål-Version wieder – oder statt dessen die Neuschöpfung, im Rahmen der Angleichungsreformen kreiert –. werden aber manchmal durch den entsprechenden nynorsk-Ausdruck (in Klammern) ergänzt.

Übrigens: Die drei nordischen Buchstaben Æ und æ, Ø und ø, Å und å stehen am Ende des norwegischen Alphabets, dementsprechend auch im Register am Ende dieses Buches. Bis auf die Anrede »De« (Sie) und Eigennamen gilt die Kleinschreibung.

Aussprache

Æ und æ wie ä.
Ø und ø wie ö.
Å und å wie o.
D und d: stumm vor s, nach n, l und meist als Endkonsonant.
G und g: vor j, y, selten vor i wie j.
H und h: stumm vor j und v
K und k: vor j und y wie Mischung aus k und ch
O und o: meist wie u
rs: wie sch
S und s: stimmlos
sj: meist wie sch
sk: meist wie sch (Ski)
sl: meist wie sch
U und u: meist wie ü

■ **Betonung** meist auf der ersten Silbe, bei dreisilbrigen Wörtern mitunter auf der zweiten Silbe (Har*dan*ger). Ausnahmen bestätigen die Regel.

Natur

blåbær Heidelbeere
bjørn Bär
bjørnebær Brombeere
bre Gletscher(zunge)
bringebær Himbeere
busk Busch
bukt Bucht
bær Beere
dal Tal
eid Landzunge
elg Elch
elv Fluß
fjell Berg, Gebirge
fonn Gletscher
foss Wasserfall
fugl Vogel

gjedde Hecht
haug Hügel
hav Meer
jordbær Erdbeere
kirsebær Kirsche
kyst Küste
laks Lachs
li Abhang
nibba Gipfel
nype Hagebutte
odd Landzunge
reinsdyr Rentier
rips rote Johannisbeere
rødspette Scholle
røye Saibling
seter Alm
skjell Muschel
skjær Schäre
skog Wald
sjø See, Meer
sjøaure Meerforelle
solbær schwarze Johannisbeere
sund Meerenge
tange Landzunge
tind Gipfel
topp Gipfel
tre Baum
tyttebær Preiselbeere
ur Geröll
vann Wasser, See
vatn See
vidde (vidda) weite Ebene
vik Bucht
våg Bucht
ø Insel
øy (øya) Insel
ørret (aure) Forelle
å Fluß
åbbor Barsch

Wetter

is Eis
regn Regen
regn av og til ab und zu Regen
regnbyger Regenschauer
skyet bewölkt
snø Schnee
snøbyger Schneeschauer
sol (sola) Sonne
storm Sturm
tåke Nebel
vind Wind
vær Wetter
værmelding Wetterbericht

Transport

Abfahrt *avgang*
Abteil *kupé*
Ankunft *ankomst*
Ausland *utland*
Bahnhof *jernbanestasjon*
Bahnsteig *perrong*
Boot *båt*
Bus *buss, rutebil*
Busbahnhof *busstasjon*
Eisenbahn *jernbane*
Fähre *ferge (ferje)*
Fahrkarte *billett*
Fahrplan *ruteplan*
Fahrpreis *billettpris*
Flug *fly*
Flughafen *flyhavn, flyplass*
hin und zurück *retur*
Kai *kai, brygge*
Nichtraucher *ikke-røker*
reisen *reise*
Schiff *skip*
Schnellboot *hurtigbåt*
Sitzplatz *sitteplass*
Sommerfahrplan *sommerrute*

täglich *daglig*
Taxi *taxi, drosje*
von...nach *fra...til*
werktags *hverdager (kvardager)*
Winterfahrplan *vinterrute*
Zug *tog*

Unterkunft

Bett *seng*
Campingplatz *campingplass*
Doppelzimmer *dobbeltrom*
Dusche *dusj*
Einzelzimmer *enkeltrom*
frei *ledig*
Frühstück *frokost*
Halbpension *halvpension*
Hotel *hotell* – hotel ist international
Hütte *hytte (hytta)*
Jugendherberge *vandrerhjem*
Küche *kjøkken*
mit *med*
ohne *uten*
Schlafsack *sovepose*
Speisesaal *spisesal*
Tag *dag*
Tag und Nacht (24 Stunden) *døgn*
Toilette *toalett*
Trinkwasser *drikkevann*
Trockentrommel *tørketrommel*
Übernachtung *overnatting*
Vollpension *helpension*
Waschmaschine *vaskemaskin*
wie viele? *hvor mange?*
Zimmer *rom*
Zelt *telt*

Essen und Trinken

Tiere/Beeren unter »Natur«
asparges Spargel
bord Tisch
brød Brot
fisk Fisch
flatbrød Fladenbrot
fløte Sahne
frokost Frühstück
frukt Frucht
gaffel Gabel
glass Glas
grønnsaker Gemüse
gulrøt Karotte
kaffe Kaffee
kake Kuchen
kjøtt Fleisch
kjøttedeig Hackfleisch
knekkebrød Knäckebrot
kniv Messer
kop Tasse
kål Kohl
loff Weißbrot
lunsj Mittagessen
mat Essen
matvarer Lebensmittel
melk (mjølk) Milch
middag Abendessen
oksekjøtt Rindfleisch
ost Käse
pølse Wurst
regning Rechnung
rett Gericht
ris Reis
rundstykke Brötchen
røkt geräuchert
rømme Sauerrahm mit sehr hohem Fettgehalt (= Schmant)
salt Salz
skje Löffel
smør Butter
spise essen
stekt gebraten
stol Stuhl

sukker Zucker
svampe Pilz
svin Schwein
syltetøy Marmelade
tallerken Teller
te Tee
vann Wasser
vin Wein

Autoreisen

Abblendlicht *nærlys*
Abschleppdienst *redningstjeneste*
Achse *aksel*
Anlasser *selvstarter*
Auspuff *eksosrør*
Auto *bil*
Autobahn *motorvei*
Batterie *batteri*
Benzin *bensin*
Blinker *blinklys*
Dichtung *pakning*
Ersatzrad *reservehjul*
Ersatzteil *reservedel*
Fehler *feil*
Fernlicht *fjernlys*
Frostschutzmittel *frostvæske*
Führerschein *førerkort*
Getriebe *gir*
Handbremse *håndbremse*
Hupe *horn*
Keilriemen *kilerem*
Kofferraum *bagasjerom*
Kühler *kjøler*
Lenkrad *ratt*
Leihwagen *leiebil*
Moped *moped*
Motor *motor*
Motorrad *motorsykkel*
Normalbenzin *vanlig bensin*
Öl *olje*
Panne *uhell*
Reifen *dekk*
Rücklicht *baklys*
Scheinwerfer *lykt*
Sicherheitsgurt *sikkerhetsbelte*
Sicherung *sikring*
Spikes *pigger*
Straße *gate (gata)*
Unfall *ulykke*
Ventil *ventil*
Vergaser *forgasser*
Verteiler *fordeler*
Warndreieck *varseltrekant*
Werkstatt *bilverksted*
Windschutzscheibe *frontrute*
Winterreifen *vinterdekk*
Zündkerze *tennplugg*
Zündschlüssel *tenningsnøkkel*
Zündung *tenning*
Zylinder *sylinder*
Zylinderkopfdichtung *topp-pakning*

Verkehrsschilder

avgift Straßenbenutzungsgebühr
barn leker Kinder spielen
blindvei Sackgasse
bomveg (bomvei) Mautstraße
bompenger Straßenbenutzungsgebühr
dårlig veidekke schlechte Fahrbahn
forbikjøring forbudt Überholen verboten
gjennomkjøring forbudt Durchfahrt verboten
glatt veibane vereiste Fahrbahn
kjør sakte langsam fahren
lekeplass Kinderspielplatz
omkjøring Umleitung
parkering forbudt Parken verboten
parkeringsplass Parkplatz

privat veg (vei) Privatweg
stengt gesperrt
stopp forbudt Halten verboten
svake kanter Fahrbahnrand nicht befahrbar
toll Zoll
veiarbeid Straßenarbeiten, Baustelle

Autofahrer-Latein

Es ist ein Unfall passiert!
Det er skjedd en ulykke!
Mein Auto hat eine Panne
Bilen har en motorskade
Der Motor springt nicht an
Motoren vil ikke starte
Mein Auto hat eine Reifenpanne
Bilen har punktert
Wo ist die nächste Tankstelle?
Hvor er nærmeste bensinstasjon?
Darf ich hier parken?
Kan jeg parkere her?
Wie komme ich nach?
Hvordan kommer jeg til?
Wie weit ist das?
Hvor langt er det?
Können Sie mir das auf der Karte zeigen?
Kan du vise meg det på kartet?

Ferien aktiv

angeln *fiske*
baden *bade*
Boot *båt*
klettern *klatre*
Motorboot *motorbåt*
Pferd *hest*
reiten *ride*
Ruderboot *robåt*
schwimmen *svømme*
segeln *seile*
wandern *vandre*
zu Fuß *til fots*

Wochentage

Montag *mandag*
Dienstag *tirsdag*
Mittwoch *onsdag*
Donnerstag *torsdag*
Freitag *fredag*
Samstag *lørdag*
Sonntag *søndag*

Grundzahlen

eins *en, ett*
zwei *to*
drei *tre*
vier *fire*
fünf *fem*
sechs *seks*
sieben *syv (sju)*
acht *åtte*
neun *ni*
zehn *ti*
elf *elleve*
zwölf *tolv*
dreizehn *tretten*
vierzehn *fjorten*
fünfzehn *femten*
sechzehn *seksten*
siebzehn *sytten*
achtzehn *atten*
neunzehn *nitten*
zwanzig *tyve (tjue)*
fünfundzwanzig *tjuefem*
dreißig *tretti*
vierzig *førti*
fünfzig *femti*
sechzig *seksti*
siebzig *sytti*

achtzig *åtti*
neunzig *nitti*
hundert *hundre*
tausend *tusen*

Ordnungszahlen

der erste *første*
der zweite *andre*
der dritte *tredje*
der vierte *fjerde*
der fünfte *femte*
der sechste *sjette*
der siebte *sjuende*
der achte *åttende*
der neunte *niende*
der zehnte *tiende*
der dreizehnte *trettende*
der vierzehnte *fjortende*
der fünfzehnte *femtende*
der achtzehnte *attende*
der zwanzigste *tjuende*
der fünfundzwanzigste *tjuefemte*
der hundertste *hundrede*
der tausendste *tusende*

Verschiedenes

Arzt *lege*
Notdienst (Arzt) *legevakt*
blau *blå*
braun *brun*
Brief *brev*
Briefkasten *postkasse*
Briefmarke *frimerke*
Briefpapier *brevpapir*
Briefumschlag *konvolutt*
deutsch *tysk*
Deutschland *Tyskland*
Drucksache *trykksak*
du *du*, *De* (Siezform)
dunkel *mørk*
Erkältung *forkjølelse*
erwarten *forvente*
Farbe *farge (farve)*
Feiertag *helligdag*
Formular *blankett*
Frau *kvinne*
Frau (Anrede) *fru*
Frühling *vår*
ganz *hel*
gelb *gul*
Geld *penger*
Geschäft *butikk*
geschlossen *stengt*
groß *stor*
grün *grønn*
Hafen *havn*
Herbst *høst*
ich *jeg*
ja *ja*
Jahr *år*
kaufen *kjøpe*
Kind *barn*
klein *liten, små*
Krankenhaus *sykehus (sjukehus)*
Licht *lys*
links *venstre*
Mann *mann*
Minute *minutt*
Münze *mynt*
nein *nei*
offen *åpen, åpent*
Paß *pass*
Pflaster *plaster*
Polizei *politi*
Postamt *postkontor*
Postkarte *postkort*
Quittung *kvittering*
rechts *høyre*
rot *rød (raud)*
schwarz *svart*

Vor allem seinem Engagement haben die Norweger ihre zwei Sprachen zu verdanken: Ivar Aasen in Ørsta ▶

Sekunde *sekund*
Sohn *sønn*
Sommer *sommer*
Stadt *by*
Stunde *time*
Tag *dag*
Telefon *telefon*
Tochter *datter*
umtauschen (Geld) *veksle*
Verbindung *forbindelse*
verboten *forbudt*
wahrscheinlich *sannsynligvis*
weiß *hvit*
Winter *vinter*
Woche *uke*
Zahnarzt *tannlege*
Zeitung *avis*
Zoll *toll*

Standard-Floskeln

Auf Wiedersehen. *Ha det. På gjensyn.*
Bitte... *Vær så snill...*
Entschuldigung *unnskyld*
Guten Tag. *God dag.*
Hallo! *Hei!*
Ich möchte... *Jeg vil gjerne ha...*
Ich verstehe nicht. *Jeg forstår ikke.*
Ist dieser Platz frei?
Er denne plassen ledig?
Kann ich...haben? *Kan jeg få..?*
Sprechen Sie deutsch? *Snakker De tysk?*
Was kostet das? *Hva koster det?*
welcher *hvilken, hvilket*
Wo ist..? *Hvor er..?*
Wo ist der/die/das nächste..?
Hvor er nærmeste..?

Jæren

Klein-Dänemark

Vor den Toren Stavangers, etwa am Schnittpunkt von Südküste und westnorwegischem Fjordland, liegt Jæren, ein besonderer, weil für Norwegen »untypischer« Landstrich: eine fast ebene Fläche, die auffallend große Landwirtschaftszonen erlaubt und an der Küste in harmlosen, runden Felsen, aber auch in langgezogenen Sandstränden und Dünen ausläuft. Streng genommen, beginnt Jæren nordwestlich von Egersund und erstreckt sich bis zur nördlichen Spitze der Landzunge, auf der Stavanger liegt. Das Hinterland gehört zu den fruchtbarsten Regionen Norwegens, so daß das fylke Rogaland benachbarte fylker mit Gemüse und Obst versorgt. An den Straßen bieten Landwirte ihr Gemüse feil, und südlich von *Orre* rentiert sich sogar ein »Tomaten- und Gurkenpark«.

In den letzten Jahren hat sich der Schwerpunkt in Jærens Landwirtschaft vom Ackerbau auf die Milchwirtschaft verlagert, so daß grüne Wiesen neben Gewächshäusern das Bild bestimmen. Die langgezogenen Steinwälle zwischen den Parzellen, so typisch für Norwegens Agrarzonen, weisen darauf hin, daß jeder Quadratmeter bestelltes Land mühsam dem steinigen Boden abgerungen werden mußte. Verständlich, daß gerade einmal 3 % des nordischen Staates landwirtschaftlich genutzt werden, denn das flache Jæren ist, wie geschildert, keineswegs repräsentativ.

Diese klassische Kulturlandschaft ist trotz ihrer Eigenart in gewissem Sinn sogar bedroht, weil sich das Ballungsgebiet mit den Städten Stavanger und Sandnes unaufhaltsam ausdehnt. Von 1990 bis 1995 erhöhte sich allein die Einwohnerzahl der Ölmetropole, der durch die Lage an Meer und Fjord natürliche Grenzen gegeben sind, um 5000 auf über 100.000. Aber auch die Ortschaften entlang der Sørlandsbahnlinie (von Stavanger nach Oslo) wachsen, so daß neue Wohngebiete und industrielle Ansiedlungen in die traditionellen Landwirtschaftszonen vorrücken.

Wer nun gerne am Strand schlendert und tief durchatmet, ist in Jæren immer noch recht am Ort. Die Badesaison ist nur kurz, doch Sie werden die Strände selten menschenleer vorfinden. Die einen führen sich und ihren Hund spazieren, andere drehen eine Runde im Sulky oder versuchen sich auf dem Surfbrett. Von den Szenen an Jærens Stränden geht eine Lässigkeit aus, die man sich im Landesinneren nur schwer vorstellen kann.

Draußen auf dem Meer verläuft die Schiffahrtsstraße, und vereinzelt erinnern Bunker an die Schatten der Vergangenheit.

Information

■ **Sola Turist- og Informasjonskontor**, Rådhuset (Rathaus), N-4050 Sola, Tel. 5165 1575, Fax 5165 3478. Mo–Fr 11–15 Uhr.

■ **Hå Turistinformasjon**, Biblioteket, N-4350 Nærbø, Tel. 5143 4011, Fax 5143 4009. Etwa 20.6.–10.8. Mo und Do 12–18 Uhr, Mo, Mi und Fr 12–15 Uhr, sonst Mo–Fr 12–19.30 Uhr.

Unterkunft

Die folgenden Unterkünfte sind ausnahmlos von den küstennahen Straßen aus zu erreichen. Die Aufstellung führt von Süden nach Norden. Hinweis: Im »Ølberg Ferjehjem«, schräg gegenüber von »Ølberg Camping«, wohnen ausschließlich Werftarbeiter.

■ **Ognatun Ungdomssenter**, Ognatun, Tel. 5143 8233. 1.7.–15.8. EZ 140 NOK, DZ 280 NOK. Frühstück möglich. Primär auf Kindergruppen in der Ferienzeit ausgerichtet, steht aber auch Durchreisenden offen. Preiswerte Alternative. Die älteren Zimmer sind nüchtern und spartanisch, die neueren etwas hübscher und mit Bad.

■ **Ogna Camping**, zwischen Brusand und Sirevåg, Tel. 5143 8242. 1.5.–30.9. Preisniveau Camping: 2. Hütten für 2–6 Personen 80–525 NOK, die billigen ohne Strom, die teuren mit eigenem Bad. Netter Platz in den Dünen, nahe kilometerlangem Sandstrand. Den größten Part belegen die Wohnwagen der Dauercamper, so daß sich die Zelte zur Hochsaison drängen. Bei starkem Wind werden sie mit Sand zugedeckt; Heringe also fest verankern. Gute Sanitäranlage, W. Kiosk.

■ **Sjøbua**, Brusand, Tel. 5143 9267. EZ 250 NOK, DZ 450 NOK, teilweise mit Bad. Frühstück inklusive. Middag 60–95 NOK, Snacks in der Kafeteria. Kleine, aber persönlich eingerichtete Zimmer. Gemeinsamer Aufenthaltsraum.

■ Leuchtturm **Obrestad fyr**, bei Hå, westlich von Nærbø, Telefon 5143 6000. Ganzjährig geöffnet. Wohnung 190 NOK (Woche 1000 NOK), Haus 300 NOK (Woche 2000 NOK).

■ **Ølberg Camping**, Ræge, Tel. 5165 4375. 15.5.–31.8. Preisniveau Camping: 2. Standardhütten für 4 Personen 225 NOK. Weitläufiges Gelände im Dünengebiet, wegen der Hanglange nur wenige gerade Plätze, und die sind von Dauercampern belegt. Neuere Sanitäranlage, W & T, Spielplatz.

■ **Ølbergstranden Apartment- og Hytteutleie**, Ræge, Tel. 5165 4900. Ganzjährig geöffnet. Appartements für 4–6 Personen 450–700 NOK, Ein-Zimmer-Appartements ohne Dusche 200–350 NOK, Hütten für 4 Personen 350–500 NOK. Die höheren Preise gelten von Ende Juni bis August. Erstklassige Wohnungen mit einer gelungenen Mischung aus gemütlichem Holz und moderner Einrichtung. Grünpflanzen, Veranda und Meerblick. Genauso top und sauber die Hütten, die allerdings nicht direkt am Wasser liegen. Kiosk.

■ **Sola's Motel og Camping**, Tel. 5165 4328. EZ 440 NOK, DZ 740 NOK. Preisniveau Camping: 2. 20 Hütten für 4 Personen 300 NOK.

Wald und Wiese, idyllische Nischen für die Zelte. Dunkle Standardhütten, zu teuer. Sanitäranlage ausreichend, W & T. Kiosk. Gemütlicher Aufenthaltsraum.

■ **Sola Strand Hotel**, Sola, Axel Lundsveien 27, Tel. 5165 0222, Fax 5165 1299. 15.6.–15.8. EZ 475 NOK, DZ 630 NOK, sonst EZ 750–850 NOK, DZ 995 NOK, auch preiswerte Zimmer im Annex. Dagens rett um 150 NOK.

Die Inneneinrichtung von Salons und Speisesälen stammt teilweise aus havarierten Schiffen, ebenso die Galionsfigur in der Empfangshalle. Einfache Zimmer ohne Bad im Annex, komfortable Räume im modernen Haupttrakt.

■ **Stavanger Airport Hotel**, Sømmeveien 1, Flughafen Sola, Tel. 5165 6600, Fax 5165 6215. 15.6.–15.8. und an Wochenenden EZ 550 NOK, DZ 650 NOK, sonst EZ ab 895 NOK, DZ ab 1095 NOK, mit SC (Stavanger Card, siehe dort) ganzjährig EZ 600 NOK, DZ 940 NOK. Fahrradvermietung.

■ **Viste Strandhotel**, Randaberg, Tel. 5141 7022, Fax 5141 9690. 15.6.–15.8. EZ 400 NOK, DZ 500 NOK, sonst EZ 590 NOK, DZ 780 NOK.

Sehenswertes

Je weiter man in den Norden Jærens vorstößt, umso interessanter werden die Sehenswürdigkeiten.

■ Das Freilichtmuseum **Grødaland**, auch Hå Bygdemuseum, umfaßt fünf alte Gebäude: zwei Wohnhäuser, zwei Scheunen und einen Kuhstall. Die ältesten Teile von *Gamlehuset* stammen aus dem Jahr 1715. Nach mehreren Umbauten steht das Wohnhaus seit 1791 unverändert da, abgesehen von der Restauration 1983. Die Scheunen sind, von innen betrachtet, wie Schiffe konstruiert. Grødaland liegt südwestlich von Nærbø, nahe der Küste. 1.6.–15.8. Di–Sa 12–17 Uhr, Mai und bis Ende September So 12–17 Uhr. Eintritt 10 NOK. Tel. 5143 6000.

■ **Hå Gamle Prestegård**, an der Küste bei Nærbø: restaurierter Pfarrhof aus der Zeit um 1630, heute als Kulturzentrum betrieben. Die wechselnden Ausstellungen zeigen bildende Kunst oder widmen sich der regionalen Geschichte. Gelegentlich finden Konzerte und Vorlesungen statt. 15.5.–15.9. Mo–Fr 11–19 Uhr, Sa 12–17 Uhr, So 12–19 Uhr, sonst Sa 12–17 Uhr, So 12–19 Uhr. Eintritt 15 NOK. Tel. 5143 3061.

■ **Nærbø** verdankt seinem Bürger *Randolf Aadnesen* einen schmukken Park, in dem Pfauen, Eichhörnchen, Enten und viele andere Tiere zu Hause sind. Die Randzonen bildet ein hochgewachsener Mischwald, den Mittelpunkt ein Teich mit üppig grünen Ufern und Inseln sowie einem Bachlauf, den Holzbrücken überqueren. Nærbøparken ist der Treffpunkt für kinderwagenschiebende Eltern, Jogger und diejenigen, die ganz einfach ein Päuschen einlegen wollen. Anfahrt mit dem Nahverkehrszug Stavanger-Egersund, mit Bus oder eigenem Fahrzeug, Abzweigung von der Straße 44.

■ Leuchtturm **Obrestad fyr**, südlich von Hå. Im Juli täglich 12–17 Uhr, sonst So 12–17 Uhr. Übernachtung möglich, siehe oben.

■ **Flyhistorisk Museum**, das flughistorische Museum, erzählt in Bildern und Dokumenten, mit Hilfe von Modellen, Waffen, Flugzeugen und Zubehör die Geschichte des Flughafens. Das Museum befindet sich auf dem Flughafengelände in Sola. 1.5.–31.10. So 12–16 Uhr, zwischen Ende Juni und Anfang August täglich 12–16 Uhr.

■ **Tananger** liegt westlich von Stavanger, auf der anderen Seite des Hafrsfjords. Anfahrt mit Bus oder eigenem Fahrzeug. Wer an dem kleinen Naturhafen steht, kann am ehesten nachvollziehen, wie die Region zur großen Zeit des Heringsfischfangs ausgesehen haben muß und wie die Spuren der Gegenwart auf die der Vergangenheit prallen. Im Hintergrund heben sich die Vorratstanks der Ölindustrie von den Felsen ab – Tananger ist die größte Versorgungsbasis für die Ölplattformen draußen in der Nordsee.

Zurück zum alten Hafen: Im *Båtmuseum*, Meling, liegen rund 20 Boote aus dem letzten Jahrhundert sozusagen auf dem Trockendock. Kontakt: Kjell Kristiansen, Tel. 5169 9729, und Kristian Kristiansen, Tel. 5169 9461.

■ **Tungenes fyr** ist der Leuchtturm an der nördlichen Spitze von Jæren. Das erste Leuchtfeuer an dieser Stelle brannte 1830. Der Leuchtturm wurde 1984 stillgelegt und anschließend zu einem kleinen Kulturzentrum umgebaut, in dem wechselnde Ausstellungen gezeigt werden. Einen festen Platz fanden hier 36 Gemälde des Jærener Malers *Oskar Sørreime.* Etwa 20.6.–20.8. Mo–Sa 12–16 Uhr, So (ganzjährig) 12–17 Uhr.

Tungenes fyr liegt nördlich von Randaberg. Es wird darum gebeten, nicht bis zum Leuchtturm zu fahren, sondern am Bootshafen zu parken. Die Küste rund um Tungenes fyr eignet sich ebenfalls gut für Spaziergänge.

Transport

■ **Bahn:** Lokalroute von Egersund nach Stavanger über Ogna, Brusand, Vigrestad, Varhaug, Nærbø, Bryne, Klepp, Øksnavadporten, Ganddal, Sandnes, Mariero und Hillevåg.

■ **Bus:** Lokalrouten, u.a. Bryne, Lye. – Håholen, Kvernaland, Ganddal, Sandnes, Stavanger. – Nærbø, Bryne, Klepp, Sannerud, Sandnes, Stavanger. – Bryne, Kleppe, Verdalen, Voll, Malmheim, Sandnes, Stavanger. – Bryne, Klepp, Kleppe, Verdalen, Vestre Bore, Voll, Tjelta, Sola. – Bryne, Salte, Pollestad, Erga, Orre, Nærland, Søyland, Nærbø. – Bryne, Hognestad. – Verdalen, Kleppe, Klepp, Orstad, Bryne.

Verschiedenes

Ferien aktiv

■ **Sandstrände** (von Süd nach Nord): *Ogna,* in *Brusand, Orresanden,* in *Bore,* in *Vigdel, Ølbergstranden, Rægestranden, Solastrand.*

■ **Angeln:** Besorgen Sie sich bei einem der Touristenbüros die Broschüre über die Nordseestraße, Nordsjøvegen; darin enthalten eine Aufstellung der Fischgewässer, teilweise auch Adressen, wo Sie die Angelscheine kaufen können.

Weiterreise

■ **Flug:** *Stavanger Lufthavn*, Sola, südwestlich von Stavanger, Tel. 8100 3300.

Direktverbindungen innerhalb Westnorwegens mit Haugesund, Bergen, Stord und Ålesund, ferner mit Kristiansand, Sandefjord, Oslo u.a.

Ins Ausland nach Kopenhagen.

■ **Eisenbahn:** Sørlandsbanen (Linie 51): Stavanger, Sandnes, Bryne, Egersund, Moi, Sira, Kristiansand, Nelaug (umsteigen nach Arendal), Bø, Kongsberg, Hokksund, Drammen, Lysaker/Fornebu, Oslo Sentrum.

■ **Bus:** Überlandverbindungen siehe unter »Stavanger, Weiterreise«.

Lokalrouten siehe oben unter »Transport«.

■ **Auto: Nach Stavanger**. Rasch auf der Straße 44 oder, besser, auf den küstennahen Straßen 510 und 509, mitten durch Jæren.

Entlang der Südküste (Egersund - Flekkefjord - Kristiansand). Auf der küstennahen Straße 44 nach **Egersund**, zwischen Egersund und Flekkefjord plötzlich ein imposanter Wechsel der Natur: Die 44 überquert eine schroffe Hochfläche, die blanker Fels und Wasser bestimmen und bei Sonnenschein zu einem Picknick an einem der zahlreichen Seen überredet (Trinkwasser-Reservoir), über die sich bei Regen und tiefhängenden Wolken aber schnell der Nebel legt und die dann abweisend und beklemmend wirkt. Einen weiteren Höhepunkt bildet die Fahrt bei **Jøssingfjord**, wo die Trasse in den senkrecht abfallenden Berg gesprengt wurde. Der Fjord allerdings ist durch das örtliche Titanwerk langfristig verseucht, der erste Umweltskandal Norwegens, weil das Ausmaß der Verschmutzung über Jahre von den Behörden ignoriert, vertuscht, geleugnet wurde. Tragisch auch der Februartag im Jahr 1940, als das deutsche Truppentransportschiff »Altmark« vom englischen Schlachtschiff »Cossack« im Jøssingfjord versenkt wurde. Ein Gedenkstein am Fjordufer erinnert an die vielen Toten. – Ab **Flekkefjord**, einem Kleinstädtchen mit einer hübschen Altstadt voller weiß gestrichener Holzhäuser in schmalen, pittoresken Gassen, weiter Richtung Kristiansand flott auf der E 18. Möglicher Abstecher ab Kvinesdal auf Straße 465 zum Leuchtturm **Lista fyr**, durch die exponierte Lage draußen an der Küste ein windiger, manchmal sogar rüder Kontrast zum bevorstehenden lieblichen Sørland in den geschützten Buchten; zurück zur E 18 auf Straße 43 über Farsund nach Lyngdal. Weiterer möglicher Abstecher von der E 18 nach **Kap Lindesnes,** des Landes südlichster Festlandpunkt, 2518 Kilometer vom Nordkap entfernt. Über **Mandal**, wo sich mit dem 800 m langen Sjøsanden Norwegens bekanntester Sandstrand erstreckt, geht die Reise in die Südküsten-Metropole **Kristiansand**, die per Fähre mit den norddänischen Hirtshals verbunden, die schnellste Verbindung über das Skagerrak.

Stavanger

Quelle nordischer Petrodollars

Stavanger, 1125 durch König *Sigurd Jorsalfar* als Stadt und Bischofssitz gegründet, fristete jahrhundertelang ein ziemlich unscheinbares Dasein. Obwohl die Lage an der Südwestküste Norwegens die Stadt zu einem Handelshafen prädestinierte, blieb Bergens Monopolstellung lange Zeit unangetastet. Erst im letzten Jahrhundert, als neue Schiffe und verbesserte Fangtechnik es erlaubten, den Fischschwärmen in großem Stil nachzustellen, entwickelte sich Stavanger zu einer richtigen Stadt. Um das schmale Hafenbecken *Vågen* gruppierten sich nach und nach Lagerhäuser und Werkshallen, in denen der Fisch, vorzugsweise Hering, verarbeitet, gelagert und verpackt wurde. Etwa 200.000 Fässer mit gesalzenem Hering verließen um 1840 jährlich den Hafen, meist nach Schweden, mit dem Norwegen in einer Union verbunden war, oder zu den anderen Anrainern der Ostsee. Die Expansion im Fischfang bedingte die Entwicklung weiterer Erwerbssparten. Man brauchte neue Schiffe, Zubehör und Fässer für den Heringstransport. Die Menschen zogen in die Stadt, wo nun Arbeit und Brot winkten. Lebten 1800 erst 2000 Einwohner in Stavanger, waren es 1860 annähernd 15.000.

Plötzlich lag Stavanger nicht mehr an der Peripherie. Als der Hering 1869 für Jahre ausblieb, war die Wirtschaft stark genug, um nicht aus der Balance zu geraten. Zum ersten stellte die Fischerei auf Dorsch um, wofür lediglich andere Netze notwendig waren, zum zweiten waren mittlerweile fast 700 Handelsschiffe registriert, die zu allen Kontinenten segelten und mit Gold aus Australien, Reis aus Indien und Getreide aus Nordamerika heimkehrten. 1880 besaß Norwegen nach Großbritannien und den USA die drittgrößte Handelsflotte. Zum selben Zeitpunkt setzte in Stavanger die Industrialisierung ein; die meisten Arbeitsplätze stellten die Fabriken, in denen der *brisling*, in Deutschland unter dem Begriff »Kieler Sprotte« bekannt, in selbstgefertigten Blechdosen für den Export konserviert wurde. Die Schiffsbauindustrie florierte um 1890, als das Zeitalter der Dampfschiffe hereinbrach. Die Werften bauten Handels- und speziell konstruierte Transportschiffe, die den Inlandverkehr über die Fjorde hinweg verbesserten. Nach 1900 begann der großflächige Umbau des Hafens, um angemessene Kaianlagen für Frachter und Fähren zu schaffen. Die Zahl der Einwohner betrug inzwischen 28.000.

Die internationale Wirtschaftskrise zu Beginn der 30er Jahre hinterließ auch in Stavanger ihre Spuren. 1931 mußte der einst größte Arbeitgeber schließen, die Werft *Stavanger Støberi & Dok*. Die Schiffsbauindustrie ist aber die einzige traditionelle Sparte, die heute noch im nennenswerten Umfang betrieben wird. Nach dem Zweiten Weltkrieg, den Stavanger relativ glimpflich überstand, baute man Fähren und Gleitboote. Der Markt für Öl- und Gastanker war schnell gesättigt. Seit 1982 das letzte Schiff *Rosenborgs Verft* verließ, werden hier die Stützkonstruktionen und andere massive Teile für die Ölbohrinseln gebaut. Im *Gandsfjord* und in der Bucht *Hinnavågen* werden die Plattformen schließlich zusammengesetzt. Dort reicht das Wasser tief genug, um die kapitalen Türme in Bewegung zu bringen und in die Nordsee zu schleppen. Direkt stellt die Ölbranche mittlerweile 15 % der Arbeitsplätze.

Stavanger verkörpert wie keine andere norwegische Stadt den Übergang vom Land der Fischer und Bauern zur Ölmetropole. Die Innenstadt prägt das Miteinander von alten Holzhäusern – angeblich sind in keiner anderen Stadt Norwegens so viele Holzbauten erhalten – und den viereckigen Statussymbolen aus Glas und Beton, die Ölfirmen, Banken, Hotels und andere plazierten. An manchen Stellen harmonieren Alt und Neu, an anderen nicht. Doch die Öffnung Stavangers nach außen beschränkt sich nicht auf die Architektur. Von den 102.000 Einwohnern sind beinahe 9 % Ausländer. Das Preisniveau ist hoch, und die moneymaker-Mentalität soll hier verbreiteter sein als anderswo.

Wegen ihrer Lage ganz im Südwesten gilt die Stadt als ein Einfallstor für Westnorwegen, obwohl die Verkehrsverbindungen mit dem europäischen Festland relativ bescheiden sind. Die Fährroute zum norddänischen Hanstholm wurde wieder eingestellt, und die Anreise mit der Bahn ist zeitaufwendig. Dagegen verzeichnet die Busverbindung Hamburg, Flensburg, Jütland, (per Fähre nach) Kristiansand und weiter nach Stavanger zunehmende Fahrgastzahlen.

Trotz des Großstadtcharakters findet der Besucher die meisten Sehenswürdigkeiten und Fähranleger (für die Lokalrouten) rund um das Hafenbecken Vågen, maximal 30 Gehminuten voneinander entfernt.

Stavanger Card

Die Stavanger Card, im folgenden »SC« abgekürzt, gewährt freien Eintritt zu allen Museen, Rabatte für Sightseeing, kulturelle Veranstaltungen und den Vergnügungspark Kongeparken, ferner freie

Fahrt mit den kommunalen Bussen, darunter auch der Flughafenbus, sowie kostenloses Parken im Stadtgebiet. Übernachten Sie in einem Hotel oder in einer Pension, gelten mit der SC gesonderte Tarife. Preise SC für Erwachsene bzw. Kinder: 110/55 NOK (1 Tag), 190/80 NOK (2 Tage), 240/110 NOK (3 Tage).

Information

■ **Stavanger Information Centre**, Stavanger Kulturhus, Sølvberget, N-4001 Stavanger, Tel. 5189 6600, Fax 5189 6602. Ganzjährig Mo–Fr 9–17 Uhr, Sa 9–14 Uhr. – *Info-Kiosk Vågen*, Tel. 5189 6200. 1.6.–31.8. täglich 10–20 Uhr. Winziger Raum, ständig viel Betrieb, Geduld erforderlich. Wer Zeit mitbringt, sollte das Hauptbüro aufsuchen.

Unterkunft

Noch billiger als mit der SC sind die Tarife von Mitte Juni bis Mitte August sowie ganzjährig an den Wochenenden (von Freitag bis Montag).

■ **Stavanger Airport Hotel**, Sømmeveien 1, Flughafen Sola, Tel. 5165 6600, Telefax 5165 6215. 15.6.–15.8. und an Wochenenden EZ 550 NOK, DZ 650 NOK, sonst EZ ab 895 NOK, DZ ab 1095 NOK, mit SC ganzjährig EZ 600 NOK, DZ 940 NOK. Fahrradvermietung.

■ **Reso Atlantic Hotel**, Olav V's gate 3, Tel. 5152 7520, Fax 5156 4869. 15.6.–15.8. und an Wochenenden EZ 515–625 NOK, DZ 750 NOK, sonst EZ ab 1245 NOK, DZ ab 1550 NOK, mit SC ganzjährig EZ 625 NOK, DZ 990 NOK. Restaurant »Antique« für den großen Geldbeutel, »Café Ajax« für den kleineren.

Schmuckloser Betonklotz an verkehrsreicher Straße, unweit vom Bahnhof. An der Vorderfront bemüht sich eine verzagt emporstrebende Kletterpflanze, den optischen Eindruck zu lindern. Im Inneren auf nobel getrimmt: schwere Sessel und Kronleuchter im Salon, entspannende Musik im Lift, feine Einrichtung der Zimmer. Nette Aussicht von den oberen Stockwerken.

■ **Skagen Brygge Hotel**, Skagenkaien 30, Tel. 5189 4100, Fax 5189 5883. 15.6.–15.8. und an Wochenenden EZ 500 NOK, DZ 720 NOK, mit Fjord Pass (C) EZ 530 NOK, DZ 760 NOK, sonst EZ 995 NOK, DZ 1095 NOK, mit SC ganzjährig EZ 570 NOK, DZ 940 NOK. Nur Frühstück.

Für alle, die ungern zu Fuß gehen; zentraler geht's nicht mehr. Hotel mit Speicherfassade, schöner Blick auf den Kai. Große Zimmer mit originellen, zum Teil geweißten Backsteinwänden und unverkleideten Holzbalken, schweren

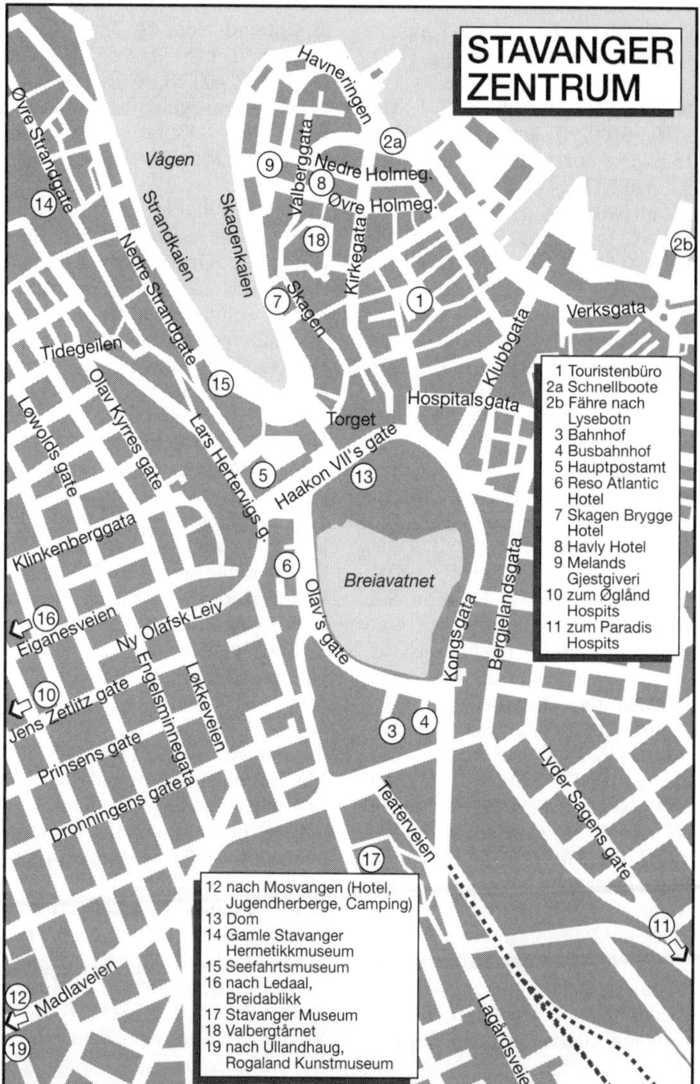
STAVANGER
ZENTRUM
Havneringen
Vågen
Øvre Strandgate
Strandkaien
Skagenkaien
Valberggata
Nedre Holmeg.
Øvre Holmeg.
Kirkegata
Skagen
Nedre Strandgate
Tidegeilen
Olav Kyrres gate
Løwolds gate
Lars Hertervigs g.
Torget
Hospitalsgata
Klubbgata
Verksgata
Haakon VII's gate
Klinkenberggata
Breiavatnet
Olav's gate
Kongsgata
Bergjelandsgata
Eiganesveien
Ny Olafsk Leiv
Engelsminnegata
Løkkeveien
Jens Zetlitz gate
Prinsens gate
Dronningens gate
Teaterveien
Lyder Sagens gate
Madlaveien
Lagårdsveien
1 Touristenbüro
2a Schnellboote
2b Fähre nach Lysebotn
3 Bahnhof
4 Busbahnhof
5 Hauptpostamt
6 Reso Atlantic Hotel
7 Skagen Brygge Hotel
8 Havly Hotel
9 Melands Gjestgiveri
10 zum Øglånd Hospits
11 zum Paradis Hospits
12 nach Mosvangen (Hotel, Jugendherberge, Camping)
13 Dom
14 Gamle Stavanger Hermetikkmuseum
15 Seefahrtsmuseum
16 nach Ledaal, Breidablikk
17 Stavanger Museum
18 Valbergtårnet
19 nach Ullandhaug, Rogaland Kunstmuseum

Gardinen sowie dunklen Teppichböden und Möbeln. Wenig Holz, trotzdem viel Atmosphäre.

■ **Havly Hotel**, Valberggt. 1, Tel. 5189 6700, Telefax 5189 5025. 15.6.–15.8. und an Wochenenden EZ 410 NOK, DZ 520 NOK, sonst EZ ab 590 NOK, DZ ab 690 NOK, mit SC ganzjährig EZ 525 NOK, DZ 690 NOK. Nur Frühstück.

Auf der Landzunge östlich von Skagenkaien, ausdrucksloses Viertel mit alter wie moderner Bebauung. Durchschnittliche Zimmer, vorwiegend mit Holzmöbeln, teilweise etwas duster, vom Preis her im internen Stavanger-Hotel-Vergleich o.k.

■ **Mosvangen Park Hotel**, Henrik Ibsens gate 21, Tel. 5187 0977, Fax 5187 0630. EZ 540 NOK, DZ 790 NOK. Dagens rett um 75 NOK. Kein Rabatt mit SC. Liegt am See Mosvatnet, 25 Gehminuten vom Zentrum entfernt (siehe auch Jugendherberge und Campingplatz).

■ **Melands Gjestgiveri**, Nedre Holmegata 2, Tel. 5189 5585, Fax 5189 5586. 15.6.–15.8. und an Wochenenden EZ 330 NOK, DZ 450 NOK, sonst EZ 390 NOK, DZ 530 NOK, mit SC ganzjährig EZ 470 NOK, DZ 670 NOK. Bad auf dem Flur. Frühstück inklusive. Kleine Mahlzeiten wie smørbrød.

Kleine Pension in einer Nebenstraße von Skagenkaien, zentral gelegen. Einfache Zimmer ohne Ausstrahlung, teils renoviert, für das Gebotene zu teuer. Aufenthaltsraum.

■ **Øglænd Hospits**, Jens Zetlitz gate 25, Tel. 5152 9655. EZ 250 NOK, DZ 400 NOK. Ermäßigung bei längerem Aufenthalt. Bad auf dem Flur. Keine Mahlzeiten. Knapp 10 Minuten Fußweg zum Kai.

Kleine Villa in »gut bürgerlicher« Wohngegend. Ruhige Nebenstraße. Ordentliche Zimmer, trotz etwas zusammengewürfelter Möbel wohnlicher als in den meisten anderen Pensionen, weil nicht auf das Notwendigste beschränkt.

■ **Paradis Hospits**, Lyder Sagens gate 26, Tel. 5152 9655. EZ 250 NOK, DZ 400 NOK.

Dank Verkehrslärm gar nicht so paradiesisch. 15 Minuten Fußweg zum Kai. Schrullige Gastgeberin, lieber im voraus anklingeln.

■ Jugendherberge **Stavanger Vandrerhjem**, Mosvangen, Henrik Ibsens gate 21, Tel. 5187 0977, Fax 5187 0630. Etwa 5.1.–20.12. Mitglieder im EZ 250 NOK, im DZ 150 NOK, Mehrbett-Zimmer 110 NOK. 57 Zimmer mit 130 Betten, nur wenige mit Bad. Frühstück und Mahlzeiten nach Anmeldung. Einrichtung behindertengerecht.

Liegt hübsch im Naherholungsgebiet am See Mosvatnet. Zimmer über dem Durchschnitt.

■ **Mosvangen Camping**, Tjensvoll 1 (am See Mosvatnet), Tel. 5153 2971, Fax 5187 2055. 1.5.–1.9. Preisniveau Camping: 3. 19 Hütten für 2–4 Personen 255–485 NOK. 25 Minuten Fußweg zum Zentrum.

Wer sich in Mosvang wohle fühlt, der hat zu Haus im Dreck gewühlt. Die Lage ist nicht übel: leicht wellige Wiese mit Bäumen, direkter Anschluß an das Naherholungsgebiet rund um den See Mosvatnet sowie an einen Fuß- und Fahrradweg zur City. Die erste Kritik gilt den Hütten: gemessen am Preis zu nüchtern und simpel ausgestattet, die kleinen duster. Im Sanitärtrakt wurde die einstige Stockflecken-Republik überpinselt, doch von Hygiene zu sprechen, wäre Hohn. Winzige Camperküche, langes Anstehen zum Abwasch. Kiosk. Alles in allem (seit Jahren) eine Zumutung.

Essen und Trinken

In der städtischen Gastronomie herrscht immense Konkurrenz, was mehrere Hotels dazu veranlaßte, auf Restaurantbetrieb zu verzichten. Häufige Schließungen und Neueröffnungen. Besonders dicht ist das Gedränge am Skagenkai, wo mehr als ein halbes Dutzend Restaurants, Kneipen und Pizza-Buden in die historischen Speicher und Wohnhäuser eingezogen sind. Die Innenarchitektur mit mächtigen Holzbalken wurde teilweise bewußt erhalten. Die breite Palette spiegelt sich in Farben und Namen wieder, von »Skagen« über »China Town« bis »Dickens«. Samstagnachmittags entwickelt sich die Kneipenszene rund um Vågen zum lebhaften Treffpunkt, dabei auch mit lauten Begleiterscheinungen; es ist »Abfülltag«.

Der gewöhnliche Stavanger-Guide des Touristenbüros enthält eine fast vollständige Auflistung, inklusive einer sinnvollen Einteilung in Kategorien.

■ **Straen Fiskerestaurant**, Nedre Strandgate 15, natürlich gleich neben dem Seefahrtsmuseum. Eingerichtet wie der noblen Großeltern Wohnzimmer. Fisch in erlauchten Kompositionen zu gesalzenen Preisen. Mindesteinsatz 500 NOK für zwei Personen.

■ Edles für Gourmets und pralle Portemonnaies: Restaurant **Antique** im »Reso Atlantic Hotel«, Olav V's gate 3. Châine des Rotisseurs. – **Jans Mat & Vinhus**, Breitorget. Châine des Rotisseurs.

■ **Hansen Hjørnet**, Skagenkai. Beliebter Treff mit großflächiger Terrasse, geöffnet von Mai bis Mitte September. Bei gutem Wetter stets lebhaft frequentiert, lebhaft auch die Straße direkt davor. Das Essen ist zweitrangig, geplaudert wird zum Bierchen.

■ **Sjøhuset Skagen**, Skagenkai. Restaurant in einem restaurierten Lagerhaus; gemütliche Einrichtung mit Motiven aus Fischerei und Seefahrt. Schwerpunkt Fisch und Fleisch ab 95 NOK, aber auch Vegetarier-Teller, Sandwiches ab

50 NOK sowie eine große Auswahl an Salaten und Desserts.

■ **Dickens**, Skagenkai. Uriges Ambiente im Skagenkai-Speicherstil, massive Balken, mehr Kneipe als Restaurant. Durchschnittliche Preise. Stets gut besucht. Ein Tip für den Abend.

■ **Café Sting**, Valberggata 3. Snacks und relaxte Atmosphäre in diesem jugendlichen Café am Aussichtsturm Valbergtårnet, angenehm weit genug entfernt von der eher hektischen City.

■ **Skagen Bageri**, Skagen 18. So mancher norwegische Bürgermeister würde in einem Ruderboot das Skagerrak überqueren, um einen dänischen Bäcker dazu zu bewegen, einen Laden in seiner Ortschaft zu eröffnen und Entwicklungshilfe zu leisten. In Stavanger ist der Notstand behoben.

Sehenswertes

Altstadt und Dom

■ Die Altstadt **Gamle Stavanger** ist mit ihren fast durchweg weiß gestrichenen Holzhäusern eine Kostbarkeit. An der Westseite des Hafenbeckens Vågen zieht sich von der Nedre Strandgate bis zur Øvre Strandgate ein zusammenhängendes Viertel hinauf, in dem die einheitliche Bebauung bewahrt wurde. In den ehemaligen Lagerhäusern am Kai befinden sich Museen, Restaurants und Geschäfte oder residieren Ölfirmen. Weiter oben am Hang überwiegen Wohnhäuser und Kunsthandwerksläden, vervollständigen Kopfsteinpflaster und Terrassengärten das malerische Flair. Das älteste Haus ist 250 Jahre alt; die meisten der rund 130 Häuser wurden Ende des vorletzten und im letzten Jahrhundert gebaut oder hierher versetzt, eine bei Holzhäusern nicht unübliche Methode. Mit Beginn der 30er Jahre, als die Wirtschaftskrise auch Norwegen erfaßte, verfiel Gamle Stavanger. Erst die Steuern der Ölfirmen ermöglichten die Restauration der Häuser, die sowohl in öffentlichem als auch in privatem Besitz sind. Mittlerweile gilt die Altstadt als begehrter Wohnsitz. Während die Außenarchitektur bewahrt bleibt, darf das Innere mit allen Segnungen der Moderne ausgestattet werden. Die Bewohner leben gerne in ihrem »Dorf mitten in der Stadt«.

■ Der **Dom** gehört zu den wenigen mittelalterlichen Bauwerken Norwegens, deren Architektur nicht durch Umbauten oder Erweiterungen verändert wurde. Nachdem König *Sigurd Jorsalfar* Stavanger 1125 zum Bischofssitz ernannt hatte, verfügte der englische Bischof *Reinald* aus Winchester noch im selben Jahr den Bau eines Doms. Der ursprünglich anglonormannische Stil der Kirche läßt vermuten, daß bei Architektur und Ausführung ebenfalls Engländer beteiligt waren. 1272 brannte der Dom, den Bischof Reinald dem Heiligen St. Svithun geweiht hatte. Der Chor wurde im gotischen Stil wiederaufgebaut, und seit ungefähr 1300 steht Stavangers Dom nun unverändert da. Die letzte Restauration fand 1942 statt.

Das Interieur erklärt eine spezielle Broschüre, die im Eingangsbereich ausliegt. 15.5.–15.9. Mo–Sa 9–18 Uhr, So 13–18 Uhr, sonst Mo–Sa 9–14 Uhr. Glockenspiel Mo–Sa 11 Uhr. Orgelkonzerte Do 11.15–11.30 Uhr, Gottesdienst So 11 Uhr.

Stavanger Museum

■ Das bereits 1877 gegründete Stavanger Museum gliedert sich in fünf einzelne Museen, die über die Innenstadt verstreut liegen. Verwaltung und Hauptgebäude: Muségata 16, Tel. 5152 6035. 15.6.–15.8. täglich 11–16 Uhr, So 11–16 Uhr, sonst nur So 11–16 Uhr (Konservenmuseum und Seefahrtsmuseum auch 1.6.–14.6. und 16.8.–31.8. Di–Fr 11–15 Uhr). Eintritt mit SC frei, sonst 30/10 NOK, gilt am selben Tag für alle fünf Einzelmuseen. Besuch eines Einzelmuseums 20/0 NOK. Gleiche Öffnungszeiten, vor den Gebäuden keine Parkmöglichkeiten.

■ Konservenmuseum **Hermetikkmuseum**, Øvre Strandgate 88 a. In dem unscheinbar flachen Gebäude, das Bäume und Sträucher ein wenig verbergen, war von 1880 bis etwa 1960 eine Fabrik untergebracht, in der Sardinen in Konserven verpackt wurden – zu jener Zeit einer der bedeutendsten Wirtschaftszweige in Stavanger. Die eingemachten Fische gingen als Sardinen nach Frankreich und Italien, als »Kieler Sprotten« nach Deutschland, unter anderen Namen in viele weitere Länder; in Norwegen hießen sie »brislinge«. Beim Gang durch die Hallen lernt der Besucher kennen, wie den Fischen maschinell die Köpfe abgezogen, wie sie gewaschen, gesalzen, geräuchert und eingemacht, wie die Dosen sterilisiert, etikettiert und verpackt wurden. Im Obergeschoß finden Sie eine Ausstellung von Etiketten, die jedoch nur einen unwesentlichen Teil dessen umfaßt, was die kleinen, ovalen Dosen einst zierte. Die Etiketten zeigen Motive aus der Wikingergeschichte und international bekannter Literatur, aber auch Profile von Fischfabrikanten und Mitgliedern des Königshauses. Es gibt sogar einen Verein in Stavanger, der sich dem Sammeln und Ausstellen solcher Etiketten verschrieben hat. Groß war das Hallo, als in den 80er Jahren in einem Garten ein sensationeller Fund gemacht wurde: gleich 200 Litho-Platten für die Herstellung von Etiketten. Dienstags und donnerstags während der Hochsaison sowie an den ersten Sonntagen im Monat werden hier Sprotten geräuchert.

■ **Sjøfartsmuseet**, das Seefahrtsmuseum, teilt sich mit dem Handelsmuseum zwei alte Kaufmannshäuser in der Altstadt. Nedre Strandgate 17–19 entstanden zwischen 1770 und 1840; 1985 wurden die Holzhäuser für den Museumsbetrieb restauriert. Der Besucher erfährt viel über die große Zeit der Heringsfischerei im letzten Jahrhundert, über die Entwicklung von Hafen, Schiffsbau und Schiffahrt. Ein Modell zeigt Stavanger im Jahr 1870; Fotografien dokumentieren die Zeit des Wiederaufbaus nach 1945. Das Kontor einer Reederei, Kaufmannswohnung und Kolonialwarenladen, die Arbeitsutensilien von Schiffszimmermann und Segelmacher, Schiffsmodelle und weitere Einzelgegenstände sorgen dafür, daß die Belehrungen nicht zu trocken ausfallen. Hier hängt eine Galionsfigur, da ein Steurrad, dort ein Taucheranzug, der gut in die Verfilmung eines Jules Vernes-Romans passen würde. Die Übergänge wirken manchmal sprunghaft, doch alles in allem lernen Sie hier viel von Stavanger kennen. Das Seefahrtsmuseum ist, außerhalb der allgemeinen Öffnungszeiten, in der ersten Juni- und der zweiten Augusthälfte auch Di–Fr 11–15 Uhr zugänglich.

■ Villa **Breidablikk**, Eiganesveien 40 (im Dezember und im Januar geschlossen). Die pompöse Holzvilla im Schweizer Stil, 1880–82 gebaut, leistete sich der Kaufmann und Reeder *Lars Berentsen,* dessen Vater im Seefahrtsmuseum als Galionsfigur verewigt ist. Im Hauptgebäude originale Einrichtung, in der Scheune Kutschen, Wagen, Schlitten und Arbeitsgerät.

■ **Ledaal**, Eiganesveien 75 (Dezember und Januar geschlossen). Das Herrenhaus entstand 1799–1803 im Auftrag der wohlhabenden Familie Kielland, aus der auch der bekannte Schriftsteller *Alexander Kielland* (1849–1906) hervorging. Heute residiert die königliche Familie in Ledaal, wenn sie in Stavanger zu Besuch ist.

■ Das Hauptgebäude **Stavanger Museum**, Muségata 16, setzt zwei Schwerpunkte, den einen zu Kulturgeschichte und Kunsthandwerk, den anderen zur Fauna im fylke Rogaland. Die neu aufbereitete zoologische Sammlung widmet sich drei Themen; das größte Interesse gilt der ornithologischen Abteilung. Außerdem werden Ausstellungen zur Stadtgeschichte arrangiert.

Tips für die Stadtwanderung

■ **Mosvannsparken** ist ein Tip für zwischendurch, eine grüne Lunge in Stavanger, die etwa 20 Fußminuten vom Hafen entfernt liegt und direkt an die Museumszeilen Eiganesveien und Madlaveien grenzt. Der See Mosvatnet mußte in den letzten hundert Jahren einige Eingriffe durchstehen, war zwischen

In Gamle Stavanger (oben) steht das Konservenmuseum; Arbeiterinnen dosen Sardinen für den Export ein, aufgenommen Anfang des 20. Jhs. ▶

1894 und 1932 als Trinkwasser-Reservoir aufgestaut und wurde 1971 durch den Straßenbau kräftig gestutzt. Der See ist das Herz von Mosvannsparken, in dem Ornithologen 140 Vogelarten zählten. Der Wassersport muß zugunsten der Vögel zurücktreten, doch das Angeln ist an ausgewiesenen Stellen erlaubt. Buchen und Weiden bringen Abwechslung in das übliche Gemisch aus Birken, Tannen und Kiefern, und auf der anderen Seite der E 18, im Osten, erhebt sich der bewaldete Hügel *Vålandshaugen*, einer der drei besten Aussichtspunkte im Stadtgebiet. Der dortige Turm wurde 1895 im Zusammenhang mit der Gewässer-Regulierung gebaut; er wird unverändert genutzt, ist aber nicht zugänglich.

■ **Rogaland Kunstmuseum**, Tjensvoll 6, Tel. 5153 0900. Di–Do 10–14 und 18–21 Uhr, Fr 10–14 Uhr, Sa 11–15 Uhr, So 11–17 Uhr. Eintritt 30/0 NOK, mit SC frei.

Das neue Kunstmuseum liegt recht idyllisch im Mosvannspark. Die Sammlung konzentriert sich auf die norwegische Malerei der letzten beiden Jahrhunderte. Sie umfaßt u.a. mehrere Werke von *Lars Hertervig* (geb. 1830), der als Wegbereiter des Surrealismus in Norwegen gilt. Er gehört zu den Malern, denen erst nach ihrem Tod Anerkennung zuteil wurde. Verarmt und angeblich in geistiger Umnachtung, starb Hertervig 1902 in seiner Heimatstadt Stavanger.

■ Auf dem Hügel **Ullandhaug** steht ein Fernsehturm, von dessen Plattformen der beste Rundblick auf Stavanger, das Meer und die Gebirge im Inland möglich ist. Ebenfalls auf Ullandhaug befinden sich *Botanisk Hage*, ein Botanischer Garten mit angeblich 2000 verschiedenen Pflanzen, und *Jernaldergarden*, was »Hof aus der Eisenzeit« bedeutet. Die winzige Siedlung stammt aus der Zeit der Völkerwanderung, ist etwa 1500 Jahre alt – so weit reicht kein anderes Freilichtmuseen in Westnorwegen zurück. 15.6.–15.8. täglich 12–17 Uhr, etwa 7.5–14.6. und 16.8.–15.9. So 12–17 Uhr, sonst nach Absprache, Tel. 5153 4140. Eintritt 20 NOK.

■ Der klassische Aussichtspunkt auf die Innenstadt ist der alte Feuermeldeturm **Valbergtårnet**, östlich von Vågen in der Valberggata. Der Turm beherbergt einen Kunsthandwerksladen, Tel. 5189 5501. Geöffnet 10–16 Uhr.

Ausflüge

■ Der 41 km lange **Lysefjord** und die prägnante Felskanzel **Preikestolen**, 600 m hoch über dem Fjord, gehören zu den bekanntesten Reisezielen im Fjordland. Wen eine Sightseeing-Tour mit dem Ausflugsboot interessiert, findet alle

Daten unter der Rubrik »Verschiedenes«.

Wer mehr über den Fjord erfahren oder die Wanderung zum Felsplateau unternehmen will, lese bitte im nächsten Kapitel weiter, das die Region *Ryfylke* vorstellt.

■ Wer **Ryfylke** nur einen Kurzbesuch abstatten will, kann dies mit einer kombinierten Fähr- und Busreise tun. Interessenten lesen am besten das nächste Kapitel, notieren sich anhand der Rubriken »Transport« und »Weiterreise« die Möglichkeiten der Fortbewegung und fragen im Touristenbüro Stavanger nach den aktuellen Abfahrtzeiten.

■ **Utstein**, auf der Insel Mosterøy, ist das bestbewahrte Kloster Norwegens, doch seine frommen Tage sind schon lange gezählt. Heute dient der einstige Sakralbau als Konferenzort, kann aber besichtigt werden. 1.5.–15.9. Di–Sa 10–16 Uhr, So 12–17 Uhr, ab Anfang März bis Ende Oktober nur So 12–17 Uhr. Eintritt 25/10 NOK, mit SC frei. Führungen auch auf englisch.

Anfahrt besser mit dem Bus: Mo–Fr ab Stavanger in der Woche mehrmals täglich ab 9.15 Uhr, So um 12.15 Uhr, Sa nur schlechte Verbindung. Abfahrt Busbahnhof, nahe Bahnhof. Im Bus geringere Gebühr für Mautstraße, außerdem nur wenige Parkplätze am Kloster.

■ **Kongeparken** ist ein Vergnügungspark von gewaltiger Ausdehnung. Im Mittelpunkt liegt der Riese Gulliver, der den Besuchern mit mancher Überraschung buchstäblich offensteht. Sonst die üblichen Attraktionen wie Achterbahn, Mountain-bike-Parcour, Kino mit großer Leinwand, Mini-Zoo, Ponyreiten, Go-Kart-Bahn etc.

Kongeparken liegt an der E 18, zwischen Sandnes und Ålgård. Anfahrt mit Bus oder eigenem Fahrzeug. Geöffnet Ende Juni bis Anfang August täglich 11–17 Uhr, sonst von Mai bis Ende August an Sonn- und Feiertagen. Info-Tel. 5161 7111. Eintritt 110/90 NOK, mit SC 40 % Rabatt. Extra-Preise für einzelne Attraktionen wie Fahrgeschäfte und Vermietungen (Mountain-bikes).

■ Die Tourismusstrategen haben sich etwas einfallen lassen und die Küstenstraße zwischen Haugesund im Norden und Kristiansand im Süden zum **Nordsjøveg**, der Nordseestraße, erklärt. Die Behauptung, daß sich entlang von Nordsjøvegen Süd- und Westnorwegen treffen, ist geographisch halbwegs richtig, aber trotzdem mehr Reklame-Geschwätz, weil die Landschaftformen weder für die Südküste noch für das Fjordland typisch sind.

Gerade die Landschaft südöstlich von Stavanger, *Jæren,* ist nicht repräsentativ, sondern geradezu einzigartig in Norwegen, wie es das erste Kapitel in diesem Buch dokumentiert. Wer seinen Ausflug nach

Jæren tatsächlich bis Flekkefjord fortsetzt oder von dort anreist, erlebt trotzdem einen imposanten Wechsel der Natur: Die Straße 44 überquert zwischen Egersund und Flekkefjord eine schroffe Hochfläche, die blanker Fels und Wasser bestimmen, die bei Sonnenschein zu einem Picknick an einem der zahlreichen Seen überredet (Trinkwasser-Reservoir), über die sich bei Regen und tiefhängenden Wolken aber schnell der Nebel legt und die dann abweisend und beklemmend wirkt. Den Höhepunkt bildet die Fahrt bei *Jøssingfjord*, wo die Trasse in den senkrecht abfallenden Berg hineingesprengt wurde. Mehr unter »Jæren, Weiterreise«.

Transport

■ **Bus:** Das Netz der rund 30 Lokalbusrouten deckt das Gebiet zwischen Randaberg, Tungenes und Rennesøy im Norden, Orre, Nærbø und Ålgård im Süden sowie Lauvvik und Forsand im Osten ab. Wollen Sie mehrere Tage in Stavanger und Umgebung verbringen, fragen Sie im Touristenbüro nach dem Fahrplan; ansonsten können Sie sich dort auch Einzelauskünfte geben lassen, ebenso unter Tel. 5156 7171, der zentralen Verkehrsauskunft.

■ **Bahn:** Die Jærenbahn verkehrt maximal 15–20 mal am Tag über Sandnes und Bryne nach Egersund und zurück; mit der SC 50 % Rabatt.

■ **Taxi:** Tel. 5188 4100.

Verschiedenes

■ **Stadtrundfahrt mit dem Bus:** 1.6.–31.8. Abfahrt um 13.30 Uhr beim Info-Kiosk Vågen. Die Rundfahrt dauert zwei Stunden. Anmeldung bis 12 Uhr in einem der beiden Touristenbüros. Preis 110/70 NOK, mit SC 50 % Rabatt.

■ **Stadtwanderung:** 15.6.–15.8. Abmarsch um 11 Uhr beim Info-Kiosk Vågen. Dauer zwei Stunden. Anmeldung bis 10 Uhr in einem der beiden Touristenbüros. Preis 80/50 NOK, mit SC 50 % Rabatt.

■ **Fjord-Sightseeing** von März bis Oktober. Programm: Lysefjord-Preikestolen, Dauer 3 Stunden, Preis 180/90 NOK. – Lysefjord-Preikestolen-Lysebotn, Besichtigung eines Elektrizitätswerks und Busfahrt in die Berge, Dauer 6 Stunden, Preis 260/130 NOK. – Zur Insel Kvitsøy samt Leuchtturm. Dauer 3 Stunden, Preis 180/90 NOK. – Hochseeangeln vor Kvitsøy. Dauer 3 Stunden, Preis 180/90 NOK. – Ferner Thementouren, zum Beispiel Piratenfahrten für Kinder oder Schunkelausflüge mit gemeinsamem Grillen.

Anmeldung in den Touristenbüros, bei *Clipper Fjord Sightseeing*, Skagenkaien 18, Tel. 5189 5270, oder bis kurz vor Abfahrt direkt am Skagenkai. Mit SC 40 % Rabatt auf die Fahrpreise.

■ **Fahrradvermietung:** *Sykkelhuset*, Løkkeveien 33, Tel. 5153 9910.

■ **Fallschirmspringen:** *Stavanger Fallskjermklubb*, Flughafen Sola, Tel. 5165 6411.

■ **Golf:** *Stavanger Golfklubb*, Longebakken 45, Tel. 5155 5431. 18-Loch-Platz am See *Store Stokkavann*. Verleih von Ausrüstung.

■ **Reiten:** *Rogaland Rideklubb*, Grannesveien 81, Hinna, Tel. 5158 9136 und 5188 1454. – *Sola Ridesenter,* Tananger, Tel. 5169 6553.

■ **Wandern:** *Stavanger Turistforening*, Olav V's gate 18, Tel. 5152 7566. Beabsichtigen Sie (mehrtägige) Gebirgswanderungen, wenden Sie sich am besten an diese Organisation; sie unterhält in Ryfylke, vielleicht Ihr nächstes Etappenziel, mehr als 30 Hütten, die Nicht-Mitgliedern jedoch nicht generell zur Verfügung stehen.

■ **Galerien:** *Galleri Sølvberget*, Stavanger Kulturhus, Tel. 5150 7090. Im selben Gebäude wie das Touristenbüro. Norwegische wie internationale Kunst. Mo–Sa 10–16 Uhr, Do 12–19 Uhr, So 13–16 Uhr. – *Stavanger Kunstverein,* Madlaveien 33, Tel. 5152 7819. Di–Fr 10–14 Uhr, Mi und Do auch 18–20 Uhr, Sa,So 12–17 Uhr. – *Galleri Brandstrup,* Solagt. 18, Tel. 5152 7220. Zeitgenössische Kunst. – *Internasjonalt Kultursenter,* Sandvigå 27, Tel. 5150 8845. An den Sonntagen ist auch das Graphische Museum geöffnet.

■ **Weitere Museen:** *Archäologisches Museum*, Peder Klowsgt. 30 A, Tel. 5153 4140. Di 11–20 Uhr, Mi–Sa 11–15 Uhr, So 11–16 Uhr. Eintritt 10/5 NOK. – *Graphisches Museum,* Sandvigå 27, Tel. 5152 8886. So 11–16 Uhr. – *Feuerwehrmuseum*, Lagårdsveien 32, Tel. 5150 8860. Besichtigung nach Absprache. – *Missionsmuseum*, Misjonsveien 34, Tel. 5151 6210. Besichtigung nach Absprache. – *Norsk Telemuseum,* Dronningensgt. 12, Tel. 5176 5045. Erzählt wird die Geschichte der Telekommunikation seit 1837, als jener Samuel Morse seinen Morsetelegraphen zum Patent anmeldete. Jede Menge historischer Exponmate. – Schulmuseum *De Vestlandske Skolemuseum,* in der alten Kvaleberg-Schule, Stadtteil Hillevåg, Tel. 5158 5372. Mo und Di 9–15 Uhr, zudem 15.6.–15.8. nach Absprache.

■ **Hauptpostamt:** Kreuzung Haakon VII's gate/Lars Hertervigs gate, zwischen Vågen und Breiavatnet. Im Stadtplan verzeichnet.

■ **Notarzt:** Tel. 5153 3333.

■ Die ausgeschilderten **Parkhäuser** sind zu empfehlen, denn in den vermeintlich ruhigen Wohnbezirken im Innenstadtbereich gelten Parkausweise für Anwohner. Auch vor den Museen finden Sie keine

Abstellmöglichkeiten für Ihr Fahrzeug.

Weiterreise

■ **Flug:** *Stavanger Lufthavn*, Sola, südwestlich von Stavanger, Tel. 8100 3300. Der Flughafenbus fährt von 6 bis 23 Uhr zweimal die Stunde vor Hauptbahnhof und Atlantic-Hotel ab. Fahrpreis 35 NOK.

Direktverbindungen innerhalb Westnorwegens nur mit Bergen, ferner mit den Fährhäfen Kristiansand, Oslo u.a.

Ins Ausland nach Kopenhagen.

■ **Eisenbahn:** *Stavanger Jernbanestasjon*, Jernbaneveien, liegt am Stadtsee Breiavatnet, Tel. 5156 9600.

Sørlandsbanen (Linie 51): Stavanger, Sandnes, Bryne, Egersund, Moi, Sira, Kristiansand, Nelaug (umsteigen nach Arendal), Bø, Kongsberg, Hokksund, Drammen, Lysaker/Fornebu, Oslo Sentrum.

■ **Personenfähre:** Schnellbootterminal (Stadtplan), Tel. 5189 5090.

Schnellboot Stavanger, Føresvik, Kopervik, Haugesund (155 NOK), Mosterhavn, Leirvik, Flesland, Bergen (450 NOK), Dauer rund 4 Stunden, mit SC 25 % Rabatt. – Schnellboot Stavanger, Tau, Jørpeland (Ryfylke), mit SC 50 % Rabatt. – Schnellboot Stavanger, Sand, Sauda (Ryfylke), mit SC 50 % Rabatt. – Schnellboot Stavanger, Mekjarvik, Kvitsøy. – Weitere Direktverbindungen mit Bogsund, Borøy, Brimse, Byre, Eidssund, Eik, Fister, Fogn, Foldøy, Foreneset, Halsnøy, Hebnes, Helgøy, Helgøysund, Heng, Hjelmeland (95 NOK), Jelsa, Judaberg, Kjeksevåg, Marvik, Nedstrand, Nesheim, Nesvik, Nord-Hidle, Sandanger, Sandeid, Skipevik, Sør-Bokn, Sør-Hidle, Talgje, Tangane, Vikedal, Vormestrand, Ølesund.

■ **Autofähre:** Fährkai *Fiskepiren* (Stadtplan), ausgeschildert durch das Schiffsymbol, Tel. 5189 3212.

Nach Tau. – Nach Lysebotn über Ådnøy, Lauvvik, Oanes, Forsand, Bratteli, Songesand, Kalleli, Fløyrli. – Nach Judaberg über Heng, Sør-Hidle, Tau, Brimse, Helgøy, Borøy, Byre, Sør-Bokn, Fogn.

Ab Fährkai *Mekjarvik*, nördlich von Stavanger und sowohl per Bus als auch per Personenfähre zu erreichen, weiter nach Skudeneshavn auf Karmøy.

■ **Bus:** *Stavanger Rutebilstasjon* am Hauptbahnhof, Jernbaneveien.

Nach Bergen (320 NOK) über Mortevika (Fähre), Haugesund, Valevåg (Fähre), Sandvikvåg (Fähre), Os, Nesttun. – Nach Tau und zur Preikestolhytta (von Mitte Juni bis Ende August). – Nach Jæren: Sandnes, Sannerud, Klepp, Bryne, Nærbø. Oder Sandnes, Malmheim, Voll, Verdalen, Kleppe, Bryne. – Weitere Direktverbindungen mit

Bjelland, Breivik, Dusavik, Eltervåg, Figgjo, Forus, Frafjord, Ganddal, Gilja, Harestad, Hommersåk, Håholen, Kvernaland, Lauvås, Mekjarvik, Mortavika, Oltedal, Randaberg, Riska, Sokn, Sola, Tjensvoll, Vatneleiren, Vier, Vikevåg, Ålgård u.a.

Ins Ausland nach Hamburg (HS 800/NS 700 NOK) über Kristiansand (wie oben), Fähre nach Hirtshals, Flensburg (HS 700/NS 600 NOK).

■ **Auto: Nach Ryfylke.** Die schnellste Verbindung ist die Autofähre nach Tau, auch dann anzuraten, wenn die Wanderung zum Ausflugsziel Preikestolen oder eine andere im Hinterland von Forsand eingeplant ist. Die aufreibende Fahrt durch Sandnes und zum Fähranleger Lauvvik (nach Forsand, Oanes) ist somit überflüssig.

Nach Haugesund. Entweder auf Straße 1 zum Fähranleger Mortevika auf Rennesøy, Autofähre Mortevika-Arsvågen und flott über die Straßen 1 und 11 nach Haugesund. Oder Autofähre Mekjarvik-Skudeneshavn, ein malerisches Fischernest an der Südspitze der Insel *Karmøy,* die im Kapitel über Haugesund in einer speziellen Rubrik vorgestellt wird. Auf der Straße 47 an der Westküste von Karmøy entlang, lange Sandstrände in *Sandvesanden, Ferkingstad/Stavasanden* und *Åkrasanden.* Weiter über die Inselhauptstadt Kopervik und Karmsund-Bogenbrücke (nicht zu schnell an die Kuppe heranfahren) durch dichter besiedeltes Gebiet nach Haugesund.

Nach Bergen. Auf Straße 1 über neue, mautpflichtige Tunnel- und Brückenverbindung zum Fährkai Mortevika auf Rennesøy, Fähre nach Arsvågen. Weiter auf Straße 1 direkt nach Bergen, unterwegs zwei weitere Fährfahrten, zuvor möglicher Abstecher nach Haugesund (siehe dort).

Nach Südnorwegen durch Jæren. Auf den küstennahen Straßen 510 und 44 durch die (für norwegische Verhältnisse) einzigartige Kulturlandschaft Jæren; siehe unter »Jæren, Weiterreise, Entlang der Südküste«.

Ryfylke

Wandern zum Predigtstuhl

Viele Urlauber suchen den schnellsten Weg von Stavanger nach Bergen, weil sie rasch nach Norden wollen und befürchten, sonst etwas zu verpassen. Wer primär an den »traditionellen« Sehenswürdigkeiten wie Kirchen und Museen interessiert ist, sollte sich durch dieses Kapitel nicht von diesem Vorhaben abbringen lassen. Wer aber der Natur wegen nach Norwegen reist, sie aktiv erleben möchte und dann Ryfylke links (oder rechts) liegen läßt, verpaßt wirklich etwas.

Ryfylke werden die acht Gemeinden genannt, die das zerfurchte Fjordland zwischen Stavanger und Haugesund bilden und zum fylke Rogaland gehören. Dieses Kapitel stellt die fünf Festlandskommunen vor, die die Straße 13, der sogenannte *Ryfylkeveg*, miteinander verbindet.

Forsand (knapp 1000 Einwohner, 772 km^2), die südlichste der glorreichen Fünf, prägt die rauhe Bergwelt auf beiden Seiten des *Lysefjords*. Südlich des Fjords verstecken sich einsame Täler zwischen den Höhenzügen, sind nur über wenige Passagen zu erreichen. Im Norden erhebt sich direkt am Fjord die markante Felsformation *Preikestolen* (Dialekt, früher »Prekestolen«), eines der bekanntesten Fotomotive im Fjordland, sowohl von unten als auch von oben. Am Ende des Fjords harrt das Dorf *Lysebotn* aus, das in den 80er Jahren an das Straßennetz angebunden wurde, um die Region für die Wasserkraftnutzung zugänglich zu machen. Das Gemeindezentrum *Forsand,* in dem nicht einmal 200 Menschen leben, liegt an der Kreuzung von Lyse- und *Høgsfjord*. Zwei Autofähren befördern hier täglich mehrere tausend Fahrzeuge von Ufer zu Ufer. Um die Fahrzeit zu verkürzen, plant(e) die staatliche Verkehrsbehörde einen 1,3 km langen Röhrentunnel zwischen *Lauvvik* und *Oanes* durch den Høgsfjord sowie eine Brücke zwischen Oanes und Forsand über den Lysefjord. Vor allem wegen der immensen Kosten wurde das Projekt »Röhrentunnel« verschoben, während die Brücke nicht in Forsand, sondern weiter nördlich den dort schmaleren Lysefjord überspannen wird. 1997 soll die 640 m lange, 300 Millionen NOK teure Brücke freigegeben werden.

Strand ist mit gut 9250 Einwohnern auf 215 km^2 geradezu dicht besiedelt. Die Kommune profitiert von der langen Küstenlinie und der raschen Fährverbindung mit Stavanger. Die beiden Zentren,

Jørpeland und *Tau*, liegen dementsprechend am Wasser. Nicht schroffe Felsen, sondern Küste und Strand bestimmen die Landschaft – der Name der Kommune ist kein Zufall.

Für *Hjelmeland* (2700 Einwohner, 1092 km²) nehmen sich die meisten Reisenden nur wenig Zeit, weil sie die Natur vom Ryfylkeveg aus beurteilen – sehr zum Leidwesen des lokalen Fremdenverkehrsamts, das die Vorzüge Hjelmelands in den nächsten Jahren pfiffiger an die Leute bringen will, um so besser für diejenigen, die in abgeschiedenen Gebirgstälern für sich bleiben wollen.

In *Suldal* (4100 Einwohner, 1728 km²) dreht sich auf den ersten Blick alles um den Lachs. Der Fluß *Suldalslågen* gilt als der beste Lachsfluß im südwestlichen Norwegen. Im Lachsstudio *Sand* können Sie den Fischen dabei zusehen, wie sie flußaufwärts schwimmen. Die Gemeinde dehnt sich weit ins Landesinnere aus, wo sie gleich an drei fylker grenzt, nämlich Hordaland, Telemark und Aust-Agder. Dieses einst unzugängliche Gebiet wurde in den letzten beiden Jahrzehnten im Zusammenhang mit der Wasserkraftnutzung erschlossen. Strommasten, Stauseen, Dämme, regulierte Flüsse und Bäche sind die sichtbaren Zeugen des menschlichen Eingriffs; die Kraftwerke stehen in den Tälern. Trotz warnender Proteste wurden auch ökologisch bedenkliche Baumaßnahmen durchgezogen, die zum Beispiel am See *Sandsavatnet* zu erheblichen Erdabtragungen führten. Das Straßennetz, das für die Erschließung entstand, ist 125 km lang. Diejenigen Straßen, die den Touristen offenstehen, ermöglichen Ausflüge in karges, oft wolkenbedecktes Gebirge. Freundlicher wirkt die Landschaft in *Jelsa*, das im Westen der Kommune an den breiten *Nedstrandfjord* grenzt und den Blick auf zahllose Inseln, Schären und Küstenlinien freigibt.

In *Sauda* leben gut 5000 Menschen auf 513 km². Das gleichnamige Zentrum, das mit dem Nachbarort *Saudasjøen* zusammengewachsen ist, beherrschen mehrere Industriebetriebe. Besonders die Schlote des Hüttenwerks, das Eisenlegierungen produziert, regen zur raschen Weiterreise an. Trotzdem gibt es Sehenswürdigkeiten, die einen Aufenthalt rechtfertigen – sogar mehr als in den anderen Gemeindezentren von Ryfylke. Die Straße 520, die nördlich von Sauda über die Berge führt, ermöglicht zusammen mit dem Ryfylkeveg eine Rundfahrt durch völlig unterschiedliche Gebirgslandschaften – beide treffen nebeneinander auf die Straße 11. Wer unterwegs Rast macht, besitzt gute Chancen, Lemminge zu beobachten. Sollte die Wolkendecke allerdings zu niedrig hängen, kann man auf den Trip getrost verzichten.

Weil wir gerade beim Wetter sind: Ryfylke leidet keinen Mangel an Niederschlag; der Jahresdurchschnitt liegt bei 2000 mm. Daß die Region trotzdem eine Reise wert ist, beweist der Umfang dieses Kapitels.

Forsand

Information

■ **Forsand Kommune**, N-4110 Forsand, Tel. 5170 3800, Fax 5170 3970. Mo–Fr 8–15.30 Uhr.

Unterkunft

■ **Lysefjord Hyttegrend**, nahe Fähranleger Oanes, Tel. 5170 3874. Ganzjährig geöffnet. 5 Ferienhütten mit Bad für 4–6 Personen 250–350 NOK, in der Hauptsaison 330–430 NOK.

Große, wohnliche Holzhütten zum Wohlfühlen. Fenster zum Fjord, Sitzecke, Wohnküche, nur ein Schlafraum in den kleinen Hütten. Liegt ruhig oben am Hang, allerdings nicht zentral: längere Anfahrten zu Wanderungen und Sehenswürdigkeiten notwendig.

■ **Ferien auf dem Bauernhof:** in Forsand bei *Perly & Torstein Fossan,* Tel. 5170 3761, und bei *Tormod Rettedal,* Tel. 5170 3764. Telefonische Anfrage wegen freier Betten von Vorteil.

Sehenswertes

■ Der schmale **Lysefjord** verläuft ganz im Süden von Ryfylke in Ost-West-Richtung. Obwohl *Victor Hugo* nie in Norwegen war, soll er den Fjord beschrieben haben. Dabei besitzt der 41 km lange Seitenarm des *Høgsfjords* nicht die Dimensionen eines Geiranger- oder Nærøyfjords; wer aber in seinem Urlaub nicht nur Superlative sammeln muß, wird an der Fjordfahrt mit Autofähre oder Ausflugsboot trotzdem seinen Spaß haben. Die Kapitäne richten sich nach den Vorlieben der Touristen, indem sie nahe am Ufer entlang- und in enge Schluchten hineinsteuern. Man passiert Wasserfälle, die 600 m hohe Felskanzel Preikestolen, die von unten putzig klein ausschaut, sowie mehrere kleine Siedlungen, die nur auf dem Wasserweg mit der Außenwelt verbunden sind. Gemsen und Schafe mustern neugierig das seltsame Etwas, das sich da auf dem Wasser bewegt.

Am Ende des Fjords legt das Schiff in *Lysebotn* an, ein kleines Nest (80 Einwohner), das von der Stromgewinnung im Gebirge lebt. Gemischtwarenladen vorhanden, die kleine Pension mit Campingwiese stand zum Zeitpunkt der Recherche zum Verkauf an. Bereits zu Zeiten der Wikinger war Lysebotn der Punkt, der die Täler *Setesdal* und *Sirdal* im Inland mit der Wasserstraße Fjord verband.

Man kehrt entweder per Schiff

oder mit dem Auto über das Gebirge zum Ausgangspunkt zurück. Seit den 80er Jahren führt eine abenteuerliche Straße von Lysebotn auf das Gebirge südlich des Fjords, kraxelt in 27 Kurven und einem 1,1 km langen Wendetunnel den Berghang hinauf und erreicht ihren höchsten Punkt bei 932 m ü.d.M. Oben erwartet den Reisenden eine kühle Landschaft, die runde, zaghaft begrünte Felsen und dunkle Seen prägen. Viele kurze Stichstraßen, die für die Fahrzeuge der Stromindustrie angelegt wurden, erlauben Abstecher in absolute Stille. Bei Sonnenschein rate ich zu einem Picknick an windgeschützter Stelle.

Hinter *Sirekrok* besteht die Möglichkeit, das Fjordland zu verlassen und über eine neue Gebirgsstraße ins vielbesungene Setesdal abzuzweigen. Wer Westnorwegen treu bleiben möchte, hält sich südwärts (Übernachtungsmöglichkeiten) und stößt schließlich auf die Straße 45 (an der Kreuzung Tankstelle und Lebensmittel), die gen Südosten *Hunnedal* und *Øvstebødal* durchquert. Karge Vegetation, Schafweiden und jede Menge Ferienhäuser bestimmen das Bild im Hunnedal, dessen Berghänge sanft bis auf rund 1000 m ansteigen. Am Straßenrand erinnern meterhohe Findlinge an die Kräfte, die dem Tal einst seine Form gaben. Im Øvstebødal beginnt die Abfahrt auf Meereshöhe.

Möchte man Stavanger buchstäblich links liegen lassen, empfehlen sich die Fähranleger im Dreieck *Lauvvik*, *Forsand*, *Oanes* als Start- und Endpunkte. Wer den Ausflug in Stavanger begonnen hat, aber nicht wieder zurück, sondern nordwärts weiterreisen will, kann dies gut über Lauvvik tun. Fährtickets Lauvvik-Lysebotn: Auto inklusive Fahrer um 175 NOK, Erwachsene 52 NOK, Kinder 29 NOK.

Wanderungen

Die erste Tour ist gut mit einem Fahrradausflug zu kombinieren, indem man vom Fähranleger Forsand aus die gut 19 Kilometer bis hinter dem Øvre Espedalsvatn per Rad zurücklegt; unterwegs sind zwei kräftige Steigungen zu meistern.

■ **Øvre Espedal-Røssdal-(Indredal-)Øvre Espedal**. Nicht markierter, mittelschwerer Pfad. Topographische Karte von Vorteil. Wanderzeit je nach Länge der Tour, für die schönsten Stationen sind hin und zurück mindestens 3–4 Stunden zu veranschlagen. Anfahrt: ab Gemeindezentrum Forsand, Straße über Helle ins Espedal, an der Gabelung rechts bis zum Parkplatz. Bus Forsand-Espedal Mo–Fr 14 Uhr, Rückfahrt jedoch erst am nächsten Tag um 14.40 Uhr (nicht Sa). Ansonsten Anfahrt per Auto oder Fahrrad.

Zunächst gemütliche Wanderung auf ebenem Pfad durch eine

heideähnliche Landschaft, danach am Nordufer des hübschen Sees *Røssdalsvatnet* entlang über Steine und durch Birkenwald; mehrere idyllische Rastplätze säumen den Weg. Ein Bach muß im lichten Wald überquert werden, worauf man auf einer satt grünen Wiese steht, offensichtlich einst zu einer Alm gehörend. Ein meterhoher Findling weist den Weg. Das Røssdal wirkt wie eine grüne Perle der Natur; hier stehen viele verschiedene Laubbäume wie Linde, Vogelkirsche oder Hasel. Das Gebiet rund um das Tal soll in den nächsten Jahren zum Nationalpark *Frafjordheiane* erklärt werden.

Es folgt ein längerer Abschnitt durch dichten Wald, mehrfach an bemoosten Steinfeldern vorbei. Nach einer Wildbachüberquerung setzt sich der Pfad weiter unten fort, um sich kurz darauf in einem gewaltigen Blocksteinfeld zu verlieren. Rund 1,5 Stunden sind jetzt vorüber. Die Steinmännchen sind relativ schwierig auszumachen, und wegen der metertiefen Spalten zwischen den Steinen sollte der folgende Teil weder allein noch von ungeübten Wanderern angegangen werden. Die Wanderung bis zu diesem Punkt ist reizvoll genug.

Wer weiter will, muß steil hinauf zum See *Indravatn*, den der Pfad auf dem Geröllfeld am südlichen Ufer begleitet. Zuvor aber muß man den Fluß überqueren, entweder waten oder über große Geröllbrocken klettern. Hier kann es wieder passieren, daß man den Pfad auf dem steinigen Terrain verliert. Zwar bereitet die grobe Orientierung wegen des Talverlaufs keine Probleme, doch das folgende unwegsame Gelände über Stock und Stein und durch wieder dichteren Wald läßt sich am besten auf dem Trail bewältigen. Die Berge zu beiden Seiten erreichen mehr als 1000 m, und von der Nordwand stürzt der dünne Wasserfall *Følvassfossen* in den See. An diesem Punkt sollte man umkehren, sofern man nicht unterwegs übernachten will.

■ Über **mehrtägige Wanderungen** informieren Sie sich am besten vor Ort in den Touristenbüros. Die Wege sind meist nicht markiert, mittelschwer bis schwer. Zelt und Proviant sind mitzunehmen; wegen der Hütten in einem der Touristenbüros oder bei »Stavanger Turistforening« nachfragen.

Mögliche Touren: Øvre Espedal, Røssdal, Indredal, Blåfjellenden, Langavatn, Fløyrli, Blåfjellenden, Øvre Espedal (4–5 Tage). Lysebotn, Fløyrli, Langavatn, Lysebotn (3 Tage).

Verschiedenes

■ **Angeln:** In Forsand Forellen im Gebiet um *Njardarheim*, Meeresfische im Fluß *Espelandselva.* Tageskarten um 50 NOK.

■ **Reiten:** *Torstein Fossan*, Fossanmoen, Forsand, Tel. 5170 3761. Die Islandpferde von Fossan, die auch den Trail zum Preikestol (siehe unten) begehen, können ebenso für Reittouren rund um den Heimathof in Forsand gemietet werden, etwa zum prägnanten Aussichtspunkt *Uburen,* 440 m über dem Høgsfjord. Übernachtung auf dem Hof in Forsand möglich, nahe Forsand Kulturhus.

■ **Forsand Kulturhus:** kultureller Treffpunkt im Gemeindezentrum Forsand, u.a. mit wechselnden Ausstellungen. Dauerausstellung über die archäologischen Funde in *Landa,* ein frühzeitliches Dorf nahe Forsand, in dem etwa 1500 v.Chr. bis 600 n.Chr. rund 2000 Menschen gewohnt haben dürften. Mittlerweile werden die ersten Gebäude restauriert. Während des Sommers stehen Ausstellung und Restaurationsarbeiten Besuchern offen; es wird jedoch um eine Anmeldung beim Touristenbüro in Forsand gebeten.

Das Forsand Kulturhus verfügt zudem über ein 25-m-Schwimmbecken mit Kafeteria.

Strand

Information

■ **Strand Turistinformasjon**, Jørpelands Brug, Vågen, N-4100 Jørpeland, Tel. 5174 8314. Mitte Juni bis Mitte August 10–20 Uhr. Kleiner Info-Kiosk mit Souvenirverkauf am Hafen.

Unterkunft

■ **Preikestolen Camping**, Jøssang, Tel. 5174 8077. 1.5.–30.9. Preisniveau Camping: 3. Hütten geplant.

1994 eröffnete Anlage mit hohem Standard, etwa topmodernes Sanitärhaus mit Fußbodenheizung und allen Serviceeinrichtungen, auch Wohnmobil-Entsorgung. Die Gäste können bis zum nächsten Tag um 16/17 Uhr bleiben, also noch die Wanderung zum Preikestol einschieben, bevor sie weiterfahren.

■ **Preikestolhytta**, Tel. 9453 111. 1.6.–31.8. Übernachtung im DZ oder 4-Bett-Zimmer zu den üblichen DNT-Tarifen, auch für Nicht-Mitglieder. Preisniveau Camping: 1. Kafeteria mit wechselnden Gerichten, teils aus der Mikrowelle, deftig und viel, das Prädikat »wohlschmeckend« wäre übertreiben.

Die Hütte liegt unterhalb des großen Parkplatzes, der den Beginn der Wanderung zum Preikestol markiert; Straße bis zum Ende weiterfahren. Schöne Aussicht auf den See *Revsvatn* und ruhige Lage, während der Hochsaison aber viel Rummel in der Hütte. Zelte auf schmalem Wiesenstreifen, Wohnmobile auf hauseigenem Schotterparkplatz, etwas abgelegen. Die Camper dürfen Dusche und WC im Haus mitbenutzen. Sauna nach Anmeldung.

■ **Vågen Fjordhotel**, Jørpeland, Tel. 5174 8878. 15.6.–15.8. EZ 535 NOK, DZ 735 NOK, sonst EZ 635 NOK, DZ 835 NOK. Middag um 125 NOK.

Liegt am Kai, nicht direkt am Wasser, sondern in der Geschäftszeile. Das unauffällige Haus war offenbar nicht als Hotel konzipiert. Die Zimmer gefallen durch ihre gelungene Mischung aus altem und neuem Stil sowie den warmen Farben, meist Grün und Braun. Teilweise mit Balkon.

■ In Jørpeland mehrere **Privatzimmer**, Hütten und Appartements: Fragen Sie im Touristenbüro nach, achten Sie auf die üblichen Symbole am Straßenrand, oder informieren Sie sich am »Schwarzen Brett«, das am Startpunkt zur Preikestol-Wanderung steht.

■ **Fjelde Camping**, Jørpeland, Tel. 5174 7151. Ganzjährig geöffnet. Preisniveau Camping: 1. 8 Hütten für 3–4 Personen 175 NOK.

Große Wiese im Ort, ohne die häufigen Dauercamper. Geräumige, aber verwohnte Hütten mit Sofa, zu einem günstigen Preis. Das Sanitärgebäude könnte eine Überholung vertragen, schlechter Abzug der feuchten Luft.

■ **Solvik Camping**, Jørpeland (nördlicher Ortsausgang), Tel. 5174 7712. Öffnungszeiten je nach Saisonverlauf, etwa 15.5.–15.9. Preisniveau Camping: 2, für WM 3. 2 Ferienhütten für 6 Personen 450 NOK.

Neuerer Platz nahe Fjord, mit guter Sanitäranlage. Camperküche und Aufenthaltsraum kombiniert, etwas knapp bemessen. Echte Alternative zum etwas vergammelten »Fjelde Camping«. Spielplatz, W & T.

■ **Hamrane Hyttefelt**, Bjørheimsbygd, Tel. 5174 6420. Ganzjährig geöffnet. 7 Ferienhütten für 3–8 Personen ab 350 NOK.

Am Ende eines holprigen Wegs, der von der Straße 13 abzweigt. Die komfortablen Hütten verteilen sich großzügig auf einem bewaldeten Hang, versteckt im Wald – ideal für jene, die sich nach Ruhe und Einsamkeit sehnen. Die Einrichtung kommt auch Familien mit Kindern entgegen. Die im Buch vorgestellten Wanderrouten liegen zwar weiter entfernt, doch Familie Bjørheim kennt Alternativen in der näheren Umgebung; eine beginnt direkt an der obersten Hütte. Reitpferde, Tiefkühltruhe für Angler.

■ **Wathne Feriesenter**, Bjørheimsbygd, Telefon 5174 6417. Ganzjährig geöffnet. Preisniveau Camping: 1. 8 Ferienhütten für 6 Personen 250–300 NOK, 15.6.–15.8. 400 NOK.

Auf engem Raum drängt sich die Anlage zwischen Straße und Flüßchen, an dessen steinigem Ufer wenige Zeltplätze vorgesehen sind. Zwar ausgezeichnete Hütten mit Veranda, Sitzecke und zwei Schlafräumen, doch drei weniger wäre besser gewesen – Reihenhauscharakter. Akzeptable Sanitäranlage, W. Kiosk mit kleinen Mahlzeiten.

Sehenswertes

■ Wer auf dem Felsplateau **Preikestolen** (Prekestolen) stehen und die Sicht auf Lysefjord und Gebirge genießen will, muß dafür eine Wanderung in Kauf nehmen, die Ungeübten einiges abverlangt: Der markierte, mittelschwere Pfad erfordert etwa 75–120 Minuten für eine Wegstrecke, je nach Konstitution. Anfahrt über Jørpeland nach Jøssang, ausgeschilderte schmale Straße zur Preikestolhytta, Parkplatz am Startpunkt des Wanderwegs, 20 NOK Gebühr. Von Mitte Juni bis Ende August fährt dreimal am Tag ein Bus von Tau zur Preikestolhytta und zurück (Fähranbindung Stavanger-Tau).

Der Pfad führt zunächst über Stock und Stein durch ein nadliges Wäldchen. Diese Etappe wurde in den letzten Jahren entschärft und mit Steinen ausgelegt. Später erleichtern Holzbohlen die Durchquerung eines ausgedehnten Sumpfgebietes. Nach dem nächsten Waldstück klettert man über mannshohe Steinbrocken einen Hang hinauf – die anstrengendste Etappe, weil hier der größte Höhenunterschied überwunden wird. Aussicht auf Stavanger im Westen. Oben angekommen, ist das Schnaufen und Stöhnen der uneingeweihten Halbschuh-Spezialisten zu vernehmen, die sich gar nicht damit abfinden wollen, daß sie nicht am Ziel ihrer Wünsche angelangt sind; tatsächlich haben sie ungefähr die Hälfte der Wegstrecke noch vor sich. Fortan mehr Auf als Ab über felsiges Gelände; die Vegetation wird niedriger. Der Lysefjord kommt in Sicht, und zusammen mit dem Blick auf das Gebirge im Norden stellt sich die erste Zufriedenheit über das bisher Geleistete ein. Der Weg teilt sich: Die bessere Alternative ist, wie sonst auch im Leben, die linke. Der Pfad führt mehrmals knapp am Abhang entlang; die mulmigsten Stellen sichern Holzbrücken. Dann ist das Ziel erreicht: vom »Predigtstuhl« haben Sie einen faszinierenden Blick auf den Lysefjord, die Bergformationen von Forsand sowie kleine, grüne Parzellen auf der anderen Seite des Fjords. Wer sich an den Felsvorsprung schiebt, schaut etwa 600 m in die Tiefe, doch die Aussicht wirkt beinahe abstrakt. Über eine senkrechte Leiter kann man weiter aufwärts kraxeln und Preikestolen von oben bewundern.

Tragen Sie feuchtigskeitsbeständige Kleidung und Schuhe, bloß keine Slipper oder Holzpantoffel, wie nicht selten zu bestaunen. Rasche Wetterwechsel. Wer früh kommt, entgeht dem Picknickrummel, vor allem an Wochenenden. 50.000 Wanderer sollen jedes Jahr die »Wallfahrt« zur Kanzel antreten. Am ersten Julisonntag findet sogar ein Gottesdienst auf Preikestolen statt. Und nun wird diskutiert, einen Aufzug durch den Fels zu ziehen, um auch noch die Fahrgäste der Ausflugsboote auf die Kanzel zu schleusen. Die spinnen, die Tourismus-Vermarkter...

In den Sommermonaten kann man sich auch auf dem Pferderücken zur Felskanzel bringen lassen. Der Trip dauert, Wanderpassagen inklusive, vier Stunden. Anmeldung an der Pferdekoppel, nahe dem Startpunkt der Wanderung. Preis rund 325 NOK.

■ Die **Felszeichnungen** bei Solbakk, zwischen Jørpeland und Tau, sind 2500–4000 Jahre alt. Die rund 40 Figuren stellen Boote und heilige Symbole dar, meist Spiralen und konzentrische Ringe, die, nach den Stand der Forschungen, wahrscheinlich die Götter gnädig stimmen sollten, damit die Ernte günstig ausfalle.

Anfahrt: Straße 13, Jørpeland-Tau, Hinweis »Helleristninger«, Parkbucht neben der Straße, kurzer Fußweg zur felsigen Küste.

■ Die alte **Mühlen** in Tau (Strand) belieferten seit 1732 die Bauern mit Mehl. Idyllische Lage am Hang, versteckt zwischen Bäumen. Drei Häuschen, gebaut vor 1855, wurden restauriert. Die Anfahrt ist kompliziert; am besten durchfragen.

■ Wer sich Zeit nimmt, kann in Tau einen Abstecher über schmale, küstennahe Straßen einlegen, um bei Vasstveit wieder auf die 13 zurückzukehren. Die Schleife führt über *Vervik* und *Fiskå* um den See *Vostervatnet* herum. Bei Vervik steht ein **Bautastein**, korrekt: die originalgetreue Kopie eines Bautasteins, am Straßenrand.

Ferien aktiv

■ **Angeln:** Forellen in den Seen *Bjørheimsvatn* und *Tysdalsvatn*, Tageskarte um 35 NOK. Meeresfische im Fluß *Jørpelandselva*, Tageskarte um 50 NOK.

■ **Badeplätze** in Strand: Sandstrand *Nordlys*, nahe Jørpeland. – Sandstrand und Wiese in der Bucht *Barkavika*, nahe Jørpeland. – Felsküste *Kuvika*, nahe Solbakk. – *Strandastøa*, Tau, mit Sand, Kies und Gras. Bushaltestelle.

■ **Fahrradvermietung:** Touristenbüro in Jørpeland; siehe dort.

Hjelmeland

Information

■ **Hjelmeland Turistkontor**, Sande (Fähranleger Hjelmeland), N-4130 Hjelmeland, Tel. 800 31007 (kostenfrei), Telefax 5175 0779. 1.6.–31.8. täglich 10–20 Uhr, sonst 8–16 Uhr.

Unterkunft

■ **Tysdal Camping**, Tysdal, Tel. 5175 2434 und 5175 2598. 15.5.–15.9. Preise Camping: 2. 9 Hütten (ganzjährig) für 4 Personen um 175 NOK.

Felskanzel Preikestolen ▶

Nette Lage am nordöstlichen Ende des Sees Tysdalsvatnet, leider neben der Straße. Viele Bäume und Blumenkästen in Steinumfassung lockern die Stimmung. Die besten Plätze am Wasser belegen jedoch Dauercamper. Kleine, dustere Standardhütten. Ausreichende Sanitäranlage, W.

■ **Nøkling Gjestgiveri**, Hjelmeland, Tel. 5175 0230, Fax 5175 0230. Ganzjährig geöffnet. EZ 350 NOK, DZ 500 NOK, 4-Bett-Zimmer ab 200 NOK pro Person. Nicht alle Zimmer mit Bad. Mahlzeiten nach Absprache. Preisniveau Camping: 2 NOK.

Das Grundstück grenzt an den Fjord; ruhige Lage, seit die Fähre am Ortseingang von Hjelmeland anlegt. Betont entspannte Atmosphäre, einfache Zimmer ohne Anspruch auf Komfort. Auch Hütten und Platz für Zelte, allerdings nahe der Straße. Ruderboot gratis.

Sehenswertes

■ Die **Årdal Gamle Kyrkje** ist eine der bekanntesten Renaissance-geprägten Kirchen im Land. Die ältesten Teile stammen vom Beginn des 17. Jahrhunderts. Auffallend sind die überreichen Malereien, die Wände, Decke und Interieur verzieren. Bei ihren Urhebern handelt es sich teilweise um bedeutende Künstler, etwa *Godtfred Hendtzschel,* der nachweislich Kanzel und Altartafel bemalte. Auch der Schreiner *Thomas Snekker,* der die Kanzel anfertigte, besitzt einen entsprechenden Ruf. Weitere Informationen zur Geschichte der Kirche verrät ein Faltblatt, das, sofern es gerade nicht in der Kirche ausliegt, im Touristenbüro Hjelmeland zu bekommen ist. Die Kirche ist während des Sommers Mo–Sa von 11 bis 15 Uhr geöffnet. Årdal liegt am Ryfylkeveg, 17 Kilometer südlich von Hjelmeland.

■ In Hjelmeland und Umgebung hat die Produktion von seltenen Möbeln den Einzug der Moderne überlebt. Sowohl **Jærstolar**, die Jærstühle, als auch **Spankörbe** werden unverändert gefertigt und sind in Ausstellungen zu besichtigen wie zu kaufen. Infos über die aktuellen Öffnungszeiten sowie die Anfahrtswege erhalten Sie im Touristenbüro Hjelmeland.

Ferner wird momentan eine **Spinnerei**, die nicht mehr in Betrieb ist, als industriegeschichtliches Denkmal restauriert.

■ Einen unvergeßlichen Ausflug ermöglicht die neue **Hochlandstraße nach Songesand** am Lysefjord, die im Rahmen der Wasserkraftnutzung entstand. Die Straße zweigt in Tveit, südlich von Årdal, von der Straße 13 ab und führt zunächst in nicht enden wollenden Kurven bergauf. Man begleitet einen Fluß ohne Wasser, das weiter oben augestaut wird. Bald ergeben sich weite Blicke auf die Hochfläche *Lyngsheia,* die zur Herbstzeit ein Farbenmeer bildet. Es geht weiter aufwärts durch eine karge Felslandschaft, vorbei an dem mächtigen Staudamm des Lyngsvatn, bis sich die Straße hinab zum Lysefjord windet, die letzte Etappe durch das *Daladal.* Unterwegs sollten Sie jederzeit mit entgegenkommenden großen Fahrzeugen der Kraftwerksbetreiber rechnen.

In Songesand besteht die Möglichkeit, die Fahrt mit der Fähre Lysebotn-Stavanger fortzusetzen und auf diese Weise über Oanes und den Ryfylkeveg, die altbekannte Straße 13, nach Hjelmeland zurückzukehren. Außerhalb der Saison verkehrt die Fähre jedoch nur am Wochenende, weshalb Sie sich im voraus über den aktuellen Fahrplan erkundigen sollten.

Wanderungen

■ **Nes-Viglesdal.** Markierter, fast leichter Wanderweg mit einigen kräftigen Steigungen. Wanderzeit hin und zurück: 4–5 Stunden. Anfahrt: Abzweigung von der Straße 13 in Årdal oder in Tveit, südöstlich von Årdal, dort Stichstraße über Valheim nach Nes.

Fels und Wasser – das weite Viglesdal erinnert fast ein wenig an die karge, ursprüngliche Natur Islands. Und doch wohnten hier 200 Jahre lang Menschen und bearbeiteten den scheinbar nutzlosen Boden. Noch 1880 weideten hier Schafe, Ziegen und andere Nutztiere, gedeihten Getreide und Tomaten. Die Höfe des Vigledals sollen die ertragreichsten gewesen sein von denen, die sich in den Gebirgstälern nach Osten verteilten; doch Ende des letzten Jahrhunderts verließ der letzte Bauer das Tal. Ein Problem für die Bewohner hatte stets die Verbindung zur Außenwelt bereitet. Der Transport über den Fluß hatte viele Menschenleben gefordert, und der Saumpfad über das Gebirge war beschwerlich und schmal. Erst 1907, als nur noch wenige Höfe in dieser abgeschiedenen Kante bewirtschaftet wurden, begann die staatliche Straßenbehörde mit dem Bau eines Fahrwegs, der am Ufer des Flusses und des breiten Sees *Viglesdalsvatn* entlangführt und heute dem Wandervolk den Zugang zum Viglesdal erleichtert. Im Sommer weiden Schafe auf den Wiesen rund um die aufgegebenen Gebäude, von denen eins für die Almwirtschaft wieder instand gesetzt wurde. In der Nähe steht eine (unbediente) Touristenhütte, die für jene Wanderer gedacht ist, die weiter ins Gebirge wollen.

Am Parkplatz Nes überquert eine Brücke den Gebirgsfluß, der fortan die Richtung gen Viglesdal angibt. Auf der anderen Seite angekommen, hält man sich an den gut erkennbaren Fahrweg, der sich bald in kühnen Kehren nach oben windet. Es geht über Fels, durch lichten Wald aufwärts, bis der üppige Wasserfall *Hiafossen* erreicht ist, wo man sich an einem Streckenposten in ein Buch eintragen kann.

Auf der anderen Seite des Flusses zeichnet sich im Hintergrund die verlassene Alm *Hiaseter* ab. Im Sommer weiden auch hier Schafe, wie in alten Zeiten. Der Pfad erreicht den See Viglesdalsvatn, dessen Abfluß eine historische Steinbrücke überquert. Fortan begleitet der Weg den See über Geröllhalden hinweg, sieht aus der Ferne ziemlich abenteuerlich aus. Dort wo sich mehrere hohe Steine aus dem Wasser erheben, ereignete sich 1874 ein tragischer Bootsunfall, dem mehrere Talbewohner zum Opferfielen. Dann öffnet sich allmählich das Viglesdal, eine sanfte Ebene zwischen den markanten Felswänden. Kehren Sie noch nicht um, sondern folgen Sie dem Pfad noch eine halbe Stunde, der an den Hütten vorbei und am Talende den Höhenzug zur Linken hinauf führt. Dort haben Sie die beste Aussicht auf das Tal, für mich eine der schönsten im inneren Fjordland.

■ Das **Trodlatysdal** liegt am nordöstlichen Ende des Sees *Øvre Tysdalsvatn*. 1990 zog das Ehepaar Michelsen in die alten Hofgebäude im Trodlatysdal. Nun weiden wieder Schafe auf den Wiesen des abgelegenen Tals, das von *Kleivaland*, im Norden, durch einen anstrengenden, mehrstündigen Fußmarsch, nun auch vom Viglesdal aus (siehe oben) oder über den See erreicht werden kann. Die Bootsfahrt kostet 350 NOK, mindestens jedoch 60 NOK pro Person. Bootstransport, Übernachtung und Mahlzeiten nach Absprache mit *Kjell Michelsen*, Tel. 9457 5869, am besten abends. Er arrangiert Angel- und Jagdausflüge sowie Reittouren über den alten Pfad von und nach Kleivaland.

Verschiedenes

■ **Angeln:** In Hjelmeland existiert ein besonders engmaschiges Netz von Angelgewässern, für das eine gemeinsame Angelkarte erstanden werden kann. Als beste Flüsse für Meeresfische gelten *Årdalselva* und *Ullaelva*. Für weitere Infos wenden Sie sich an das Touristenbüro.

■ **Fahrradvermietung:** *Hjelmeland Turistkontor.*

■ **Reiten:** *Linjer Hestesport,* Årdal, Tel. 9454 6732 und 5175 2572. Ausritte verschiedener Dauer, sowohl im Tal als auch hinauf ins Gebirge.

■ Freilichtmuseum **Vigatunet**, südwestlich von Hjelmeland, an der Küste. Der Hof steht seit 1821 unverändert; das älteste Gebäude, die Räucherei, stammt aus dem 17. Jahrhundert. Von Mitte Juni bis Mitte August; die aktuellen Zeiten erfragen Sie im Touristenbüro.

Wanderziel Viglesdal (oben); unterwegs auf dem Ryfylkeveg ▶

Suldal

Information

■ **Suldal Turistkontor**, N-4230 Sand, Tel. 5279 7284. 1.6.–31.8. 1.6.–31.8. täglich 10–20 Uhr, Mai und September 10–16 Uhr, sonst Mo–Fr 10–15.30 Uhr.

Unterkunft

Zum Übernachten gibt es in Ryfylke geeignetere Stationen als das Suldal. In Sand gibt es an jeder Unterkunft etwas zu mäkeln, während ein Quartier im Suldal selbst relativ weite Anfahrtswege bedingt.

■ **Sand Fjordhotel**, Sand, Tel. 5279 7501, Fax 5279 7570. Im Sommer EZ 450 NOK, DZ 640 NOK, sonst EZ 490 NOK, DZ 760 NOK.

Häßlicher Betonkasten am Fährkai. Viele Bustouristen.

■ **Sand Gjesteheim**, Sand, Tel. 5279 7390. 15.6.–15.8. EZ ohne Bad 250 NOK, mit Bad 330 NOK, DZ ohne Bad 450 NOK, mit Bad 510 NOK, sonst EZ 450 NOK, DZ 650 NOK.

Langezogener, barackenähnlicher Bau auf dem Stadthügel. Bescheidene Aussicht. Die Zimmer mit Bad sind wesentlich größer als die ohne. Nur für eine Nacht anzuraten.

■ **Krossen Trafikksenter og Motell**, Sand, Tel. 5279 7223. Motel an der Tankstelle schräg gegenüber von »Sand Camping«. Riesige Zimmer mit Bad und Kochplatte, ein bißchen dürftig ausgestattet, für rund 200 NOK pro Person immerhin eine reelle Alternative zur Hotellerie. Bettzeug 50 NOK Aufschlag.

■ **Sand Camping**, Sand, Telefon 5279 7234. 1.6.–1.9. Preisniveau Camping: 2 NOK. 6 Hütten für 4–6 Personen 100–300 NOK.

Typischer Durchgangsplatz auf einer Wiese, direkt am Haus des Eigentümers. Straßenverkehr. Die großen Hütten haben zwei Schlafräume sowie fließend Wasser. Sanitärbereich so lala, Ww.

■ **Mo Feriehytter**, Vasshus, Tel. 5279 9850. Ganzjährig geöffnet. Kein Camping. 4 Hütten für 4–7 Personen um 375–600 NOK.

Ferien auf dem Bauernhof, Hütten und alte Häuser mit allem Drum und Dran samt Kinkerlitzchen, sprich Elektrogeräten für jeden dritten Handgriff. Maximal zwei Schlafräume. Gartenmöbel und Boot. Eignet sich gut für Angler.

■ **Lindum Kurs- og Feriesenter**, Suldalsosen, Telefon 5279 9161. Ganzjährig geöffnet. EZ ohne Bad 390 NOK, mit Bad 490 NOK, DZ ohne Bad 490 NOK, mit Bad 590 NOK. Preisniveau Camping: 2. 11 Ferienhütten für 4 Personen 375 NOK, 6 Campinghütten für 4 Personen 200 NOK.

Weitläufiges baumbestandenes Gelände am Suldal-Fluß; das Hotel ist häufig durch Konferenzen belegt. Die Ferienhütten stehen lieblos aufgereiht; die Einrichtung ist akzeptabel, ein Schlafraum aber zu wenig. Die einfachen Hütten sind dunkel und ungemütlich, und die Wohnmobile stehen am Zaun zur Straße hin. So erweist sich die Wiese für Zelte durch das vernehmbare Rauschen des Flusses als die beste Art der Übernachtung. Recht gute Sanitäranlage, Ww. Spielplatz.

■ **Osa Bu Pensjonat**, Suldalsosen, Tel. 5279 9260. Ganzjährig geöffnet. EZ um 200 NOK, DZ um 300 NOK. Bad auf dem Flur. 3 Hütten für 2–8 Personen 450–550 NOK. Bewirtung nach Absprache.

Zu offenes Grundstück unterhalb des Berghangs. Zimmer einfach, sauber und dunkel, da im Souterain. Hütten mit viel hellem Holz, zwei Schlafräumen, Terrasse mit Sicht auf die (zu) nahe Durchgangsstraße.

■ **Vikane Hyttetun**, Suldalsosen, Tel. 5279 9397. Ganzjährig geöffnet. Kein Camping. 4 Hütten für 6–8 Personen um 500 NOK.

Ebenfalls nahe der Straße, doch Top-Einrichtung mit Ofen, Sofa und Eßtisch sowie Schlafplätzen auf dem Speicher.

Sehenswertes

■ **Laksestudio**, Sand. 1.6.–30.9. 12–17 Uhr, August sogar 12–20 Uhr. Eintritt 25 NOK.

Das Lachsstudio steht an einer Stromschnelle des Flusses Suldalslågen. Es ermöglicht einen Unterwasser-Blick auf eine Lachstreppe, eine dieser künstlichen Hilfen, damit die Fische leichter flußaufwärts kommen. Der Besucher bezahlt, steigt eine Treppe hinunter und steht in einem kleinen Raum vor zwei Glasscheiben, durch die ihn Lachse und Forellen anglotzen. Sie machen an dieser Stelle Pause und sammeln Kraft für den nächsten Hüpfer. Das Sprudeln deutet die Kraft des Wassers an, gegen das sie ankommen müssen. Ab und zu dreht einer der Fische unvermittelt ab und verschwindet nach oben, manche elegant und pfeilschnell, andere eher unbeholfen, als hätten sie nicht mehr viel Kraft oder wollten sie sparen. Alles in allem interessant und ein bißchen dürftig zugleich, trotz der Ausstellung zu Lachs und Suldalslågen.

■ Im Osten der Gemeinde Suldal entstand in den 70er und 80er Jahren das gewaltigste **Wasserkraftreservoir** in Nordeuropa. Den künstlichen See *Blåsjø* (1050 m) stauen 12 Dämme auf. Der Bau des 1,4 km langen und 90 m hohen Staudamms *Storvassdamm*, der größte in Norwegen, verschlang 9,7 Millionen Kubikmeter Gestein, das mit Asphalt verdichtet wurde. Die Mauer des *Oddatjørndamms* ist gar 144 m hoch. Drei Jahre mit durchschnittlich 2000 mm Niederschlag dauerte es, bis Blåsjø gefüllt war. Heute deckt der »blaue See« immerhin 6 % des norwegischen Strombedarfs. Über Tunnel und Schächte stürzt das Wasser in die Turbinenlaufräder. Die Generatoren, die von den Rädern gedreht werden, setzen die Kraft in elektrische Energie um.

Das Wasserkraftwerk **Kvilldal Kraftstasjon** (1981) ist das größte in Norwegen; gleich vier Generatoren erzeugen 1240 MW, was dem Bedarf von 140.000 Haushalten gleichzeitig entsprechen soll. Kvilldal wird, genau wie die Werke »Sima« bei Eidfjord und »Folgefonn« in Kvinnherad, von der Zentrale in Sauda gesteuert. Die Computertechnik setzte Maßstäbe.

Kvilldal Kraftstasjon liegt am Ostufer des Suldalsvatn, Abzweigung bei *Kollbeinstveit*. Geöffnet 15.6.–15.8. Führungen nach Absprache, auch außerhalb der Saison möglich, Voranmeldung im Touristenbüro Sand. Auf den Ablauf solcher Führungen können Sie sich im Kapitel »Eidfjord« unter dem Stichpunkt »Sima Kraftstasjon« einstimmen.

Wanderungen

■ **Kvilldal-Stranddalen-Sandsa-Kvilldal**, Suldal. Markierte, mittelschwere Tour. Ein Klassiker, unter Ausländern jedoch relativ unbekannt. Wanderzeit für alle drei Etappen: 5–5,5 Stunden. Übernachtung im Zelt oder in *Stranddalshytta* (1.7.–1.10. bedient, ab 10.6. unbedientes Nebengebäude offen) und *Sandsahytta* (10.6.–15.10. unbedient, Proviant mitnehmen); vorher abklären.

Verschiedenes

■ **Ausflugsfahrten mit dem Boot:** Der historische Dampfer *Suldalsdampen* (1885) verkehrt auf dem See *Suldalsvatnet*, zwischen *Solheimsvik* und *Nesflaten*. Etwa 1.7.–10.8. Aktuellen Fahrplan im Touristenbüro erfragen. Ticket um 120 NOK, Kinder um 80 NOK, Familien um 320 NOK.

■ **Angeln:** Der Lachsfluß *Suldalslågen* ist weithin bekannt; die Tageskarte kostet um 175–275 NOK. Infoblatt im Touristenbüro. Tageskarten für Seen schon um 25–35 NOK.

■ **Suldal Laksfestivalen** ist ein Volksfest mit Angelausflug, Grillfesten, Ponyreiten, Kunstausstellungen etc. Die Teilnahme am Angeltrip kostet rund 350 NOK. In der Regel am ersten Wochenende im September.

■ Heimatmuseum **Kollbeinstveit** an der Straße 13, an der Abzweigung nach Kvilldal. Das Freilichtmuseum setzt sich zum Teil aus den Gebäuden des 1955 aufgegebenen Hofes *Suldalsgård* zusammen; hinzu kamen »Einzelstücke« aus der Region, etwa die Schmiede oder der Speicher *Guggedalsloft*, der vermutlich aus dem 16. Jahrhundert stammt und das älteste Gebäude auf Kollbeinstveit ist. Das Gelände kann auch außerhalb der Öffnungszeiten betreten werden; die aktuellen Zeiten im Sommer weiß das Touristenbüro.

Sauda

Information

■ **Sauda Turistkontor**, Postboks 7, N-4200 Sauda, Tel. 5278 3988, Fax 5278 2101. Mo–Fr 9–15 Uhr. Vom 20.6. bis zum 20.8. Außenstelle in der Kyrkjegata, Tel. 5278 3690, Mo–Fr 10–18 Uhr, Sa 10–16 Uhr, So 11–18 Uhr.

Unterkunft

Auch Sauda ist nicht unbedingt das Ziel eines gemütlichen Hüttenurlaubs, das Angebot dementsprechend.

■ **Sauda Turistsenter**, Saudasjøen, Tel. 5278 1257. Ganzjährig geöffnet. Preisniveau Camping: 2, WM 3. 30 Hütten und Appartements für 4 Personen 175–425 NOK.

Die nette Lage am Fjord bereitet wenig Freude: offene, steinige Zeltwiese mit Blick auf die Hüttenwände; die festen Unterkünfte wurden reihenweise in die Landschaft geklatscht. Kühle Standardeinrichtung, frei nach dem Motto: Nach Sauda kommt sowieso keiner zweimal. W & T. Kiosk. Spielplatz. Ruderboote und Kanus.

■ **Sauda Fjordhotel**, Saudasjøen, Tel. 5278 1211, Fax 5278 1558. 1.7.–15.8. DZ 760 NOK, sonst teurer.

Älteres Herrenhaus (1914) mit weißer Holzverkleidung. Angenehm große Zimmer mit unterschiedlicher Einrichtung, mit kräftigen wie blassen Farben, mal tiefroter Teppichboden, mal altfränkisch blauweiß gestreifte Tapete. Zimmer in Altbau und Neubau, im Altbau nicht alle mit Bad.

■ **Kløver Hotel & Kafé**, Sauda, Tel. 5278 2633, Fax 5278 3744. 1.7.–15.8. DZ 500, sonst teurer.

Betoniertes Viereck mitten im Zentrum. Helle Zimmer, teilweise mit Aussicht auf rauchende Schornsteine. Ausgleich durch nette Innengestaltung, Mischung aus Holz und Metall, vorwiegend in Grün und Rot.

Sehenswertes

■ **Holzschnitzereien von Ola Fagerheim** (1893–1977) zu sehen gibt es in *Saudahallen*, Skulegata. Mo–Fr 8–20 Uhr. Eintritt frei.

Im Foyer des Gebäudes stehen Glasvitrinen, in denen die Arbeiten nach Themen aufgeteilt sind: Hochzeit, Trauerzug, Kirchenbesuch, Landwirtschaft, Bärenjagd, Mühle, Straßenbau, Zahnoperation, spielende Kinder, Familien, alte, junge Menschen usw. Obwohl Fagerheim ein naturalistischer Künstler war, wirken seine Szenarien inmitten der nüchternen Umgebung geradezu poetisch. Schön, daß er ganz ohne die Darstellung von Schlachten und sogenannten Heroen auskam.

Die Geschichte des Künstlers ist keine aufsehenerregende, eher eine alltägliche: Ola Fagerheim war das vierte von fünf Kindern. Da seine älteren Geschwister nach Nordamerika auswanderten, war es an ihm, den elterlichen Bauernhof zu übernehmen. Da der Hof zu wenig abwarf, arbeitete Fagerheim im Straßenbau und im Schmelzwerk. In seiner Freizeit schnitzte er Holzfiguren, und der regelmäßige Kontakt zu etablierten Künstlern half ihm, seine Technik zu entwickeln. 1920 erregten seine ersten größeren Arbeiten selbst im fernen Oslo Aufsehen. Als Fagerheim heiratete und eine Familie gründete, blieb ihm keine Zeit mehr, sich seinem Hobby zu widmen. Erst 1957, als er in Pension ging, nahm er das Schnitzmesser wieder in Hand und schuf in der Folgezeit den überwiegenden Teil seines Werks. In den Katakomben von Saudahallen lagern ungeahnte Mengen weiterer Holzfiguren.

■ **Industriarbejdermuseet**, Håkonsgata 52, Sauda. 20.6.–20.8. Mo–Fr 13–15 Uhr. Eintritt 20/10 NOK.

Das Museum ist in einem restaurierten Wohnhaus im alten Stadtteil Åbobyen untergebracht. Die Besucher lernen kennen, wie die Industriearbeiter des nahen Schmelzwerks in den 20er und 60er Jahren wohnten.

■ Der Weg zu den alten **Zinkgruben**, 7 km nördlich von Sauda an der Straße 520, wurde 1985 restauriert. 15 Minuten Fußweg, nur die ersten 150 m sind so abweisend steil, wie es von der Straße aussieht. Danach geht es durch die Schlucht *Allmannajuvet* sachte aufwärts, über Holzbrücken, unter überhängenden Felsen und am halbleeren Flußbett entlang, das die nahe Präsenz der Wasserkraftindustrie betont, ebenso wie die mächtige Röhre, die das Tal in einer Höhe von 20 m überquert. Gesteinshalden und ein Stahlseil mit rostender Transportschaufel kündigen den Grubeneingang an. Doch vor dem dunklen Loch, aus dem ein eisiger Wind weht, ist für Unvorbereitete Schluß. Schließen Sie sich deshalb nach vorheriger Absprache einer Gruppe an, die das Touristenbüro in Sauda zusammenstellt. Führung und Lampen bekommen Sie gestellt; die warme Kleidung müssen Sie selbst mitbringen. Aber selbst ohne den Einstieg in den 600 m langen Stollen erweist sich der Spaziergang zur Grube als eine willkommene Abwechslung. 20.6.–20.8. täglich um 16 Uhr. Teilnahme 30/15 NOK, Anmeldung im Touristenbüro obligatorisch.

■ **Hustveit** ist eine kleine Parzelle, auf halbem Weg zwischen Ropeid und Sauda an der Straße 520. Abzweigung und Parkplatz. 1 km Schotterweg zum Hof **Jonegarden**, dessen Einrichtung aus dem letzten Jahrhundert stammt, geöffnet 20.6.–20.8. Di, Do, Sa, So 13–17 Uhr. Eintritt 15/5 NOK.

Dem Wald hinter dem Hof wird die größte Artenvielfalt an Bäumen in Ryfylke nachgesagt, neben den üblichen Kiefern und Birken auch Linden und andere Laubbäume. Wanderpfade.

Verschiedenes

■ **Angeln:** In den Seen um Sauda Forellen und Saiblinge, Meeresfische in den Flüssen *Nordelva* und *Storelva.* Tageskarte ab 20 NOK.

■ **Werksbesichtigung:** Manganfabrik *Elkem Mangan Sauda.* 20.6.–20.8. Mo–Fr 12 Uhr. Anmeldung im Touristenbüro obligatorisch.

Transport

■ **Personenfähre:** Schnellboot Lauvvik, Oanes, Forsand, Bratteli, Songesand, Kalleli, Fløyrli, Lysebotn. – Schnellboot (Stavanger,) Jelsa, Foldøy, Hebnes, Marvik, Sand, Sauda. – Schnellboot (Stavanger,) Hjelmeland, Nesvik, Skipevik, Bogsund, Foreneset.

■ **Autofähre:** Lauvvik, Forsand, Oanes; mindestens fünfzehnmal täglich. – (Stavanger,) Lauvvik, Oanes, Forsand, Bratteli, Songesand, Kalleli, Fløyrli, Lysebotn; außerhalb der Saison nur am Wochenende. – Hjelmeland, Nesvik, Ombo; verkehrt ständig. – Sand, Ropeid; verkehrt ständig.

■ **Bus:** (Sandnes,) Lauvvik, Forsand, Helle, Byrkjeland, Kleppa, Øvre Espedalen; dünner Fahrplan, vorher checken. – (Sandnes,) Lauvvik, Oanes, Høllesli, Jørpeland, Førland, Tau. – Oanes, Idse, Jørpeland, Tau. – Jørpeland, Tau. – Tau, Preikestolhytta; von Mitte Juni bis Ende August. – Tau, Fiskå, Sørskår. – Tau, Årdal, Hjelmeland, Nesvik, Sand. – Jelsa, Sand, Suldalsosen, Nesflaten, Breifonn (Røldal). – Sand, Nesflaten, Bråtveit. – Sand, Vik, Erfjord/Erøyvik. – (Sandeid,) Ropeid, Storskjær, Sauda. – Sauda, Saudasjøen. – Sauda, Åbødalen. – Sauda, Horda/Breifonn; von Mitte Mai bis Ende September.

Weiterreise

■ **Personenfähre:** Schnellboot Lysebotn, Lauvvik; Anschluß per Bus nach Sandnes. – Schnellboot Jørpeland, Tau, Stavanger. – Schnellboot Foreneset, Bogsund, Skipevik, Nesvik, Hjelmeland, Ølesund, Sandanger, Fister, Helgøy, Borøy, Byre, Sør-Bokn, Judaberg, Fogn, Talgje, Brimse, Tau, Sør-Hidle, Heng, Stavanger. – Schnellboot Sauda, Sand, Marvik, Hebnes, Foldøy, Jelsa, Eidssund, Halsnøy, Judaberg, Stavanger.

■ **Autofähre:** Tau, Stavanger; verkehrt ständig. Lysebotn, Fløyrli, Kalleli, Songesand, Bratteli, Forsand, Oanes, Lauvvik, Ådnøy, Stavanger; außerhalb der Saison nur an den Wochenenden.

■ **Bus:** Im Fernverkehr innerhalb Westnorwegens Direktverbindung mit Haugesund; ab Sauda 129 NOK, ab Fähranleger Ropeid 99 NOK, fast immer umsteigen in Ølen. – Forsand, Lauvvik, Sandnes; 44 NOK. – (Jelsa,) Sand, Suldalsosen, Nesflaten, Breifonn, Røldal; ab Sand 75 NOK. Sonst nur durch Umsteigen. Fahrplanauskunft in Reise- oder Touristenbüros. Nahverkehr siehe unter »Transport«.

■ **Auto: Zum Sørfjord**. Entweder Straße 520 ab Ropeid über Sauda über karges Gebirge zur Straße 11, Heimat der Lemminge, höchster Punkt 900 m; danach Abfahrt in Serpentinen, schöne Aussicht auf den See *Røldalsvatn*. Oder Straße 13 ab Berge (bei Sand) durch das Suldal, durch viele Tunnel und das wilde Brattlandsdal, am See Røldalsvatn entlang zur Straße 11. Die beiden Kreuzungen liegen weniger als 1 km auseinander. Vor der Weiterfahrt Richtung Sørfjord sollte man auf der Straße 11 noch bis *Røldal* fahren, wo die dortige Stabkirche die Herzen der kunsthistorisch Interessierten in Wallung versetzt. Die **Røldal Stavkirke** dürfte im 13. Jh. erbaut worden sein, wobei der Innenraum im 17. Jh. mit Inventar im Renaissancestil versehen wurde, hervorzuheben Altartafel und Kanzel (1627). Dem Kruzifix, ein Relikt aus dem Mittelalter, wurde bis weit in protestantische Zeiten hinein heilbringende Wirkung zugeschrieben, so daß sogar (geheime) Messen mit Schwerkranken stattfanden. Und pünktlich zu jenen Messen entflossen dem Kruzifix seltsame Wasserperlen, die die Leiden der Bedürftigen lindern sollten. Daß es sich dabei um Kondenswasser gehandelt haben dürfte, das sich durch die Hitze in der überfüllten Kirche bildete, hätte kaum jemanden gestört. Der Glaube versetzt bekanntlich Berge. Jedoch nicht das *Røldalsfjell*, das die Straße 11 westlich von Røldal meistern muß. Von 380 m im Tal klettert sie bis auf 876 m. Allerdings können Sie auf den Schutz der abgasgeschwängerten Tunnel verzichten und sich dem Genuß einer altertümlichen Serpentinenstraße hingeben, die Passage zur Schlucht **Seljestadjuvet**. Motor und Bremsen dürfen im Sommer ihre Funktionstüchtigkeit beweisen; bei Gegenverkehr gilt es, die Ausweichbuchten aufzusuchen. Bei klarem Wetter hebt sich im Westen die Eiskappe des *Folgefonn*-Gletschers am Horizont ab, der auch während der folgenden Kilometer ab und zu ins Blickfeld gerät. Ab Kreuzung *Steinaberg bru* weiter nordwärts auf Straße 13, auf der, nach nur wenigen Kilometern, plötzlich Gischt über die Fahrbahn sprüht: **Låtefossen**, einer der spektakulärsten Wasserfälle Norwegens, stürzt direkt neben der Straße zweiarmig vom Gebirge herab (164 m). Vorsicht bei der Anfahrt, denn vor lauter Begeisterung wählen die

Amateurfilmer die unmöglichsten Positionen, um das tosende Naß im heimischen Wohnzimmer präsentieren zu können. Rechts vom Wasserfall führt ein verborgener, kurzer Serpentinenpfad hinauf, wo man abwärts in die Wasserkessel blicken kann und nicht selten ein Regenbögelchen erwischt. Auf dem kleinen Wiesenplateau dort oben stand noch vor wenigen Jahrzehnten ein Haus. Die Straße 13 führt nach Odda; kurz zuvor ergibt sich linker Hand ein Blick auf die Gletscherzunge *Buarbre.* In Odda, einem Industriestandort mit prägnanten Gerüchen (Karbid), beginnt der schöne Sørfjord.

Nach Rosendal. Straße 46 ab Fähranleger Ropeid am Vindafjord entlang. Die Landschaft ist flacher, lieblicher als bisher, und die Besiedlung nimmt zu. Ab Sandeid auf Straße 514 nach Ølen, auf Straße 11 nordostwärts bis zur Abzweigung zum Fähranleger Skånevik, Autofähre nach Utåker (mindestens zwölfmal) und Matre (drei- bis viermal täglich).

Nach Haugesund. Zuerst wie nach Rosendal. Ab Sandeid weiter auf Straße 46 bis zur Straße 11, relativ langweilige Fahrt durch die offener werdende Landschaft nach Haugesund. – Oder zunächst wie zum Sørfjord, jedoch ab Steinaberg bru weiter auf Straße 11 bis Haugesund; siehe auch in umgekehrter Richtung unter »Haugesund, Weiterreise, Zum Sørfjord«.

Nach Stavanger. Wegen des Verkehrsgewühls empfehle ich dringend die direkte Anreise mit der Autofähre ab Tau (verkehrt ständig). Ansonsten ab Fähranleger Lauvvik Straße 13 bis Sandnes, dann mehrere Alternativen nach Stavanger, am besten der beschilderten Route folgen.

Haugesund

Stadt der Festivals

Von Bergen abgesehen, kenne ich keine Stadt in Westnorwegen, die sich ihren Besuchern so freundlich und weltoffen präsentiert wie Haugesund. Auf den ersten Blick mag diese Meinung verwundern, denn die Landschaft in dieser Kante ist eher flach, es fehlt an markanten Höhenzügen rundum und einer einheitlichen Bebauung im Zentrum. Da muß es also etwas anderes geben, was diese Stadt so einladend macht.

Wer lange im inneren Fjordland gereist ist und im Anschluß nach Haugesund kommt, wird rasch den Kontrast bemerken: die offene Lage am Meer, das ständige Gewimmel in den Geschäftszeilen, die vielen originellen Kneipen, die Straßenmusikanten und die diversen Sommer-Veranstaltungen, zu denen auch Gäste aus dem Ausland anreisen: Das international besetzte *Silda Jazz Festival*, 1987 ins Leben gerufen, hat sich als eine feste Größe im nordischen Kulturleben etabliert. Vier Tage spielen sie New Orleans, Dixieland, Swing, Bop, Brazz, Rhythm & Blues und Modern Jazz, in Kneipen und Pubs, Konzertsälen und Hotels, am Kai und auf dem Rathausplatz, auf der Straße und sogar in der Kirche. Oder das anspruchsvolle *Internationale Film Festival*, das ebenso im jährlichen Turnus stattfindet.

Bevor es Jazz und Film gab, diktierte der Hering das Leben in und um Haugesund. Seit 350 Jahren gehen die Fischer auf Heringsfang; in den Hochzeiten lagen die Kutter dicht an dicht im geschützten *Smedasund*. Das war vor allem im letzten Jahrhundert, als sich die Einwohnerzahl zwischen 1840 und 1866 auf 3.200 verzwanzigfachte. Heute zählt die Stadt 29.000 Einwohner, doch der Fischfang spielt nur noch eine untergeordnete Rolle. Dafür ist hier ein nennenswerter Teil der nationalen Handelsflotte registriert, und es war ein Reeder, der Haugesund sein protziges Rathaus spendierte. Da die Küstenstadt ein ausgedehntes Hinterland versorgt, haben sich viele Behörden, Ausbildungsstätten, Kaufhallen, Dienstleistungsbetriebe sowie Firmen samt Lager und Kundendienst hier niedergelassen. Auf den drei Inseln *Risøy*, *Hasseløy* und *Killingøy*, die dem Stadtkern vorgelagert sind, regiert die Industrie. Auf Risøy werden die meisten Waren umgeschlagen; außerdem stehen hier die Fabrikhallen eines Tiefkühl-Multis, der seine Fischstäbchen auch in Deutschland verkauft, sowie des größten Arbeitgebers vor

HAUGESUND ZENTRUM
1 Touristenbüro
2 Personenfähren nach Bergen und Stavanger, Røvær und Utsira
3 Busbahnhof
4 Hauptpostamt
5 Rica Maritim Hotel
6 Amanda Home Hotel
7 Hotel Neptun
8 IMI Hotellet
9 zur Skeisvang Gjestgiveri
10 zum Campingplatz
11 Rathaus
12 Karmsund Folkemuseum
13 Dokken Museum
14 zu Haraldshaugen und Krosshaugen
15 nach Karmøy
Karmsundgata
Karmsundgata
Øvregata
Thuhaugata
Skjoldavegen
Kirkegata
Nygata
Ågebygata
Knut Knutsen O.A.S. gate
Dr. Eyes gate
Salnusvegen
Oscarsgate
Havnaberggata
Haraldsgata
Gågate
Strandgata
Smedasund
Risøy
Hasseløy
Karmsund
N

Ort: »Haugesund Mekanisk Verksted« beliefert die Ölindustrie mit Konstruktionsteilen. Im *Karmsund*, wo früher neue Schiffe die Werften verließen, ankern heute Ölbohrinseln, um überholt und erneut in die rauhe Nordsee geschleppt zu werden.

Haugesunds Innenstadt besteht aus einem Gemisch von netten Holzhäusern und ausdruckslosen Betonbauten, die durch ihre maßvolle Höhe sowie den ständigen Wechsel von Fassaden, Farben, Vorderfronten, den Dekorationen und Reklametafeln der Geschäfte nicht allzu unangenehm auffallen. Der Stadtkern ist in einem rechtwinkligen Straßensystem angelegt, das zum Meer hin abfällt. Am lebhaftesten geht es in der *Gågata* zu, der Fußgängerzone. Die östliche Grenze bildet die Straße 47, die westliche der Smedasund. An den Randlagen im Süden und Norden gewinnen Parks sowie die meist weiß gestrichenen Holzbauten allmählich die Oberhand. Nichts weist darauf hin, daß es erst in den späten 80er Jahren in einem Viertel der City brannte – ein Ereignis, daß in früheren Zeiten die Entwicklung mancher nordischen Stadt jahrelang lähmte. Die Spuren waren rasch beseitigt, und die Berichte darüber erschienen angesichts der schnellebigen Gegenwart fast ein wenig aufgebauscht.

Information

■ **Haugesund Turistinformasjon**, Smedasundet 90, N-5500 Haugesund, Tel. 5273 4525, Fax 5271 1470. Mo–Fr 8–15.30 Uhr. Zudem Informationskiosk in der City, Gågata (Fußgängerzone), Tel. 5272 5055. Von Juni bis August etwa Mo–Sa 10–15 Uhr, So 12–15 Uhr.

Unterkunft

■ **Rica Maritim Hotel**, Åsbygata 3, Tel. 5271 1100, Fax 5271 6477. Im Sommer Fjord Pass (C) EZ 530 NOK, DZ 760 NOK, sonst EZ ab 940 NOK, DZ ab 1040 NOK.

Riesiger Komplex am Sund, mit Kongreßhalle, Restaurants drinnen und draußen, Pub und Piano-Bar sowie einer Kapazität von 430 Betten. Komfortable Räume in sanften Farben, mit Veranda, flauschigem Teppichboden und bequemen Sitzmöbeln. Die Einzelzimmer fallen allerdings einen Tick zu mickrig aus. Darauf achten, daß man ein Zimmer zum Meer erhält.

■ **Amanda Home Hotel**, Smedasundet 93, Tel. 5271 7400, Fax 5272 8621. Im Sommer Fjord Pass (C) EZ 595 NOK, DZ 750 NOK. sonst EZ 940 NOK, DZ 1150 NOK.

Nobler Altbau direkt am Wasser. Nicht nur die historische Filmvorführmaschine im der Empfangshalle stellt die Verbindung zum alljährlichen Filmfest in Haugesund her. Jeder Raum trägt den Titel eines international bekannten Films. Edle Zimmer, noch hübscher und größer als bei »Rica«. Zimmer mit Blick zum Meer bestellen.

■ **Hotel Neptun**, Haraldsgata 207, Tel. 5271 4455, Fax 5271 1600. Im Sommer Fjord Pass (B) EZ 425 NOK, DZ 630 NOK, sonst EZ 740 NOK, DZ 840 NOK.

Keine beneidenswerte Lage in der City. Ordentliche Zimmer, ein Tick altbackener als »Rica« und »Amanda«.

■ **Hendersons Park Hotel**, Ystadvegen 1, Tel. 5271 2000, Fax 5271 1775. Im Sommer EZ 375 NOK, DZ 550 NOK, sonst EZ 495 NOK, DZ 695 NOK.

■ **IMI Hotellet**, Strandgata 192, Tel. 5272 3699. 1.6.–31.8. Fjord Pass (A) EZ 410 NOK, DZ 520 NOK, sonst EZ ab 460 NOK, DZ ab 620 NOK. Teilweise ohne Bad, rund 50 NOK billiger. Nur Frühstück.

Liegt zwar küstennah, jedoch eingezwängt von Betonburgen und Durchgangsstraße: Verkehrslärm dringt herein. Akzeptable Zimmer mit leichten Spuren von Abnutzung. Alkohol- und Rauchverbot.

■ **Skeisvang Gjestgiveri**, Skeisvannsvegen 20, Tel. 5271 2146. EZ um 325 NOK, DZ um 450 NOK. Zimmer mit fließend Wasser, Bad auf dem Flur.

Die Pension liegt außerhalb der City, Bushaltestelle vor der Tür (Stadtbus 3). Zimmer leicht über dem Durchschnitt, immerhin Platz für Sessel und Sofa.

■ **Haraldshaugen Camping**, nördliches Ortsende, Tel. 5272 8077. Camping 1.6.–31.8. Hütten ganzjährig geöffnet. Preisniveau Camping: 3 NOK. 20 Hütten für 2–4 Personen um 100–460 NOK.

Einladende Wiese am Meer, von Bäumen, Hecken und Felsen gesäumt. Von den Felsen befreiender Blick auf das Meer, wo die Schiffahrtsroute verläuft – prädestiniert für Sonnenuntergänge. Passable Standardhütten, denen jedoch die persönliche Note fehlt. W & T. Kiosk mit Lebensmitteln. Spielplatz. Baden für besonders Hartgesottene.

■ **Grindafjord Naturcamping**, Grinde, Aksdal, Tel. 5277 5740. Ganzjährig geöffnet. Preisniveau Camping: 2, WM 3. 13 Hütten 180–500 NOK.

Damit Zeltschläfer und Wohnmobilisten auch außerhalb von Juni bis August Haugesund über mehrere Tage besuchen können. Moderner Platz nahe Straße 11, auf leicht bewaldetem, felsigem Terrain mit Wiesenabschnitten verteilt. Die besten Plätze am Wasser krallen sich die Dauercamper. W & T. Kiosk. Spielplatz. Ruderboote und Kanus zu vermieten.

Essen und Trinken

■ **Kneipen, Restaurants:** Wer in Haugesund gut essen gehen will, ist nicht allein auf die Hotelrestaurants angewiesen. Die harte Konkurrenz beschert dem Urlauber eine ansehnliche Auswahl an Mittagstischen. Es gibt nur wenige Restaurants, dafür umso mehr urige Kneipen, deren Küchen genauso Feines zustandebringen können wie die der gesetzten Etablissements. Die größte Auswahl finden Sie in der *Strandgata* vor; achten Sie Hinweise wie »Dagens rett« oder »Dagens lunsj«, die überwiegend unter 90 NOK liegen. Einen schnellen Snack bekommen Sie u.a. im *Kafe Jensen,* Strandgata 70.

■ Die **Pubs** füllen sich werktags erst am Abend mit Leben: *Mack Kjelleren*, Indre Kai. Die Firma »Mack« ist in Tromsø, nördlich des Polarkreises, beheimatet und firmiert als »nördlichste Brauerei der Welt«. Probieren Sie selbst. – *Captain's Cabin,* Skjoldavegen 1. Gehört zu »Captain's Saloon«, wo Sie zudem (für rund 130–190 NOK) gut speisen können, etwa *reinsdyrlaks,* also Rentier und Lachs auf einem Teller, nach einem samischen Rezept. Den Pub im englischen Stil dekorieren Modelle von Segelschiffen sowie Antiquitäten.

Sehenswertes

■ Ihr **Rathaus** verdanken die Bürger von Haugesund dem Reeder *Knut Knutsen* und Gemahlin. Das Gebäude, das 1931 eingeweiht wurde, sieht wie eine Miniatur-Ausgabe der Kruppschen »Villa Hügel« aus – der rosafarbene Anstrich wird dem würdevollen Anspruch nur zaghaft gerecht. Wer unter den Säulen durch die eisernen Tore den Innenhof betritt und anschließend die langgezogene Treppe zum Eingang hinaufschreitet, kann sich gut vorstellen, wie den Bürgern früher zumute gewesen sein könnte, als die Behörden mehr Autorität besaßen – ein Gang, der Respekt einflößte.

Doch verlassen wir den Innenhof, öffnen die mächtige Tür und sehen uns in dem nach »Gutsherrenart« konzipierten Gebäude um: langgezogene, hohe Gänge, der Fußboden blank wie eine Eisbahn. Die Treppenaufgänge zieren Wandgemälde, deren Motive aus den Sagas stammen. Wer im obersten Stockwerk die Tür auf der rechten Seite öffnet, steht an der Galerie, von der aus die Bürger den Sitzungen der Stadtverordneten folgen können. Der Sitzungssaal, ein Stockwerk tiefer und immer gut geheizt, unterstreicht mit seinem glänzenden Parkettboden, den akkurat aufgestellten Stühlen und dem erhöhten Pult für die

Versammlungsleiter den offiziellen Charakter der Zusammenkünfte. Den kreisrunden Ausschnitt zwischen beiden Etagen zieren Friese, auf denen die zwölf Tierkreiszeichen abgebildet sind; durch die Kuppel, die die Mitte der Decke einnimmt und an ein Pantheon erinnert, fällt Licht. Daß an den Fenstern der Galerieetage der Putz bröckelt, klingt bei so viel Feinheit sicher wie gehässiger Frevel. Der Zugang zur Galerie ist zwischen 8 und 15 Uhr geöffnet.

■ **Karmsund Folkemuseum** wurde 1925 als kulturhistorisches Museum für die Region konzipiert. Demzufolge verteilen sich die einzelnen Abteilungen auf Haugesund und Umgebung. Verwaltung und Hauptgebäude befinden sich in der Skåregata 142, Tel. 5272 5464. Mo–Fr 10.30–14 Uhr, So 12–15 Uhr. Eintritt 20 NOK. Informatives Begleitheft, auch auf deutsch.

Die Sammlungen im Hauptgebäude beschäftigen sich mit den Themen Seefahrt, Fischerei, Landwirtschaft, Kunsthandwerk, Wohnen und Archäologie. Sie sind so umfangreich, daß das Museum bald aus allen Nähten platzt. Zur Seefahrt sind Modelle und Gemälde von Schiffen zu sehen, ferner u.a. Galionsfiguren, Navigationsinstrumente und Transportbehälter – die Cognacfässer setzte man bei Bedarf auch als Wassertank ein. Das Schmuckstück aber ist der halbrunde, verglaste Überbau, durch den Licht in den Salon unter Deck fiel und an dessen Längsseiten Sitzbänke für die Leute an Deck angebracht sind. Die Sammlung zur Fischerei umfaßt vor allem Gerätschaften, und das Begleitheft gerät zu einem kleinen Vortrag über den Fischfang in der Vergangenheit. Enttäuscht wird sein, wer sich von der Ankündigung »Archäologie« eine koordinierte Zusammenstellung versprach. Die bescheidene Sammlung besteht aus einzelnen Fundstücken und dem pseudopädagogischen Thema »Unterricht in früherer Zeit«, das wohl den Jüngeren unter uns den Museumsbesuch schmackhafter machen soll.

■ Das **Dokken Museum** gehört zum Karmsund Folkemuseum. Brogate 1d–13b. Von Mitte Juni bis Mitte August täglich Führungen 12–17 Uhr, sonst nach Absprache mit der Museumsverwaltung, Tel. 5272 5464.

Das Museum besteht aus vier Häusern mit originaler Einrichtung (um 1850). Neben Wohnungen sind Boots- und Böttcherwerkstatt, Plätterei und Salzerei zu besichtigen. Recht interessant.

Dokken Museum liegt auf der Insel Hasseløy. Die Abzweigung zur Sundbrücke beginnt an der Kreuzung Strandgata/Oscargate. Fußweg 15–20 Minuten ab Gågata. Wer auf das Auto nicht verzichtet, hält sich im Kreisel hinter der Brücke ganz links, um parallel zur Brückenauffahrt hinunter an den

Sund zu fahren. Das Museum verteilt sich auf dem Gelände unter der Brücke.

■ **Haraldshaugen** ist der Grabhügel *Harald Hårfagres*, der etwa von 850 bis 933 lebte. Harald Schönhaar, so die Übersetzung, vereinte die vielen konkurrierenden Kleinkönigtümer auf nicht gerade friedliche Weise zu einem norwegischen Reich. Haraldshaugen wurde eingeweiht, als sich die Ereignisse im Juli 1872 zum tausendsten Mal jährten. Auf dem Hügel thront ein 17 m hoher Obelisk, um den 29 Steine quadratisch aufgestellt sind. Sie symbolisieren die einstigen Provinzen. Das Nationaldenkmal steht am nördlichen Stadtrand; die Lage an der Küste macht es zu einem trefflichen Platz für Sonnenuntergänge.

■ Auf **Krosshaugen**, dem Hügel südlich von Haraldshaugen, steht ein steinernes Kreuz, das der Zeit um 1000 zugerechnet wird. Hier befand sich ein sogenannter Thingplatz, auf dem sich die Wikinger versammelten, um wichtige Entscheidungen zu treffen. Das Kreuz erinnert möglicherweise an den Übertritt zum Christentum. Am 29. Juli findet zum Olsok-Fest alljährlich ein Gottesdienst auf Krosshaugen statt.

Ausflüge

Karmøy

Karmøy heißt die langgezogene Insel, die sich südwestlich von Haugesund in Nord-Süd-Richtung erstreckt. Die ebene Insel vereint gleichermaßen unterschiedliche wie attraktive Landschaftsformen: an der Westküste weite Sandstrände, die in den Monaten Juli und August zumindest die Abgehärteten zu einem Bad im Meer überreden, im Osten und in den mittleren Regionen u.a. Heideflächen, auf denen, typisch für den nährstoffarmen Boden, Zwergsträucher, Wacholder, Eriken und andere Heidekräuter wachsen. Wo der Boden mehr hergibt, haben sich ausgedehnte Landwirtschaftszonen etabliert. Die rund 35.000 Einwohner der Gemeinde Karmøy, zu der auch ein Festlandzipfel gehört, leben in großer Mehrheit an der Küste, zum Teil in pittoresken Fischerstädtchen und kleinen Siedlungen. Verwaltung- und Dienstleistungszentrum ist *Kopervik*, das die engste Stelle von Karmøy belegt. Wer sich für geschichtliche Zeugnisse interessiert und gerne an Sanstränden faulenzt, kann auf Karmøy einen mehrtägigen Aufenthalt einlegen. Den Karmsund, zwischen Festland und Insel, überspannt die 50 m hohe Bogenbrücke *Karmsundbrua*. Touristen, die nicht unbedingt den schnellsten Weg von Stavanger nach Haugesund nehmen, fahren über die Insel, da die Fähre aus der Ölmetropole (ab Mekjarvik) an der Südspitze Karmøys anlegt:

■ Besagter Fährkai befindet sich in **Skudeneshavn**, sicher der schmuckeste Ort auf Karmøy (4000 Einwohner). Das Fischerdorf lebte früher hauptsächlich vom Hering, der hier angelandet und konserviert wurde, bevor er auf die Reise zu den Handelsplätzen an der Ostseeküste ging. In den engen Gassen der Altstadt stehen viele Häuser mit weiß gestrichenen Holzplanken, von denen die meisten mehr als 100 Jahre zählen. Galerien sowie Läden mit Kunsthandwerk warten auf die Gäste, die sich an sonnigen Sommertagen in Scharen durch die Gassen zwängen. Am Kai beginnt ein kurzer Weg, der für PKW gesperrt ist und, am Sund entlang, über die Felsen zur Altstadt führt.

■ **Information:** *Skudeneshavn Turistinformasjon*, N-4280 Skudeneshavn, am Fähranleger, Tel. 5282 7222. 1.6.–31.8.

Sonst ist die Gemeindeverwaltung in Kopervik zuständig: *Karmøy Reiselivslag,* Tel. 5285 7500, Fax 5285 2232. Mo–Fr 8–15.30 Uhr.

■ **Museet in Mærlandsgården**, Skudeneshavn. 1.6.–31.8. Mo–Sa 11–17 Uhr, So 13–18 Uhr, sonst nach Absprache mit Tel. 5282 9139. Eintritt 10 NOK.

Wie ein Spiegel der großen Heringszeit: Fischerhütte mit Fangausrüstung und Booten, Böttcherwerkstatt, Kramladen und Kaufmannswohnung.

■ **Karmøy Fiskerimuseum**, Vedavågen. 1.6.–31.8. Mo–Fr 9–15 Uhr, Sa und So 14–18 Uhr, sonst nach Absprache mit Henrik Opheim, Tel. 5282 0231, oder Reidun Vea, Tel. 5482 4452. Eintritt 10 NOK.

Dieses Museum beschäftigt sich mit dem Wandel rund um den Fischfang: »Vom Fischerboot zur modernen Hochseefangflotte« heißt die Dauerausstellung. Zudem Aquarien mit Meeresfischen.

■ **Visnes Gruvemuseum**, Visnes. 1.6.–31.8. Mo–Sa 13–18 Uhr, So 12–18 Uhr, sonst nach Absprache mit Berit Holi, Tel. 5284 0136. Eintritt 15/8,50 NOK.

Das Museum beschreibt die Geschichte des ansässigen Kupferbergwerks, von 1865 bis 1972 in Betrieb, ist ideenreich als Abenteuerspielplatz konstruiert. Aus Visnes soll das Kupfer der amerikanischen Freiheitsstatue stammen. Anfahrt: Abzweigung von der Straße 47 bei Avaldsnes.

■ Die **Avaldsnes kirke** ist auch unter dem Namen *Olavskirke* bekannt. Auf Weisung von König *Håkon Håkonsson* wurde die 1250 erbaute Steinkirche dem Heiligen Olav geweiht, der zur Zeit seiner berühmtesten Heldentaten seinen Wohnsitz in Avaldsnes aufgeschlagen haben soll – womit er nationales Bewußtsein demonstrierte, denn der erste Reichsgründer, Harald Hårfagre, hatte ebenfalls in Avaldsnes residiert. Doch zurück zur Kirche, die im Lauf der Zeit verfiel, um 1830 aber einwandfrei restauriert wurde. An der Außenwand neigt sich der 6,5 m hohe Bautastein mit dem gleichnishaften Namen »Nähnadel der Jungfrau Maria« zur Seite. Der Sage nach geht die Welt unter, wenn der Stein die Wand berührt. Vom Kirchplatz ergibt sich ein schöner Blick über die Landschaft. Wer von Haugesund aus Richtung Skudeneshavn unterwegs ist, sieht die Kirche von weitem auf einer leichten Anhöhe stehen. 1.6.–31.8. Mo–Sa 11–18 Uhr, So 12–18 Uhr, sonst nach Absprache mit Arne Mathisen, Tel. 5284 2368 und 5284 2155.

Über die Insel verteilen sich mehrere Grabfelder, die auf eine recht frühe Besiedlung schließen lassen (Bronzezeit). Weder Grabfelder noch Bautasteine sind generell ausgewiesen, doch ich denke, daß der Besuch der historischen Stätten bei Avaldsnes ausreicht. Wer sich intensiver dafür interessiert, sollte im Touristenbüro nachhaken.

■ **Badestrände:** *Åkrasanden*, im Süden von Åkrehamn. – *Stavasanden*, nördlich von Ferkingstad. – *Sandvesanden*, südlich von Sandve.

■ **Reiten:** *Karmøy Ridesenter*, Stol, Tel. 5282 0673. Täglich 9–20 Uhr.

■ **Kunst- og Kulturverkstedet Tåkelurfabrikken**, Skudeneshavn. 1.6.–31.8. täglich 12–19 Uhr, Sa 10–15 Uhr. Galleri, Atelier und Kafe in einer restaurierten Fabrik, in der früher Nebelhörner hergestellt wurden. Wechselnde Ausstellungen, auch außerhalb der Sommersaison.

■ **Galleri Entree**, Skudeneshavn. 1.6.–31.8. Mo–Fr 10–19 Uhr, Sa 10–15 Uhr. Wechselnde Ausstellungen, auch außerhalb der Sommersaison.

■ **Galleri Hjalmar**, Skudeneshavn. 1.6.–31.8. Mi 17–19 Uhr, Sa 12–14 Uhr, So 15–19 Uhr. Wechselnde Ausstellungen, Kunst und Kunsthandwerk.

■ **Veranstaltungen:** Es ist etwas los auf Karmøy, vor allem in Skudeneshavn. In der ersten Junihälfte das *Wikingerfestival.* – In der ersten Julihälfte das *Skudefestival.* – In der ersten Augusthälfte, parallel zum Jazzfestival in Haugesund, ebenfalls Jazzsessions in Skudeneshavn, wenn auch nicht in jedem Jahr.

■ **Transport:** Lokalbusrouten Haugesund, Kopervik, Åkrahamn, Skudeneshavn. – Haugesund, Visnes, Kvalavåg, Ytralandskrossen, Kopervik. – Kopervik, Tømmervik, Blikshavn, Skudeneshavn.

■ **Unterkunft:** Achten Sie auf Hinweisschilder, mit denen Privatleute Ferienhütten und Zimmer offerieren.

Karmøy Hotell, Kopervik, Stangelandsgata 1, Tel. 5285 0400. 1.7.–15.8. EZ 375 NOK, DZ 550 NOK, sonst EZ ab 590 NOK, DZ ab 690 NOK. Bistro im Haus.

Antikk Cafe, Skudeneshavn, Kaigaten 3, Tel. 5282 7164. DZ um 400 NOK. Bad auf dem Flur. Aufenthaltsraum, Veranda. Adrette Zimmer in Weiß, Rosa und Blau.

Norneshuset, Skudeneshavn, Tel. 5282 7262. EZ 360 NOK, DZ 490 NOK, außerhalb der Saison Preisnachlaß. Traditionsreiche Pension mitten in der Altstadt.

Camping Skudenes, Skudeneshavn, Tel. 5282 8196. Preisniveau Camping: 2 NOK. 8 Standardhütten für 4 Personen um 175 NOK. Wiese an der Straße 47, am Ortsausgang. Nur für Durchreisende.

Jugendherberge *Sandve Vandrerhjem*, Sandve, Tel. 5282 0040. 1.5.–31.10. Zimmer ab 90 NOK pro Nase, EZ 130 NOK. Frühstück 50 NOK, Abendessen 70 NOK. 5 km westlich von Skudeneshavn.

Weitere *Campingplätze an der Westküste*, keine ausgesprochene Empfehlung zu vertreten, Entscheidung nach Augenschein.

Røvær

Røvær ist eine Inselgruppe 10 Kilometer nordwestlich von Haugesund, zu dessen Gemeinde sie gehört. Rund 100 Einwohner leben ständig auf der Hauptinsel, unter ihnen überraschend viele Familien mit Kindern. Die guten Fischgründe zogen die Menschen einst nach Røvær, das genug geschützte Stellen für Boote und Wohnhäuser bot. Die Hochzeiten des Fischfangs lagen im 17. und 18. Jahrhundert; während der Saison sollen sich 15.000 Menschen auf dem Archipel versammelt haben.

Wer glaubt, die heutigen Bewohner suchen das Leben ihrer Vorfahren und lesen ihre Bücher bei Kerzenlicht, ist gleichermaßen romantisch wie unrealistisch veranlagt. Die Zeit ist da draußen im Meer nicht stehengeblieben. Die Einwohner verfügen über Schule, Jugendtreff, Missionsheim, Frauenverein, Segelklub und Geschichtsverein. Arbeitsplätze stellen Fischerei, Handel, Seefahrt, Landwirtschaft (Gewächshäuser) und die Schule. Am Kai befindet sich ein Gemischtwarenladen mit Postkontor. Hier liegt das Schiff *Duen* vor Anker, auf dem die Schüler das Segeln lernen.

Die Menschen leben nicht allein auf Røvær; Seehunde, Möwen, Seeschwalben, Eiderenten, Igel und Schildkröten zählen zu den ständigen oder gelegentlichen Gästen auf dem felsigen Archipel. Nerze halten die unvermeidlichen Ratten in Grenzen. Während auf der Westseite der Wind pfeift, nutzt die Vegetation in den geschützten Buchten ihren Spielraum, wachsen hier Sträucher, Kräuter und Blumen. Draußen in den Schären steht der rot gestrichene, 15,5 m hohe Leuchtturm »Røværsholmen fyr« (1892). Bevor er 1975 automatisiert wurde, lebte das Bedienungspersonal im

Turm; wegen der schweren Winterstürme mußte ein betonierter Schuppen her, der die Boote vor der angriffslustigen See schützte.

Røvær bietet gute Voraussetzungen für Angler, ist ideal für einen Tagesausflug oder für ein paar Tage zum Relaxen. Die Fähren *M/S Røværfjord* und *M/S Sjøfart* verkehren täglich zwischen Røvær und Haugesund, Lothekaia. Ticket 19 NOK. Die Überfahrt dauert 45 Minuten, teils mit Ziwschenstopp auf Feøy. Mobiltelefon »M/S Røværfjord« Tel. 9457 6385, Mobiltelefon »M/S Sjøfart« Tel. 9457 5668.

■ **Unterkunft:** Jugendherberge *Røvær Vandrerhjem*, N-5517 Røvær, Tel. 5271 8035 und 5271 8052. 20.6.–15.8. Mitglieder im Mehrbett-Zimmer um 80 NOK, Nicht-Mitglieder im Mehrbett-Zimmer um 100 NOK. 6 Zimmer mit 34 Betten. Die Gäste können sowohl im eigenen Schlafsack als auch in frisch bezogenen Betten nächtigen. Frühstück und Abendessen nach Absprache. Kochgelegenheit. Umgebautes Lagerhaus direkt am Kai.

Utsira

Die Insel Utsira liegt noch weiter draußen im Meer. Rund 225 Menschen leben auf 6,1 km² in zwei Dörfern, *Utsira nord* und *Utsira sør*, die eine eigene Gemeinde bilden. Leuchtturm *Utsira fyr* (Führungen etwa 10.6.–30.8. So 13.30–14 Uhr). Die guten Fischgründe lassen das rauhe Wetter auf diesem felsigen Vorposten wohl leichter ertragen. Unter den Urlaubern befinden sich viele Angler und Vogelkundler.

Die Fracht- und Passagierfähre *M/S Utsira* verkehrt mehrmals wöchentlich; in Haugesund ab Lothekaia, meist nach Utsira sør, seltener nach Utsira nord. Die Überfahrt dauert 75 Minuten; bei schwerer See Magentabletten nicht vergessen. Preis 40 NOK.

■ **Information:** *Utsira Kommune*, N-5515 Utsira, Tel. 5274 9135, Fax 5274 9239. Mo–Fr 8.30–16 Uhr.

■ **Unterkunft:** Hüttenvermietung durch *Torleiv Vestre*, Tel. 5274 9160.

Verschiedenes

■ **Angeln:** Hochseeangeln mit *M/S Gå på*, im Sommer zweimal die Woche. Anmeldung im Touristenbüro oder im »Rica Maritim Hotel«. – Forellen und Saiblinge in den Seen *Nordre Skeisvatn*, *Krokavatnet*, *Eivindsvatnet* und *Tornesvatnet*. Infos, etwa über Angelkarten, im Touristenbüro.

■ **Badeplätze:** See *Eivindsvatnet*, Skjoldavegen, 2 km östlich der City (Stadtbus 4, kurzer Fußweg). – *Haraldsvang*, am See Skeisvannet, östlich des Zentrums (Stadtbus 3). – In der Bucht *Kvalsvik*, 3 km nördlich vom Zentrum, verfällt das einst so beliebte Seebad. Vielleicht erübrigt die Gemeinde doch noch einmal Geld zur Renovierung. Anfahrt: Stadtbus 1 oder Abzweigung von der Straße 47.

■ **Fahrradvermietung:** *Haugesund Sykkelverksted,* Strandgata 154, Tel. 5272 3310.

■ **Reiten:** *Haugesund Ridesenter,* Stallvegen 9, Tel. 5273 7208.

■ **Tauchen:** *Haugesund Sportsdykkerklubb,* Magne Storesund, Tel. 5283 9610. – *Alf Lea,* Tollbugata 3, Tel. 5272 7777. – *Maritim Sport,* Smedesundet 95, Tel. 5271 7133.

■ **Wandern:** Haugesund und Umgebung eignen sich mehr für (Strand-)Spaziergänge als für lange Wandertouren über Stock und Stein. Im aktuellen »Haugesund-Guide« des Touristenbüros finden Sie ein paar Vorschläge für Spaziergänge, zum Beispiel zum Aussichtspunkt auf dem Stadthügel *Vardafjell* (Karmsundgata, dann Djupaskarsvegen nordwärts), oder zum *Steinsfjell,* östlich der Stadt, oder im Park *Haraldsvang,* am See Skeisvannet.

■ **Galerie:** *Haugesund Billedgalleri,* Erling Skjalgssonsgata 4 (am nördlichen Rand des Stadtzentrums), Tel. 5272 3471. Flexible Öffnungszeiten, die sich nach den aktuellen Ausstellungen richten. Siehe aktuellen Anschlag am Eingang.

■ **Veranstaltungen:** Haugesund ist eine der aktivsten, lebendigsten Städte des Landes; der Eindruck, in der Einleitung des Kapitels geschildert, kommt also nicht von ungefähr. Feste Größen sind im August das *Sildajazz Festival, Folkedanstreff* (Volkstanz), die sogenannten *Havnedagene* (Hafentage), ein Treff alter Kähne mit Rahmenprogramm, das angesehene *Den norske Filmfestival* und das *Haugesundfestival* mit dem angeblich »längsten Heringsbuffet der Welt«; diese Veranstaltungen überschneiden sich teilweise, so daß der August wahrlich ein bunter Monat ist. Auch im Frühsommer kann es passieren, daß Sie in ein Festival geraten...

■ **Hauptpostamt:** Torggata 10.

■ **Transport:** Das Touristenbüro hat ein Fahrplanheft auf Lager, in dem alle Stadtbusse mit Routen und Abfahrten verzeichnet sind, plus Übersichtskarte.

■ **Taxi:** Tel. 5271 3555, zwei zentrale Haltestellen, Busbahnhof Flotmyr und Kirkegata, vor der Backsteinkirche im Zentrum.

■ **Parkhäuser** in Skåregata und Sørhauggata, zudem deutlich ausgewiesene Parkplätze; siehe Stadtplan.

Weiterreise

■ **Flug:** *Haugesund Lufthavn,* Karmøy, Tel. 5284 0212. Flughafenbus rund 35 NOK.

Direktverbindungen innerhalb Westnorwegens nur mit Bergen, ferner mit Oslo. Der Flug nach Bergen ist wegen des billigeren Schnellboots nur bei stürmischer See zu empfehlen.

■ **Personenfähre:** *Hurtigbåtterminal Indre Kai,* Smedasundet, Tel. 5171 1444. Mo–Fr 8.45–15.20 und 18.10–20 Uhr, Sa 8.45–11 und 13.30–15.20 Uhr, So 13.30–15.20 und 18.10–20 Uhr. Ticketverkauf, Warteraum, Kiosk.

Schnellboot Stavanger (155 NOK), Føresvik, Kopervik (35 NOK), Haugesund, Mosterhamn, Leirvik (110 NOK), Bergen (295 NOK). Das Schnellboot braucht knapp 90 Minuten bis Stavanger und rund 2,5 Stunden bis Bergen. – Nach Røvær und Utsira siehe dort.

■ **Bus:** *Bussterminal Flotmyr,* Karmsundgata, Straße 47.

Fähranleger Utbjoa (63 NOK) mit Bus nach Ølen. – Fähranleger Skånevik (99 NOK) über Etne und Håland. – Fähranleger Ropeid (99 NOK), Sauda (129 NOK). – Odda am Sørfjord (140 NOK). – Stavanger (98 NOK). – Nach Karmøy siehe dort. – Ferner mit dem Schnellbus *Haukeliexpressen* nach Oslo (9–10 Stunden, 470 NOK).

■ **Auto: Nach Bergen**. Straße 47 bis Bjelland, ab dort Straße 1 bis zum Fähranleger *Valevåg,* Autofähre nach *Skjersholmane* (verkehrt tagsüber stündlich), weiter auf Straße 1 durch Leirvik an der Ostseite der Insel Stord entlang zum Fähranleger *Sandvikvåg,* Autofähre nach *Halhjem* (verkehrt tagsüber stündlich): tolle Fahrt zwischen Inseln, Schären und Holmen hindurch, bei guter Sicht Ausblick auf den Folgefonn-Gletscher im Osten. Ab Halhjem, das hübsch in einem kleinen Fjordarm liegt, unverändert auf Straße 1 nach Bergen, meist zähflüssiger Verkehr rund um die Fjordland-Metropole.

Nach Rosendal. Straße 11 bis zur Kreuzung bei *Håland,* Straße 48 bis zum Fährkai in *Skånevik,* von dort aus Autofähre nach *Matre* (drei- bis viermal täglich) und *Utåker* (mindestens zwölfmal, nach Matre drei- bis viermal täglich), ab Utåker (mit Umweg) oder Matre (schneller) nordwärts gen Rosendal.

Zum Sørfjord. Straße 11 landeinwärts, bis *Etne* eher langweilige Fahrt, dann umso spannender am schmalen Åkrafjord entlang nordostwärts. Die einst abenteuerlich schmale Fahrbahn wurde verbreitert und durch neue Tunnel entschärft. Am sehenswerten Wasserfall **Langfossen** vorbei – die gesamte Fallhöhe von 612 m ist von der Straße aus nicht zu übersehen, Vorsicht wegen knappem Parkraum. Durch felsiges Tal zur Kreuzung *Steinaberg bru,* ab dort Straße 13 nach Odda, am südlichen Ende des Sørfjords. Unterwegs Wasserfall **Låtefossen** direkt an der Straße (Touristen auf der Fahrbahn, schlechte Sicht durch sprühende Gischt), kurz vor Odda am Sørfjord Aussicht nach links auf die Gletscherzunge Buarbre.

Nach Ryfylke. Entweder wie zum Sørfjord, ab Steinaberg bru, weiter auf der Straße 11 Richtung Haukeligrend, nach 19 km über Gebirgsstraße 520 nach Sauda oder nach 20 km über Straße 13 durch Gebirgstäler und jede Menge Tunnel am See Suldalsvatn nach Sand; anstatt sofort auf eine der beiden Alternativen Richtung Ryfylke abzubiegen, sollte man aber auf der Straße 11 noch bis **Røldal** fahren, um die dortige **Stabkirche** zu besichtigen; siehe mehr in »Ryfylke, Weiterreise, Zum Sørfjord«. Oder auf der Straße 11 nur bis Ølen, ab dort Straßen 514 und 13 bis zum Fähranleger Ropeid, ab dort entweder Straße 520 am Saudafjord entlang nach Sauda oder mit Autofähre nach Sand (verkehrt ständig).

Nach Stavanger. In umgekehrter Richtung beschrieben unter »Stavanger, Weiterreise«.

Rosendal

Ein Hauch von Adel

Rosendals große Attraktion ist die Baronie, einer der wenigen Adelssitze in Norwegen – kein prunkvoller Bau, wegen seiner Einzigartigkeit im Fjordland aber durchaus interessant.

Rosendal gehört zur Gemeinde Kvinnherad (13.000 Einwohner). Die Kommune liegt im südlichen Teil der Halbinsel, die sich zwischen Hardangerfjord und Sørfjord schiebt. Auf dem Gebirge thront der *Folgefonn*, Norwegens drittgrößter Gletscher. Die Gemeinde besitzt eine große Tradition im Schiffsbau, die die *Harding Verft* in Rosendal bis heute fortsetzt. Das Trockendock verlassen hauptsächlich Passagierboote, die auf den Wasserstraßen Westnorwegens zum Einsatz kommen. Obwohl Schiffsbau und Landwirtschaft nicht mehr so viele Arbeitsplätze wie in früheren Zeiten stellen, nagt Kvinnherad keineswegs am Hungertuch. Rund um den Gletscher hat die Wasserkraftindustrie ein weit verzweigtes Netz von Staudämmen, Wassertunneln und Kraftwerken gebaut. Die Stichstraßen, die zwecks Transport und Wartung angelegt wurden, ermöglichen Urlaubern Ausflüge in unberührte Gebirgsnatur.

Rosendal liegt etwas abseits der üblichen Touristenrouten. Entweder fahren die Urlauber auf direktem Weg von Stavanger über Haugesund nach Bergen oder sie benutzen weiter landeinwärts die beliebte Strecke am Sørfjord entlang. Da das Straßennetz zwischen Kvinnherad und Jondal, der im Norden angrenzenden Kommune, wegen der unzugänglichen Landschaft noch nicht verbunden ist, kann Rosendal vorläufig nur mit Schnellboot oder Autofähre erreicht werden.

Information

■ **Rosendal Turistkontoret**, N-5470 Rosendal, Tel. 5348 1311 und 9468 7754, Fax 5348 1950. Etwa 15.6.–15.8. Mo–Sa 10–18 Uhr, So 11–18 Uhr (zu dieser Zeit auch Information an Bord der Fähren), sonst im Rathaus Mo–Fr 9–15 Uhr.

Unterkunft

■ **Rosendal Fjordhotel**, südliches Ortsende, Tel. 5348 1511, Fax 5348 1600. EZ 650–890 NOK, DZ 750–980 NOK.

Fast unauffälliger Bau, der glücklicherweise mehr in die Breite als in die Höhe geht. Moderne Zimmer mit hellem Holz, viel Pink und Weiß. Aussicht auf den Fjord.

■ **Rosendal Gjestgiveri**, Zentrum Rosendal, Tel. 5347 3666. EZ 395 NOK, DZ 550 NOK. Bad auf dem Flur. Holzbauwerk im Schweizer Stil, 1890 gebaut.

■ **Rosendal Hyttetun**, nördliches Ortsende, Tel. 5348 0273, Fax 5348 0177. Ganzjährig geöffnet. Appartements für 3–6 Personen ab 450 NOK. Campinghütten für 4 Personen 150–300 NOK. Preisniveau Camping: 1.

Neuere Anlage zwischen Fjord und Straße, konzentriert sich auf feste Unterkünfte. Großer Wohn-, aber nur ein Schlafraum in den gut ausgestatteten 6-Personen-Appartements; drei dürfen in der Wohnstube nächtigen. W. Baden, Vermietung von Kanus, Ruderbooten, Fahrrädern.

Außerhalb

Beginn im Norden der Gemeinde; die sonstige Reihenfolge »Hotels-Pensionen-Campingplätze« tritt der Übersicht wegen zurück.

■ **Sundal Gjestgiveri**, Sundal, Tel. 5348 4102. EZ 150 NOK, DZ 250 NOK. Bad auf dem Flur. Schmucke Holzvilla aus dem Jahr 1889.

■ **Sundal Camping**, Sundal, Tel. 5348 4186. 1.3.–30.11. Preisniveau Camping: 1. 5 Hütten für 2–4 Personen 230 NOK, 5 Ferienhütten für 4–6 Personen 400 NOK. W & T. Kiosk. Spielplatz. Ruderboote und Kanus.

■ **Juliette-huset**, Ænes, Tel. 5348 4571. 450 NOK pro Tag, 3000 NOK pro Woche, eventuell Zuschlag für Strom.

Juliette war eine Französin, die Anfang der 30er Jahre ihre Familie verließ, um mit einem norwegischen Seemann in dessen Heimatort Ænes zu leben. Nach ihrem Tod im Jahr 1975 übernahmen Anne Beth und Leif Sverre Ænes das schmucke Holzhaus, bauten neue Installationen ein, beließen aber die meisten Möbel wie auch Juliettes farbenfrohen Stil. Wer Lust hat, in uriger Atmosphäre auszuspannen, zwischen Häkelgardinen und alten, gepflegten Holzmöbeln, kann das prima am Beginn des ruhigen Ænesdals tun. 2 Schlafzimmer für 4 Personen im ersten Stock.

■ **Ænes Camping**, Tel. 5348 4544. Ganzjährig geöffnet. Preisniveau Camping: 1. 6 Hütten für 4 Personen 235 NOK.

Direkt an der Straße, jedoch wenig Verkehr. Von Bäumen gesäumte Zeltwiese, auf der die Kriebelmücken fröhliche Urständ' feiern. Standardhütten zu happigem Preis. Sanitärgebäude leidlich, Ww. Kiosk.

■ **Løvfall Camping**, Fähranleger Løvfallstrand, Telefon 5348 0266. Ganzjährig geöffnet. Preisniveau Camping: 1. 5 Standardhütten für 235 NOK.

Wegen der steilen Hanglage gibt es nur einen ganz schmalen Streifen, wo Zelte gerade stehen können; deshalb ein niedriger Grundpreis. Kein Platz für Wohnmobile. Feuchter Sanitärraum ohne ausreichende Entlüftung, Ww.

■ **Solheim Turiststasjon**, Uskedal, Tel. 5348 6150. EZ 350 NOK, DZ 530 NOK. Mahlzeiten nach Absprache. Einfache Zimmer zwischen Gut und Böse, für eine Nacht geeignet. Bootsvermietung.

■ **Rabben Camping**, Uskedal, Tel. 5348 6150. Ganzjährig geöffnet. Preisniveau Camping: 2 NOK. 17 Hütten für 2–6 Personen um 225–300 NOK, 2 Ferienhütten mit 2 Schlafzimmern 570 NOK.

Noch der beste Campingplatz in Kvinnherad. Kleine Wiese, wo ein Fluß in den Fjord mündet; leider etwas offen, in Gegenwart der umstehenden Häuser wie ein Präsentierteller, durch Sitzbänke etwas aufgelockert. Hütten mit Extras wie Sofas und Leselampen, eben einladender als der Durchschnitt. Neuere Sanitäranlage müßte fertig sein, W & T.

Essen und Trinken

■ **Kafe Rosendal** teilt sich ein schickes Holzhaus im Zentrum mit Töpfer- und Schnitzerwerkstatt, Porzellangeschäft und Naturkostladen. Dagens rett um 75 NOK; selbstgemachte Kuchen und smørbrød.

Sehenswertes

■ Die **Baronie Rosendal** ist einer der wenigen Herrensitze in Norwegen, das bekanntlich fünf Jahrhunderte lang Dänen und Schweden regierten, bevor es 1905 die Unabhängigkeit errang. Die auswärtigen Herrscher verspürten wenig Lust, ihr Vermögen für luxuriöse Wohnstätten in der »Provinz« auszugeben. Eine Ausnahme, die die Regel bestätigte, war der dänische Feudalherr *Ludvig Rosenkrantz* (1628–1685), der für rund 500 Höfe in Kvinnherad die königliche »Steuereinzugsberechtigung« besaß. Doch die Höfe im kargen Fjordland gaben nicht viel her, und wer Reichtum anstrebte, mußte Fischgründe besitzen oder sich in Handel und Schiffahrt üben. Rosenkrantz galt nicht als versierter Geschäftsmann und war auch nicht reich, was sich erst änderte, als er 1658 *Karen Mowatt* heiratete. Die schottische Familie Mowatt trieb seit Generationen Handel in Westnorwegen und hatte sich inzwischen hier niedergelassen. Geschickter als Rosenkrantz, hatte der Clan ein gehöriges Vermögen erwirtschaftet, an dem der dänische Adelsmann nun partizipierte. Zur Mitgift zählte der Gutshof Hatteberg, auf dem das Ehepaar 1665 die heutige Baronie errichten ließ – eher bescheiden im Vergleich zu den prunkvollen Vorbildern des Barock, gemessen am norwegischen Alltag aber edel genug. Das Anwesen trug fortan den Namen Rosendal.

Nachdem der letzte Rosenkrantz 1723 gestorben war, wechselte die Baronie mehrfach den Eigentümer, blieb aber fest in dänischer Hand. Der letzte private Besitzer, Edward Weis, übernahm Rosendal 1916. Anders als die meisten seiner Vorgänger verbrachte er auch die Winter auf Rosendal. Er pflegte die historische Einrichtung, ohne notwendige Modernisierungen zu vernachlässigen, ließ 1917 fließend Wasser und 1923 elektrisches Licht einbauen. Nach seinem Tod 1927 übertrug die Familie das Anwesen der Universität Oslo, die im Gegenzug die Stiftung »Den Weis Rosenkroneske stiftelse« ins Leben rief. Die Stiftung betreibt die Baronie heute als »halböffentliches« Museum und veranstaltet dort kulturelle Ereignisse, in erster Linie klassische Konzerte im »Gelben Saal« und Kunstausstellungen im Weinkeller.

Die Führungen beschränken sich nur auf einen Teil des Hauptgebäudes. Das Inventar erfüllt all die Erwartungen von uns gemeinem Volk, das Sommer für Sommer durch die hochherrschaftlichen Hallen schreitet: die verspielten Rokoko-Möbel und Gemälde namhafter norwegischer Landschaftsmaler, zudem ein Frauenporträit von *Edvard Munch* im

Salon, dem »Roten Saal«, ein kunstvoller Kronleuchter und »Bergenser Empiremöbel« aus der ersten Hälfte des 19. Jahrhunderts im Musikzimmer, dem »Gelben Saal«, feinstes Porzellan aus Meißen und Kopenhagen sowie ein Samowar im Speisesaal, dem früheren Rittersaal. Pistolen, Trinkhörner und Himmelbetten gehören ebenfalls zum Inventar, das fast einzeln vorgeführt wird. Die Wände der Bibliothek zieren Stofftapeten aus Frankreich (um 1660). Den Autor faszinierten die 10.500 Bücher, darunter Briefe von *Heinrich Heine* und *Rachel Varnhagen* sowie *Mommsens* »Römische Geschichte«.

Wer an einer solchen Führung teilnehmen möchte, zahlt den feudalen Preis von 50 NOK. Führungen von Ende April bis Mitte September 10–17 Uhr, zu jeder vollen Stunde, im Juli zu jeder halben Stunde, sonst nur Gruppen nach Absprache, Tel. 5348 1102. Andenken, Kaffee und selbstgemachten Kuchen in der guten Stube *Thee & Caffe Salongen*, 10.30–18 Uhr.

Kostenlos ist das Schlendern durch Garten und Park. In dem Rosengarten, nach den präzisen, symmetriebewußten Vorgaben der Renaissance angelegt, wachsen neben Rosen Rhododendren, Azaleen, Dahlien und viele andere Blumen. Die Buchsbaumhecken sind gut 300 Jahre alt. Der angrenzende Park wurde um 1870 nach englischem Vorbild umgestaltet, wirkt mit seinen Teichen, Brücken, schwungvoll gerundeten Wegen und den majestätisch großen Laubbäumen wie ein gezähmter Fleck inmitten ungebändigter Natur.

■ **Skipsbyggingsmuseet**, das Schiffsbaumuseum, Kai *Skålafjøro*, im Eingangsbereich der Harding Verft. Führungen von Mitte Juni bis Mitte August täglich 12–16 Uhr; unter Vorbehalt, denn der Betrieb stützt sich auf ehrenamtliche Helfer. Teilnahme 20/10 NOK.

Die meisten Stücke stammen aus dem Fundus der 1955 aufgegebenen Werft *Skaaluren Skibsbyggeri*: Zeichnungen, Modelle, Werkzeug – eben alles, was man brauchte, um die Boote herzustellen. Im Erdgeschoß des alten Hauses befindet sich ein Gemischtwarenladen wie zu Großmutters Zeiten, damals *der* Treffpunkt am Skålakai.

Ausflüge

■ Leserin Claudia Baumgarten schreibt über den »landschaftlich reizvollen« **Norden von Kvinnherad:** »Ab Rosendal am Hardangerfjord entlang bis zum *Fureberg-fossen,* für uns ebenso schön wie der Låtefossen. Nun entlang dem engen *Maurangerfjord;* bis nach Sundal ergeben sich ständig neue malerische Ausblicke. Von hier aus sieht man den *Bondhusbre,* eine Gletscherzunge des Folgefonn. Wer näher heran will, kann in Sundal in Höhe des Campingplatzes rechts an der Lachsfarm vorbeifahren. Die Straße wird bald zum Schotterweg und endet einige 100 Meter weiter auf einem Parkplatz. Von hier aus geht es zu Fuß weiter, schätzungsweise 1 Stunde bis zum Eis. Oben stehen die Schutzhütten *Breidablikk* und *Fonnanuten.*«

■ Einen spannenden Landschaftswechsel erleben Sie auch bei einer Rundfahrt durch den **Süden von Kvinnherad:** Beginnen Sie in Rosendal, folgen Sie dem breiten Hardangerfjord nach Süden und zweigen in *Dimmelsvik* ins u-förmige *Omvikdal* ab, wo Ihnen nur vereinzelt ein Auto begegnen wird. Kühe weiden auf den steinigen, mit dünnen Grasflächen bewachsenen Hängen, und ab und zu verirrt sich eine neugierige Ziege auf die Fahrbahn. Die Straße steigt an und durchquert eine Heidelandschaft mit Eriken und Fichten. Der Wasserstand im Flußbett nebenan liegt sichtbar unter dem, was hier früher talwärts rauschte. Bevor die Reise nach unten geht, zweigt links eine Stichstraße ins *Blåfjell* ab, die für die Fahrzeuge der Wasserkraftwerke gedacht ist, von Ola Normalverbraucher aber benutzt werden kann. Dunkle Seen, nacktes Gestein und endlose Stille prägen die Szenerie. Erstaunlich, wie hartnäckig die Nadelbäume um jeden Zentimeter an den abweisenden Felswänden kämpfen.

Die Hauptstraße tastet sich in engen Kurven hinab an einen Arm des *Matrefjords.* Die beiden Röhren, die auf der linken Seite direkt aus dem Berg kommen, enden ein paar hundert Meter weiter unten in einer Wasserkraftstation. Trotz dieses Vorpostens der Industrie strahlt die Landschaft am Matrefjord viel Ruhe aus. Die Straße endet am Fährkai *Matre.* Drei- bis viermal am Tag legt die Fähre Skånevik-Utåker hier an, um die kleine Schar der Wartenden aufzunehmen.

Ab *Utåker* folgt man unentwegt dem Fjordufer. Die Besiedlung wird dichter, und der Verkehr nimmt zu. Auf einer Halbinsel im Fjord liegen die beiden Orte *Sunde* und *Husnes,* die mehr Einwohner als Rosendal zählen, dem sie den Rang als Dienstleistungszentrum abgelaufen haben. Industrie und enge Besiedlung dürften aber dafür sorgen, daß hier kein Touristenmagnet der Jahrtausendwende entsteht. Ein durchschlagendes Negativ-Erlebnis sei dem garantiert, der in Husnes das Hotel ansteuert, das am See *Upsangervatn* liegt. In unmittelbarer Nachbarschaft erstrekken sich gleich zwei gigantische Betonquader, in denen fast alles zu finden ist, was Geld entweder kostet oder hortet: Post, Banken, Lebensmittelmarkt, Kiosk, Zahnarzt, Fahrschule, Reisebüro... Fahr far away.

■ Die stille Insel **Halsnøy** ist an einem sonnigen Sommertag wie geschaffen für ein Picknick. Zum Museum *Klostertunet*, an der Westseite nicht weit vom Fähranleger *Ranavik* entfernt, gehören neben einer Ausstellung zum Thema »Fjordfischfang« auch die Ruinen eines 1164 gebauten Augustiner-Klosters, das nach der Reformation als Zuchthaus diente. Trotz 60 cm dicker Mauern, doppelter Eisengitter vor den Gucklöchern und eisenbeschlagenen Türen gelang es 1814 dem Meisterdieb *Gjest Baardsen*, aus dem Gefängnis zu entkommen. Um Baardsen, der sogar eine Autobiografie hinterließ, ranken sich viele Legenden. Vielleicht treffen Sie einen Einheimischen, der eine dieser Geschichten zu erzählen weiß.

Anfahrt: Autofähre Sunde-Ranavik (mindestens siebenmal täglich). Bus Ranavik-Høylandsbygd (an den Wochenenden nur wenige Abfahrten).

Transport Kvinnherad

■ **Bus:** Rosendal, Fähranleger Løvfallstrand, Ænes, Sundal, Austrepollen, Nordrepollen, Gjælingsdalen. – Fähranleger Løvfallstrand, Rosendal, Dimmelsvik, Omvikedalen, Uskedalen, Herøysund, Husnes, Kaldestad, Kai Sunde, Valen, Sandvold, Fähranleger Utåker. – Rosendal, Omvikedalen, Indre Matre, Matre, Åkra. – Lokalroute auf Halsnøy: Fähranleger Ranavik, Sæbøvik, Toftevåg, Høylandsbygd, Sydnes.

■ **Taxi:** Rosendal, Tel. 5348 1900 oder 5348 0080. – Uskedal, Tel. 5348 6262 oder 5348 6484.

Verschiedenes

■ **Rundflüge mit dem Wasserflugzeug**: *Fonnafly*, Tel. 5348 1090. 350 NOK pro Person für 25 Minuten, Minimum 4 Personen.

■ **Ausflüge mit Pferdekutschen:** *Kvinnherad Hesteskysslag*, Rosendal, Tel. 5348 1453. Kutschen für 2–4 Personen, mindestens 135 NOK für die erste Stunde, danach 67,50 NOK pro Person und Stunde.

■ **Folgefonn Villmarksturer** ist ein sogenannter »Veranstalter von Wildnisferien«. Die Organisation unternimmt geführte Wanderungen im Gebirge und zum *Bondhusbre*, gibt Kurse in Bergsteigen und Gletscherwandern, berät Angler und vermietet Segelboote. Sitz in Rosendal. Kontakt: Tel. 5348 0040.

■ **Angeln:** Lachs und Seeforellen in den Flüssen *Bondhuselva*, *Æneselva*, *Hattebergelva*, *Mehlelva*, *Seimselva*, *Omvikedalselva* und *Uskedalselva*, Angelkarten im Touristenbüro oder in einzelnen

Unterkünften, Tageskarten ab 60 NOK. – Tageskarten für die Seen der Region ab 30 NOK.

■ **Reiten:** *Kvinnherad Hesteskysslag*, Rosendal, Tel. 81 453. Fjordpferde.

■ **Kunstausstellungen:** von Mai bis August im Weinkeller der Baronie, geöffnet täglich 10–17 Uhr.

■ **Veranstaltungen:** Das Theaterstück *Baronispelet* wird an einem der letzten beiden Juliwochenenden in der Baronie aufgeführt. Im Mittelpunkt stehen natürlich Karen Mowatt und Ludvig Rosenkrantz, die 1665 das feudale Anwesen gründeten. Die Hauptrollen übernehmen professionelle Schauspieler; darüberhinaus sind mehr als 60 Laiendarsteller im Einsatz. – Von Ende Mai bis Anfang August finden Konzerte in der Baronie statt, meistens im »Gelben Saal«, dem historischen Musikzimmer: Gesang, Klavier, Violine, Harfe, Gitarre, Flöte, Saxophon, je nach Auftritt. Bestellung von Eintrittskarten (um 150 NOK) im Touristenbüro oder bei der Verwaltung der Baronie, Tel. 5348 1102.

Weiterreise

■ **Personenfähre:** Schnellboot Ølen, Skånevik, Sunde, Ranavik, Utbjoa, Leirvik, Rubbestadneset, Fitjar u.a. nach Flesland und Bergen (200 NOK).

■ **Bus:** Fernverkehr nur über die Autofähren Løvfallstrand-Gjermundshamn und Utåker-Skånevik. Nahverkehr siehe unter »Transport Kvinnherad«.

■ **Auto: Nach Bergen**. Autofähre Løvfallstrand-Gjermundshamn (mindestens neunmal täglich), Straßen 48 und 552 bis zum Fähranleger *Venjaneset,* Autofähre nach *Hatvik* (verkehrt ständig), Straße 14 oder Alternativen nach Bergen.

Nach Norheimsund/Øystese. Autofähre Løvfallstrand-Gjermundshamn (mindestens neunmal täglich), Straßen 48 und 49 am Hardangerfjord entlang nach Norheimsund.

Zum Sørfjord. Autofähre Utåker, Matre, Skånevik (ab Utåker mindestens zwölfmal, ab Matre drei- bis viermal täglich), Straße 48 landeinwärts zur Straße 11, links abbiegen und bald am engen Åkrafjord entlang nordostwärts. Die restliche Strecke finden Sie unter »Haugesund, Weiterreise, Zum Sørfjord« beschrieben.

Nach Ryfylke. In umgekehrter Richtung beschrieben unter »Ryfylke, Weiterreise«.

Nach Haugesund. In umgekehrter Richtung beschrieben unter »Haugesund, Weiterreise«.

Øystese – Norheimsund

Skulpturen am Fjord

Øystese und Norheimsund liegen am Westufer des breiten Hardangerfjords, an dieser Stelle auch *Samlafjord* genannt. Die beiden Kleinstädte – gemessen an norwegischen Verhältnissen sei die Bezeichnung erlaubt – bilden den Kern der Gemeinde *Kvam* (rund 9000 Einwohner). Die meisten Arbeitsplätze stellen Landwirtschaft (Obst, Gemüse, Blumen), Fischzucht, Schiffsbau, Holzverarbeitung, Verwaltung und der Dienstleistungssektor. Industrieschlote rauchen vorwiegend in Ålvik, nördlich von Øystese.

Kvam schreibt hohe Übernachtungszahlen. Zum einen gehört die Kommune zum traditionellen Ausflugsgebiet der Bergenser – allein auf der Hochebene *Kvamskogen* sollen mehr als 1000 Ferienhütten stehen –, zum anderen kommen viele Durchreisende auf der stark frequentierten Straße 7, die Bergen mit dem Inland verbindet. Ohne die Nähe zu Bergen würden nicht so viele Urlauber in Øystese und Norheimsund haltmachen. Von der Straße aus wirkt die Landschaft hier bei weitem nicht so prägnant wie auf der anderen Fjordseite in Jondal oder Kvinnherad, wie in Eidfjord, Ulvik oder Aurland. Immerhin gibt es in Øystese eine der wenigen großen Skulpturensammlungen des Landes zu sehen, während Sie in Norheimsund eine Werft während der Arbeitszeit besuchen können. Die höheren Regionen umspannt ein variationsreiches Wanderwegenetz. Das Kapitel soll dabei helfen, die auf den ersten Blick langweilige Gemeinde präziser einzuschätzen.

Information:

■ **Kvam Turistinformasjon**, N-5600 Norheimsund, Tel. 5655 1767, Fax 5655 2588. 20.6.–20.8. Mo–Fr 9–16.30 Uhr, Do bis 18 Uhr, Sa 9–14 Uhr, sonst Mo–Fr 9–16 Uhr. Ziemlich hausbacken organisiert.

Unterkunft

Im Touristenbüro liegen Listen und Broschüren aus, in denen mehr als 20 Vermieter von Zimmern und Hütten aufgeführt sind. Die Palette reicht von einfachen Quartieren ohne Elektrizität bis zu komfortablen Ferienhütten; die Preise schwanken zwischen 130 und 550 NOK pro Nacht. Mehrere Pensionen und Privatanbieter werben auf Tafeln, die entlang der Straße 7 montiert sind, zum Teil mit Preisangabe.

■ **Sandven Hotel**, Norheimsund, Tel. 5655 1911, Fax 5655 2688. EZ 450–500 NOK, DZ 700–750 NOK.

Hotelbetrieb seit 1857, das heutige Holzhaus im Schweizer Stil steht seit dem Ende des letzten Jahrhunderts, eingezwängt im zubetonierten Zentrum von Norheimsund. Erhalten sind Bibliothek, Kino- und Konzertsaal, Galerie und Atelier.

■ **Norheimsund Fjordhotel**, Tel. 5655 1522, Fax 5655 1588. EZ 595 NOK, DZ 750 NOK.

Langgestrecktes Hauptgebäude mit bungalowähnlichem Anbau, direkt am Fjord: Boote, Grillpartys im Garten etc. Adrette Zimmer mit wenig Holz, vorwiegend in hellen, warmen Brauntönen. Viele Reisegruppen, darunter ein gestandenes Kontingent aus Deutschland.

■ **Hardanger Feriesenter**, an der Straße 7 zwischen Norheimsund und Øystese, Tel. 5655 1384, Fax 5655 1364. Hütten ganzjährig geöffnet, Camping 1.5.–30.9. Preisniveau Camping: 3. 12 Ferienhütten für 6 Personen 400–740 NOK.

Wiese an der Straße 7, die in Terrassen zum Fjord hin abfällt. Zeltstellplätze auf dem Uferstreifen, leider knapp bemessen. Die Wohnwagen der Dauercamper gleichen den gerne zitierten Sardinen in der Büchse. Die Parzellen sind teilweise von Holzzäunen abgeschirmt, was mich an reine deutsche Wagenburg-Mentalität erinnerte. Top-Hütten mit zwei Schlafräumen, vorwiegend in hellem Holz, die meisten am Hang oberhalb der Straße im Wald versteckt. Guter Spielplatz, Fahrräder, Ruder- und Motorboote. Vorbildliche Sanitäranlage, W & T. Kiosk mit Lebensmitteln.

■ **Mo Camping**, Norheimsund, an der Straße 7 Richtung Bergen, Tel. 5655 1727. 15.5.–31.8. Preisniveau Camping: 2.

Einfache Wiese am Fluß, mit Bäumen am Rand. Der Verkehr der Hauptverkehrsstraße dringt dumpf herüber. Für Durchreisende geeignet. Sanitärhütte einfach und klein, aber sauber.

■ **Oddland Camping**, Norheimsund, Straße 49 Richtung Strandebarm, Tel. 5655 1448. Geöffnet Ostern bis 1.9. Preisniveau Camping: 2. 9 Hütten für 4 Personen um 200–250 NOK, darunter eine Ferienhütte mit Küche und Bad, aber nur einem Schlafraum.

Schmales Grundstück zwischen Straße und Fjord, zum Zelten nur als Verlegenheitslösung geeignet. Das gilt nicht für die preiswerten Hütten mit Fenster zum Fjord, Schrank, Spüle und Geschirr. Gute Sanitäranlage, Ww.

Sehenswertes

■ **Ingebrigt Vik Museum**, Zentrum Øystese, 1.6.–20.8. täglich 10–15 und 18–20 Uhr, sonst nach Absprache. Kontakt: Frøystein Rasch-Halvorsen, Tel. 5655 5318. Eintritt 10 NOK, plus 10 NOK für Begleitheft mit Angaben zu den Skulpturen und Kurzbiographie (auch auf deutsch). Wer will, kann den Rundgang zu den Klängen der Hardangerfidel unternehmen; auf Wunsch wird eine Musikkassette abgespielt.

Der Bildhauer *Ingebrigt Vik* (1867–1927) übte sich mit 15 Jahren in der Schreinerei seines Vaters, wo er Holzfiguren schnitzte, die er an Touristen verkaufte. Auf diese Weise begegnete er einer Dame, die sein Talent erkannte und ihm einen Schnitzermeister in Bergen empfahl, bei dem er auch eine Lehre begann. 1884 ging er nach Kopenhagen, wo er eine grundlegende Ausbildung in Modellierungs- und Schnitztechniken, Bildhauerei und Gips-Ornamentik absolvierte. Ab 1889 belegte er Abendkurse an der Kunstakademie; für ein vollständiges Studium reichte das Geld nicht aus. 1892 kehrte Vik nach Norwegen zurück und ließ sich in Bergen nieder. Als Stukkator und Teilhaber eines Unternehmens, das Dekorationen aus Gips für Fassaden anfertigte, gelang ihm der ersehnte Schritt in die finanzielle und damit auch künstlerische Unabhängigkeit. Nachdem er 1900 die Weltausstellung in Paris besucht hatte, arbeitete er als freischaffender Künstler und zog 1902 in die französische Hauptstadt, wo er Bildhauerei studierte und aus dem Künstlermilieu Anregungen bezog. Die Skulpturen, die er in der Folgezeit schuf, begründeten seine Bekanntheit, die sich nicht auf Norwegen beschränken sollte. Freilich stammten die meisten Preise und Aufträge aus Oslo und Bergen. Ab 1916 lähmte den Meister eine schwere Krankheit, die nur noch die Annahme kleinerer Aufträge zuließ und ihn schließlich ganz zum Invaliden machte. Die letzten Jahre lebte Vik in seinem Geburtsort Øystese, dessen Jugendverein er die Sammlung seiner Kunstwerke vermachte – unter der Auflage, daß die Stadt ein angemessenes Ausstellungsgebäude baue.

Das Ingebrigt Vik Museum öffnete 1934. In dem römischen Pavillon stehen fast durchweg Skulpturen und leider nur wenige Arbeiten aus seiner Lehrzeit. Am häufigsten vertreten ist der Komponist *Edvard Grieg*, mal stehend, mal sitzend, mal im Frack und mal mit Spazierstock in der Hand. Andere bekannte Motive sind die Schriftsteller *Henrik Ibsen*, *Bjørnstjerne Bjørnson* und *Alexander Kielland*, die Frauenrechtlerin *Camilla Collet*, Schwester des nationalromantischen Dichters Henrik Wergeland, und der Mathematiker *Niels Henrik Abel*, der Einstein an Genialität übertroffen haben soll, aber bereits im Alter von 27 Jahren an Tuberkulose starb. Fachleute behaupten, daß Vik die Eigenheiten der Gesichtszüge präzis nachzubilden verstand. Als Laie bescheide ich mich mit der Feststellung, daß Fotografien nicht lebendiger wirken könnten.

■ Museumswerft **Hardanger Fartøyvernsenter**, Norheimsund, Tel. 5655 2277. Besichtigung während der Arbeitszeit.

Die Werft restauriert alte Schiffe und hält sich dabei, soweit es die Vorschriften für die Neuzulassung erlauben, an die überlieferten Bootsbautechniken. Kunden sind Museen und Stiftungen ebenso wie Privatleute, die in der Regel kleinere Boote in Auftrag geben. Die Werft stellt Takelage her und führt Schmiedearbeiten selbst aus.

Als Vorzeigeprojekte gelten der Schoner *Svanen*, der dem Norwegischen Seefahrtsmuseum in Stavanger gehört, und vor allem der 1884 gebaute Segler *Mathilde*, der von 1984 bis 1989 auf der Werft überholt wurde. Die Stiftung *Stiftinga Hardangerjakt* hatte die Hardangeryacht 1982 auf einer Zwangsauktion übernommen. Hardangeryachten befuhren seit Anfang des letzten Jahrhunderts Fjord und Meer. Sie brachten Fracht in die Küstenstädte am Eismeer oder Hering zu den Handelsplätzen an der Ostseeküste. Der bekannteste Vertreter dieses Schiffsstyps war die *Gjøa*, mit der *Roald Amundsen* die Nordwest-Passage durchquerte. Als um 1920 die Maschinen aufkamen, überstanden nur wenige Exemplare den Umbruch. Die einen blieben als Segelschiffe erhalten, die anderen wurden zusätzlich mit Maschinen ausgestattet, so die »Mathilde« 1938 auf der Mellemværft, die in dem Kapitel über Kristiansund vorgestellt wird. Während der Überholung im Hardanger Fartøyvernsenter erhielt das Schiff einen Salon, moderne Toiletten und Duschen. Die »Mathilde« fungiert heute als Ausflugsschiff.

Ausflüge

■ Der Wasserfall **Steindalsfossen** stürzt »nur« 50 m tief, hat aber den Vorteil, daß man unter der weit vorstehenden Felsnase hindurchlaufen kann. Steindalsfossen befindet sich neben der Straße 7 Richtung Bergen, etwa drei Kilometer westlich von Norheimsund.

■ Ein paar Kilometer westlich von Steindalsfossen führt die Straße durch vier Tunnel auf die Hochebene Kvamskogen. Parallel zur alten Straße, die außerhalb der Tunnel verläuft, windet sich die Schlucht **Tokagjelet** durch das Gebirge. Zwischen den beiden oberen

Tunneln können Sie Ihr Fahrzeug in einer Haltebucht parken und auf der alten Straße entlangwandern. Die Natur holt sich zurück, was ihr gehört: Die Begrenzungsmauern sind mittlerweile bemoost, und der Aphalt ist aufgebrochen.

Wer Kinder dabei hat, sollte auf den Ausflug verzichten, da in jedem Fall kurze Strecken (100–200 m) an der stark befahrenen Straße 7 zurückzulegen sind. Aus diesem Grund scheidet auch die Anfahrt mit Bus oder Auto zum Beginn der Hochebene aus. Der unumgängliche Abschnitt entlang der Hauptverkehrsstraße ist hier einfach zu lang und unangenehm.

Wanderungen

Im »Kvam Guide«, der in den Touristenbüros ausliegt, finden Sie 18 Touren mit Übersichtskarte.

■ Rundwanderweg um den See **Fitjadalsvatn**. Leichte Wanderung mit zwei Alternativen, die kürzere in 3 Stunden, die längere in 5 Stunden. 27 Informationstafeln über die Almwirtschaft in vergangener Zeit. Auch als geführte Wanderung möglich. Anfahrt: Stichstraße Øystese-Fitjadal.

■ Ein günstiger Ausgangspunkt für Tageswanderungen ist die Hochebene **Kvamskogen**, an der Straße 7 Richtung Bergen.

Verschiedenes

■ **Postschiffroute** Porsmyr-Botnen-Porsmyr durch die enge, dramatische Schlucht im *Fyksesund*. 90 Minuten Aufenthalt in Botnen. 1.5.–30.9. Di,Do 14.30 Uhr, Sa 13.00 Uhr. Im Winter ist der Sund zugefroren, weswegen die meisten Einwohner von Botnen es vorziehen, während der kalten Jahreszeit in Øystese wohnen. Kontakt: *Fyksesund Fjordruter*, Øystese, Tel. 5655 5245 oder 5655 5744 oder 5655 4420. Ticket 40/20 NOK retour.

■ **Fjordfahrten mit dem Boot:** mit *M/S Turnus* in den engen Fyksesund nach Botnen, mit Besuch eines Bauernhofs und Einnahme einer kelienen Mahlzeit; siehe auch unter »Postschiffroute«. Von Ende Mai bis Ende August Di, Do, So ab Norheimsund um 10.45 Uhr (150 NOK), ab Øystese um 11 Uhr (130 NOK), ab Porsmyr und 11.30 Uhr (100 NOK). 2,5 Stunden Aufenthalt in Botnen. Tickets retour.

■ **Rundfahrten mit dem Taxi:** *Norheimsund/Øystese Taxisenter*, Tel. 5655 2525. 250 NOK pro Stunde.

■ **Angeln:** Infos über Angelgewässer, Tageskarten u.a. im aktuellen »Kvam Guide«.

■ **Fahrradvermietung:** *Hardanger Feriesenter*, zwischen Øystese und Norheimsund an der Straße 7, Tel. 5655 1384.

■ **Segeln:** Wer Lust auf einen

Törn mit der restaurierten »Mathilde« hat, wende sich an die Museumswerft, Tel. 5655 2277; siehe oben. Dauer 1–5 Tage, Gruppen ab 25 Personen; vielleicht finden mehrere Interessenten zusammen.

■ **Kunstausstellungen** im Rathaus von Kvam, Norheimsund: permanente Sammlung des Malers und Grafikers *Mons Breidvik* (1881–1950), außerdem einzelne Werke sowie wechselnde Ausstellungen, in der Regel von Künstlern aus der Region.

■ Freilichtmuseum **Kvam Bygdemuseum**, Storeteigen, Øystese, 1.6.–31.8. Di–So 14–18 Uhr, Mai und September nach Absprache. Kontakt: June Rasch-Halvorsen, Tel. 5655 5318. Eintritt 10 NOK. Gebäude und Einrichtung dokumentieren den Alltag seit 1600. Typisch für das Hardangergebiet die Trachten und Stickereien.

■ **Kirchen:** Øystese (1868), relativ karge Einrichtung im Stil des Pietismus, Mo 16–18 Uhr. – Norheimsund (1989), in einer Gemeinschaftsaktion interessierter Bürger entworfen und gebaut, Di 16–18 Uhr.

■ **Postämter** zum Geld-Abheben mit deutschem Postsparbuch sowohl in Øystese als auch in Norheimsund.

■ **Taxi:** Øystese & Norheimsund Taxisentral, Tel. 5655 2525.

■ **Transport:** Busverbindung zwischen Øystese und Norheimsund mindestens viermal täglich.

Weiterreise

■ **Personenfähre:** Schnellboot Norheimsund, Utne, Kinsarvik, Lofthus, Nå, entweder nach Odda oder nach Ulvik und Eidfjord.

■ **Bus:** Nach Bergen (93 NOK ab Norheimsund, 99 NOK ab Øystese) über Kvamskogen. Nach Bergen auch längere Route (117 NOK) durch das südliche Gemeindegebiet, über Strandebarm, Eikelandsosen, Venjaneset (Fähre nach Hatvik), Os und Nesttun. – Nach Voss (93 NOK ab Norheimsund, 87 NOK ab Øystese) über Steinsestø, Ålvik, Kvanndal (Fähren zum Sørfjord, nach Utne und Kinsarvik), Granvin, Holven, Dalsleitet.

■ **Auto: Nach Bergen**. Stark befahrene Straße 7 ab Norheimsund über die Hochebene Kvamskogen.

Nach Voss/Ulvik. Auf der stark befahrenen Straße 7 am breiten Hardangerfjord entlang bis *Granvin,* entweder Straße 572 durch das *Espelandsdal* nach Ulvik oder weiter auf der Straße 13 nach Voss.

Nach Jondal (Kapitel Sørfjord). Autofähre *Tørvikbygd*-Jondal (verkehrt stündlich), Straße 550 nach *Utne.* Die Straße ist sehr schmal, hält sich stets in der Nähe des Fjords und durchquert dabei lichte Wälder. Mehrere Kuppen sorgen für eine kurzweilige Reise.

Nach Rosendal. In umgekehrter Richtung beschrieben unter »Rosendal, Weiterreise«.

Blick auf Bergen und Küste von Ulriken aus ▶

Bergen

Kulturmetropole mit Flair

Bergen ist Norwegens zweitgrößte Stadt. 220.000 Menschen leben in der Gemeinde, 123.000 davon im Stadtgebiet. Gegründet wurde Bergen 1070 von König *Olav Kyrre*. Genauso wichtig aber ist das Jahr 1250, als König *Håkon IV.* der Lübecker Hanse Handelsbegünstigungen in Bergen einräumte.

Bereits zuvor hatte sich Bergen aufgrund seines günstig gelegenen, geschützten Hafenbeckens zu einer Drehscheibe des Handels entwickelt. Die ausländischen Skipper, vor allem aus England und deutschen Landen, brachten Getreide, Salz, Wein und Malz, die sie gegen Fisch tauschten. Besagte Vereinbarung ermöglichte es der Hanse fortan, den Handel zu bestimmen. Ihre Kaufleute zahlten den Fischern Vorschüsse auf den nächsten Fang aus und banden sie dadurch für die Zukunft. Außerdem waren die Norweger von dem Getreide, das sie zum Leben, und dem Salz, das sie zum Konservieren von Dorsch und Hering brauchten, abhängiger als umgekehrt. Spurten sie nicht, verringerten die Hansekaufleute die Lieferungen der

wichtigen Waren. Es war die gleiche Taktik, die später die Dänen in Island oder auch norwegische Kaufleute im eigenen Land anwenden sollten und die betroffenen Fischer jahrhundertelang in Abhängigkeit hielt.

Zwangsläufig fiel auch Grundbesitz an die neuen Herrscher von Bergen. Mit Vorliebe etablierten sie sich an der nördlichen, der privilegierten Seite des Hafenbeckens, deren Kai bald den Namen *Tyskebryggen* trug, die Deutsche Brücke. Hier führten sie ihre Lagerhäuser und Büroräume, wickelten ihre Geschäfte ab. Die Bandbreite der umgeschlagenen Waren vergrößerte sich: Zu den neuen Exportartikeln gehörten Holz und Schafswolle; importiert wurden Gewürze, Metalle und Gebrauchsgegenstände aus Keramik und Glas. Als das Zeitalter der Hanse sich 1536 dem Ende zuneigte, traten holländische, englische und norwegische Kaufleute an ihre Stelle. Die Konkurrenz sorgte für eine größere Umverteilung des Wohlstands in der Stadt. Im 17. Jahrhundert überflügelte Bergen Kopenhagen als Handelsplatz. Kurz nach Erscheinen dieses Buches leben die alten Zeiten noch einmal auf, wenn Bergen im Mai 1996 Gastgeber des diesjährigen Hanseatischen Festivals ist.

Die Stadtchronik berichtet von mehreren Bränden, die Bergen im Lauf der Zeit heimsuchten – der verheerendste im Jahr 1702. Obwohl das Feuer viel Unheil anrichtete, bauten die Bergenser ihre Häuserzeilen unbeirrt wieder auf. Nach der nächsten Katastrophe 1916 zog man jedoch Konsequenzen, indem man sich für mehr Steinbauten und breitere Straßen entschied. 1944 flog im Hafen ein deutsches Munitionsschiff in die Luft und zerstörte Teile von Bryggen; 1955 und 1958 brannte es noch zweimal am inzwischen stillgelegten Kai, über den sie mehr unter der Rubrik »Sehenswertes« erfahren.

Bereits 1284 hatte König *Håkon Magnusson* Oslo zur Reichshauptstadt erklärt. Doch erst im letzten Jahrhundert, als die Industrialisierung einsetzte, zählte Kristiania, wie Oslo zwischenzeitlich hieß, mehr Einwohner als Bergen. Die politischen Ereignisse während der unfreiwilligen Union mit Schweden stärkten schließlich seine Stellung gegenüber der traditionsreichen Handelsstadt an der Westküste. Daran änderte sich auch nichts mehr, als 1909 die Eisenbahnlinie zwischen beiden Städten eröffnet wurde und Bergen erstmals über eine Landverbindung verfügte, die schneller war als die mehrtägige Schiffsreise entlang der Südküste.

Die Karten sind verteilt, wobei es Bergen gar nicht nötig hat, mit Oslo zu konkurrieren. In der ungekrönten Hauptstadt Westnorwegens haben sich jede Menge Firmen niedergelassen, zuletzt auch potente

Ölkonzerne, die Bergen eine solide wirtschaftliche Grundlage versprechen. Das gilt ebenso für den Dienstleistungssektor und die Ausbildungsstätten wie Universität, Handelshochschule, Wirtschaftshochschule etc. In Sachen Kultur ist Bergens führende Rolle unbestritten. Bereits 1765 wurde das Philharmonische Orchester aus der Taufe gehoben, und Norwegens erstes Theater, *Den Nationale Scene*, nahm 1850 seinen Betrieb auf. Alljährlich beginnen Ende Mai die *Internationalen Bergenser Festspiele.* Im Sommer ist ständig etwas los in Bergen: Jazzwoche, Anglerwoche, Sportwoche, internationale Wochen in Restaurants und Hotels. Doch die Kultur ist nicht nur für die Gäste da, fungiert nicht nur als Selbstdarstellung. An jedem Donnerstagabend während der Saison gibt das Philharmonische Orchester Konzerte für die Bürger der Stadt, zu stark ermäßigten Preisen. Und Den Nationale Scene beschränkt sich keineswegs auf die Klassiker, sondern bricht in seinen Programmen durchaus zu neuen Ufern auf. In der Saison 1995/96 bekam das Auditorium auf einer kleine Bühne Texte von Karl Valentin zu hören.

Gemeinsam mit vielen Norwegen-Liebhabern bin ich der Meinung, daß Bergen unter Norwegens Großstädten am meisten Flair besitzt. Die Menschen zeigen sich redseliger als im Landesinneren. Die schönen Wohnlagen beschränken sich nicht nur auf die Altstadt und die Villen oberhalb von Bryggen, sondern ziehen sich ausgiebig an den Fjorden entlang. Die Innenstadt wirkt durch ihre Parks, Promenaden und Seen trotz manch architektonischer Fehlleistung eher angenehm. Die Touristen zieht es unwiderstehlich zum lebhaften Fischmarkt, der sich am Kopfende des Hafenbeckens *Vågen* befindet. Die übertriebenen Preise sowie Schilder, die an den Ständen »Wir sprechen deutsch« oder »Se habla espanol« verkünden, zeigen allerdings, daß der Gast auch in Bergen zwischen echter und gekünstelter Attraktion unterscheiden muß. Wenn Sie Glück haben, liegt *Statsraad Lehmkuhl* im Hafen vor Anker, der größte Dreimaster überhaupt, der noch über die Meere segelt.

Wer schon einmal etwas über Bergen gelesen hat, wird jetzt vielleicht fragen: »Und das Wetter? Was ist mit dem Regen?« Korrekt, in Bergen fällt jedes Jahr durchschnittlich 2100 mm Niederschlag pro Quadratmeter – dreieinhalbmal soviel wie im nicht gerade ausgedörrten Frankfurter Raum. Die exponierte Lage an der Küste macht's möglich. Die Anekdoten, daß die Bergenser mit Regenschirm oder Schwimmhäuten auf die Welt kommen, kursieren seit Generationen. Die Bergenser selbst läßt das ziemlich ungerührt.

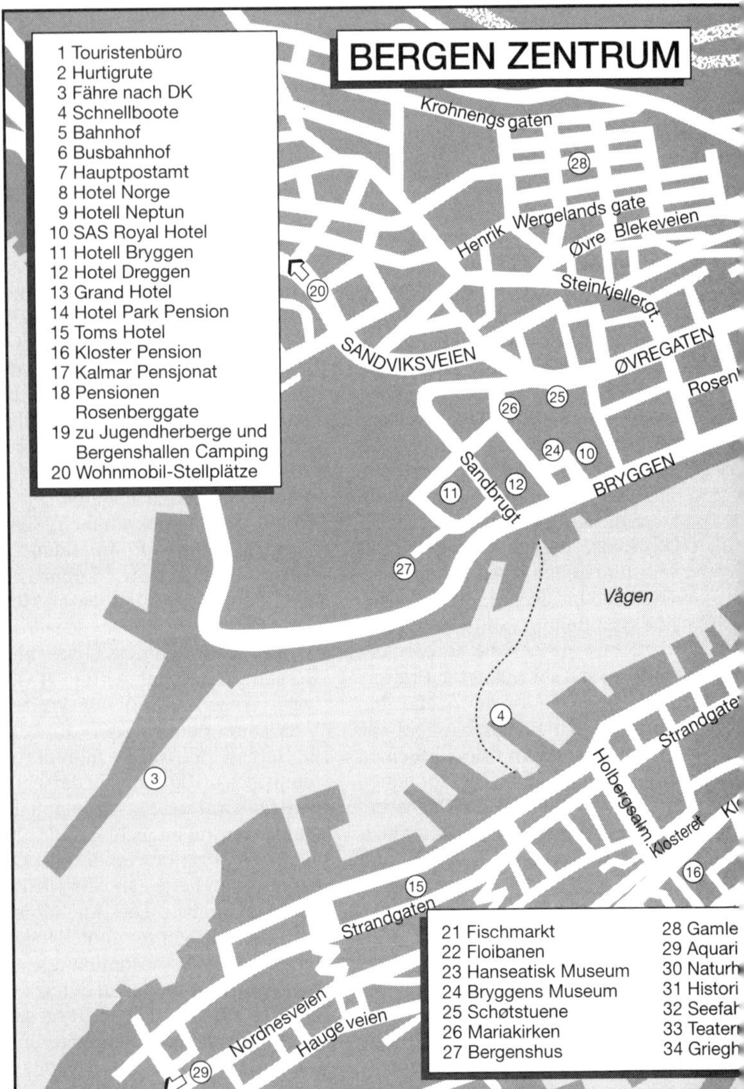

BERGEN ZENTRUM
1 Touristenbüro
2 Hurtigrute
3 Fähre nach DK
4 Schnellboote
5 Bahnhof
6 Busbahnhof
7 Hauptpostamt
8 Hotel Norge
9 Hotell Neptun
10 SAS Royal Hotel
11 Hotell Bryggen
12 Hotel Dreggen
13 Grand Hotel
14 Hotel Park Pension
15 Toms Hotel
16 Kloster Pension
17 Kalmar Pensjonat
18 Pensionen Rosenberggate
19 zu Jugendherberge und Bergenshallen Camping
20 Wohnmobil-Stellplätze
21 Fischmarkt
22 Floibanen
23 Hanseatisk Museum
24 Bryggens Museum
25 Schøtstuene
26 Mariakirken
27 Bergenshus
28 Gamle
29 Aquari
30 Naturh
31 Histori
32 Seefah
33 Teater
34 Griegh
Krohnengsgaten
Henrik Wergelands gate
Øvre Blekeveien
Steinkjellergt.
SANDVIKSVEIEN
ØVREGATEN
Rosen
Sandbrugt
BRYGGEN
Vågen
Strandgaten
Holbergsalm.
Klosteret
Strandgaten
Nordnesveien
Hauge veien

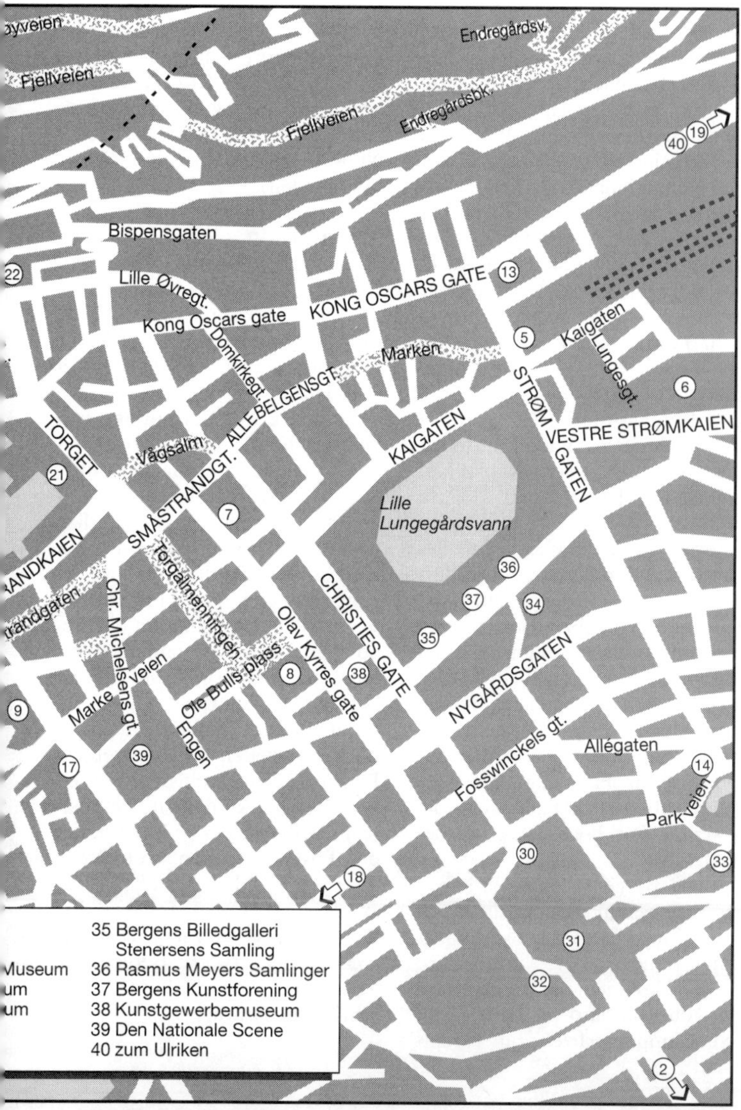

35 Bergens Billedgalleri Stenersens Samling
36 Rasmus Meyers Samlinger
37 Bergens Kunstforening
38 Kunstgewerbemuseum
39 Den Nationale Scene
40 zum Ulriken

Museum
um
um

In den Sommerferien mag es sie in den Süden ziehen, doch fast alle sind froh, danach wieder zu Hause zu sein. Ein Tip zum Abschluß, wenn Sie bei »gutem« Wetter in Bergen eintreffen: Nehmen Sie die Kabelbahn hinauf zum Erholungsgebiet *Fløyen* oder die Schwebebahn auf den Aussichtsberg *Ulriken* und genießen Sie die Aussicht auf Bergen, die Schären und das Meer – bevor die Wolken zurückkehren, wenn überhaupt.

Bergen Card

Die Bergen Card (BC) gewährt freien oder ermäßigten Eintritt für die meisten Museen, Rabatt auf Sightseeing-Touren und diverse kulturelle Veranstaltungen, zum Beispiel Kino oder Konzerte des Bergenser Philharmonischen Orchesters, sowie freien Zutritt zu Frei- und Hallenbad. Kostenlos ist auch der Transport mit den Bussen im erweiterten Stadtgebiet, und auf Bahnfahrten von und nach Bergen (!) gibt es 30 % Rabatt. Schließlich beinhaltet sie eine Parkkarte, mit der Sie Ihr Fahrzeug ohne Gebühren abstellen können, wobei die jeweilige Parkhöchstdauer zu beachten ist.

Viele Bergenser Museen haben montags geschlossen, weshalb sich die BC an diesem Tag nicht unbedingt rentiert.

Sie bekommen die Bergen Card im Touristenbüro, in Hotels und auf Campingplätzen, in Hauptbahnhof, Busbahnhof sowie, zumindest theoretisch, in allen Bahnhöfen des Landes. Dazu gehört eine Broschüre, die die Leistungen präziser auflistet. Preise 1996: 120/60 NOK (24 Stunden), 190/95 NOK (48 Stunden).

Information

■ **Bergen Turistinformasjon**, Bryggen, Tel. 5532 1480, Fax 5532 1464. 1.6.–31.8. täglich 8.30–21 Uhr, Mai und September Mo–Sa 8.30–21 Uhr, So 10–19 Uhr, sonst Mo–Sa 9–16 Uhr.

Bergen Card. Vermittlung von Unterkünften, auch Privatzimmern. Geldwechsel. Gepäckaufbewahrung. An Infomaterial vor allem der »Bergen Guide«, jährlich neu. Die Übersichtskarte »Bergen Kart«, samt Auflistung von Sehenswürdigkeiten und Freizeittips, ist für 40 NOK, gemessen am Gebotenen, zu teuer, enthält allerdings die Wanderwege auf Fløyen.

Das Info-Zentrum ist stets gut frequentiert, so daß Sie mit längeren Wartezeiten und gestreßtem Personal rechnen müssen. Wer einen Bergen-Aufenthalt fest einplant, sollte bereits zu Hause unter der Postadresse den kostenlosen »Bergen Guide« bestellen, und zwar bei:

■ **Bergen Reiselivslag**, Postboks 4055 Dreggen, N-5023 Bergen, Tel. 5531 3860, Fax 5531 5682. Für schriftliche Anfragen.

Unterkunft

Hotels und Pensionen

Die Hotels der oberen und mittleren Kategorie ähneln sich in der Einrichtung der Zimmer: skandinavisches Design, nicht zu viel Holz, dezente Farben.

Die stolzen Preise schaffen die entsprechende Nachfrage nach preiswerten Pensionen, doch das Angebot ist knapp. Bestellen Sie Ihr Pensionszimmer vorsichtshalber eine Woche im voraus.

■ **Hotel Norge**, Ole Bulls plass 4, Tel. 5521 0100, Fax 5521 0299. 15.6.–15.8. EZ 725 NOK, DZ 950 NOK, sonst EZ 1095 NOK, DZ 1295 NOK.

Liegt zentral, südlich von Lille Lungegårdsvann. Noble Herberge mit allen Schikanen, Hallenbad inklusive. Das Preisniveau verrät einen großen Anteil an Geschäftsleuten. Alle Zimmer mit hübscher Ausstattung in zarten Farben, Sitzecke mit Sofa obligatorisch. Die »preiswerten« Zimmer sind teilweise etwas klein geraten.

■ **Hotell Neptun**, Walckendorffsgt. 8, Tel. 5590 1000, Fax 5523 3202. 25.6.–10.8. EZ 680 NOK, DZ 910 NOK, sonst EZ ab 1150 NOK, DZ ab 1390 NOK. Erstklassige Küche, Restaurant »Lucullus« siehe unter der Rubrik »Essen und Trinken«.

Zentrale Lage, Straßenverkehr. Zimmer im typischen Bergen-Stil: Skandi-Design, ohne daß das Holz dominiert; die Größe variiert. Vorsicht vor den Räumen mit Fenster zum Innenhof. Am besten telefonisch vorbestellen.

■ **Grand Hotel Terminus**, Kong Oscars gate 71, Tel. 5531 1655, Fax 5531 8576. 1.5.–30.9. mit Fjord Pass (C) EZ ab 515 NOK, DZ ab 730 NOK, sonst EZ 760 NOK, DZ 1000 NOK. Direkt am Hauptbahnhof.

■ **Hotel Park Pension**, Harald Hårfagres gate 35, Tel. 5532 096 Fax 5531 0334. 1.6.–31.8. EZ 590 NOK, DZ 720 NOK, sonst EZ 570 NOK, DZ 700 NOK. 20 Minuten Fußweg zur City, schöne Lage am Park.

■ **Hotell Bryggen**, Bradbenken 3, Tel. 5531 8080, Fax 5532 9414. 15.6.–15.8. EZ 500 NOK, DZ 710 NOK, sonst EZ 690 NOK, DZ 990 NOK.

Hochgezogener Kasten mit neuem und altem Flügel. Im alten Trakt zwar ansehnliche Zimmer, vorwiegend in Blau und Rosa, aber nicht so akkurat gepflegt wie üblich.

■ **Rosenborg Gjestehus**, Rosenberggate 13, Tel. 5590 1660, Fax 5590 1665. 15.6.–15.8. EZ 490 NOK, DZ 640 NOK, sonst EZ ab 390 NOK, DZ ab 490. Alle Zimmer mit Bad. Frühstück inklusive. Kaffee und Tee gratis. Relativ ruhige Lage, 10 Minuten Fußweg zur City.

■ **Steens Frokosthotel**, Parkveien 22, Tel. 5532 6993, Fax 5532 6122. EZ 450 NOK, DZ 590 NOK.

Idyllische Lage an kleinem See. Getäfelte Säle mit antikem, wuchtigem Mobiliar. Die Zimmer demzufolge überwiegend mit ollen Tapeten, schweren Vorhängen und gestriger Atmosphäre. Wem es so gefällt...

■ **Bergen Gjestehus**, Vestre Torggt. 20 a, Tel. 5531 9666, Fax 5523 3146. 15.6.–15.8. EZ 450 NOK, DZ 600 NOK, sonst EZ 350 NOK, DZ 450 NOK, Rabatt je nach Nachfrage. Alle Zimmer mit Bad.

■ **Kloster Pension**, Klosteret 12, Nordnes, Tel. 5590 2158, Fax 5523 3022. EZ ab 300 NOK, DZ ab 450 NOK, EZ teils ohne Bad. Auch 3- und 4-Bett-Zimmer verfügbar. Frühstück inklusive, sonst keine Bewirtung.

Auf Nordnes hält sich der Verkehrslärm in Grenzen. Die Pension wurde in den letzten Jahren schrittweise modernisiert. Geräumige, gefällige Zimmer mit viel Holz. Kaminstube und Aufenthaltsraum.

■ **Kalmar Pensjonat**, Jon Smørs gate 11, Tel. 5523 1860. EZ ohne Bad 300 NOK, mit Bad 420 NOK, DZ ohne Bad 450 NOK, mit Bad 600 NOK. Extra-Bett 125 NOK Aufschlag. Zimmer ohne Bad mit fließend Wasser. Frühstück 45 NOK. Mikrowelle für Selbstversorger.

Unglückliche Lage an verkehrsreicher Kreuzung, wenn auch citynah. Typische Pensionszimmer, guter Durchschnitt. Nettes Appartement, aber den Gästen vorbehalten, die mindestens eine Woche bleiben.

■ **Sandviken Gjestehus**, Sandviksveien 94, Tel. 5595 1850, Fax 5595 3477. EZ 390 NOK, DZ 535 NOK. Alle Zimmer mit Bad, Kinder gratis im Zimmer der Eltern. Frühstück inklusive. Citynah gelegen.

■ **Myklebust Pensjonat**, Rosenberggaten 19, Tel. 5590 1670. EZ ohne Bad 350 NOK, DZ ohne Bad 400, DZ mit Bad 450 NOK. Kein Frühstück. Familiärer Betrieb mit 8 Betten.

Jugendherberge, Privatzimmer

■ **Bergen Vandrerhjem Montana**, Johan Blytts vei 20, Tel. 5529 2900, Fax 5529 0475. 15.2.–5.11. DZ 350 NOK, 4/5-Bett-Zimmer für Mitglieder 95 NOK, für Nicht-Mitglieder 125 NOK. Zimmer mit Waschbecken, Bad auf dem Flur. 50 Zimmer mit 200 Betten. Frühstück auf Bestellung 45 NOK, Luchpaket 25 NOK, Fertiggerichte um 50 NOK. Bushaltestelle 200 m (Bus 4).

Liegt abseits im ruhigen Stadtteil Landås, dank Busanbindung kein Problem. Durch hohe Bettenkapazität viel Rummel, manchmal ungewohnt rauher Ton am Empfang. Spartanische Zimmer mit dem Notwendigsten, Waschbecken nicht abgeteilt. Billig, aber kein Ort zum Wohlfühlen. Aufenthaltsraum.

■ **Privatzimmer** vermittelt das Touristenbüro. Preise ab 155 NOK für EZ und ab 260 für DZ, meist ohne Bad. Extra-Bett ab 80 NOK. Kein Frühstück.

Camping

Campingplätze in Bergen – ein leidiges Thema. Es gibt keinen zentral gelegenen Platz. Gereizt reagieren viele Bergenser auf jene Touristen, die mit ihren Wohnmobilen die Parkplätze der Innenstadt belegen. Daß einzelne Kretins ihre chemischen Toiletten im See Lille Lungegårdsvann ausleeren, ist zwar die Ausnahme, gibt aber wirksame Negativ-Schlagzeilen ab. Nur einen Kilometer vom Zentrum entfernt hat man in Sandviken einen Wohnmobil-Stellplatz eingerichtet. Sonst heißt die Alternative Campingplatz.

■ **Lone Camping**, Espeland, Tel. 5524 0820. Ganzjährig geöffnet, Hauptsaison 1.5.–20.8. Preisniveau Camping: 2. Hütten 220–425 NOK, Appartements 340–425 NOK.

20 km außerhalb an der Straße 580. Weitläufige, begrünte Terrassen, doch die besseren, abgelegenen Plätze bedingen einen langen Anmarsch zum Servicegebäude. Wohnliche Reihenhaus-Appartements mit nur einem Schlafraum. Die preiswerten Hütten steht nur während der Hauptsaison offen. Passable Sanitäranlage, W & T. Kiosk.

■ **Bratland Camping**, Haukeland, Tel. 5510 1338. 20.5.–10.9. Preisniveau Camping: 2. 22 Hütten für 2–4 Personen 290–590 NOK, teils als Ferienhütten. DZ 190 NOK.

Zwar nah der Straße 580, doch durch Bachlauf und Bäume mit etwas Atmosphäre. Teure Standardhütten, komfortable, aber etwas dunkle Ferienhütten. Doppelzimmer schlicht, aber relativ billig. W & T. Kiosk. Ruderboote.

■ **Grimen Camping**, Grimen, Tel. 5510 0615. Ostern bis 31.10. Preisniveau Camping: 1. 18 Hütten für 2–4 Personen 150–325 NOK. 4 DZ 200–300 NOK.

Liegt zwar idyllisch am See, doch die angrenzende Straße geht dem Gast schnell auf die Nerven. Standardhütten, Preisunterschied durch fließend Wasser. Nicht gerade die erste Adresse für Frau Saubermann. W & T. Die Rezeption befindet sich in dem Haus an der Einfahrt.

■ **Midttun Motell og Camping**, Nesttun, Tel. 5510 3900. Ganzjährig geöffnet. Preisniveau Camping: 2. 6 Hütten für 4 Personen 230 NOK. 32 Motelräume für 2–4 Personen 250–450 NOK.

Noch 11 km bis zur City, kurze Abzweigung von der Straße 580. Enge umzäunte Anlage zwischen Wohnhäusern und Industriebetrieben, kaum Platz für Zelte und Wohnmobile. Muffige Standardhütten, an den Motelräumen ist nichts auszusetzen. Aufenthaltsraum für alle. Neuere Sanitäranlage, die allerdings arg beansprucht wird, W & T. Kiosk.

■ **Bergenshallen Camping**, Vilhelm Bjerknesvei 29, Landås, Tel. 5527 0180. Ende Juni bis etwa 10.8. Preisniveau Camping: 1, für WM 2.

Mit Bus 3 fünfzehn Minuten zur City.

■ **Bergen Camping Park**, Travparkveien 65, Breistein, Tel. 5524 8808. Ganzjährig geöffnet. Preisniveau Camping: 1, für WM 2. Motelzimmer 395 NOK, mit Bad 495 NOK. 15 km nördlich von Bergen, an der Straße 1.

■ **Stellplätze für Wohnmobile:** *Bergen Bobilsenter,* Sandviken, Tel. 5531 3840. Nördlich von Vågen an der Straße 1. Zwischen Industriehallen, dafür aber mit allen Serviceeinrichtungen. Besser, als auf den Parkplätzen der Stadt zu stehen und die Geduld der Bergenser zu strapazieren. Kostenpunkt 65 NOK pro Tag oder 10 NOK stundenweise, plus 20 NOK für Elektrizität. Mit Bus 1 nur fünf Minuten zur City, zu Fuß eine Viertelstunde.

Essen und Trinken

■ **Lucullus**, Hotell Neptun, Walckendorffsgt. 8, Tel. 5590 1000. Erste Adresse für Gourmets. Einrichtung »standesgemäß«, wenn auch nicht sonderlich originell. Fischspezialitäten wie flambierter Steinbutt, aber auch Rentier- oder Lammfilet, Preise um 170–250 NOK. Wofür der Gast anderswo ein Hauptgericht bekommt, das zahlt er hier für das Dessert: um 75 NOK. Wohlsortierter Weinkeller mit mehr als 300 Sorten, Chaîne des Rôtisseurs.

■ **Enhjørningen**, Bryggen, Tel. 5532 7919. Eine Holztreppe mit schrägen Stufen führt zu Bergens bekanntestem Fischrestaurant. Leider hat sich das herumgesprochen. Vor allem zwischen 12 bis 16 Uhr (So ab 13 Uhr), wenn von Mai bis September das Buffet »Havets Bord« aufgebaut ist, fallen Legionen organisierter Reiseteilnehmer ein, um dem »Tisch des Meeres« lautstark seine Gaben zu entreißen. Wer genießen und nicht um einen Stehplatz am Buffet kämpfen will, komme möglichst zeitig. Buffet und à la carte ab 150 NOK. Die Einrichtung dominieren Holzplanken in sattem Blau, altertümliche Stühle und viele Bilder mit Motiven aus den guten, alten Seefahrertagen.

■ **Fløien Folkerestaurant**, Fløifjellet 2, Tel. 5531 0240. Der traditionsreiche Treff auf Fløien, 1925 erstmals eröffnet, 1992 wiederbelebt. Sowohl Restaurant mit erlesenen Speisen als auch Kafeteria mit Snacks, Salaten und smørbrød. Verspricht die Sonne angenehme Stunden, wird auch draußen serviert. Dann jedoch viel Betrieb, der Säulensaal gleicht mitunter einer Bahnhofshalle. Als Restaurant-Hauptgerichte u.a. lokale Spezialitäten mit Fisch und Fleisch (ab 135 NOK aufwärts) ebenso wie Bergenser Fischsuppe (45 NOK).

■ **Munkestuen**, Klostergaten 12,

Nordnes, Tel. 5590 2149. Aparte, keineswegs nüchterne »Mönchsstube« mit nur fünf Tischen, telefonische Vorbestellung deshalb ratsam. Die Gastgeberin liest ihren Besuchern die Wünsche von den Augen ab. Probieren Sie Elchbraten oder Rentierfilet, garniert mit Gemüse, Kartoffeln und Preiselbeeren. Die Delikatessen haben natürlich ihren Preis: 150 NOK müssen Sie für Speis und Trank mindestens veranschlagen.

■ **Peppe's Pizza**, Finnegården 2a, Bryggen, Tel. 5532 5960. Hinweis links vom Hanseatischen Museum. Speisen bei Kerzenschein, weil nur wenig Licht in die verwinkelten Ecken fällt; stimmungsvoll auch durch Holzbalken und Steingewölbe. Gelegentlich Pizzabuffet, auch mit Salat. Internationale Kompositionen, mexikanisch bis indisch. Preisspanne um 75–195 NOK. Eine preiswerte Alternative, wenn's denn Pizza sein soll.

■ **Café Royal**, SAS Royal Hotel, Bryggen, Tel. 5554 3000. Ideenreiche Innenarchitektur mit Glasdach, Backsteinwänden und vielen Grünpflanzen, die allerdings etwas kühl wirkt – man möchte unwillkürlich nach einem Schal greifen. Große Auswahl zu Preisen von 50 bis 250 NOK, auch preiswerter Vegetarier-Teller.

■ **Café Opera**, Engen 24, Tel. 5523 0315. Viele haben sich nur ein, zwei Jahre gehalten, doch das Café Opera gibt es schon lange – der Treffpunkt für junge Leute, die weder Frisur noch Klamotten spazieren tragen müssen, um auf sich aufmerksam zu machen, sondern einfach quatschen, lesen oder einen »halben Liter« trinken wollen. Entspannte, lässige Atmosphäre. Erdgeschoß im Bistro-Stil, im ersten Stock räkeln sich die Gäste auf Sofas und Sesseln. Außer Bier gibt es u.a. Milch, Kuchen, kleinere Gerichte oder einfach Erdnüsse aus Gläsern. Salate um 49 NOK, Fleisch und Fisch wie vegetarische Gerichte, das teuerste zu 79 NOK.

■ Eine Straßenkreuzung hinter dem »Café Opera« empfiehlt sich das **Cafe Istanbul**. Türkische Küche, weit mehr als nur den üblichen Kebap, bis maximal 59 NOK. Ecke Neumanns gate / Magnus Barfots gate.

■ **Café Lido**, Torgalmenning 1, Tel. 5532 5912. Ecke Strandkaien, im Obergeschoß: unvergleichlicher Blick Fischmarkt, Hafenbucht und Bryggen. Schönes Interieur, stark frequentiert. Dagens rett 59–79 NOK.

Sehenswertes

Nördlich von Vågen

■ Dunkle Holzbauten, die meternah aneinander rücken, schmale Fußwege und Hinterhöfe – das historische Stadtviertel **Bryggen** ist *der* touristische Magnet in Bergen. Früher trug es den Namen *Tyskebryggen*, die deutsche Brücke, was dem lang währenden Einfluß der Hanse entsprach. Am Ufer lagen damals Hunderte von Booten, um Waren aus- oder einzuladen. Ende des letzten Jahrhunderts rationalisierten die größeren Dampfschiffe den Handelsverkehr, dann rückte die Eisenbahn auf den Kai vor, später auch die Straßenbahn. Mittlerweile sind die Gleise wieder verschwunden, legen hier nur noch Fähren und Ausflugsboote an, und in den alten Speichern und Kontoren haben sich Kunsthandwerker wie profane Geschäfte, Restaurants und Kneipen, Werkstätten und Büros etabliert.

Was die ältere Geschichte von Bryggen betraf, waren die Historiker lange auf lückenhafte Informationen angewiesen. Nach dem Großbrand 1955 schalteten sie blitzschnell und begannen mit Ausgrabungen, die sich wegen vieler (überraschender) Funde bis 1979 hinzogen. Reste von Kaianlagen und Schiffen, Fundamente, Gefäße, Werkzeug und Kleidung dokumentierten die Entwicklung der letzten Jahrhunderte. Daß Teile Bryggens auf Erdreich standen, mit dem einst der Hafen zugeschüttet und verkleinert worden war, stand vorher fest. Daß die ursprüngliche Uferlinie aber 150 m weiter landeinwärts verlief und daß sich Bryggen Schritt für Schritt auf das Wasser hinausgeschoben hatte, bedeutete eine Sensation. Anhand verkohlter Holzbalken konnten die Archäologen genauestens die Brände nachvollziehen, die die Stadtchronik überliefert.

Daß Bryggen mit dem Ende der Ausgrabungen sein heutiges adrettes Aussehen erhielt, ist einer Stiftung und einem Freundeskreis zu verdanken, die sich 1962 formierten. In Kooperation mit der Stadt Bergen führte die Stiftung seitdem Restauration und Wiederaufbau durch, kaufte Gebäude auf und achtete bei Neuvermietungen darauf, eine gemischtes Milieu und keine feuergefährdeten Werkstätten ins Viertel zu holen. Inzwischen wurden großflächig Sprinkleranlagen installiert. Die Stiftung besitzt mehr als die Hälfte der 58 Gebäude, und die UNESCO hat Bryggen in die Liste der erhaltenswürdigen Baudenkmäler aufgenommen. Doch Zeit zum Ausruhen gestattet das nicht. Ist eine Restaurationsarbeit fertig, stehen zwei neue an. Um die Gebäude instandzuhalten, muß solange an Bryggen gearbeitet werden, wie das Viertel existiert, lautet die treffende Formulierung eines Kenners.

■ **Hanseatisk Museum**, Hanseatisches Museum, Bryggen, Tel. 5531 4189. 1.6.–31.8. täglich 9–17 Uhr, Mai und September täglich 11–14 Uhr, sonst Mo,Mi,Fr,So 11–14 Uhr. Eintritt 35/20 NOK. Führung nach Anmeldung.

Bryggen mit dem Dreimaster Statsraad Lehmkuhl (oben); Talstation Fløibanen ▶

FUNICULAR

Geschichte zum Anfassen: Im Kaufmannshof *Finnegården*, nach dem Großbrand 1702 gebaut, stehen keine Regale und Vitrinen mit akkurat geordneten Ausstellungsstücken – das Holzhaus selbst ist Museum. Hier lebten und arbeiteten die Kaufleute und ihre Angestellten – zumindest solange, bis die Kaufleute imstande waren, standesgemäße Unterkünfte am Hang zu beziehen. Kein Wunder, wenn man die muffigen Schlafplätze sieht, die wie ein Schrank zugeklappt werden konnten. Neben den Wohnräumen integrierte das Haus Lager, Werkstätten und Büros; die letzten Eintragungen im Buch des Prokuristen stammen aus dem Jahr 1850. Alles ist anschaulich erhalten, und Karten erläutern, wo sich die Hanse niederließ und wo die Waren produziert und verkauft wurden. Manches Cleverle wird bemerkt haben, daß Finnegården erst gebaut wurde, nachdem die Hanse bedeutungslos geworden war. Doch die Einrichtung solcher Gebäude ähnelte sich über Jahrhunderte hinweg.

Tag für Tag schieben Massen von Touristen sich über die steilen, ausgelatschten Treppen und durch die engen, finsteren und schlecht belüfteten Räume. Kommen Sie deshalb so früh wie möglich, bevor die Luft dünner und der Tonfall der Fremdenführerinnen gereizter wird.

■ **Bryggens Museum**, Dregsalmenning, Bryggen, Tel. 5531 6710. 1.5.–31.8. täglich 10–17 Uhr, sonst Mo–Fr 11–15 Uhr, Sa 12–15 Uhr, So 12–16 Uhr. Eintritt 15/0 NOK, mit BC frei. Begleitheft auf deutsch 5 NOK. Führung nach Absprache.

Das Museum beschäftigt sich mit mehreren Themen, zum Beispiel den Handelsverbindungen Bergens im Mittelalter, die eine Skizze und ein Heft erläutern, das an einer Zwischenwand hängt. Lohnt sich zum genauen Einlesen, auch auf deutsch. Den Hauptteil aber bildet ein Querschnitt jener Ausgrabungsfunde, die nach dem Brand 1955 ans Tageslicht befördert wurden. Die Halle des Museums wurde über freigelegten Fundamenten errichtet.

Bryggens Museum eignet sich eher für diejenigen, die an Zusammenhängen interessiert sind. In den oberen Etagen werden wechselnde Ausstellungen durchgeführt, die sich nicht generell auf Bryggen beziehen.

■ **Schøtstuene**, Øvregaten 50, Tel. 5531 6020. 1.6.–31.8. täglich 10–16 Uhr, Mai und September täglich 11–14 Uhr, sonst Di,Do,Sa,So 11–14 Uhr. Eintritt 35/20 NOK.

Die Schøtstuben dienten Bryggens Kaufleuten als Festsaal und Gesellschaftsräume und wurden bis Mitte des letzten Jahrhunderts genutzt. Das Wort Gesellschaftsräume mag nach gut bürgerlicher Freizeitgestaltung klingen. In Wirklichkeit wurde hier gesoffen und manch derbes Spiel getrieben.

■ **Mariakirken**, Dreggen, Tel. 5531 5960. 1.5.–31.8. Mo–Fr 11–16 Uhr, sonst Di–Fr 12–13.30 Uhr. Eintritt (nur Mai bis September) 10/0 NOK. Juli und August Di und Do um 19.30 Uhr Orgelkonzerte, Eintritt 50 NOK.

Die Marienkirche ist mehr als 800 Jahre alt und damit Bergens ältestes Bauwerk. Im Gegensatz zum Dom von Stavanger verrät die Architektur keinen englischen, sondern deutschen Einfluß. Die Kaufleute der Hanse, die hier zum Gottesdienst zusammentrafen, statteten die romanische Steinkirche mit prunkvollem Interieur aus, zum Beispiel der barocken Kanzel und dem Marienaltar, die beide Lübecker Künstlern zugeschrieben werden.

■ Die Festung **Bergenhus**, wie Bryggen auf der Nordseite von Vågen, flog bei der Explosion 1944 mit in die Luft. Wegen der historischen Bedeutung wurden zwei Bauwerke auf dem Gelände restauriert. Wer sich ein dicht gedrängtes Programm auferlegt, kann Bergenhus aussparen. Eintritt jeweils 15/5 NOK, mit BC frei. Führung zu jeder vollen Stunde, beginnend in der Håkonshalle. Busse 1 und 9.

Håkonshallen wurde zwischen 1247 und 1261 im Auftrag von König Håkon Håkonsson errichtet. Sie war das größte Gebäude, das zur Residenz der norwegischen Könige gehörte, bevor das Land dänische Provinz wurde. Das obere Geschoß bildete ein riesiger Festsaal, während die Kellerräume offensichtlich als Lager fungierten. Die Explosion 1944 überstanden nur die Außenmauern. Die Restauration 1957–61 orientierte sich an dem ursprünglichen Aussehen. Der Saal dient heute wieder Repräsentationszwecken sowie Konzerten im Rahmen der Festspiele, kann aber für ein stattliches Sümmchen auch von Privatpersonen gemietet werden. 15.5.–14.9. täglich 10–16 Uhr, sonst So–Fr 12–15 Uhr, Sa 15–18 Uhr. Tel. 5531 6067.

Den Turm **Rosenkrantztårnet** ließ um 1560 Bergens damaliger Lehensherr, Erik Rosenkrantz, bauen, wobei Teile älterer Wehranlagen in die Konstruktion miteinbezogen wurden. Über enge Treppen und durch niedrige Gänge gelangt der Besucher in Verlies und Lager, Wach- und Schreibstube, Schlafräume und Kammern, Säle und Kapelle. Die Kanonen, die Rosenkrantz im oberen Geschoß postieren ließ, waren bis auf eine Ausnahme nie im Einsatz. Hier befindet sich heute eine bescheidene Ausstellung zum Thema »Bergen und militärische Auseinandersetzungen«, die von den Exponaten bestimmt wird anstatt umgekehrt. Die Explosion 1944 fegte nur das Dach des solide gebauten Turms hinweg; 1965 feierte man den Abschluß der Restauration. 15.5.–14.9. täglich 10–16 Uhr, sonst So 12–15 Uhr. Tel. 5531 4380.

■ Freilichtmuseum **Gamle Bergen**, Elsesro, Sandviken, Tel. 5525 7850. Mitte Mai bis Anfang September täglich 11–18 Uhr. Eintritt 30/15 NOK, Familien 60 NOK, mit BC frei. Führung zu jeder vollen Stunde. Busse 1 und 9.

Knapp 40 Häuser (ab 17. Jahrhundert), die aus ganz Bergen hierher versetzt wurden, bilden ein kleines Dorf am Meer. Die Zusammenstellung geht über die üblichen Bauernhöfe hinaus, weil auch Gebäude aus den letzten 100 Jahren vertreten sind, zum Beispiel eine Buchbinderei, ein Fotoatelier oder eine Zahnarztpraxis aus der Reihe »Nostalgie für Dentisten«. Interessant auch für Kinder.

Nordnes

Die Halbinsel Nordnes bildet die südliche Kailinie von Vågen, den werktags eine Pendelfähre zwischen Bryggen und Munkebryggen überquert.

■ **Aquarium:** Akvariet i Bergen, Nordnesparken 2, Tel. 5523 8553. 1.5.–30.9. täglich 9–20 Uhr (Fütterung um 11, 14 und 18 Uhr), sonst 10–18 Uhr (Fütterung um 12 und 16 Uhr). Eintritt 45/20 NOK, mit BC 20 % Rabatt. Bus 4.

Draußen geht es noch relativ hektisch zu, wenn sich die Pinguine während der Fütterung um jeden Happen zanken und ihre blutbespritzten Felle zarten Seelen Schauer über den Rücken jagen. Drinnen herrscht dagegen durch gedämpftes Licht und großzügige Anordnung der Becken eine entspannte Atmosphäre, die den Besucher sanft in die Unterwasserwelt entführt. Die Vielfalt ist beeindruckend. Zu den Protagonisten gehört der stattliche Stör, den einst Nikita Chrustschow als Präsent mit nach Norwegen brachte. Die einst öffentliche Fütterung der Piranhas wurde wohl wegen pädagogischer Bedenken eingestellt. Unbedenklich das Freilandbecken mit den drolligen Robben und See-Elefanten. Das Wasser für die Aquarien wird aus 140 m Tiefe nach oben gepumpt – 3 Millionen Liter Meerwasser täglich. Die Anlage ist übrigens mit dem Meeresforschungs-Institut verbunden.

Auf dem Uni-Hügel

1825 wurde *Bergens Museum* gegründet. Die Bezeichnung Museum ist irreführend, denn die Mitarbeiter betrieben vorwiegend wissenschaftliche Studien in den Sparten Naturwissenschaft und Kulturgeschichte und konnten auch akademische Titel erwerben. 1949 ging die Universität aus Bergens Museum hervor, ein wohl einmaliger Vorgang. Das Universitätsviertel erstreckt sich auf dem Hügel *Sydneshaugen,* ein paar hundert Meter südlich von Lille Lungegårdsvann. Hier verteilen sich mehrere Museen, deren Kern die einstigen Sammlungen von Bergens Museum bilden. Die knappen Öffnungszeiten erfordern, sich rechtzeitig zu entscheiden.

■ **Naturhistorisk Museum**, Sydneshaugen, Muséplass 3, Tel. 5521 3050. 15.5.–31.8. Fr–Mi 11–16 Uhr, sonst 11–14 Uhr, So 11–15 Uhr. Eintritt frei. Eignet sich bestens für Familien mit Kindern. Bus 5.

Masse *und* Klasse im Naturgeschichtlichen Museum, das im ältesten Trakt der Universität untergebracht ist (1865). Die Museumsräume werden zur Zeit schrittweise renoviert, so daß die eine oder andere Abteilung vorübergehend geschlossen sein und danach in veränderter Form wiedereröffnet werden kann. Beginnen wir den Rundgang im ersten und zweiten Stockwerk, wo sich eine unvorstellbare Sammlung ausgestopfter und präparierter Tiere befindet. Manche stammen aus dem letzten Jahrhundert, so daß sie nicht mehr ganz frisch und eher künstlich wirken, doch fast alle sind echt. Vielleicht wurden manche Exponate von Polarforscher *Fridtjof Nansen* konserviert, der 1882–89 in der zoologischen Abteilung von Bergens Museum angestellt war und seinen Doktortitel machte. Die Tiere entstammen nur teilweise der nordischen Fauna: Eisbär, Elch, Bär, Luchs oder das ausgestorbene Lofotpferd sind ebenso vertreten wie wie Jak, Dromedar, Nashorn, Wasserbüffel und Krokodil. An der Decke hängt ein mehr als 20 m langes Blauwalskelett. Der nordischen Vogelwelt ist eine eigene Abteilung gewidmet.

Das gleiche Prinzip gilt für die Sammlungen zur Flora im Erdgeschoß. Schauen Sie sich den »größten Tannenzapfen der Welt« an. Die Themen zur Geologie befassen sich auch mit Astronomie, Vulkanismus und Ölgewinnung. Toll die Fotos von Vulkanen und die Mineraliensammlung. Daß Themen und Exponate nur in norwegischer und lateinischer Sprache vorgestellt werden (die zur nordischen Vogelwelt auch auf englisch und deutsch), schmälert das Erlebnis nicht, denn Tiere, Pflanzen, Mineralien und Fotografien kommen meist ohne Text aus.

Wer noch nicht genug davon hat, Namen von Schildchen abzulesen, schaue sich den *Botanischen Garten* hinter dem Universitätsgebäude an, wo auch Pflanzen gedeihen, die in südlicheren Gefilden beheimatet sind. Geöffnet im Sommerhalbjahr 7–21 Uhr.

■ **Historisk Museum**, Sydneshaugen, Tel. 5521 3116. 15.5.–31.8. Sa–Do 11–16 Uhr, sonst 11–14 Uhr, So 11–15 Uhr. Eintritt frei. Busse 5 und 11.

Das Historische Museum entsprang der kulturgeschichtlichen Sammlung von Bergens Museum, die 1925 wegen Platzmangel ausgelagert werden mußte und ein eigenes Gebäude hinter dem Botanischen Garten bezog. Zu den Ausgrabungsfunden zählen wertvolle

Stücke mittelalterlicher Kirchenkunst, u.a. Portale verfallener Stabkirchen. Zudem Abteilungen für Textilien, Städtebau und Ethnologie.

■ **Seefahrtsmuseum**, Sydneshaugen, Tel. 5532 7980. So–Fr 11–14 Uhr. Eintritt 10/0 NOK, mit BC frei. Bus 5.

Bergens Sjøfartsmuseum, gleich neben dem Historischen Museum, vollzieht die Entwicklung der Seefahrt von frühester Zeit bis heute nach, anhand von Modellen, Skizzen, Gemälden, Karten, Fotografien, Navigationsinstrumenten und anderen Gerätschaften von Bord.

■ **Bergens Teatermuseum**, Sydneshaugen, Villavei 5, Tel. 5521 2963. So 12–15 Uhr, sonst nur für Gruppen nach Anmeldung. Eintritt 5/2 NOK.

Kunst am See

Standesgemäß plaziert wurden die bedeutendsten Galerien der Stadt. Deren Ursprung liegt im bereits erwähnten Bergens Museum. Als Triebfeder zur Pflege und Erweiterung der Kunstsammlung *Bergens Billedgalleri* entwickelte sich die 1838 gegründete *Bergens Kunstforening*, in der sich Künstler und Kunstfreunde der vermögenden Oberschicht zusammentaten. Ihr bekanntestes Mitglied war der Maler *Johan Christian Dahl*, der in Dresden eine Professur ausübte und viel in Europa herumkam. Die finanziellen Überschüsse wurden nach bewährter Manier in die Anschaffung neuer Kunstwerke gesteckt; die Auktionen in Kopenhagen galten als Drehscheibe in Nordeuropa. Wegen Platzmangel bezogen Billedgalleri und Kunstforening 1896 das Museumsgebäude *Permanenten*, an der Christies gate westlich von Lille Lungegårdsvann. Bergens Billedgalleri erlangte einen solchen Bekanntsheitsgrad, daß sich hochgestellte Persönlichkeiten wie Konsuln und Professoren gerne veranlaßt sahen, die Sammlung durch Geschenke aufzuwerten. Im Zweiten Weltkrieg wurden viele Stücke vorsichtshalber evakuiert. 1950 unterstellte die Stadt Bergen die Billedgalleri und die Privatsammlung des Kaufmanns Meyer, die seit 1924 in ihrem Besitz war, einer Verwaltung. Heute reihen sich die Gebäude, in denen Bergens Kunstforening und die städtisch verwalteten Galerien untergebracht sind, am Lille Lungegårdsvann auf, der sich trefflich zum Flanieren eignet und den passenden Rahmen für die würdevollen Sammlungen abgibt.

Am Südufer, unweit der Galerien, steht die wie ein Flügel gebaute *Grieghalle* (1978), in der Bergens Philharmonisches Orchester zu Hause ist und Veranstaltungen der Bergenser Festspiele, Bankette, Konferenzen und Ausstellungen stattfinden.

■ Das **Bergen Filharmoniske Orkester** gibt von September bis Mai jeden Donnerstagabend um 19.30 Uhr ein Konzert in der Grieghalle. Dort auch Vorverkauf, Kartenbestellung unter Tel. 5521 6150. Preis 160 NOK, Studenten 75 NOK, mit BC um 130 NOK.

■ Städtisches Kunstmuseum **Bergens Billedgalleri**, Rasmus Meyers Allé 3, Tel. 5556 8000. 15.5.–15.9. Mo–Sa 11–16 Uhr, So 12–15 Uhr, sonst Di–So 12–15 Uhr. Eintritt 35/0 NOK, mit BC frei.

Die Galerie kann selbstverständlich nur einen Bruchteil ihrer Sammlung ausstellen. Die Kartothek verzeichnet über 6500 Gemälde, Grafiken, Zeichnungen, Aquarelle und Skulpturen, vorwiegend skandinavischer, französischer, deutscher und spanischer Künstler. Norwegens bekanntester Bildhauer, *Ingebrigt Vik*, ist neunmal vertreten.

■ **Stenersens Samling**, Rasmus Meyers Allé 3, Tel. 5556 8000. 15.5.–15.9. Mo–Sa 11–16 Uhr, So 12–15 Uhr, sonst Di–So 12–15 Uhr. Eintritt 35/0 NOK, mit BC frei.

Rolf Stenersen (1899–1978) war Geschäftsmann und Autor, schrieb u.a. eine Biografie über *Edvard Munch*, den er gut gekannt haben soll. Stenersen interessierte sich mehr für moderne Malerei; seine Sammlung umfaßt Werke von Max Ernst, Lars Hertervig, Friedensreich Hundertwasser, Wassily Kandinsky, Paul Klee, Käthe Kollwitz, Joan Miró, Piet Mondrian, Edvard Munch, Pablo Picasso, Jacob Weidemann u.a.

■ **Rasmus Meyers Samlinger**, Rasmus Meyers Allé 7, Tel. 5556 8000. 15.5.–15.9. Mo–Sa 11–16 Uhr, So 12–15 Uhr, sonst Di–So 12–15 Uhr. Eintritt 35/0 NOK, mit BC frei.

Der Kaufmann *Rasmus Meyer* (1858–1916) verschrieb sich der norwegischen Malerei, so daß die Gemälde von *Edvard Munch, Johan Christian Dahl, Christian Krohg* und *Nicolai Astrup* den Mittelpunkt der Galerie bilden. Nebenbei sammelte Meyer Möbel aus Patrizierhäusern, die ebenfalls zu begutachten sind.

■ **Bergens Kunstforening**, Rasmus Meyers Allé 5, Tel. 5532 1460. Di–So 12–16 Uhr, Do auch 18–20 Uhr. Eintritt 20/0 NOK, Studenten und Senioren 10 NOK, Künstler und Kunststudenten frei. Wechselnde Ausstellungen.

■ **Kunstgewerbemuseum** Vestlandske Kunstindustrimuseum, Nordahl Brunsgt. 9, Tel. 5532 5108. 16.5.–15.9. Di–So 11–16 Uhr, sonst 12–15 Uhr, Do bis 19 Uhr. Eintritt 20/0 NOK, Studenten/Senioren 10 NOK.

Dieses außergewöhnliche Museum ist in dem klassizistischen Bau *Permanenten* untergebracht, westlich von Lille Lungegårdsvann. Die »China«-Sammlung beinhaltet Kunsthandwerk aus der Ming-Dynastie, buddhistische Tempelstatuen u.a. Ferner umfassen die Schätze des Museums wertvolle Münzen, Singer-Nähmaschinen und die kostbarste Geige des Violinvirtuosen *Ole Bull* (siehe unter »Ausflüge«). Es werden wechselnde Ausstellungen in Kunsthandwerk und Design arrangiert.

Ausflüge

■ Die **Stabkirche** von **Fantoft** fiel im Sommer 1992 einem Brand zum Opfer. Keine Frage, daß der Wiederaufbau des kulturhistorischen Denkmals beschlossen wurde. 1996 ist die originalgetreue Rekonstruktion fertig.

Die Stabkirche stand bis 1883 in *Fortun*, das in einem Tal zwischen Lustrafjord und Sognefjell, weit drinnen im Fjordland, liegt. Sie wurde um 1150 gebaut, im Lauf der Jahrhunderte jedoch mehrfach verändert. Die Versetzung nach Fantoft rettete sie vermutlich vor dem Verfall, ermöglichte eine umfassende Restaurierung, bevor sie ihren neuen Platz auf dem bewaldeten Hügel erhielt. Die Steinplatten, die als Fundament fungierten, entsprachen allerdings ebenso wenig dem Original wie die Drachenköpfe an den Firstenden, die nach dem fotogenen Vorbild der Stabkirche von Borgund angebracht worden waren.

Anfahrt: Abzweigung von Straße 1, Fahrt durch ein Wohngebiet den Hügel hinauf, Parkplatz rechter Hand, kurzer Fußweg durch den anschließenden Wald leicht aufwärts.

■ Das fröhliche »Hochzeitstag auf **Troldhaugen**« gehört zu den bekanntesten Kompositionen Edvard Griegs. Troldhaugen gibt es wirklich, liegt in Bergens Vorort *Hop* und war von 1895 bis zu seinem Tod 1907 das Zuhause von Grieg und seiner Frau Nina. Das malerische Holzhaus im viktorianischen Stil und die Gartenhütte, in die sich der Maestro zum Komponieren zurückzog, liegen am See *Nordåsvannet.* Die hübsche Umgebung soll Grieg zu vielen Werken inspiriert haben. Neben dem Wohnhaus steht seit den 80er Jahren der *Troldsal*, wo im Rahmen der Festspiele Kammerkonzerte stattfinden. Am Seeufer fanden Grieg und Gemahlin ihre letzte Ruhe, wenn man einmal von den Touristenscharen absieht, die Jahr für Jahr über das friedliche Anwesen trampeln.

Ganz neu ist das Grieg-Museum am Eingang, das Leben und Werk des Künstlers zu würdigen weiß.

Von Ende Juni bis Ende August finden zwei- bis dreimal in der Woche Konzerte auf Troldhaugen statt. Karten im Touristenbüro, wo auch ein Bus, jeweils eine Stunde vor Konzertbeginn, abfährt.

2.5.–1.10. täglich 9.30–17.30 Uhr, während der Festspiele geänderte Öffnungszeiten (Tel. 5591 1791 oder im Touristenbüro). Eintritt

40/25 NOK. Bus nach Fana bis Hopsbroen, gut 20 Minuten Fußweg, oder mit dem eigenem Fahrzeug bis Hop, Abzweigung von der Straße 1. Organisierte Busfahrt nach Troldhaugen und zum Freilichtmuseum Gamle Bergen: 25.4.–30.9. täglich um 10.00 Uhr, 1.6.–31.8. zudem um 15.30 Uhr. Treff Touristenbüro, 3 Stunden, Preis 175 NOK.

■ **Ole Bulls Villa** war das Zuhause eines anderen norwegischen Musikers von Rang. *Ole Bull* (1810–1880) lernte die Kunst des Geigenspiels mit fünf Jahren. Arm und unbekannt, versuchte er sich später als Schauspieler, bevor ihm dann doch der Durchbruch als Violinist gelang. Nach einem Gastspiel in Paris, wo er als Solist mit dem Opernorchester auftrat, begann für Bull eine große Karriere, die ihn in fast alle Kontinente führte. 1850 initiierte er die Gründung des ersten norwegischen Theaters in Bergen, und sein nationalromantisch geprägter Stil soll auch Grieg beeinflußt haben.

War Bull zu Hause in Norwegen, lebte er in Balestrand oder auf der Insel *Lysøen*, wo er sich 1872–73 ein eigenwilliges Sommerhaus bauen ließ. Die Architektur vereint Stilelemente aus verschiedenen Kontinenten, ist maurisch, arabisch, ostindisch, aber auch europäisch inspiriert. Auffallend der Zwiebelturm und die Schnörkel an der hölzernen Fassade. Bull galt zeit seines Lebens als schillernde Persönlichkeit. Wenn ihm danach war, bestieg er in einer hellen Sommernacht das nahe *Lysehorn* und spielte für die Bewohner der umliegenden Dörfer. Seine finanzielle Lage blieb stets undurchsichtig, doch wen störte das in Anbetracht eines weitgereisten Künstlers, der Norwegen in vielen Ländern erstmals bekannt machte? So paßte auch sein aufwendiges Begräbnis ins Bild, für das extra ein Komitee gebildet wurde. 14 Dampfer begleiteten das Totenschiff auf seinem Weg nach Bergen, wo Tausende Abschied von Ole Bull nahmen.

Die Villa auf Lysøen, Bull selbst nannte sie »mein kleines Alhambra«, ist allemal einen Besuch wert, wenn auch die kurz geratenen Führungen ein wenig enttäuschen. Die meiste Zeit bestaunt der Gast das riesige Musikzimmer, dessen kunstvoll geschnitzte Säulen maurischen Einfluß verraten. Die Einrichtung bestimmen Mitbringsel aus aller Herren Länder, Wandteppiche aus Ägypten, eine USA-Flagge, die Bull von der »Philharmonic Society« in Pennsylvania geschenkt bekam, und und und. Das ausgefallenste Stück aber ist der Flügel, den der Meister in Bergen anfertigen ließ, der aber nicht funktionierte und deshalb zum Schreibtisch umgebaut wurde.

Bull ließ ein Wanderwegenetz von angeblich 30 km Länge auf Lysøen anlegen. Der Besucher kann über hügeliges Terrain durch Kiefernwald und vorbei an Seen lustwandeln und von einem kleinen Aussichtsturm gen Küste blicken. Ein Boot verbindet die Insel mit dem Festland.

Die Villa ist geöffnet: 20.5.–1.9. Mo–Sa 12–16 Uhr, So (bis 30.9.) 11–17 Uhr. Eintritt 20/5 NOK, mit BC frei, nur im Rahmen der Führung. Das Boot pendelt stündlich zwischen dem Kai *Buena* und Lysøen, werktags ab 12 Uhr, sonntags ab 11 Uhr; die letzte Rückfahrt ab Lysøen beginnt werktags um 16.10 Uhr, sonntags um 17.10 Uhr. Preis hin und zurück 30/15 NOK. Die Führungen durch die Villa beginnen 15 Minuten nach der Ankunft des Bootes.

Anfahrt mit dem Bus »Lysefjordruta«, Busbahnhof Steig 20, Infos zum Fahrplan unter Tel. 5532 6780 (Verkehrsauskunft) oder unter Tel. 5630 9077 (Ole Bulls Villa). – Oder mit dem eigenen Fahrzeug auf den Straßen 1, 580 und 553 bis Fana, dann Richtung Osøyro, unterwegs ausgeschildert. Mögliche Kombination mit der Wanderung zum Lysehorn, siehe unten.

■ Wer sich für Ruinen interessiert und ohnehin Ole Bulls Villa besuchen möchte, kann sich die Reste des **Lyseklosters** anschauen, das 1146 als erstes Zisterzienser-Kloster auf norwegischem Boden erbaut wurde. Die Mauern bedecken üppige Grasteppiche, auf denen einzelne Blümchen wachsen. Die Anlage wird penibel gepflegt, und eine Schautafel erläutert (auf norwegisch) den einstigen Aufbau des Klosters.

Anfahrt wie zu Ole Bulls Villa, an der Kreuzung ausgeschildert. Bei den Ruinen beginnt übrigens die Wanderung zum Lysehorn, die unter der Rubrik »Wanderungen« empfohlen wird.

■ **Det Norske Arboret** in Milde umfaßt sowohl ein Arborteum als auch einen Botanischen Garten. Unterhalten von der Universität in Bergen, wird hier der Zusammenhang von Wachstum und Klima erforscht. Auf dem leicht hügeligen Gelände finden sich mehr als 1000 verschiedene Bäume, Sträucher und Blumen. Von Ende April bis Juni blühen die Rhododendren, von Mai bis Oktober die Rosen. Det Norske Arboret verteilt sich fotogen am zerfurchten *Fanafjord* und eignet sich prima für ein paar stille Stunden (Badeplätze).

Ganzjährig geöffnet. Eintritt frei. Anfahrt mit dem Bus nach Milde oder mit dem eigenen Fahrzeug auf den Straßen 1 und 580 bis Flesland, dann weiter auf Straße 556 nach Milde.

■ **Damsgård Hovedgård**, Laksevåg, Kringsjåveien, Tel. 5532 5108 und 5534 3210. 20.5.–31.8. Di–So 11–16 Uhr, Führungen zu jeder vollen Stunde. Eintritt 20/5 NOK, mit BC frei. Anfahrt mit den Bussen 16, 19. Laksevåg/Damsgård liegt an der Straße 555, südlich von

City und Puddefjord. Organisierte Stadtrundfahrt mit Ausflug nach Damsgård: 15.5.–15.9. täglich um 14.30 Uhr. Treff Touristenbüro, 2 Stunden, Preis 100 NOK.

Rokoko-Lustschlößchen aus den 1770er Jahren, schöner Garten mit großer Artenvielfalt an Bäumen, Blumen ebenso wie Kräutern und Gemüsesorten. Fontäne und Skulpturen unterstreichen die einstige Funktion des Anwesens. Das restaurierte Schlößchen wurde dank seiner originalen Einrichtung als Museum hergerichtet.

Wanderungen

■ Ein gut markiertes Wanderwegenetz erstreckt sich auf **Fløyen**, an den Wochenenden beliebtes Ausflugsziel der Bergenser. Die Wege setzen sich auf den Höhenzügen oberhalb Bergens wie ins Hinterland fort. Die (gesperrte) Straße von Fløyen hinab in die Stadt ist wegen der Asphaltdecke nur bedingt zu empfehlen, ermöglicht aber Neugierigen Abstecher in die feinen Wohngebiete am Hang. Dauer: 30 Minuten.

■ Auf **Ulriken**, an der Bergstation der Seilbahn, beginnt ein leidlich markierter, aber abwechslungsreicher Pfad hinunter zur Stadt, der an der Jugendherberge Montana endet (Bus 4). Unterwegs passiert man einen nostalgisch anmutenden Skilift, der wegen des milden Klimas nur alle Schaltjahre angeworfen werden kann. Dauer: rund eine Stunde.

■ Der Pfad auf das 404 m hohe **Lysehorn** beginnt an den Ruinen des Lyseklosters. Schilder markieren den Verlauf, zunächst auf ebenen Traktorwegen. Dann geht es schräg eine Böschung hinauf und in den Wald hinein. Um den fortan unmarkierten Pfad nicht zu verlieren, halte man sich an dem großen Findling rechts und klettere 20 m steil den Hang nach oben. Man trifft automatisch wieder auf den Pfad, der mit Steinen ausgelegt ist, mehrere Bäche überquert (nicht folgen) und manch steile Passage bewältigt. Weiter oben sind vom Regen durchweichte Stellen auf umgelegten Baumstämmen zu meistern, dann wieder Felsbrocken zu übersteigen, was jedoch keine Bergsteigererfahrung verlangt. Sofern das liebe Wetter mitspielt, erlaubt der Gipfel einen unbeeinträchtigten Rundblick: im Westen das Meer und die faltige Schärenküste, im Süden hinter der Landzunge der breite Bjørnefjord, im Osten und Norden die zahmen Gebirgszüge des Bergenser Hinterlands.

Die Wanderung ist gut mit dem Besuch von Ole Bulls Villa und den Ruinen des Lyseklosters zu kombinieren. Anfahrt siehe oben. Verschieben Sie die Tour nicht auf Ihre nächste Reise, denn die umstehenden

Bäume wachsen allmählich in das Sichtfeld hinein.

Transport

■ **Bus:** Mit der Bergen Card fahren Sie kostenlos mit den gelben Stadtbussen ebenso wie mit den roten Bussen, die das Umland von Bergen versorgen. Eine genaue Auflistung enthält das Begleitheft zur Bergen Card. Die Gültigkeitsdauer der separaten *Bus Card,* die Sie zusammen mit der Bergen Card erstehen, beginnt mit der ersten Benutzung, die durch einen Entwertungsautomat im Bus festgehalten wird. Die Bus Card umfaßt auch Fahrten mit der Fløiban.

■ **Personenfähre:** Montags bis freitags, von 7.15 bis 16.15 Uhr, pendelt eine Fähre zwischen Süd- und Nordkai von Vågen, zwischen Munkebryggen auf der Südseite und Slottsgate auf der Nordseite. Preis 8/4 NOK.

■ **Fløibanen:** Mo–Fr 7.30–23 Uhr, Sa ab 8 Uhr, So ab 9 Uhr, von etwa 20.5. bis 10.9. bis 24 Uhr. Preis 15/7 NOK, retour 30/14 NOK, mit BC frei. Hübsch begrünte Talstation Fløibanen, 150 m oberhalb vom Fischmarkt; die nächste Abfahrt wird digital angezeigt. Bergstation 320 m ü.d.M. Abfahrt zu jeder halben Stunde, bei Hochbetrieb häufiger.

■ **Ulriksbanen:** 15.5.–15.9. 9–21 Uhr, sonst 10–17 Uhr. Preis 50/25 retour NOK. Talstation beim Krankenhaus »Haukeland Sykehus« (Busse 2 und 4). Bergstation 607 m ü.d.M. Anfahrt 15.5.–15.9. auch per Bus ab Touristenbüro möglich, zu jeder halben Stunde, Preis 20/10 NOK.

■ **Taxi:** Tel. 5599 7000 und 5599 7010 (Vorbestellungen).

Verschiedenes

■ **Stadtrundfahrt mit dem Bus:** 1.6.–31.8. Abfahrt um 17.00 Uhr, nach dem Feierabendverkehr, am Touristenbüro. Die Rundfahrt dauert 2 Stunden und umfaßt einen Ausflug zur Stabkirche Fantoft. Anmeldung im Touristenbüro. Preis 50 NOK. Weitere Rundfahrten siehe unter »Troldhaugen« und »Damsgård Hovedgård«.

■ **Stadtwanderung Bryggen:** 1.6.–31.8. Abmarsch um 10 und 13 Uhr am Bryggens Museum. Dauer 1,5 Stunden. Preis 50 NOK, mit BC 40 NOK.

■ **Fjord-Sightseeing** mit der »White Lady«. 25.4.–30.9. täglich 10 Uhr am Fischmarkt, 25.6.–31.8. auch um 15.30 Uhr. 4 Stunden, Preis 230/100 NOK, mit BC 200/90 NOK. – Oder die Hafenrundfahrt, 1.5.–31.8. täglich 14.30 Uhr am Fischmarkt, 1.7.–25.8. auch um 20

Uhr. 1 Stunde, Preis 60/30 NOK, mit BC 55/25 NOK. Jeweils 25 % Rabatt für Studenten und Interrailer. Fahrscheine vor Abfahrt am Kai oder im Touristenbüro.

■ **Angeln:** Informationen und Angelkarten für die Binnenseen bei *Bergen Sportsfiskere*, Fosswinckelsgate 37, Tel. 5532 1164. Mo–Fr 9–13 Uhr.

■ **Fahrradvermietung:** *Sandviken Bobilsenter,* siehe »Unterkunft«.

■ **Golf:** *Bergen Golfklubb*, Tel. 5518 2077. 9-Loch-Platz in Åstveit, nördlich von Bergen. Straße 1 oder Bus nach Åsane.

■ **Weitere Galerien:** Fragen Sie im Touristenbüro nach dem *galleri guide,* der neben der erwarteten Auflistung auch einen Stadtplan mit der jeweiligen Lage beinhaltet. Das Heftchen ist zwar auf norwegisch abgefaßt, aber Kategorien wie »malerier«, »keramikk« oder »skulptur« brauchen keine Übersetzung; als zusätzliche Hilfe seien genannt: »tegninger« = Zeichnungen und »smykke« = Schmuck.

■ **Weitere Kirchen:** *Domkirke*, King Oscars gate. 1.5.–30.9. Mo–Fr 11–14 Uhr, sonst Tel. 5531 0470. Mischung verschiedener Baustile seit der zweiten Hälfte des 12. Jahrhunderts. – *Nykirke*, Strandgaten auf Nordnes, 1.5.–30.9. Mo–Fr 10–14 Uhr, sonst Tel. 5532 7928. Orgelkonzerte von Mitte Juni bis Mitte August Mi ab 12 Uhr. 1944 durch die Explosion im Hafen zerstört, im ursprünglichen Stil des frühen 18. Jahrhunderts wiederaufgebaut. – *Johanneskirke*, Sydneshaugen. 1.6.–31.8. Mo–Fr 10–14 Uhr, sonst Di–Fr 10–14 Uhr. 1894 im neugotischen Stil gebaut. – *St. Jørgens Kirke*, beim St. Jørgens Hospital, Tverrgate. Mitte Mai bis Ende August täglich 11–15 Uhr. Zweimal im Monat Gottesdienste auf englisch. Holzkirche im traditionellen Stil, 1702 abgebrannt, originalgetreu wiederaufgebaut.

■ **Weitere Museen:** *Lepramuseet*, das Lepramuseum, St. Jørgens Hospital, Kong Oscars gate 59. Mitte Mai bis Ende August täglich 11–15 Uhr. Eintritt 15/4 NOK. Das Museum ist dem Arzt *Armauer Hansen* zu verdanken, der 1873 die Lepra auslösenden Bakterien entdeckte. – *Bergens Tekniske Museum*, Thormøhlensgate, Møhlenpris, Tel. 5596 1160. Mo–Fr 11–15 Uhr, So 12–16 Uhr. Eintritt 20/10 NOK, Familien 50 NOK. Historische Fahrzeuge zur Brandbekämpfung, Oldtimer, Motorräder, Modelleisenbahnen, Dampfmaschinen etc. Bus 5. – *Theta Museum*, Enhjørningsgård, Bryggen. 20.5.–15.9. Di,Sa,So 14–16 Uhr. Eintritt 15/5 NOK. Beschäftigt sich mit dem Widerstand in der Besatzungszeit 1940–45. Busse 1 und 9. – Volkskundemuseum *Hordamuseet* in Stend, Tel. 5591 5130. Di–Fr und So 12–15 Uhr. Eintritt 20/10 NOK, mit BC frei. Über Landwirtschaft und Fischerei in Westnorwegen. Bus nach Fana bis Stend, südlich von Bergen, Straßen 1 und 553. – *Norges Fiskerimuseum*, Bontelabo, Tel. 5532 1249. Mo–Fr 10–16 Uhr, Sa,So 12–16 Uhr. Eintritt 20/10 NOK, mit BC frei. Fischereimuseum an der Nordseite von Vågen.

■ **Veranstaltungen:** *Internationale Bergenser Festspiele*, 11 Tage lang von Ende Mai bis Anfang Juni. Theater, Ballett, Volkstanz, Konzert, Film etc. Kartenverkauf: Lars Hilles gate 3 a, Tel. 5521 6100, Fax 5531 5531. – *Jazzwoche*, Kulturhuset, Verftsgaten auf Nordnes, Tel. 5532 0976. Meist um 25.5.–2./3.6. – *Volkstanz* in Bryggens Museum, etwa 10.6. bis 20.8. Di und Do. – *Orgelkonzerte* in der Mariakirke, Juli/August Di und Do um 19.30 Uhr, Eintritt 50 NOK. – *Konzerte auf Troldhaugen*, siehe oben. Weitere Termine im jährlich erscheinenden »Bergen Guide«.

■ **Hauptpostamt:** Ecke Småstrandgaten/Christies gate.

■ **Notarzt:** Poliklinikk in der Lars Hilles gate 30, Tel. 5532 1120. – Zahnarzt nur Mo–Fr 10–11 und 16–21 Uhr, Sa,So 15–21 Uhr.

■ **Parken:** ein teures Vergnügen, das Kurzzeitparkplatz-System mit maximal 2 Stunden Dauer. 24 Stunden ist nur *By-Garasjen* geöffnet, Vestre Strømkai am Busbahnhof, mit BC 50 % Rabatt. Wer jedenfalls eine City-Unterkunft ohne Parkplatz hat, ist »arm« dran. Auch Bergen-Kenner wissen keine Patentlösung. Besser ist ein Parkplatz außerhalb der City, und Sie benutzen BC inklusive Bus Card.

Weiterreise

■ **Flug:** *Bergen Lufthavn* in Flesland, südwestlich von Bergen. Flughafenbus entweder ab »SAS Royal Hotel« und »Hotel Norge« (40 NOK) oder ab Bergens Busstasjon, Strømgaten 8. Abfahrt je nach Abflugzeit.

Direktverbindungen innerhalb Westnorwegens mit Florø, Førde, Ålesund, Molde, Kristiansund, Sogndal, Haugesund und Stavanger, ferner mit Oslo, Kristiansand, Fagernes u.a.

Ins Ausland u.a. nach Hamburg und Kopenhagen.

■ **Hurtigrute:** Anlegestelle *Frieleneskaien*, siehe Stadtplan. Die Preise unten (1995) gelten für Juni bis September; ansonsten sind die Tickets 25–45 % billiger.

Nordwärts nach Florø (374 NOK), Måløy (481 NOK), Ålesund (655 NOK), Molde (758 NOK) und Kristiansund (841 NOK). Dazu noch Zimmeraufschlag, plus Verpflegung an Bord.

■ **Personenfähre:** Anlegestellen *Strandkaiterminalen* und, seltener, *Munkebryggen*, beide an der Südseite von Vågen.

Direktverbindungen: an der Küste nordwärts nach Florø (350 NOK),

Leirgulen, Måløy (435 NOK), Selje (470 NOK). – Sognefjord: Lavik (240 NOK), Balestrand (365 NOK), Vangsnes, Leikanger, Midtfjors, dort Anschluß nach Aurland und Flåm. Oder ab Leikanger direkt weiter nach Revsnes und Årdalstangen. – Hardangerfjord: Per Bus zur Route Norheimsund, Utne, Kinsarvik, Lofthus, Odda, Eidfjord, Ulvik. Sowie Leirvik (200 NOK), Utbjoa (225 NOK), Ranavik (200 NOK), Sunde in Kvinnherad/Rosendal (200 NOK), Skånevik (236 NOK). – An der Küste entlang südwärts nach Leirvik, Mosterhamn, Haugesund (265 NOK), Kopervik auf Karmøy, Stavanger (450 NOK).

■ **Eisenbahn:** *Bergens Jernbanestasjon,* Strømgaten, nordöstlich von Lille Lungegårdsvann. Tel. 5596 6900.

Bergensbanen (Linie 41): Bergen, Arna, Voss, Myrdal (umsteigen nach Flåm), Finse, und weiter über Geilo, Ål, Gol, Nesbyen, Hønefoss, Hokksund, Drammen, Lysaker (Fornebu) nach Oslo Sentrum.

■ **Bus:** *Bergens Busstasjon,* Strømgaten 8, nahe Hauptbahnhof, Tel. 5532 6780 (Mo–Fr 8–18 Uhr, Sa 8–13 Uhr).

Direktverbindungen innerhalb Westnorwegens: Tysse, Norheimsund (93 NOK), Øystese (99 NOK), Ålvik, Kvanndal, Granvin, Voss (168 NOK, billiger mit Bus nach Aurland). – Nach Ålesund Kombination Bus/Fähre über Florø, Maløy, Selje, Ulsteinvik, Hareid; mit gut 8 Stunden schnell und teuer. Oder (»Fjordekspressen«, 438 NOK) über Førde, Nordfjordeid, Volda und Ørsta, oder (»Vestlandsbussen«, 459 NOK) über Førde, Stryn, Hellesylt, Stranda; jeweils knapp 11 Stunden unterwegs! – Nach Aurland (178 NOK) über Trengereid, Dale, Voss (111 NOK), Vinje, Stalheim, Gudvangen (157 NOK), Flåm. – Nach Stavanger (»Kystbussen«, 320 NOK) über Halhjem (Fähre), Leirvik, Skjersholmane (Fähre), Haugesund (200 NOK), Arsvågen (Fähre).

Die Nahverkehrsverbindungen aufzuführen würde Seiten füllen. Bitte erkundigen Sie sich im Touristenbüro nach den Fahrplänen.

■ **Auto: Nach Florø**. Auf der Küstenstraße 1 nordwärts nach *Steinestø,* wo eine Brücke den *Osterfjord* überquert. Sie löste 1993 Norwegens meistfrequentierte Fährverbindung ab, die jährlich mehr als 1,5 Millionen Fahrzeuge über den Fjord gebracht hatte. Auf der folgenden Strecke werden die schmalen Passagen durch neue Tunnel und Verbreiterung allmählich entschärft, was sich jedoch bis ins nächste Jahrzehnt ziehen dürfte. Weiter auf Straße 1 zum Fähranleger *Ytre Oppedal,* wo wegen der günstigen Lage am Auftakt des Sognefjords herrliche Sonnenuntergänge zu beobachten sind. Mit der Autofähre nach *Lavik,* ab dort weiter auf Straße 1. Bei *Breivik* passieren Sie die tiefste Stelle des Sognefjords (1308 m). Landeinwärts nach *Førde,* einem faden Dienstleistungszentrum, wo es noch knapp 70 Kilometer auf der Straße 5 bis Florø sind, auf dem letzten Abschnitt eine attraktive Fahrt auf das Meer zu.

Zu den Gletschern von Stryn. Zunächst wie nach Florø; siehe oben. Ab *Førde* fortgesetzt auf der Straße 1, die bald den 30 km langen See *Jølstravatnet* begleitet; die Nebenstraße am Südufer erlaubt den Besuch von **Astruptunet**, dem Wohnsitz des bekannten Landschaftsmalers *Nicolai Astrup* (1880–1928), der auf seinem Anwesen ein kleines Freilichtmuseum hinterließ (15.6.–15.8. So–Fr 10–18 Uhr, Sa 10–16 Uhr, 20.8. bis Anfang September So–Fr 12–17 Uhr, Sa 12–16 Uhr, Eintritt 30/10 NOK); vom Museumsparkplatz aus verkehrt zwischen dem 20.5. und 10.9. ein Ausflugsboot über den See (Ticket ab 40/20 NOK, Informationen am Anschlag oder unter Tel. 9455 2380); wer sich nur wenig Zeit nimmt, sollte statt der meist schmalen Süduferstraße die »Rennstrecke« am anderen Ufer vorziehen. In Skei knickt die Straße 1 nach Norden ab; bei *Klakegg* ergibt sich, gutes Wetter vorausgesetzt, ein schöner Blick ostwärts in das *Stardal* und auf das Eis des Jostedalsbre. Ab *Byrkjelo* auf Straße 60 über das *Utvikfjell,* Paßhöhe 630 m ü.d.M. Anschließend hinunter an den *Innvikfjord*, Uferstraße um den Fjord herum in das Gemeindezentrum Stryn; unterwegs, in Olden, erster Abstecher zur Gletscherwelt möglich, zum Briksdalsbre (siehe unter »Stryn«).

Zum Sognefjord. Siehe unter »Am Sognefjord, Weiterreise« sowie »Aurland – Flåm – Gudvangen, Weiterreise«, jeweils in umgekehrter Richtung.

Nach Voss. Ab Nesttun Straße 580 bis *Indre Arna,* ab dort E 16 über *Trengereid* und *Dale* nach Voss. Stark befahrene Strecke.

Nach Norheimsund/Øystese. Zuerst wie nach Voss, ab Trengereid auf stark frequentierter Straße 7 über die Hochebene *Kvamskogen,* ein traditionelles Ausflugsgebiet der Bergenser (Wanderwege), nach Norheimsund. Hinter Kvamskogen fotogene Schlucht *Tokagjelet* und Wasserfall *Steindalsfossen;* siehe im Kapitel »Øystese – Norheimsund«.

Nach Rosendal. Straße 1 bis *Osøyro,* Straße 552 am *Fusafjord* entlang zum Fähranleger *Hatvik,* Autofähre nach *Venjaneset* (verkehrt ständig), Straßen 552 und 48 zum Fähranleger *Gjermundshamn,* Autofähre nach *Løvfallstrand* (mindestens neunmal täglich), 3 km bis Rosendal.

Nach Haugesund. Siehe unter »Haugesund, Weiterreise« in umgekehrter Richtung.

Nach Stavanger. Siehe unter »Stavanger, Weiterreise« in umgekehrter Richtung.

Florø

Kuchenbudenzauber

Die Stadt Florø (sprich: flurö) wurde 1860 gegründet. Die Zeit der großen Heringsschwärme verhalf ihr bald zur Expansion. Florø etablierte sich als erster großer Handelsplatz und Verkehrsknotenpunkt nördlich von Bergen, das 130 km Luftlinie entfernt liegt. Der Flug zwischen beiden Städten dauert heute 40 Minuten, knapp drei Stunden ist das Expreßboot unterwegs, während sich die Anreise über die Straßen als die umständlichste erweist.

Die Nähe zu Bergen mag erklären, warum Florø im Gegensatz zu vergleichbar strukturierten Gebieten wächst. Bereits 1964 schloß die Gemeindereform die Stadt mit den umliegenden Kommunen zusammen. Die neu entstandene Großgemeinde *Flora* zählte Anfang der 90er Jahre erstmals mehr als 10.000 Einwohner. Handel, Schiffsbau, der Dienstleistungssektor sowie Fischzucht- und verarbeitung bilden die wirtschaftlichen Säulen der Region. Und als Ölversorgungs-Standort für das fylke Sogn og Fjordane enden im Hafen die Pipelines von den Ölbohrstationen in der Nordsee.

Schillernde Attraktionen werden Touristen im regenverwöhnten Florø vergeblich suchen. Die Stadt, auf drei Seiten von Wasser umgeben, ist weder Kulturmetropole noch Sommerfrische noch ein historisches Zeugnis mit niedlichen Fischerhütten, sondern ein Zentrum, das sich den praktischen Bedürfnissen des Umlandes anpaßt. Sehr deutlich läßt sich das am Samstag verfolgen, wenn vormittags die Straßen, Geschäfte und Kafeterien gut gefüllt sind, weil (auch) die Bewohner der umliegenden Inseln zum Einkaufen gekommen sind. Bald nach Ladenschluß wirkt der Ort wie ausgestorben. Etwas Leben kehrt zurück, wenn im nahegelegenen Stadion Sportveranstaltungen stattfinden, sich die Kirchgänger zum Gottesdienst versammeln oder die ersten Betrunkenen die Pubs verlassen.

Das Kapitel soll verdeutlichen, daß der Besuch von Florø trotzdem seine Vorzüge hat, etwa die originelle *Kakebua*, die »Kuchenbude«, die unter »Sehenswertes« angemessen gewürdigt wird. Und wer einen halbwegs trockenen Tag erwischt, wovon es im Sommer genügend gibt, dem empfehle ich einen der Aussichtspunkte zu erwandern, die das Gebirge rund um Florø so reizvoll machen.

Information

■ **Vestkysten Reiseliv A/S**, Strandgata 30, N-6900 Florø, Tel. 5774 7505, Fax 5774 7716. Mo–Fr 9–16.30 Uhr, Sa 10–14 Uhr. Das Touristenbüro arrangiert Besuche der Öl-Versorgungsbasis am Flughafen oder auch einer Fischzuchtanlage.

Unterkunft

■ **Victoria Hotell**, Markegata 43, Tel. 5774 1000, Fax 5774 1980. 15.6.–15.8. Fjord Pass (D) EZ 575 NOK, DZ 850 NOK, sonst EZ ab 835 NOK, DZ 1200 NOK.

Der lange, weiße Betonkasten setzt sich aus einem neuen und einem älteren Trakt zusammen. Akzeptable Zimmer, die im älteren Trakt mit niedrigerem Standard. Reichlich teuer.

■ **Misjonsheimen**, Markegata 28, Tel. 5774 1509. EZ um 325 NOK, DZ um 400 NOK. Frühstück 50 NOK. Schmale Küche und Bad auf dem Flur.

Einfache Zimmer, in Florø konkurrenzlos auf diesem Preisniveau. Küche und Bad machen einen gepflegten Eindruck. Nachtwache.

■ **Åsgården Sportell**, Tel. 5774 0689. EZ 300 NOK, DZ 375 NOK. 15 Zimmer mit 30 Betten.

■ Das Touristenbüro vermittelt rund 40 **Ferienhütten** entlang der Küste, die zur Vermietung stehen.

■ **Krokane Camping**, Ortseinfahrt Straße 5, Tel. 5774 2220, Fax 5774 7570. Ganzjährig geöffnet. Preisniveau Camping: 2, WM 3. 2 Hütten mit fließend Wasser 160 NOK. 9 Ferienhütten in 4 Kategorien 200–360 NOK.

Kleine, wellige, von Bäumen begrenzte Wiese an der Straße, auf der sich, je nach Saison, die Kriebelmücken wohler als die Camper fühlen. Platz für maximal 15 Zelte. Schmaler Kiesstreifen für Wohnmobile. Die Hütten verteilen sich auf einem Hügel im Fjord, von Bäumen, Sträuchern und Heidekraut umgeben. Akzeptable Sanitäranlage, Ww. Kiosk. Winziger Badeplatz mit viel Gestein und wenig Sand zwischen steil aufragenden Klippen.

Essen und Trinken

Die Branche ist in Bewegung. Restaurants im klassischen Stil, die nicht zu einem Hotel gehören, haben es gegen die preiswerteren, wenn auch anspruchslosen Kafeteria-Mischformen schwer. In jedem Jahr kann mit einer Neueröffnung und einer Schließung gerechnet werden.

■ Alle Speisen selbstgemacht: In **Kakebua**, der Kuchenbude, gibt neben Kuchen Eis, Waffeln, Pfannkuchen, lefser, smørbrød und belegte Brötchen zu annehmbaren Preisen (unter 20 NOK). Sonnenterrasse. Warum das Auge mehr verwöhnt wird als der Magen, erfahren Sie unter der Rubrik »Sehenswertes«.

Sehenswertes

■ In einem mehr als 150 Jahre alten Speicher, fast direkt am Wasser, ist das Café **Kakebua** zu Hause. *Jørund Utne Trovik* hat seine »Kuchenbude« ideenreich und liebevoll eingerichtet. Hier ist viel von dem präsent, was Florø mit dem Meer verbindet: präparierte Riesenkrabben und Seevögel, Harpune, Netz und Tau, Laterne, Cognacfaß, Schiffsschraube und Außenbordmotor. Trovik selbst modellierte lebensgroße Figuren, die mitten zwischen den Gästen ihren Tätigkeiten nachgehen. Ein alter Mann knüpft Netze – eine Aufgabe, die denen vorbehalten war, die nicht (mehr) mit auf See konnten.

Den ersten Stock, der nicht generell zugänglich ist, ziert ein beeindruckender Walkiefer. Wal- und Robbenfang waren traditionelle Erwerbszweige der Küstenbewohner, und wer zart besaitet ist, sollte jene Fotografien aussparen, die das Zerlegen eines Wals schildern. Altes Mobiliar, eine Nordseekarte, 1875 ohne die modernen Errungenschaften der Vermessungstechnik hergestellt, und Fotos von historischen Rettungsschiffen ergänzen die Sammlung.

Schon Ende der 80er Jahre erhielt Jørund Trovik für sein Werk den städtischen Kulturpreis. Daß Kakebua eine Sehenswürdigkeit ist, hat sich inzwischen herumgesprochen. Wer hat bloß einer nicht geringen Anzahl von Besuchern den Floh ins Ohr gesetzt, man könne, wie in einem Vergnügungspark, mitgebrachte Speisen verzehren?

■ **Kystmuseet i Sogn og Fjordane**, Brendøyvegen, Tel. 57744 2233. 15.6.–15.8. Mo–Fr 12–18 Uhr, Sa, So 12–15 Uhr, sonst Mo–Fr 9–15 Uhr, So 12–15 Uhr.

Das Küstenmuseum für das fylke Sogn og Fjordane beschäftigt sich mit den Lebensbedingungen der Küstenbewohner früherer Tage. Wechselnde Ausstellungen. Die permanente Sammlung umfaßt Boote, Gebäude und Gebrauchsgegenstände, wirkt teilweise etwas steril aufbereitet. Das gilt nicht für *S/S Svanhild* und *M/S Atløy*, die nach rechtzeitiger Absprache mit Touristen auf Kreuzfahrt gehen.

Aber auch die Gegenwart ist präsent, so durch das Ölplattform-Modell *Snorre*, das den wirtschaftlichen Schwerpunkt unserer Tage in Erinnerung ruft.

Passend zum Thema, liegt das

Museum draußen in den überraschend vegetationsreichen Schären, miteinander verbunden durch mehrere Stege, die einen feinen Spaziergang ermöglichen.

Ausflüge

■ Die Insel **Svanøy**, südöstlich von Florø, unterscheidet sich durch ihre ausgedehnten Waldflächen und Seen von den anderen umliegenden Inseln. Ihr Name geht auf den dänischen Bischof *Hans Svane* zurück, der hier 1662–1685 residierte. 1685 wurde in seinem Auftrag der Herrensitz *Svanøy Gård* vollendet, in dem heute *Svanøy Stiftelse* beheimatet ist. Die Stiftung bewahrt Hof und Natur, hat ein Wildreservat eingerichtet und erforscht alternative Ernährungsquellen, zum Beispiel durch die Züchtung von Auerhähnen. Die Mitglieder haben Wanderpfade und Loipen angelegt und markiert. Auf Svanøy steht übrigens auch ein Steinkreuz, das *Olav der Heilige* errichtet haben soll.

Anreise: ab *Fugleskjærskaia* (Busbahnhof, Parkplatz) entweder mit Personenfähre Florø-Flokenes oder mit Ausflugsboot. Auf Svanøy führen Stiftungsmitglieder über die Insel und durch das Hauptgebäude von Svanøy Gård; etwa 25.6.–20.8. Die aktuellen Daten beim Touristenbüro erfragen, in dem auch eine leidlich gute Kopie der Wege auf Svanøy ausliegt.

■ Kontrast zu Svanøy: die zwar grüne, aber spärlicher bewachsene Insel **Kinn**. Kinnakyrkja ist eine Steinkirche im romanischen Stil, die seit ihrer Entstehung im 12. Jahrhundert außen unverändert blieb. Das Inventar dominieren die aus Holz geschnitzte Galerie mit Darstellungen von Christus, Aposteln und Engeln, das fast obligatorische Schiffsmodell (um 1700), die barocke Altartafel (1644) sowie der restaurierte Altarschrein mit drei spätmittelalterlichen Heiligenfiguren.

Jedes Jahr im Sommer wird auf dem Kirchengrundstück *Kinnaspelet* aufgeführt, ein Schauspiel in historischen Kostümen um Adelsblut, Wikinger und Liebe. Der Saga nach lebte die irische Prinzessin *Sunniva* (auch) auf Kinn, wo sie den Bau der alten Kirche veranließ. Ein heidnischer Wikingerfürst warb um sie und ließ sich der Liebe Willen zum Christentum bekehren. Wo mag die Grenze verlaufen zwischen Wirklichkeit und Dichtung, zumal eine andere Saga die Heilige Sunniva für die Insel *Selja* beansprucht. Lesen Sie mehr im Kapitel über Selje.

Anreise: ab *Fugleskjærskaia* (Busbahnhof, Parkplatz) entweder mit Personenfähre Florø-Rognaldsvåg/Kinn oder mit Ausflugsboot. Die aktuellen Daten beim

Touristenbüro erfragen. Führung und Besichtigung der Kirche nach Absprache.

■ **Felszeichnungen** sind bei **Ausevik**, südöstlich von Florø, erhalten. Die Tierdarstellungen und Jagdsymbole stammen aus der Übergangsperiode zwischen Stein- und Bronzezeit. Um die restaurierten Darstellungen zu schützen, sollen Stege über die Felsen führen.

Anfahrt: Straße 5 Richtung Førde, bei Eikefjord nach rechts Richtung Stavang.

Wanderungen

Das Touristenbüro verkauft für 50 NOK das Heft »Til Fots i Flora«; es umfaßt 24 Tourenvorschläge und 12 Karten, die bei spärlicher oder nicht vorhandener Markierung allerdings keine Hilfe sind. Die deutsche Übersetzung ist angekündigt, deshalb nachfragen. Die schönsten Wanderungen enden auf diversen Aussichtspunkten, von denen das umliegende Gebirge ebenso zu überschauen ist wie die vielen Inseln, Holmen und Schären, die die Landzunge von Florø umgeben.

■ **Terdalskneipen** (744 m), nordöstlich von Florø. Wanderzeit 75–90 Minuten. Leichter, dürftig markierter Weg, meist über Geröll, deshalb Wanderschuhe erforderlich. Vorsicht bei Nässe wegen glattem Gestein. Anfahrt über Straßen 5 und 614 bis zum großen Parkplatz im *Grytdal*, links direkt vor dem Tunnel.

Ab Parkplatz 150 m an der Straße zurück, dann rechts ab auf breiten Weg, der um einen Hügel herumführt. Der Weg verschmälert sich zum feuchten Pfad, gabelt sich zweimal, man halte sich jeweils rechts. Nach 15 Minuten taucht zur Rechten ein kleiner Wasserfall auf. Der Pfad hält sich strikt westwärts und geht in ein Geröllfeld über, wodurch die ersten Orientierungsprobleme entstehen. Vorsicht wegen der Felsspalten. Durch mehrere Senken geht es zum nächsten, ebenen Steinfeld, das sich zwischen zwei Seen befindet. Der Pfad führt etwa in der Mitte zwischen beiden hindurch, ist schnell verloren, doch die Orientierung fällt insgesamt nicht mehr schwer, da das Ziel vor Augen liegt: Geradeaus, im Westen, zieht sich ein breiter Bergrücken nach Süden. Es geht nun steiler aufwärts, links jenen Bergrücken *Aksla* hinauf; Steinmännchen weisen in unregelmäßigen Abständen den Weg. Die Sicht reicht zunehemnd weiter. Man kann sich mit dem höchsten Punkt von Aksla begnügen oder über einen breiten »Grat« bis zu Terdalskneipen weiterlaufen. Von beiden Punkten aus prächtiger Rundblick vor allem nach Westen (Meer, Florø), nach Norden und Süden (nur von Terdalskneipen).

■ Gemütliche Spaziergänge rund um die Seen **Storevatnet** und **Litlevatnet**, südlich des Ortskerns, sowie, etwas anstrengender, auf den Stadtberg **Storåsen** (Anknüpfung an die Wege um Litlevatnet, Parkplatz und Beginn am Stadion).

Transport

■ **Personenfähre** ab Fugleskjærskaia: nach Tansøy, Stavang, Svanøybukt (28 NOK), Svortevik, Flokenes. – Krokane, Stongasund, Stavang, Svanøybukt (40 NOK). – Færøyna, Årnøy, Nekkøy, Selvåg, Skorpeide, Larsvik, Skorpa, Rognaldsvåg, Kinn (33 NOK). – Villevik, Nærøy, Barekstad, Domba, Batalden, Fanøy. – Sunde, Hammerset, Valvika auf Tansøy.

■ **Bus:** nach Eikefjord, Grov, Kjelkenes, Myklebust, Norddal, Ramsdal, Sandvik, Stavøy, Steindal, Stongasund, Sunndalen, Svelgen, Veiesund. Ferner Routen nach Førde und Sandane; siehe unter »Weiterreise«.

Verschiedenes

■ **Angeln:** Angeltouren auf einem Fischkutter arrangiert das Touristenbüro in Absprache mit *Florø Havfiskeklubb*.

■ **Baden:** *Storevatn*, Sandstrand am Ostufer. – »Krokane Camping«: winziger Sandstrand zwischen steilen Klippen.

■ **Bootsvermietung:** *Florø Båtutleige*, Tel. 5774 3166 oder 5774 1379 oder 5774 2575.

■ **Tauchen:** Auch vor Florø geben ein paar Schiffswracks dankbare Ziele für Sporttaucher ab. *Florø Froskemannsklubb* trifft sich samstags um 15 Uhr. Kontakt über das Touristenbüro oder über Telefon 5774 2371.

■ **Veranstaltungen:** *Kinnaspelet* auf Kinn; siehe oben.

■ **Hauptpostamt:** Markegata.

Weiterreise

■ **Flug:** *Florø Lufthamn*, 2 km vom Stadtzentrum, im Süden der Landzunge. Kein Bus. Taxi 60 NOK ab Zentrum.

Direktverbindungen innerhalb Westnorwegens mit Bergen, Førde, Sandane, Sogndal sowie Ørsta/Volda, ferner mit Oslo.

■ **Hurtigrute:** Anlegestelle *Fugleskjærskaia*, im westlichen Stadtzentrum. Die Preise unten (1995) gelten für Juni bis September; ansonsten sind die Tickets 25–40 % billiger.

Hurtigrute nordwärts nach

Måløy (119 NOK), Ålesund (349 NOK), Molde (494 NOK), Kristiansund (585 NOK). Hurtigrute südwärts nach Bergen (374 NOK).

■ **Personenfähre:** Anlegestelle *Fugleskjærskaia*, im westlichen Stadtzentrum.

Schnellboot Bergen (350 NOK), Fonnes, Mjømna, Solleibotn, Rysjedalsvika, Krakhella, Askvoll, Florø, Smørhamn, Leirgulen, Måløy, Selje (155 NOK). – Nach Måløy (115 NOK) über Smørhamn und Leirgulen.

■ **Bus:** Busbahnhof, ab Fugleskjærskaia 100 m stadteinwärts.

Nach Årdal (313 NOK) und Lærdal (288 NOK) entweder über Førde, Balestrand, Sogndal; oder über Førde, Moskog, Vassenden, Ålhus, Skei, Fjærland, Sogndal. Umsteigen auf andere Routen vor allem in Førde (Bergen, Ålesund, Stryn u.a.) und Sogndal (Luster und Fjærland). – Lokalbus nach Førde (74 NOK), mehrmals täglich. – Nach Sandane (104 NOK) über Brandsøy, Grønevik, Eikefjord, Storebru, Nesholmen, Heimset bru, Hyen, Kleppenes, Hestenesøyra und Rygg; Straßen 5 und 615.

■ **Auto: Nach Måløy / Selje**. In jedem Fall umständlich. Entweder Straßen 5 und 614, vorbei an den Wandergebieten nördlich von Florø, durch das schöne **Myklebustdal** nach *Isane,* von dort Autofähre nach *Stårheim,* Straße 15 bis Måløy, Straßen 15, 61 und 619 nach Selje. Oder von Straße 614 nach *Kjelkenes,* von dort Autofähre nach *Smørhamn,* Straße 616 bis *Oldeide,* von dort Autofähre nach Måløy (und über Straßen 15, 618 und 619 nach Selje).

Nach Stryn. Zuerst wie oben, ab *Stårheim* Straße 15 nach **Nordfjordeid**; dort eine Rast einlegen: Im Zentrum wartet eine dänische Bäckerei mit exquisiten Leckereien. Dann vorbei am tiefsten Binnensee Norwegens, **Hornindalsvatn** (514 m). Kurz vor Stryn, an der Kreuzung der Straßen 15/60 und 613, nette Aussicht auf den *Innvikfjord.*

Zum Sognefjord. Straße 5 ostwärts. Ab *Førde,* einem langweiligen Verkehrsknotenpunkt, entweder Straße 1, die bald den 30 km langen See *Jølstravatnet* begleitet; die Nebenstraße am Südufer erlaubt den Besuch von **Astruptunet**, dem Wohnsitz des bekannten Landschaftsmalers *Nicolai Astrup* (1880–1928), der auf seinem Anwesen ein kleines Freilichtmuseum hinterließ (15.6.–15.8. So–Fr 10–18 Uhr, Sa 10–16 Uhr, 20.8. bis Anfang September So–Fr 12–17 Uhr, Sa 12–16 Uhr, Eintritt 30/10 NOK); vom Museumsparkplatz aus verkehrt zwischen dem 20.5. und 10.9. ein Ausflugsboot über den See (Ticket ab 40/20 NOK, Informationen am Anschlag oder unter Tel. 9455 2380); wer sich nur wenig Zeit nimmt, sollte statt der meist schmalen Süduferstraße die »Rennstrecke« am anderen Ufer vorziehen; in *Skei* rechts abzweigen auf die Straße 625 nach Fjærland, die in einem 6,4 km langen Tunnel den Gletscher *Jostedalsbre* unterquert. Oder ab Førde weiter auf Straße 5 nach *Balestrand* am Sognefjord; lesen Sie, je nach Reiseziel, im Sognefjord-Kapitel weiter; über Balestrand und Umland etwa unter »Sogndal, Weiterreise nach Bergen«.

Nach Bergen. In umgekehrter Richtung beschrieben unter »Bergen, Weiterreise«.

Måløy

15 Sonnentage im Jahr

Wer sich bei wolkenlosem Himmel in der Nähe von Måløy aufhält, nutze die Gunst der Stunde und ändere die Reiseroute, sofern die Küstenstadt nicht eingeplant war. Bei 15 reinen Sonnentagen im Jahresdurchschnitt sollte dieser Entschluß nicht schwerfallen. »Normalerweise« bestimmen Wolken und Wind das Wetter, und an rund 200 Tagen im Jahr fällt Niederschlag.

Måløy liegt im Windschatten auf der Ostseite der Insel Vågsøy, die durch eine 42 m hohe und 1274 m lange Brücke mit dem Festland verbunden ist. In der Gemeinde *Vågsøy*, die ins Landesinnere hineinreicht, leben 6380 Einwohner, rund 3000 davon im Zentrum Måløy. Die Stadt lebt seit jeher von Fischfang und -verarbeitung und unterhält einen der größten Exporthäfen Norwegens. (Egal in welchem Restaurant, in welcher Kneipe – probieren Sie frischen Fisch.) In kleinerem Stil werden Schiffsbau, Fischzucht und die Verarbeitung von Heringsöl betrieben. In den letzten 20 Jahren hat sich Måløy zu einem Verkehrsknotenpunkt entwickelt, was mehr der Straffung der Infrastruktur als touristischer Attraktivität zu verdanken ist.

Den Urlaubern sei eher die Westseite von Vågsøy empfohlen, eine rauhe, spärlich bewachsene Küstenlandschaft, die Eis, Wasser und Wind deutlich geformt haben. Wie trotzige Vorposten der Zivilisation harren zwei Leuchtfeuer draußen an der felsigen Küste aus; beide sind ohne allzu große Anstrengungen zu erreichen. Die inzwischen automatisierten Leuchtfeuer erfüllen eine wichtige Funktion, denn die rauhe See hat nicht wenige Schiffe und Boote in die Tiefe gezogen.

Wer mit dem eigenen Fahrzeug auf Vågsøy unterwegs ist, muß sich an enge Straßen gewöhnen. Da sie die einzigen Verbindungen zwischen den einzelnen Ortschaften darstellen, muß jederzeit mit Fußgängern gerechnet werden. Die Linienbusse ab Måløy halten in fast allen Siedlungen.

Information

■ **Vestkapp Reiselivslag**, Gata 1, N-6700 Måløy, Tel. 5785 6660, Fax 5785 0797. Etwa 10.6.–20.8. täglich 10–18 Uhr.

Unterkunft

■ **Måløy Hotell**, Gate 1 Nr. 25, Tel. 5785 1800, Fax 5785 0589. 15.6.–15.8. mit Fjord Pass (C) EZ 530 NOK, DZ 760 NOK, sonst EZ 890 NOK, DZ 1170 NOK.

Ein gefälliger Glasvorbau lockert den schmucklosen Betonklotz von außen auf, rund um die hufeisenförmige Rezeption sorgen Aquarium und Mineraliensammlung für entspannte Atmosphäre. Nicht alle Zimmer scheinen bei der letzten Renovierung berücksichtigt worden zu ein; andere überraschen durch mutige Kompositionen von Farben und Möbeln.

■ **Måløy Gjestgiveri**, Gate 1 (gleich links vom Kai), Tel. 5785 1296, Fax 5785 1296. EZ 290 NOK, DZ 500 NOK. Bad auf dem Flur. In der Hochsaison nur Doppelzimmer. Kleine Mahlzeiten nach Absprache.

Ordentliche, überdurchschnittliche Zimmer mit viel Weiß. Großer Aufenthaltsraum.

■ **Vestro Fiske og Sjøsportsenter**, Færestrand, Tel. 54 484. Wie eine klassische Fischerhütte steht das große Holzhaus an der Stichstraße von Måløy nach Oppedal, direkt an der Bucht *Kvalheimsvika*, aber ohne Aussicht auf das nahe Meer. Der Komplex integriert komfortable Wohnungen und Doppelzimmer, für 6–8 Personen 500 NOK, für 4 Personen 375 NOK, DZ 200 NOK. Boot und Einrichtungen für Angler vorhanden.

■ **Blålid Camping**, Nygård, Abzweigung von der Straße 15, 7 km vor Måløy, Tel. 5785 1070. Ganzjährig geöffnet. Preisniveau Camping: 2. 5 Ferienhütten für 2–4 Personen um 225–400 NOK.

Abgelegener Platz mit Top-Lage am Fjord, zwischen Heidekraut und lichten Wäldern. Die felsigen Terrassen sind auf Wohnmobile ausgerichtet, Grasstreifen für Camper.

■ **Almenningen Camping**, Almenningen (an der Straße 15, 12 km vor Måløy), Telefon 7185 4861. Ganzjährig geöffnet. Preisniveau Camping: 2. 7 Hütten für 2–4 Personen um 100–275 NOK.

Liegt mitten im Wohngebiet eines Vororts von Måløy, die Durchgangsstraße ist zu hören. Der Zeltplatz beschränkt sich auf den Garten der Eigentümer, liegt aber hübsch am Vågsfjord. Die Hütten, als Überbleibsel eines Bauernhofs zu erkennen, erfüllen bescheidene Ansprüche. Das gilt auch für die Sanitäranlage.

Sehenswertes

■ Den Felsen **Kannesteinen** hat die Brandnung so ausgewaschen, daß er von hinten wie die Fluke eines Wals aussieht. Der Stein steht an der Küste der Bucht Kvalheimsvika, dort wo die Stichstraße von Måløy in Oppedal eintrifft. Oppedal ist einer jener Orte, die dem Betrachter das Gefühl vermitteln, am Ende der Welt zu sein – das Meer ist in Sicht, die Straße zu Ende, die Berge als natürliche, unüberwindlich scheinende Barrieren. Vier oder fünf Anwesen sind noch bewohnt, verteilen sich zwischen Nadelwald, Erikenfeldern, Wiesen. Anfahrt mit dem Bus: Måløy-Oppedal.

Leuchtfeuer-Romantik

■ Wie der sprichwörtliche Fels in der Brandung steht der **Leuchtturm Hendanes fyr**. Das Leuchtfeuer ist inzwischen automatisiert, das einstige Wohnhaus der Wärter dem Verfall preisgegeben. Dahinter führen etwa 150 Stufen einer Eisentreppe steil nach oben. Wem der Höhenunterschied keine Probleme bereitet, der setze sich auf die obersten Treppenstufen, schaue aufs Meer hinaus oder beobachte tief unten die Wellen, wie sie heftig gegen die Felsen klatschen.

Anfahrt mit Bus Måløy-Oppedal oder Auto: Wo die Stichstraße nach Oppedal an der Bucht Kvalheimsvika auf Meereshöhe absteigt, zweigt links eine unbeschilderte Straße ab, die an der Küste entlangführt, bis sie an einem kleinen Wendeplatz mit Bushaltestelle endet. Ein kurzer Fußweg führt über Felsbrocken, die mit Beton eingeebnet worden sind; erst flach, dann leicht ansteigend, nach knapp zehn Minuten in Serpentinen zum Leuchtturm hinauf. Ein Insider-Tip für Sonnenuntergänge.

Die Brandung bei Hendanes fyr (oben); Kannesteinen ▶

■ Die Fahrt zum **Leuchtfeuer Kråkenes fyr** (1906 fertiggestellt, 1986 automatisiert) ist spannender als das Leuchtfeuer selbst – das ist nämlich in einem unscheinbaren Holzgebäude untergebracht und enttäuscht alle Erwartungen; ein wenig entschädigen die steilen Klippen, an denen sich die kräftigen Wellen austoben.

Die auf den ersten Kartenblick umständliche Anreise über Måløy, Raudeberg und Kvalheim aber erweist sich als beeindruckender Ausflug, weil die Straße auf den letzten fünfzehn Kilometern nicht am Ufer verläuft, sondern die nordwestliche Spitze von Vågsøy in fast 400 m Höhe überquert. Eine flotte Aussicht folgt der anderen – sowohl Richtung Meer als auch landeinwärts, wo Hendanes fyr störrisch am Felsen klebt.

Der Bus fährt nur bis Kvalheim. Die Straße von Kvalheim nach Kråkenes zieht sich in die Länge und geht auf die Gelenke. Wer auf öffentliche Verkehrsmittel angewiesen ist, sollte sich deshalb mit dem ohnehin reizvolleren Ausflug nach Hendanes fyr begnügen.

Ausflüge

■ **Silda** ist das, was gern als pittoreskes Fischerdorf bezeichnet wird. Die Siedlung liegt auf der gleichnamigen Insel, an der Nordostseite von Vågsøy.

Anreise: ab *Måløy-Kai* entweder mit Personenfähre Måløy-Raudeberg-Silda oder mit Ausflugsboot. Die aktuellen Daten beim Touristenbüro erfragen. Preis einfache Fahrt um 17 NOK.

■ So viele Felszeichnungen wie bei **Vingen** wurden an keiner anderen Stelle in Nordeuropa entdeckt – fast 1500 Motive, die meisten stellen Tiere dar. Vingen liegt südlich von Måløy in einem Seitenarm des Nordfjords und ist nur mit dem Boot zu erreichen. Die Personenfähre nach Berle, die laut Fahrplan viermal in der Woche verkehrt, hält bei Bedarf in *Vingelven,* das unweit der Felszeichnungen am Sund liegt. Sollte weder ein Boot verkehren noch Ihr Gegenüber im Touristenbüro eine Ahnung haben, bitten Sie ihn/sie darum, bei der Gemeinde Bremanger anzurufen, auf deren Gebiet sich die Felszeichnungen befinden (Telefon 5779 3301, Fax 5779 3162).

Transport

■ **Personenfähre** ab Måløy-Kai: Die südliche Lokalrute stoppt in Klubben (x), Skatestraumen, Leirgulen, Krakvik (x), Rugsund, Storøy/Bremanger (x), Rugsundsøy, Bortnen (x), Bortneskär (x), Vingelven (x), Hennøystranda (x), Berleneset (x) und Berle (x = bei Bedarf). Verkehrt viermal wöchentlich, vormittags nach und nachmittags ab Måløy. – Nach Silda über Raudeberg. – Nach Risøy über Grindøy und Gangsøy. – Das Küsten-Schnellboot nach Bergen legt auch in Selje und Leirgulen an.

■ **Bus:** nach Raudeberg, Vedvik, Refvik, Kvalheim (und Kråkenes, nur einmal die Woche). – Nach Vågsvåg, Oppedal. – Nach Osmundsvåg. – Nach Almenningsfjellet, Flatraket, Barmsund, Selje.

Verschiedenes

■ **Angeln:** organisierte Angelausflüge erfahrenen Skippern, zum Teil 6–8 Stunden auf See. Information über die aktuellen Angebote im Touristenbüro.

■ **Baden:** *Refviksanden* heißt der weiße Traumstrand an der Nordseite von Vågsøy, an der Ringstraße von und nach Raudeberg. Mit den einrahmenden Felswänden und dem Blick aufs offene Meer erinnert die Bucht unwillkürlich an die Lofoten, wo ähnliche Kunstwerke der Natur entstanden sind. Nicht anders als auf den Lofoten müssen die Erwartungen an die Wassertemperatur bescheiden bleiben. Die »Saison« beschränkt sich auf den Juli und die ersten Augusttage. Anfahrt mit Bus oder Auto; Parkplätze nur am südlichen Rand.

■ **Tauchen:** Der Taucherclub *Måløy Dykk* veranstaltet Touren für Fortgeschrittene. Telefon 5785 0488.

■ Verschiedene Karten und Ratgeber führen unverdrossen die 28 m tiefe Höhle **Skongsneshulen**, in der Archäologen 1886 Knochen aus längst vergangenen Zeiten freigelegten. Ersparen Sie sich die Suche: Die Höhle ist nicht ungefährlich, so daß alle Zugangswege dicht gemacht wurden.

■ **Frischen Lachs** verkauft *Agnet fiskebutikk*, Tel. 5785 0732. 9–16 Uhr. – Verkauf und Räuchern entweder bei *Måløy Fiskehandel*, Tel. 5785 1400. 7.30–15.30 Uhr. – Oder bei *Bjarne Våge* in Vågsvåg, Tel. 5785 4545.

Weiterreise

■ **Hurtigrute:** Anlegestelle *Torgkaia,* im Ortszentrum. Die Preise unten (1995) gelten für Juni bis September; ansonsten sind die Tickets 25–40 % billiger.

Hurtigrute nordwärts nach Ålesund (230 NOK), Molde (374 NOK), Kristiansund (494 NOK). Hurtigrute südwärts nach Florø (119 NOK) und Bergen (481 NOK).

■ **Personenfähre:** Anlegestelle *Torgkaia*, im Ortszentrum.

Schnellboot Bergen (435 NOK), Fonnes, Mjømna, Solleibotn, Rysjedalsvika, Krakhella, Askvoll, Florø, Smørhamn, Leirgulen, Måløy, Selje (42 NOK). – Nach Florø (115 NOK) über Leirgulen und Smørhamn.

■ **Bus:** *Bussterminal* am Fähranleger *Torgkaia*, im Ortszentrum.

Nach Ålesund über Selje, Åheim, Koparnes, Fähre nach Årvik, Dragsund/Herøy, Ulsteinvik, Hareid, Fähre nach Sulesund und Spjelkavik. – Nach Stryn (107 NOK) über Maurstad, Stårheim, Nordfjordeid und Hjelle/Eid. – Nach Sogndal (197 NOK) über Nordfjordeid, Lote, Fähre nach Anda, Sandane, Byrkjelo (115 NOK), Skei und Fjærland.

■ **Auto: Nach Selje**. Straße 15, dann 618, die an mehreren lieblichen Buchten entlang verläuft, bevor man kurz vor Selje auf die Straße 619 trifft.

Nach Runde/Herøy. Straßen 15 und 61 bis **Åheim**, dort möglicher Besuch der *St. Jetmund kyrkja,* im letzten Jahrhundert abgerissen, 1957 wiederaufgebaut; die Natursteine sind mit Kalkmörtel verbunden (20.6.-20.8. Mo-Sa 12-15 Uhr). Straße 61 weiter nach *Koparnes,* von dort Autofähre nach *Årvik* auf *Gurskøy,* weiter auf Straße 61 durch Larsnes und dann, bei Fernsicht anzuraten, der **Küstenstraße von Gurskøy** folgen. Weder Schären noch vorgelagerte Inseln versperren die Aussicht aufs Meer, und im Südwesten liegen Sande, Kvamsøy und dahinter die fast kahlen Felsen der Vestkapp-Halbinsel.

Nach Stryn. Straße 15 landeinwärts über **Nordfjordeid**; dort eine Rast einlegen: Im Zentrum wartet eine dänische Bäckerei mit exquisiten Leckereien. Vorbei am tiefsten Binnensee Norwegens, **Hornindalsvatn** (514 m). Kurz vor Stryn, an der Kreuzung der Straßen 15/60 und 613, nette Aussicht auf den *Innvikfjord.*

Nach Florø. In umgekehrter Richtung beschrieben unter »Florø, Weiterreise«.

Selje – Stad – Vestkapp

Sturmgepeitschte Küste

Durch die starke wirtschaftliche Stellung von Måløy tritt die benachbarte Gemeinde Selje etwas in den Hintergrund – zu Unrecht, denn die Landschaft ist genau so attraktiv, die Geschichte sogar reicher an außergewöhnlichen Ereignissen. Der größte Teil der Gemeindefläche erstreckt sich auf der Halbinsel *Stadlandet*, die weit ins Meer hineinragt und deren Klippe *Kjerringa* als das Vestkapp Norwegens gilt. Das Verwaltungszentrum Selje verteilt sich weitläufig um eine geschützte Bucht, die ein prachtvoller Sandstrand ziert. Dahinter liegt in einem Park mit viel Grün einer der wenigen originellen Hotelbauten im Land.

Fischfang und Landwirtschaft sind die traditionellen Erwerbszweige der Region. Dabei setzte die rauhe Natur den Bewohnern hart zu. In früheren Zeiten zogen die Männer ihre Schiffe bei *Dragseidet* über Land, um der gefährlichen See zu entgehen. Die exponierte Lage der Halbinsel bot und bietet nur begrenzten Schutz vor den zahlreichen Sturmtiefs, die Stadlandet vor allem im Winterhalbjahr heimsuchen und viele Menschen auf See behielten.

Ein besonderes Drama ereignete sich am 30.9.1943, als britische Flugzeuge vor Stadlandet versehentlich das Hurtigruten-Schiff *St.Svithun* bombardierten. 43 Menschen, meist Frauen und Kinder, kamen dabei ums Leben; etwa 75 konnten gerettet werden. Zur Erinnerung an diese Tragödie und an die vielen anderen Ertrunkenen steht in *Ervika* eine Kapelle (1970), die den Namen des versenkten Schiffes trägt. Wenige hundert Meter westlich, bei *Hovden*, sind Reste deutscher Geschützstellungen erhalten.

An der Straße von *Leikanger* nach Dragseidet steht auf dem höchsten Punkt ein steinernes Kreuz, das *Olav Trygvasson* gewidmet ist. Der Heilige Olav »bekehrte« hier 997 die Ortsansässigen zum Christentum. Die religiöse Tradition setzte sich fort, indem Selje als einer der ersten drei norwegischen Bischofssitze ausgewählt wurde. Bereits 1103 hatte der Mönchsorden der Benediktiner auf der Insel Selja ein Kloster errichtet.

Obwohl die Erwerbsstruktur mit den neuen Sparten Dienstleistung, Handel, Bootsbau, Aquakultur und Textilindustrie an Vielfalt gewonnen hat, gehört Selje zu jenen Gemeinden, die, abseits der großen

Zentren, von der Abwanderung ihrer Einwohner betroffen sind: 3299 zählte man zum 1.1.1991, rund vierzig weniger am Ende desselben Jahres. Der Tourismus verspricht eine kleine Zukunftschance, wenn er weiter so schonend gehandhabt wird wie bisher. Daß auch im Sommer ständige Wetterwechsel zur Tagesordnung gehören und die Temperatur selten 20°C übersteigt, wird Stadlandet vor einem Massenansturm bewahren. Diejenigen, die (trotzdem) kommen, werden es nicht bereuen, und es ist die Überlegung wert, im geschützten Selje Quartier zu beziehen.

Information

■ **Turistinformasjon Selje**, N-6740 Selje, Tel. 5785 6606. 20.5.–14.6. und 16.8.–31.8. täglich 12–17 Uhr, 15.6.–15.8. 10–20 Uhr. Sonst schriftliche Anfragen an die Zentrale in Stryn; siehe dort.

Unterkunft

■ **Selje Hotel**, Selje, Tel. 5785 6107, Fax 5785 6272. 15.6.–15.8. mit Fjord Pass (C) EZ 530 NOK, DZ 760 NOK, teils auch EZ ab 475 NOK, DZ ab 495 NOK, sonst EZ 790 NOK, DZ 1000 NOK.

Findlinge, die zur Hälfte aus dem Mauerwerk herausragen, prägen die originelle Fassade des flachen Hotelbaus, einer der wenigen im Land, die sich in die Umgebung einfügen und von außen einladend wirken. Zimmer in angenehmen Farben, teils mit Balkon und netter Aussicht auf den Fjord, könnten einen Tick größer sein. Hallenbad.

■ **Hammersvik Kystferie**, südlich von Selje, an der Straße 619, Tel. 5785 6263, Fax 5785 6760. EZ 450 NOK, DZ 550 NOK, Frühstück inklusive. 3 Ferienhütten für 4–6 Personen 400–580 NOK.

Die komfortablen Hütten verteilen sich großzügig auf einem baumbestandenen Grundstück am *Moldefjord*. Ruderboot vorhanden, Motor kann ausgeliehen werden. Dorsch, Seelachs und Köhler im Fjord zu angeln. Neu die Frühstückspension. Nette Gastgeber.

■ **Selje Camping**, Selje, südliche Ortsausfahrt an der Straße 619, Tel. 7855 6243. Ganzjährig geöffnet. Preise Camping: 2, WM 3. 8 Ferienhütten für 4–6 Personen um 450–500 NOK. Imbiß mit Standard-Speisen aus Friteuse und Mikrowelle.

Große Wiese in der Nähe der Straße, Wohnhäuser im Hintergrund. Hütten mit Schlafplätzen auf dem Speicher. Sanitäranlage so lala, W & T. Kiosk. Alibi-Spielplatz.

■ Das Touristenbüro in Selje vermittelt **Ferienhütten** und Wohnungen von Privatanbietern. – Achten Sie auf Stadlandet auf Hinweise wie »hytter« und »rom« am Straßenrand.

■ **Vestkapp Camping**, Ytre Stadlandet, Tel. 7855 9950. Ganzjährig geöffnet. Preisniveau Camping: 2. 2 Wohnungen mit Küche und Bad 300–400 NOK, 4 Ferienhütten 450 NOK. Der Platz ist gut auf Angler eingestellt.

Essen und Trinken

■ Das **Selje Hotel** ist für ausgesprochen gutes Essen bekannt. Für Dagens lunch (2 Gänge), Dagens middag (3 Gänge), Lunchbuffet oder Selje Buffet am Abend dürfen Sie mit 130–200 NOK rechnen.

■ **Vestkapphuset** heißt das Aussichtslokal oben auf dem Kjerringa. Bisher eine Kafeteria ohne kulinarische Ambitionen, hat man auf Restaurantbetrieb umgestellt, und es gilt »Verzehrzwang«. Wem es nur nach Kaffee oder Eis verlangt, muß sich mit dem angebauten Kiosk begnügen. Die Tages-Öffnungszeiten richten sich nach dem Andrang, und der ist von Wetter und Saison abhängig. Bei lauem Wind und Sonnenschein kann sogar draußen gespeist werden. Von Mai bis September.

Sehenswertes

■ Das **Vestkapp** Norwegens befindet sich auf dem 496 m hohen Kjerringa, draußen an der Steilküste von Stadlandet. Bei Fernsicht, die wegen der zuverlässigen Wolken und Regenschleier nur selten unbeeinträchtigt zu genießen ist, schweift der Blick weit auf das Meer hinaus. Die besondere Note aber machen die umliegenden Gebirgszüge aus: Die vom Eis gerundeten Felsen mit teils schroffen Abstürzen erinnern stark an die *Färöer*-Inseln. Wo das rauhe Klima spärlichen Pflanzenbewuchs zuläßt, überdeckt ein kräftiges Grün das graubraune Gestein.

Nordkapp und Vestkapp haben übrigens eine Gemeinsamkeit: Sie bezeichnen weder den nördlichsten noch den westlichsten Punkt Norwegens, sondern liegen an leicht zugänglichen Stellen, die dadurch für den Fremdenverkehr leichter zu verwerten sind. Dem Vestkapp hat das ein Restaurant mit Souvenirladen beschert, wo Vestkapp-Zertifikate und spezielle Poststempel zu erstehen sind.

Anfahrt nur mit dem Auto, ausgeschilderte Abzweigung an der Straße nach Honningsvåg.

■ Auf der Insel **Selja** steht die Ruine eines **Benediktiner-Klosters** (1103). Ein Turm ist erhalten. Oberhalb des Klosters stand zu dem eine Kirche, die der *Heiligen*

Sunniva geweiht war. Sunniva, eine irische Prinzessin, soll einst auf Selja an Land gegangen sein, um sich vor den Häschern eines heidnischen Königs zu verstecken, der ihr auf nicht gerade friedliebende Weise nachstellte. In der Höhle über den Ruinen soll ein Erdrutsch ihr Schicksal besiegelt haben. Sunniva wird übrigens auch mit der Geschichte der Insel *Kinn* bei Florø in Verbindung gebracht (siehe dort).

Anreise: Das Ausflugsboot verkehrt von Juni bis August, im Juli dreimal, sonst einmal täglich. Die Tour dauert 2 Stunden, inklusive An- und Rückfahrt sowie dem Besuch der Klosterruine. Juli täglich um 10, 13 und 15.30 Uhr, Juni und August um 13 Uhr. Ticket 85/45 NOK.

■ Die erste **Kirche** der Gemeinde stand auf der Insel Selja. Nachdem ein Boot mit Kirchgängern verunglückt war, entschloß man sich 1654 für die Verlegung der Kirche nach Selje. 1866 mußte sie dann nach **Leikanger** umziehen, als in Selje ein neues Gotteshaus eingeweiht wurde. Architektur und Inventar (teils aus dem 15. Jahrhundert) blieben auch am dritten Standort vorerst bewahrt, doch 1895 erzwang eine Vergrößerung deutliche Veränderungen, obwohl das originale Gebälk so weit wie möglich wiederverwendet wurde. Zum 100jährigen »Geburtstag« der Leikanger-Kirche nahm man 1966 eine umfassende Restauration vor.

Ferien aktiv

Wanderungen

■ Immer an der Küste entlang führt der Fußweg **von Indre Fure nach Ytre Fure**. Zwischen hohen Felsenwänden, geschliffenen Steinen und der Brandung geht es etwa eine Stunde lang zu dem verlassenen Fischerdorf, in dem einige der ehemaligen Bewohner ihre Sommerferien verbringen. Anfahrt nach Indre Fure über Leikanger und Drage.

■ Ebenfalls der Küste folgt der Weg von *Skårbø* zum verlassenen Bauernhof **Årdalen**. Gehzeit: eine Stunde. Skårbø liegt 5 km nördlich von Selje, am Ende einer Stichstraße.

■ Die beste Aussicht auf Selje und Stadlandet bietet der 645 m hohe **Tarvaldsegga**, der ohne bergsteigerisches Können bewältigt werden kann. Ausgangspunkt ist die Straße von Selje quer über Stadlandet nach Sandvika.

Verschiedenes

■ **Angeln:** Forelle und Saibling in den höher gelegenen Seen der Gemeinde. – Lachsangeln im Fluß *Ervikelva*.

■ **Baden:** Abgelegene Traumstrände mit weißem Sand in *Ervika* und *Hoddevika,* dazu einer mitten in Selje. Die meisten Besucher werden es bei einem Strandspaziergang belassen, denn Abhärtung tut not, will man sich ins Wasser wagen.

Transport

■ **Personenfähre:** Direktverbindungen mit Seljeøya und Barmen.
■ **Bus:** Selje, Barmsund, Flatraket, Almenningsfjellet, Måløy. – Selje, Kjøde, Sandvik, Leikanger. – Leikanger, Hoddevik. – Leikanger, Stadvåg. – Leikanger, Eltvik. – Leikanger, Sandvik, Kjøde, Åheim, Maurstad, Nordfjordeid.
■ **Weiterreise:** die beiden Buslinien Selje, Barmsund, Flatraket, Almenningsfjellet, Måløy sowie Leikanger, Sandvik, Kjøde, Åheim, Maurstad, Nordfjordeid. Weitere Verbindungen siehe unter »Måløy«.

Runde – Herøy

Konzerte aus Vogelkehlen

Daß die Küste Norwegens nicht nur Schauplatz idyllischer Hafenbuchten und famoser Sonnenuntergänge ist, sondern ihren Bewohnern einen überaus rauhen Alltag abverlangte und dies auch weiterhin tut, dafür liefert die Inselgemeinde Herøy ein gutes Beispiel. Freilich, von Mai bis September sind die Chancen größer, an einem Bootsausflug auf ruhiger See teilzunehmen, tagelang Sonnenschein und eine atemberaubende Fernsicht zu genießen, doch wer einmal in Auto, Bus oder Zelt vom Wind kräftig durchgerüttelt wurde, wem der Regen an einem stürmischen Tag ins Gesicht peitschte, mag eine Ahnung davon bekommen haben, wie es hier ab Oktober häufiger zugeht und warum so viele Schiffswracks unter Wasser begraben liegen. Wer bereit ist, das wechselhafte Wetter zu akzeptieren, und mehr als nur Halbschuhe im Gepäck mit sich führt, kann ohne weiteres eine Woche in Herøy und Umgebung verbringen.

Die Anziehungskraft Herøys liegt, wie sollte es anders sein, in der Natur. Auch im Ausland bekannt ist die Vogelinsel *Runde*, der nördliche

Außenposten der Gemeinde. Ab März bevölkern jedes Jahr Hunderttausende Seevögel die schroffen, steil abfallenden Felswände, die mit ihrer offenen Lage zum Meer für das Brutgeschäft wie geschaffen sind. Ohne den Golfstrom, der die Fischschwärme an Herøy vorbeileitet, wäre das Vogelparadies jedoch nicht denkbar. Selbst Sturmschwalben von den Shetland-Inseln versorgen sich hier mit Nahrung. Für Ornithologen ist Runde also eine (populär-)wissenschaftliche Spielwiese, für Stille und Einsamkeit suchende Urlauber hingegen ein durchaus gewöhnungsbedürftiger Rummel. Beispiel: 1990 gab der Sprosser sein erstes Stelldichein auf Runde. Die Vogelkundler waren begeistert, die Vögel zeigten sich geschmeichelt und bedankten sich mit eindrucksvollen Konzerten zur (hellen) Nachtzeit. So mancher Besucher von *Goksøyr Camping* schätzte das mit zunehmender Schlaflosigkeit immer weniger...

Die Flora steht der Fauna an Vielfalt kaum nach: Zwar läßt der kräftige Wind größere Bäume, Büsche und Sträucher nur in geschützten Lagen wachsen; wer aber nicht zu hoch hinaus will, besitzt wegen des für diesen Breitengrad milden maritimen Klimas gute Chancen: 167 höher entwickelte Pflanzenarten zählte eine Botanikerin 1990 innerhalb einer Woche auf Runde. Auffallend üppig gedeiht die Vegetation auf Bergsøy, wo *Fosnavåg* liegt, das Verwaltungs- und Dienstleistungszentrum der Gemeinde. *Bergsøy* liegt im Schutz der äußeren Inseln Runde, *Nerlandsøy* und *Skorpa.*

Trotz des unfreundlichen Klimas reichen die Spuren der ersten Besiedlung weit zurück. Herøy lebte und lebt vom Meer, in erster Linie von Fisch, Seefahrt (Handelsflotte, Versorgungsfahrten für Bohrinseln) und noch ein bißchen vom Schiffsbau, seit die Werft in *Ulsteinvik* verkleinert wurde. Der Großteil der Fischereiflotte ist in Fosnavåg registriert, doch selten vor Ort. Denn bei der Hochseefischerei bleiben die Seeleute bis zu drei Monate von ihren Familien getrennt. Die Einwohnerzahl Herøys blieb mit 8.100 zuletzt konstant. Trotzdem sind die kleineren Ortschaften von der Abwanderung vor allem junger Menschen bedroht. Die Verbesserung der Infrastruktur hat diesen Prozeß verlangsamt, aber nicht gestoppt. Immerhin sind sechs der acht größeren Inseln mittlerweile durch Brücken miteinander verbunden.

Information

■ Das Fremdenverkehrsamt liegt weitab vom Schuß in Hareid, 100 m nördlich des Fähranlegers. Es ist für Hareid, Ulstein, Herøy und Sande zuständig: **Runde Reiselivslag**, Postboks 154, N-6060 Hareid, Tel. 7009 3790, Fax 7009 3607.

■ Die Betreuung der Touristen durch die offiziellen Stellen ist eher kläglich. Für Reisende **vor Ort** emfpiehlt es sich daher, sich in den Unterkünften mit Informationen und Broschüren zu versorgen und vor allem **die Gastgeber** direkt zu **befragen**. Sehr gut Bescheid wissen die Besitzer der Campingplätze auf Runde, Knut Goksøyr und Jarle Vadset.

Unterkunft

■ **Hotel Neptun**, Ortskern Fosnavåg, Tel. 7008 8113, Fax 7008 9498. 1.5.–30.9. EZ 480 NOK, DZ 660 NOK, sonst EZ 740 NOK, DZ 940 NOK, weekend EZ 420 NOK, DZ 590 NOK. Dagens rett 80–100 NOK (2 Gänge), sonst 100–220 NOK.

Das Hotel liegt versteckt in der ersten Etage eines Mehrzweckbaus, umgeben von Öltanks, Lebensmittelmarkt und Videoladen. Wen die Umgebung nicht abschreckt, den erwarten tolle Appartements mit Teppichboden, Sitzecke, Speiseecke, und großem, nach oben spitz auslaufendem Fenster. Sehr zu empfehlen.

■ **Hotel Poseidon**, Ortseinfahrt Fosnavåg, Telefon 7008 9809, Fax 7008 9885. EZ 290 NOK, DZ 390 NOK.

Von außen sieht der barackenartige Bau mit seinen alten Gardinen etwas schäbig aus, doch nun ist Renovierung angesagt.

■ **Christineborg Turisthotel**, Runde, Tel. 7008 5950, Fax 7008 5972. 20.6.–20.8. EZ 575 NOK, DZ 720 NOK. Halbpension um 150 NOK Zuschlag.

Das flache, langgezogene Holzgebäude paßt sich der Natur an, liegt abgeschieden und dem Meer zugewandt an der Küste. Die sonnenverwöhnte Lage bezahlen die Gäste mit. Wenn außerhalb der Saison hier Schulklassen wohnen, wird das Mobiliar ausgetauscht.

■ **Runde Kafe og Overnatting**, Runde, Tel. 7008 5915. DZ 300 NOK. Frühstück 55 NOK. Bad auf dem Gang, Kochstelle, Aufenthaltsraum.

Preisliche Alternative zu den Hotels. Unauffällige Zimmer unterschiedlicher Größe. Nette Aussicht auf die Bucht.

■ **Runde Camping**, Runde, Tel. 7008 5916. Ganzjährig geöffnet. Preisniveau Camping: 2. 23 Zimmer für 2–4 Personen 130–250 NOK. Bad auf dem Gang.

Kleine Wiese zum Zelten an der Straße. Einfache Zimmer im klassischen Jugendherbergsstil. Große Gemeinschaftsküche nur für Zimmergäste. W. Stellplatz für Wohnmobile.

■ **Goksøyr Camping**, Goksøyr auf Runde, Telefon 7008 5905. Ganzjährig geöffnet. Preisniveau Camping: 2. 3 Hütten mit Küche 280 NOK, auch Campingwagen um 230 NOK.

Vier adrette Wiesenareale am Meer, auf denen Igel und Hasen herumspazieren, wo es während der Hochsaison aber eng werden kann. Ein gepflegter Platz mit vorbildlicher Sanitäranlage, W & T. Kiosk. Spielplatz. Vermietung von Fahrrädern, Ruderbooten und Kanus. Bei stürmischem Wind sind Billig-Zelte schnell an der Grenze ihrer Belastbarkeit angelangt, machen sich mitunter von dannen.

Gastgeber *Knut Goksøyr* spricht ausgezeichnet deutsch. Er ist der ideale Ansprechpartner, wenn es um Wanderungen zu den Vogelfelsen geht. Im Sommer improvisiert er fast jeden Abend im Aufenthaltsraum einen gekonnten Vortrag über Runde, Norweger und Touristen, bei dem viel kennengelernt und gelacht werden kann.

Essen und Trinken

■ **Singapore Cafe** liegt unscheinbar im Ortskern Fosnavågs, teilt sich den Eingang mit einem Frisörladen. Der Speiseraum ist apart eingerichtet, riecht nach asiatischen Gewürzen. Rund 25 Gerichte, Asiatisches wie Internationales für 95–150 NOK. Ausgezeichnet, besonders die Fischgerichte, große Portionen. Do–So 12–19 Uhr, im Sommer länger geöffnet.

■ **Kafestova**, ebenfalls im Ortskern Fosnavåg. Neuerer Speisetempel mit guter Küche, klassischer Hausmannskost zu durchschnittlichen Preisen.

■ **Runde Kafe og Overnatting**, Runde. Den Hauptpreis für stilvolle Atmosphäre gewinnt das Kafe sicher nicht. Dafür bietet es eine günstige Gelegenheit, fangfrischen Fisch zu kosten. Die Mahlzeiten selbst zubereitet, Kuchen selbst gebacken – hierhin gehen die Einheimischen, wenn die Küche zu Hause kalt bleiben soll. Preise um 55–85 NOK.

Sehenswertes

Vogelinsel Runde

Die ältesten Quellen, die von Runde als Vogelinsel sprechen, stammen aus der Zeit um 1750. Bis in unser Jahrhundert hinein dienten die Seevögelkolonien den Küstenbewohnern als Nahrungsquelle. Seit 1957 stehen die Tiere unter Naturschutz. Auf 6,4 km² sind im Laufe der Zeit mehr als 245 verschiedene, teils seltene Vogelarten beobachtet worden, 100 davon beim Brüten. Wenn Klima und Nahrungsangebot im Meer stimmen, sorgen im Juli bis zu eine Million Vögel für hektisches Treiben rund um die Uhr. Runde ist damit das größte norwegische Seevögelareal südlich des Polarkreises. Die

Zahl der Vögel kann jedoch variieren. Wird es ihnen zu warm, verlassen manche Arten vorübergehend die Insel.

■ **Die Vögel:** *Krabbentaucher* und *Eismöwen* aus arktischen Gewässern sowie mehrere Entenarten aus dem Süden gehören zu den wenigen Wintergästen auf Runde. Im Februar beginnt sich die Insel zu füllen. Bis Mitte April sind fast alle Kolonien eingetroffen, im April ist Balzzeit, ab Ende April und Anfang Mai schlüpfen die Jungvögel. Die größten Kolonien stellen mit jeweils rund 300.000 Tieren die *Dreizehenmöwen* und *Papageitaucher*. Während sich die Dreizehenmöwen mit kleinen Felsvorsprüngen im unteren Hangbereich begnügen, wo ihre Nester mitunter von hohen Wellen weggerissen werden, graben die Papageitaucher mit ihren markanten orangefarbenen Schnäbeln Bruthöhlen. Sie siedeln sich weit oben an, wo es nicht zu steil ist, schon etwas Gras wächst und das Erdreich lockerer ist. Die Papageitaucher gehören zur Familie der *Alken*, ebenso wie *Trottellummen*, *Tordalken*, *Gryllteisten* und *Krabbentaucher*, die mit Ausnahme der letztgenannten ebenfalls im Sommer auf Runde brüten. Weitere interessante Stammgäste, anderswo in Norwegen selten anzutreffen, sind *Baßtölpel*, *Krähenscharben* und *Eissturmvögel*, die fabelhafte 90 Jahre alt werden können. Deren nächste Verwandte, die Kormorane, kommen nach Runde, aber nicht mehr zum Brüten. Seit 1980 brütet die *Große Raubmöwe* auf den Hochflächen der Insel, wodurch es immer wieder zu unliebsamen Begegnungen mit Spaziergängern kommt. Die dunkel graubraun gefiederten Raubvögel greifen an, wenn sie ihre Nistplätze bedroht sehen. Weniger glimpflich geht es ab, wenn Raubmöwen und andere Greifer die Felswände heimsuchen und sich an Eiern, Jung- und sogar Altvögeln schadlos halten.

■ **Naturschutz und Tourismus**. Doch auch die Raubvögel haben Feinde. So mußten Ornithologen feststellen, daß so manches Exemplar keineswegs durch die natürliche Auslese, sondern durch diebische Menschenhände von Runde verschwand. Inzwischen laufen Wachleute anonym Streife und minimieren die Erfolgschancen dieses schmutzigen Geschäfts.

Wenige sind also nicht willens, schon mehr aus Unkenntnis nicht fähig, sich angemessen in dem Naturreservat zu bewegen. Wer sich zu nahe an den Abhang wagt, bringt sich leichtsinnig in Gefahr, zumal das dortige Erdreich durch die Nisthöhlen aufgelockert und brüchig ist. Damit die Vögel ungestört ihren Brutgeschäften nachgehen können, ist zwischen dem 15.3. und dem 31.8. die Bewegungsfreiheit der Touristen eingeschränkt. Sie dürfen in den Vogelschutzgebieten weder die vorgeschriebenen Wege verlassen noch von Booten aus an Land gehen. Auch die Pflanzen stehen in eigens dafür ausgewiesenen Arealen unter Naturschutz. Wer sich um diese sinnvollen Leitlinien nicht schert, leistet Argumentationshilfe für jene, die die Bestimmungen verschärfen wollen. Als Folge hätten einmal mehr die Verantwortungsbewußten unter den Verantwortungslosen zu leiden.

■ **Bootsrundfahrten** sind die bequemste und zugleich eindrucksvollste Art, die Vogelinsel kennenzulernen. Die steilen Felshänge können vom Wasser aus am besten eingesehen, die Vögel so auf ihrem Weg zwischen Arbeitsplatz Meer und heimischem Nest beobachtet und fotografiert werden. Die Einfahrt in eine 120 m lange Grotte gehört ebenfalls zum Repertoire der ortskundigen Skipper. Melden Sie sich für solch eine Tour bei »Goksøyr Camping« oder »Runde Camping« an, den Campingplätzen von Runde, wo Sie alles Wissenswerte über Insel und Aktivitäten erfahren. Die Skipper beherrschen auch das Deutsche und wissen während der zweieinhalbstündigen Rundfahrt manche Anekdote zu erzählen.

Wer zur Seekrankheit neigt, sollte nach den vorhergesagten Windstärken fragen und im Zweifelsfall verzichten. Bei starkem Wind können auch moderne Kähne noch gehörig schwanken. Schade ums Frühstück.

■ Ein Netz mit farbig gekennzeichneten **Wanderpfaden** erschließt das Hochland von Runde, eine Küstenwanderung ist nicht möglich. Der beste Ausgangspunkt ist Goksøyr, wo ein großer Parkplatz zur Verfügung steht. An der Rezeption des Campingplatzes können sich Interessenten informieren und mit kostenlosen Karten versorgen. *Knut Goksøyr* ist ein kundiger Berater und weiß rasch einzuschätzen, welcher Rundweg für seinen Gegenüber überhaupt in Frage kommt.

Denn: Runde ist keine Sommerfrische, wo man leicht federnden Schrittes lustwandelt, sich die Picknickplätze nur so aufdrängen und einem die Vöglein dankbar die Brocken aus der Hand picken. Zum Auftakt geht es minutenlang steil hinauf. Auf der baumlosen Hochebene weht meistens ein frisches Lüftchen, verlieren sich ein paar Seen und Feuchtgebiete. Nach längeren Regenfällen sind die ausgetrampelten Pfade teilweise matschig, die seltener frequentierten von nassem Gras gesäumt. Spätestens jetzt bewähren sich gutes Schuhwerk und regenfeste Kleidung. Wer die farbigen Wegmarkierungen einmal verliert und stattdessen auf einen Schafspfad am Klippenrand gerät – die Orientierung fällt wegen der baumlosen Vegetation ziemlich leicht; eventuell müssen einige zusätzliche Steigungen absolviert werden.

Von Schätzen und Leuchtfeuern: Wem anstrengende Höhenunterschiede und holprige Wege nichts ausmachen, kann im Nordwesten der Insel zum alten Leuchtturm hinabsteigen und sich den Wind um die Ohren blasen lassen. Draußen verläuft die Schiffahrtsstraße in respektvollem Abstand – mit gutem Grund. Denn die hiesigen Gewässer genießen den Ruf als Schiffsfriedhof. So strandete zum Beispiel im Dezember 1989 ein Frachter unweit des Leuchtturms, und im Winter 1993 geriet ein Tanker vor Runde in Seenot. Nicht weniger spektakulär liest sich die Geschichte der holländischen *Akerendam*, die 1725 vor Runde sank. 1972 entdeckten Sporttaucher in dem Wrack beinahe sechzigtausend Gold- und Silbermünzen. Heute nährt die *Castillo Negro* die Hoffnungen der schnorchelnden Schatzsucher; das Schiff, das der spanischen Armada angehörte, soll 1588/89 bei Runde Schutz vor den nordischen Winterstürmen gesucht haben und dabei den Schären zu nahe gekommen sein. In Anbetracht solcher Ereignisse wurde 1767 das erste Warnfeuer auf Runde entfacht, zuerst als offenes Feuer, später in einem Steinhaus. Der 1859 fertiggestellte Leuchtturm bedeutete eine große Erleichterung, erwies sich mit 30 m aber als zu hoch: Bei Sturm und Orkan soll er sich bis zu 50 cm geneigt haben. Also wurde er wieder abgebaut. Weiter oben errichtete man den Leuchtturm, der heute noch seine Funktion versieht. Bis nach dem Zweiten Weltkrieg lebten hier drei Familien mit Schafen und Pferden; der Fußpfad über das Hochland sowie ein Ruderboot bei friedlichem Wetter waren die einzigen Verbindungen zur Außenwelt. Der Leuchtturm ist bis heute nicht vollständig automatisiert, so daß die Wärter sich in 14-Tage-Schichten abwechseln. Im Hochsommer allerdings wird das Licht abgestellt; dann ist es hell genug.

Runde den Individualtouristen: Wer weniger als zweieinhalb Stunden Zeit mitbringt, kann sich die Wanderung auf Runde sparen. Deswegen sind die vielen Bustouristen zu bemitleiden, die für ein, zwei Stündchen frei bekommen, um keuchend den steilen Weg auf das Hochland zu erklimmen: unzureichend angezogen, mit falschen Erwartungen und dem drohenden Uhrzeiger im Kopf. Bei solchen Schauspielen sind dann, nicht nur von Pauschaltouristen, lautstarke Forderungen nach einer Serpentinenstraße zu vernehmen, frei nach dem Motto »Bei uns in Deutschland wäre dieser Weg asphaltiert«. Knut Goksøyrs Antwort: Der Massentourismus gehört auf die Schiffe und in die Busse, die Insel sollte den Individualtouristen vorbehalten bleiben, und zwar denen, die einschätzen können, was auf sie zukommt.

Unterwegs in Herøy

■ **Rauhe Küste Nerlandsøy**, ein Tip für Liebhaber von Strandspaziergängen. Die Straße zur Insel Nerlandsøy führt über eine der typischen Bogenbrücken, die nur einem Fahrzeug Platz bieten. Auf dem höchsten Punkt sind die Brücken zu Ausweichbuchten verbreitert. In *Kvalsund* auf Nerlandsøy angekommen, geht es immer an der Küste entlang, mit Blick auf Meer und Runde, nach *Kvalsvik*, an der dortigen Kreuzung 2 km nach links. Eine Kuppe wird überquert – welch ein Panorama. Im Hintergrund zeichnet sich die Vestkapp-Halbinsel ab, draußen auf dem Meer der Leuchtturm *Svinøy fyr*. Halbkreisförmig breitet sich die felsige Küste aus; der kräftige Wind bestimmt die Höhe der Vegetation. Von einem kleinen Wendeplatz aus gelangt man über eine Wiese hinunter zum Strand. Die Wiesen dienen als Weiden und sind für Zelte tabu, ebenso der Parkplatz für Wohnmobile; bitte üben Sie Rücksicht, denn es hat schon viel Ärger mit ungebetenen Gästen gegeben (siehe auch »Jedermannsrecht«).

■ **Küstenmuseum Herøy**, Herøy, Tel. 7008 8812. Juni bis Mitte August täglich 13–18 Uhr. Eintritt 10 NOK.

Der Hof *Herøy gard*, in den Schären nördlich von Gurskøy, wurde vom lokalen Geschichtsverein renoviert und mit Austellungsstücken eingerichtet, die bis in die Wikingerzeit zurückreichen. Gemessen an vergleichbaren Einrichtungen ist die Sammlung eher bescheiden – vom Nachbau eines Wikingerbootes einmal abgesehen. Bei gutem Wetter bietet sich allerdings ein Streifzug durch die nähere Umgebung an. Hinter dem Museum beginnt ein 1 km langer Spazierweg. Auf der anderen Seite des Hofes läuft eine Landzunge idyllisch in den Fjord aus – in mehrfacher Hinsicht ein stiller Ort: Rundblick auf die Schärenlandschaft, Bootssteg statt Parkhaus, aus den Grundmauern einer Kirche wächst ein Baum, ein paar Grabsteine verteilen sich auf den grasbewachsenen Felsen. Ein Denkmal relativiert die vermeintliche Idylle, indem es verrät, daß zwischen 1880 und 1980 mehr als 150 Männer auf See geblieben sind, davon zehn noch zwischen 1970 und 1980.

Herøy ist historischer Boden. Um das Jahr 1000 bekriegten sich hier die Wikinger, 1050 wurde die erste Steinkirche errichtet, 1761 entstand wegen der günstigen Hafenbedingungen ein Handelsplatz, auf dem gesalzener Fisch gegen Haushaltswaren getauscht wurde, 1859 löste eine Holzkirche den alten, steinernen Bau ab. Als die Kirche 1916 umzog, begann der Dornröschenschlaf auf Herøy – unterbrochen an einem Juliwochenende im Jahr, wenn *Herøyspellet* stattfindet: ein Theaterstück aus

Bootshafen in Herøy (oben); Aussicht auf Ålesund vom Stadtberg Aksla aus (s.S. 217 ff.) ▶

der Wikingerzeit um Liebe, Blut und Boden, das mit Musik, nachgebauten Wikingerschiffen und Waffen zelebriert wird.

Anfahrt: Straße 654 Richtung Fosnavåg, Abzweigung in dem Schärengebiet nördlich von Gurskøy zum Kystmuseum.

Transport

Der Busfahrplan wird stetig ausgedünnt, so daß nicht automatisch mit einer Anbindung gerechnet werden darf. Hier die verbliebenen Buslinien, doch da es vor Ort kein Touristenbüro gibt, müssen Sie bei der Koordination die Hilfe Ihrer Gastgeber in den Unterkünften in Anspruch nehmen.

■ **Bus:** Fosnavåg, Nærøy, Leinøy, Remøy, Runde. – Fosnavåg, Kopperstad, Kvalsvik. – Fosnavåg, Nærøy, Frøystad, Torvik, Sande. – Fosnavåg, Leikong. – Fosnavåg, Nærøy, Frøystad, Stokksund, Myrvåg, Fähranleger Eiksund (nach Ørsta).

Weiterreise

■ **Bus:** nach Ålesund mit der Linie von Fosnavåg über Ulsteinvik nach Hareid (45 NOK), von dort aus weiter mit der Personenfähre. – Nach Ørsta und Volda mit der Linie über Fährhafen Eiksund. – Wer südwärts nach Måløy will, muß in Myrvåg oder Leikong, beide auf Gurskøy, umsteigen. Da Herøy nicht in das Netz der Überlandbusse integriert ist, sind weiter entfernte Ziele nur mit mehrmaligem Umsteigen zu erreichen. Nahverkehr siehe unter »Transport«.

■ **Auto: Nach Ålesund**. Straßen 654 und 61 über *Ulsteinvik* (dort architektonisch originelles Hotel links oben auf dem Hügel) nach *Hareid* (Abzweig zum Eismeermuseum Brandal, siehe unter »Ålesund, Ausflüge«), Autofähre nach *Sulesund,* unterwegs Eiszeitkunde: Von der landeinwärts gelegenen Bergkette brach das Eis einst einen halben Gipfel weg und hinterließ eine bizarre Formation. Straßen 61 und 1 bis Ålesund-Zentrum.

Nach Geiranger/Stryn. Straßen 654, 61 und 653 nach *Eiksund,* Autofähre nach *Rjånes,* Straße 1 südostwärts nach *Ørsta,* von dort aus entweder nach *Volda* oder über Straßen 655 (noch eine Autofähre) und 60 nach *Hellesylt,* von dort aus entweder nach Stryn oder per Autofähre über den Geirangerfjord nach Geiranger, in der Hochsaison Wartezeiten möglich.

Nach Selje/Måløy. In umgekehrter Richtung beschrieben unter »Måløy, Weiterreise«.

Ålesund

Kaiser Wilhelms ferne Liebe

Die Stadt Ålesund (sprich: olesünn) wurde 1848 gegründet, als Bergen und Trondheim nicht mehr die alleinigen Handelsprivilegien für Westnorwegen besaßen. 1300 Menschen lebten zu diesem Zeitpunkt in Ålesund.

In der zweiten Hälfte des vorigen Jahrhunderts bescherte der expandierende Fischfang der Stadt bescheidenen Aufschwung: Ålesund war der Hauptumschlagplatz für Dorsch; der Hafen befand sich im *Brosund*, die Speicher lagen rundum verteilt. Zur Jahrhundertwende wurden bereits 11.000 Einwohner gezählt, doch die Menschen lebten beengt, und es herrschte noch viel Armut.

Ein markantes Datum der Stadtgeschichte ist der 23. Januar 1904, als ein Großbrand 850 Gebäude vernichtete und 10.000 Menschen obdachlos machte. Eine der schillerndsten Figuren, die sich bei der Wiederrichtung hervortaten, war der deutsche Kaiser *Wilhelm II.* Er wurde seinem Ruf als ausgesprochener Freund Norwegens gerecht, indem er mehrere Schiffe mit Versorgungsgütern und Baumaterial schickte. Eine Statue im Stadtpark und eine nach ihm benannte Straße im Zentrum erinnern an seine Unterstützung.

Drei Jahre dauerte es lediglich, bis Ålesund wiederaufgebaut war. Nach dem Vorbild anderer Städte genehmigten die Behörden fast ausschließlich Steinbauten, um die Wiederholung einer solchen Katastrophe zu vermeiden. Gemäß der damals populären Architektur entstand ein vom Jugendstil geprägtes Stadtzentrum, das ebenso traditionelle norwegische Züge trug. So kam es, daß sich Türmchen, Giebel und Ornamentik mit dem einheimischen Drachenstil vereinten.

Unternehmer aus Ålesund und Umgebung waren es, die der Kohleknappheit im Ersten Weltkrieg begegneten, indem sie den Rohstoff auf *Spitzbergen* abbauen ließen (siehe Eismeermuseum *Brandal* unter Ausflüge). Dank der entsprechenden Veredelungsfabriken entwickelte sich Ålesund zu Norwegens größtem Fischereihafen. Um dem ständigen Zuzug von Menschen gerecht zu werden, veränderte die Stadt an manchen Stellen ihr Erscheinungsbild: felsiges Terrain wurde mittels Sprengungen eingeebnet, der Fischereihafen nach Süden verlegt, der Brosund zugunsten einer Straße teilweise aufgeschüttet und so verschmälert. Zu Beginn der 60er Jahre mußte schließlich der Vogelfelsen weichen, auf dem bis zuletzt, dem städtischen Trubel zum Trotz, Tausende von Möwen gebrütet hatten. Das Rathaus nahm seinen Platz ein. Trotz aller Veränderungen blieb die Jugendstil-Architektur größtenteils bewahrt und gilt als *die* Attraktion Ålesunds, durch den Umzug der meisten Industrieanlagen (Fisch, Werft, Möbel, Textil) in die Randlagen zusätzlich begünstigt.

Mittlerweile sind rund 26.500 Menschen in Ålesund zu Hause, 36.000 im gesamten Gemeindegebiet. Im Osten ist die Stadt mit *Spjelkavik* zusammengewachsen. Wer, wie die meisten, mit dem Auto über die Straße 9 anreist, bemerkt auf der Fahrt zwangsläufig die für norwegische Verhältnisse räumliche Enge: Mietskasernen, Tankstellen und die einfallslosen Betonquader der Einkaufszentren wechseln sich in rascher Folge ab, dazwischen das Landeszentralkrankenhaus. Spätestens beim Rundblick vom Stadtberg *Aksla* aber spürt der Besucher den Reiz, der von Ålesund ausgeht.

Information

■ **Ålesund Turistkontor**, Rådhus (Rathaus), N-6025 Ålesund, Tel. 7012 1202, Fax 7012 6606. Etwa 5.6.–20.8. Mo–Fr 9–18.30 Uhr, Sa 9–15 Uhr, So 12–17 Uhr, sonst Mo–Fr 9–16 Uhr.

Eines der am besten organisierten Touristenbüros: hilfreiche Broschüren, darunter ein kommentierter Stadtspaziergang mit Stadtplan, ein Posterflügel mit allen gastronomischen Betrieben und kundiges, freundliches Personal. Vermittlung einer Unterkunft 25 NOK.

Unterkunft

Hotels und Pensionen

Preiswerte Betten sind besonders rar in Ålesund, telefonische Vorbestellung während der Hochsaison deswegen anzuraten. Das Touristenbüro nimmt für die Vermittlung einer Unterkunft, auch Privatzimmer, 25 NOK Gebühr.

■ **Rica Skansen Hotel**, Kongensgt. 27, Tel. 7012 2938, Fax 7012 6660. 20.6.–15.8. EZ 480–530 NOK, DZ 660–760 NOK, sonst EZ 695 NOK, DZ 995 NOK, weekend EZ 520 NOK, DZ 700 NOK.

Das nahe Meer, die Möwen und der Wind prägen das Ambiente draußen, das drinnen keine Fortsetzung findet. Teilweise geräumige, gute Zimmer in skandinavischem Design: Helles Holz, cremefarbene und blaue Töne dominieren. Aufpassen, damit man kein Zimmer zum Innenhof erhält. Hallenbad.

■ **Brygge Home Hotel**, Apotekergt. 1–3, Tel. 7012 6400, Fax 7012 1180. EZ 480 NOK, DZ 660 NOK, sonst EZ 920 NOK, DZ 1050 NOK, weekend EZ 490 NOK, DZ 670 NOK.

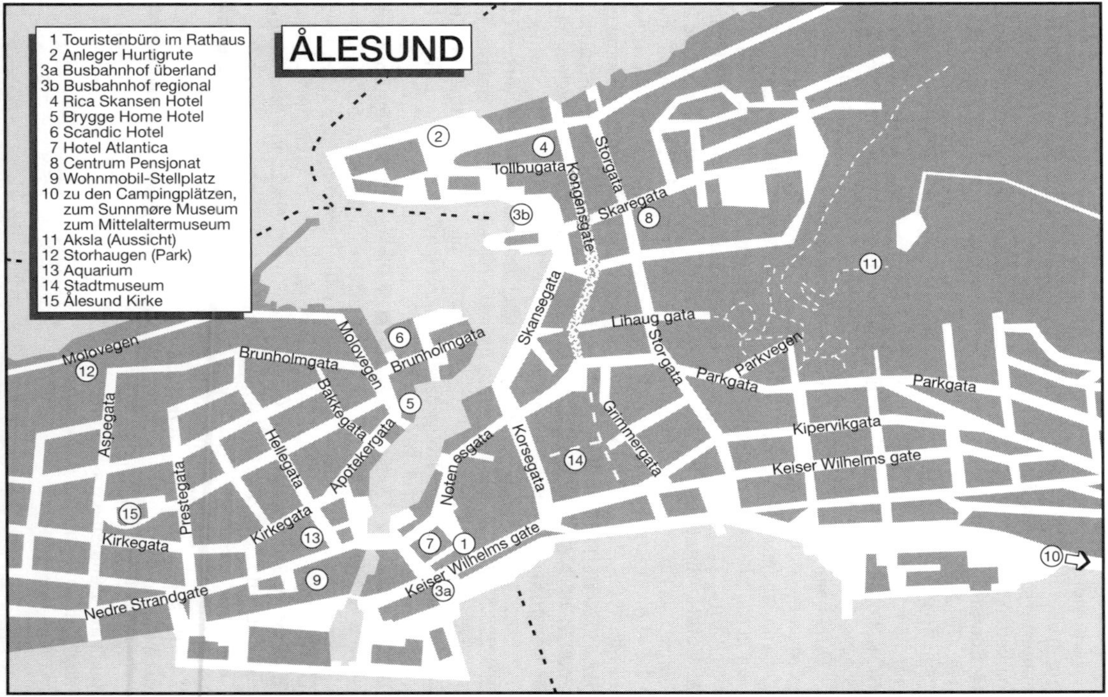
ÅLESUND
1 Touristenbüro im Rathaus
2 Anleger Hurtigrute
3a Busbahnhof überland
3b Busbahnhof regional
4 Rica Skansen Hotel
5 Brygge Home Hotel
6 Scandic Hotel
7 Hotel Atlantica
8 Centrum Pensjonat
9 Wohnmobil-Stellplatz
10 zu den Campingplätzen, zum Sunnmøre Museum zum Mittelaltermuseum
11 Aksla (Aussicht)
12 Storhaugen (Park)
13 Aquarium
14 Stadtmuseum
15 Ålesund Kirke
Tollbugata
Kongensgate
Storgata
Skaregata
Skansegata
Lihaug gata
Parkvegen
Parkgata
Kipervikgata
Keiser Wilhelms gate
Grimmergata
Korsegata
Noten esgata
Molovegen
Brunholmgata
Bakkegata
Apotekergata
Hellegata
Aspegata
Prestegata
Kirkegata
Nedre Strandgate

Renovierter Speicherkomplex am früheren Fischereihafen Brosund, mit jeder Menge dicker Holzbalken. Nur Frühstücksrestaurant.

■ **Scandic Hotel**, Molovegen 6, Tel. 7012 8100, Fax 7012 9210. 25.6.–10.8. EZ um 650 NOK, DZ um 650 NOK, sonst EZ ab 895 NOK, DZ 1095 NOK, weekend EZ 555 NOK, DZ 695 NOK.

Direkt am Wasser liegt der langgezogene Komplex mit viel Glas, der von landesweiten Organisationen gerne als Konferenzstätte gewählt wird.

■ **Hotel Atlantica**, R. Rønnebergsgt. 4, Tel. 7012 9100, Fax 7012 6252. 1.6.–31.8. mit Fjord Pass (B) EZ 480 NOK, DZ 660 NOK, sonst EZ 650 NOK, DZ 750 NOK, weekend EZ 480 NOK, DZ 630 NOK.

■ **Centrum Pensjonat**, Storgt. 24, Tel. 7012 1709. Nur 1.7.–31.8. EZ 200–225 NOK, DZ 300–330 NOK. Frühstück 40 NOK.

■ **Hansen Gaarden**, Kongensgt. 14, Tel. 7012 1029. Nur 20.6.–20.8. EZ 110 NOK, DZ 220 NOK. Bettwäsche 40 NOK.

Camping

■ **Prinsen Strandcamping**, Gåseid, Tel. 7012 5204, Fax 7015 4996. Ganzjährig geöffnet. Preisniveau Camping: HS 3, NS 2. 26 Hütten für 2–6 Personen 220–600 NOK, je nach Saison.

Abgelegener, weiträumiger Zeltplatz mit Bäumen, Gras und Holzstegen über einen Kanal. 5 km zum Zentrum. Ist Chefin Kristin Hofseth in ihrem Element, führt sie den Platz im Stile eines Feldwebels. Man nehme es mit Humor, dafür hat sie alles perfekt im Griff. Die einfachen Hütten mit Spüle, die Ferienhütten mit zwei Schlafräumen. Gute Sanitäranlage, W & T. Kiosk. Badestrand, Vermietung von Ruderbooten und Fahrrädern.

■ **Volsdalen Camping**, Tel. 7012 5890. 1.5.–1.9. Preisniveau Camping: 2, WM 3. 16 Hütten für 2–6 Personen 250–400 NOK.

15 Gehminuten vom Zentrum entfernt in der Nähe der Straße 9. Der Zeltplatz liegt ruhig am Ende der Anlage und ist für Autos gesperrt. In der Hauptsaison kann es hier eng werden. Die Hütten sind von Sträuchern und Büschen umgeben, die Ferienhütten verfügen über zwei Schlafräume, wirken etwas spärlich und kühl, aber es ist Platz, die Möbel umzustellen. Akzeptable Sanitäranlage, W & T. Kiosk.

■ Stellplatz für **Wohnmobile** am Gästehafen, Brosund. 50 NOK pro Tag für Benutzung der Serviceeinrichtungen, dies obligatorisch, Parken über Nacht eingeschlossen. Entsorgung.

Essen und Trinken

Praktisch: Im Touristenbüro steht ein Posterflügel, der alle gastronomischen Betriebe samt Preisen vorstellt. Auch der Stadtführer enthält eine komplette Auflistung.

■ **Gullix**, Rådstugt. 5 B, Tel. 7012 0548. Das urgemütliche Kellergewölbe gilt als Tip unter den Einheimischen: leckere Mammut-Portionen zu noch annehmbaren Preisen. Kleine Gerichte ab 40 NOK, Hausmannskost ab 75 NOK, Paella, Fisch ab 95 NOK, auch eine norwegische Ausgabe der Bouillabaise und Vegetarier-Teller, lange Weinkarte. Touristen-Menü mit Fisch oder Fleisch 98 NOK.

■ **Brasserie Normandie**, Rica Parken Hotel, Storgt. 16, Tel. 7012 5050. Gediegene Atmosphäre Marke »dreiarmiger Kerzenhalter«, bekannt für gutes Essen (vor allem Fisch und Meeresfrüchte), zu Hause im (von außen) häßlichsten Hotel der Stadt. Summerlunch von 12–18 Uhr um 100–130 NOK, ansonsten Hauptgerichte um 200 NOK.

■ **Sjøbua Fiskerestaurant**, Brunholmgt. 1, Tel. 7012 7100. Exklusiver Schuppen direkt am Brosund, mit Backstein, dicken Holzbalken und Rundbogenfenstern. Fisch und Fleisch ab 200 NOK. Im Sommer Pub auf einem Kahn im Brosund.

■ **Sjøhuset Brasserie** und **Café News**, Notenesgt. 1, Tel. 7012 2800. Ein Treffpunkt am inneren Brosund, bei schönem Wetter im Sommer große Sitzfläche draußen, zur Straße hin stört der Verkehr ein wenig. Wirbt mit 28 Gerichten für 49 NOK. Abends mitunter Musik.

■ **Kafe Veslékari**, Apotekergt. 2, gegenüber »Bryggen Home Hotel«, Tel. 7012 8404. Eines der besseren Speiselokale für den kleinen Geldbeutel. Täglich zwei bis drei Hauptgerichte um 50 NOK. Ab und zu gibt es Fischspezialitäten, z.B. Klippfisch.

■ **Fjellstua**, Aksla, Tel. 7012 6582. Wer sich auf den Stadtberg Aksla begibt, den besten Aussichtspunkt, wird bei Regenwetter die Aussicht durch das Panoramafenster der Kafeteria vorziehen. Das Gebäude, das vom Kai aus wie ein Bunker mit aufgesetztem Treibhaus aussieht und von außen nicht gerade zur Verschönerung der Umgebung beiträgt, ist hell und gemütlich eingerichtet, mit modernen Bildern an den Wänden. Bei meinem letzten Besuch paßte sich das Essen leider nicht der Umgebung an. Inzwischen soll ein neuer Wirt gutes, preiswertes Essen anbieten.

Sehenswertes

■ **Aussicht vom Aksla** (189 m). Vom Stadtberg Aksla werden die Panorama-Fotos von Ålesund aufgenommen, die in mindestens jedem zweiten Norwegen-Bildband vertreten sind. Der Blick reicht über die Stadt, das Meer mit zahlreichen Inseln und Schären sowie landeinwärts bis zu den *Sunnmøre-Alpen*. Während des Sommers sind farbenprächtige Sonnenuntergänge zu beobachten. Aksla ist der Treffpunkt der Jogger und Spaziergänger, die vielerorts ein Päuschen auf Bänken einlegen können. Die Vegetation überwuchert allmählich die Reste der deutschen Verteidigungsanlagen aus dem letzten Weltkrieg. Der Hügel ist sowohl mit dem Auto (ausgeschildert ab Straße 9) als auch zu Fuß zu erreichen. Vom Stadtpark aus führen angeblich 418 Treppenstufen zwischen Bäumen und Sträuchern hinauf.

■ **Ålesunds Architektur** rechtfertigt einen ausgiebigen Stadtspaziergang. Das hat sich wohl auch der Lokalhistoriker *Harald Grytten* gedacht, als er die Broschüre »Zu Fuß in Ålesund« schrieb, die im Fremdenverkehrsamt ausliegt. Gut zwei Stunden dauert es, die auf dem eingehefteten Stadtplan markierte Route lediglich abzulaufen. Da die Bebauung Ålesunds keineswegs einheitlich ist, ermöglicht die Broschüre das gezielte Finden der architektonisch interessantesten Gebäude.

Der Text beschränkt sich nicht auf das Beschreiben von Jugendstil-Merkmalen, sondern weiß eine ganze Menge zur Stadtgeschichte zu erzählen. Das älteste Haus Ålesunds (1864) steht in der Kirkegata 34, westlich der Kirche, wo etwa die Grenze der Feuersbrunst 1904 verlief. Dem mittlerweile unbewohnten Haus ist sein Alter anzusehen. In diesem Viertel stehen Holz- und Steinbauten bunt gemischt.

Hier bietet sich übrigens die beste Gelegenheit zu einer Pause während des Rundgangs: Zuerst schlendere man die Kirkegata weiter bis zur Bäckerei *Kjersen*, versorge sich dort mit Leckereien und gehe dann die Statsråd Daae-Gata hinauf, um im Park *Storhaugen* bei feiner Aussicht zu rasten. Kommen Sie mittags um 12 Uhr vorbei, können Sie das Eintreffen des nordwärts verkehrenden Hurtigruten-Schiffes beobachten.

■ **Ålesund Akvarium**, *Fiskernes Hus*, Nedre Strandgt. 4, Tel. 7012 4123. Mo–Fr 10–17 Uhr, Sa 10–15 Uhr, So 12–16 Uhr. Eintritt 20/10 NOK.

Fiskernes Hus, »das Haus der Fischer«, ist ein großer, grauer Betonkasten, der Eingang zum Aquarium mit einem Pfeil gekennzeichnet. Die exotischen Korallenfische lenken die Aufmerksamkeit der Gäste gleich auf sich. Sonst aber bevölkern Nordseebewohner die hübsch hergerichteten Becken. Die »Protagonisten« sind der Hummer mit seinen gewaltigen Zangen, der Seeteufel, der regunglos in seinen Tarnfarben am Boden verharrt, der Steinbeißer mit seinem fürchterlichen

Originelle Fassade, entdeckt am Brosund ▶

Gebiß und das Seehundbaby, das sich in einer schmalen Wanne vergnügt. Die Namen der Tiere werden auch auf deutsch vorgestellt. Wer zuvor das Aquarium in Bergen besucht hat, könnte vom Ålesunder Pendant ein wenig enttäuscht sein. Die Anlage ist wesentlich kleiner und unruhiger, da sich Becken, Büro und Pflegerraum auf einem Gang befinden.

■ **Aalesunds Museum**, R. Rønnebergsgt. 16, Telefon 7012 3170. 15.6.–15.8. Mo–Fr 11–16 Uhr, Sa 11–15 Uhr, So 12–15 Uhr, sonst Mo–Sa 11–15 Uhr, So 12–15 Uhr. Eintritt 10/5 NOK.

Ein 1919 erbautes, stattliches Kaufmannswohnhaus beherbergt das liebevolle Sammelsurium zur Stadtgeschichte. Ein Begleitheft mit deutschem Text erleichtert den Gang durch die Abteilungen. Die erste zeigt anhand von Fotos und Modellen das Aussehen der Stadt vor und nach dem großen Brand 1904. Das Modell »Ålesund 1898« läßt all die felsigen Hügel erkennen, die zugunsten der Bebauung inzwischen verschwanden. Zum Thema »Architekturgeschichte« sind auch Gebrauchsgegenstände und Schmuck im Jugendstil ausgestellt. Mit Modellen, Gemälden und Fotos von Booten und Schiffen wird die Entwicklung der Seefahrt nachvollzogen. Im Speicher sind mehrere Werkstätten untergebracht, darunter ein vollständiges Fotoatelier mit Dunkelkammer, Chemikalien und zigtausend Negativen. Eine Polarsammlung, Dokumente aus der Besatzungszeit 1940–45 und ein Krämerladen komplettieren das Museum. Draußen steht Uræd 1, die angeblich erste geschlossene Rettungskapsel. 1904 überquerten fünf Männer in einer umgebauten Version plus Segel in fünf Monaten den Atlantik.

■ **Ålesund Kirke**, Kirkegata. Juni-August Di–So 10–14 Uhr.

Die Steinkirche trat an die Stelle der zuvor durch das große Feuer zerstörten Kirche. Auffallend die Fresko- und Glasmalereien (*Enevold Thømt*). Nicht schlecht staunen wird, wer sich die Fenster hinter der Orgel betrachtet: der deutsche Adler einträchtig neben dem Heiligen Olav und dem Stadtwappen von Ålesund. Die Glasgemälde sind Geschenke Wilhelms II. zur Einweihung im Jahr 1909. In der schmalen Vorhalle hängen Fotografien, die das Kirchenviertel vor und nach dem Großbrand zeigen. Dort liegen auch DIN-A-4-Zettel in mehreren Sprachen aus, die die Aussatttung der Kirche erläutern. Auf dem Vorplatz erinnert ein Stein an die Toten der Besatzung von 1940–45.

■ **Sunnmøre Museum**, Borgundgavlen, 5 km vom Zentrum an der Straße 9, Tel. 7015 4024. 15.5.–20.6. Mo–Fr 11–15 Uhr, Sa,So 12–15 Uhr, 21.6.–20.8. Mo–Fr 10–17 Uhr, Sa,So 12–17 Uhr, 21.8.–1.10. Mo–Fr

11–15 Uhr, So 12–15 Uhr. Eintritt 25/15 NOK, Familien 60 NOK; das Billett gilt auch für das Mittelaltermuseum in Borgundkaupangen.

Dieses volkskundliche Freilichtmuseum umfaßt rund 50 Gebäude aus der Landschaft Sunnmøre, die Baustil und Lebensweise seit dem 16. Jahrhundert dokumentieren. Interessanter aber sind die Bootshallen, in denen mehrere Holzboote ausgestellt sind. Als Prunkstück gilt der Nachbau des *Fjørtoft-Schiffes* aus dem 7 Jh. Am Museumskai liegen *Borgundknarren,* der Nachbau eines Handelsschiffes aus der Zeit um 1000, und der Kutter *Heland,* der im Zweiten Weltkrieg Flüchtlinge auf die Shetland-Inseln brachte, im Sommer zudem die Kopie des 18 m langen Kvalsund-Schiffes, das die Wikinger im 8. Jh. benutzten.

Im Sommer finden in Borgundgavlen Veranstaltungen mit Volkstanz und -musik statt, an denen auch ausländische Gruppen teilnehmen.

■ **Middelaldermuseet**, Borgundkaupangen, Telefon 7012 4029. 21.6.–20.8. Mo–Fr 10–17 Uhr, Sa,So 12–17 Uhr, ab 15.5. und bis 1.10. So 12–15 Uhr. Eintritt 25/15 NOK, Familie 60 NOK; das Billett gilt auch für das Sunnmøre Museum.

Das Mittelaltermuseum steht auf einem Gelände, das viele Jahre Ort archäologischer Ausgrabungen war. Borgund war schon vor der Zeit der Hanse ein wichtiger Handelsplatz, dessen Bewohner sich durch Fischfang, Jagd, Handel und Handwerk ernährten. 5200 m² des auf 45.000 m² geschätzten Areals wurden freigelegt; die ältesten Funde stammen aus der Zeit um 1100. Allein drei Steinkirchen haben hier gestanden. Das Querschiff der einstigen Peterskirche ist Bestandteil der heutigen Borgund Kirche, die ganz in der Nähe des Museums steht (Juni bis August Di–So 10–14 Uhr).

Ausflüge

Tunnel unterqueren den Fjord

Seit Ende der 80er Jahre führen zwei 3,5 und 4,2 km lange Tunnel teilweise 140 m unter der Meeresoberfläche über *Ellingsøy* nach *Valderøy* und *Vigra*, wo sich der Flughafen von Ålesund befindet. Eine Hängebrücke überquert zudem den Sund zwischen Valderøy und *Giske*, das wiederum durch einen 3,9 km langen Tunnel mit *Godøy* verbunden ist. Seitdem können die 6200 Bewohner der Gemeinde Giske, die alle diese größeren Inseln in der Umgebung umfaßt, Ålesund ohne Inanspruchnahme von Fähren erreichen.

Nicht ohne Wermutstropfen: Die Kosten von über 700 Millionen NOK sollten sich nach 15–18 Jahren mittels Benutzungsgebühren amortisieren. Doch die Verbindung wird weit weniger genutzt, als veranschlagt, so daß Jahr für Jahr mehrere hunderttausend NOK Unterdeckung entstehen und die Refinanzierung wohl mehr als 25 Jahre benötigen wird. Das verärgert vor allem jene, die berufsbedingt pendeln müssen, denn trotz Rabatt zahlen sie in Form von happigen Mautgebühren die Zeche, z.B. 13.000 NOK für 500 Fahrten. Touristen zahlen für einen Weg 55 NOK pro Auto inklusive Fahrer sowie 15/8 NOK für jede weitere Person bzw. jedes Kind bis 15 Jahre; diese Personentarife werden in den öffentlichen Bussen zusätzlich zum Fahrpreis erhoben. Wohnmobile kosten 100 NOK, Motorräder 30 NOK. Die Mautstation steht auf Ellingsøy. Wer sich mehr als ein paar Stunden Zeit gönnt, sollte den Ausflug machen. Was neben ein paar Grabhügeln sonst noch auf den Inseln zu entdecken ist:

■ **Godøy** ist von der Natur her die spannendste jener Inseln. Beherrscht von einem 497 m hohen Tafelberg, verteilen sich drei Siedlungen auf schmalen Uferstreifen zwischen Berg und Wasser. Mehrere Wanderwege führen auf das Plateau, wo der verborgene See *Alnesvatn* liegt, der die Gemeinde Giske mit Trinkwasser versorgt und als Fischgewässer gefragt ist. Parkplatz an der Straße nach Alnes. Am besten fragt man Einheimische nach dem Beginn weiterer Wege.

Godøy ist dafür prädestiniert, ein paar Tage direkt am Meer auszuspannen. In *Alnes*, der größten Ortschaft, steht übrigens auch ein Leuchtturm. Ferner gibt es einen Lebensmittelladen und, gleich an der Ortseinfahrt, mehrere hübsch eingerichtete rorbuer, jene Hütten, die den Fischern früher gleichermaßen als Wohnhaus und Lagerschuppen dienten:

■ **Unterkünfte auf Godøy:** Die rorbuer sind auf die Bedürfnisse von Anglern ausgerichtet. Eine besonders schöne rorbu mit zwei Schlafräumen à drei Personen vermietet Familie *Westad,* Alnesgard, Tel. 7018 5196. Hauptsaison um 500 NOK, Nebensaison um 375 NOK. – *Alnes Rorbuer,* Alnesgard, Tel. 7018 5192. Ferienhütten für 4–6 Personen 1.6.–1.9. 475 NOK, sonst 375 NOK. – *Godøy Hytter,* Tel. 7018 5026. 3 Ferienhütten für 4–6 Personen 1.6.–1.9. 475 NOK, sonst 375 NOK. – *Godøy Camping,* Tel. 7018 5014. Preisniveau Camping: 1, für WM 2. Auch DZ für 200 NOK.

■ **Giske** wirkt gar nicht norwegisch, weil flach wie Holland oder Schleswig. Immerhin ist die Insel die Heimat berühmter lokaler Persönlichkeiten. Das Giske-Geschlecht bestimmte lange Zeit das Geschehen am Handelsplatz Borgund. *Gange Rolv* aus Giske wird 911 die Gründung des Herzogtums Normandie zugeschrieben, nachdem er zuvor aus Norwegen verbannt worden war. Um 1100 soll

Giske Ausgangspunkt von Pilgerfahrten nach Palästina gewesen sein. Um 1200 entstand die kleine Marmorkirche, deren Einrichtung aus dem Jahr 1756 stammt und die von Juni bis August besichtigt werden kann (11–16 Uhr). Schließlich unterstreichen mehrere Grabhügel die geschichtsträchtige Tradition der Insel; die Texttafeln sind zwar auf norwegisch abgefaßt, enthalten jedoch aufschlußreiche Zeichnungen.

■ **Valderøy** ist eigentlich uninteressant, wäre da nicht die Höhle **Skjonghellaren**, in der Geologen in den 80er Jahren sensationelle Funde machten: Knochen, die erstmals bewiesen, daß bereits vor der letzten Eiszeit Tiere im norwegischen Raum gelebt hatten. Die Forscher fanden Überreste von Polarfüchsen, Ottern, Lemmingen, diversen Fischen, Vögeln und anderen Tieren. Mit einem Schlag war die Geschichte der einheimischen Fauna um 20.000 Jahre älter. Die Höhle hatte den Überresten offensichtlich ausreichend Schutz geboten, während die Eispanzer normalerweise Ablagerungen früherer Zeitalter weitgehend zerstörten. Die ältesten in Skjonghellaren gefundenen Ablagerungen waren 80.000–90.000 Jahre alt; sie ermöglichten Erkenntnisse über den Wechsel von warmen und kalten Perioden. Die Forscher wollen ihre Arbeit jetzt auf andere Höhlen in Sunnmøre ausdehnen.

Skjonghellaren liegt an der Westseite von Valderøy. Ein Pfad führt hinauf zum Höhleneingang.

Vom Eismeer und der Hatz zum Fjord

■ **Ishavsmuseet** (Eismeermuseum) in **Brandal**, südwestlich von Ålesund. 1.6.–31.8. 13–18 Uhr. Sonst bei Henrik Landmark anklingeln, Tel. 7009 3007. Eintritt 20/10 NOK.

Anfahrt mit dem Auto: Fähre Sulesund-Hareid, dann drei Kilometer am Fjord entlang. – Anfahrt mit Schiff und Bus: Schnellboot Ålesund-Hareid (*M/S Hjørungavåg*), Bus Hareid-Brandal. Rotes Holzhaus mit grünen Kletterpflanzen am zentralen Platz, nahe Krämerladen.

Das private Museum basiert auf einer Stiftung, der rund 400 Personen angeschlossen sind – meist solche, die selbst Grönland oder Spitzbergen bereist haben. Eismeer-Expeditionen von Bürgern aus der Region besitzen eine lange Tradition. Um 1900 brachen Robbenfänger aus Brandal auf, um an der grönländischen Küste Walrösser, Eisbären, Rentiere und Polarfüchse zu jagen. Dabei brachten sie auch jene Moschuskälber nach Norwegen, deren Nachkommen heute die Moschusochsenpopulation auf dem *Dovrefjell* bilden. Die Expeditionen hatten häufig mit schwieriger See und mit Skorbut zu kämpfen, so daß der wirtschaftliche Erfolg gering blieb. Als die Kohle im Ersten Weltkrieg knapp wurde, gründeten Ålesunder Unternehmer eine Bergbaugesellschaft, die auf Spitzbergen Kohle zu fördern begann (daher auch der Name *Ny-Ålesund*, Neu-Ålesund, auf Spitzbergen). Einer dieser Unternehmer war *Petter S. Brandal*, der bereits den ersten Expeditionen im Eismeer angehört hatte. Er gründete nun eine Reederei, erwarb Fangschiffe und baute eine Fabrik, wo Robben und Hering in großem Stil weiterverarbeitet wurden. Damit konnten die Fangexpeditionen im westlichen Eismeer endlich etwas abwerfen. Probleme gab es nur noch mit Dänemark, dem Grönland unterstand. Der Internationale Gerichtshof in Den Haag entschied für Dänemark und erlaubte Norwegen nur noch den befristeten Fang bis 1952.

Das Eismeermuseum vollzieht diese Entwicklung nach. Mehr als 1000 Fotgrafien widmen sich jenen Expeditionen. Unter den Ausstellungsstücken befinden sich ein Grönlandboot, Seefernrohre und Modelle von Robbenfangschiffen, die sogar Eis brechen konnten. Neben dem obligatorischen ausgestopften Eisbären steht ein ebenfalls präparierter See-Elefant.

Eine vergleichbare Einrichtung gibt es nur im nordnorwegischen *Tromsø*, so daß ich den Besuch wärmstens empfehlen kann. Während der Saison ist Personal zur Stelle, das englisch und teilweise auch deutsch spricht. Die Erläuterungen zu Fotos und Exponaten sind größtenteils nur auf norwegisch abgefaßt.

■ Rundtour Ålesund – Spjelkavik – Sykkylven – Stranda – Hellesylt – **Geirangerfjord** – Geiranger – Eidsdal – Linge – Sjøholt – Spjelkavik – Ålesund.

Die Tour wird häufig angepriesen und ist an einem Tag schon zu absolvieren. Nur, man hat wenig davon: Die meiste Zeit verbringt man im Auto, und es sind drei Fähren in Anspruch zu nehmen. Wobei die Verbindung über den Geirangerfjord, zweifellos der Höhepunkt der Reise, in den Sommermonaten derart frequentiert wird, daß es zu mehrstündigen Wartezeiten kommen kann. Diese Route ist besser zur Weiterreise geeignet.

Wer trotzdem nicht auf den Kurztrip verzichten will, wende sich an das Fremdenverkehrsamt, das über organisierte Rundfahrten mit Bus und Schiff informiert.

Wanderungen

Die Wandergebiete der Ålesunder liegen auf der anderen Seite des *Storfjords*, in den Bergwelten der Gemeinden *Ørsta* und *Sykkylven*. Wegen der umständlichen Anreise mit öffentlichen Verkehrsmitteln sind die ersten beiden Touren eigentlich nur Fahrrad- und Autotouristen zu empfehlen. Da Fähren zu benutzen sind, bieten sie sich zudem eher als Stationen auf der Weiterreise an.

■ **Molladal** in Ørsta. Fähre Solevåg/Sunde-Festøy (verkehrt ständig), Straße 1 Richtung Ørsta, Abzweigung bei *Barstadvik* nach *Erdal* ins *Barstaddal*. Rechts und links des Flüßchens verlaufen Fahrwege, die nach etwa 5 km auf der linken, der Ostseite zusammentreffen. Hier beginnt der markierte Wanderweg in etwa 100 m Höhe. Zur Linken das 1419 m hohe *Jønshorn*, steigt der Pfad durch das *Molladal* gemächlich an und erreicht in 800 m Höhe ein paar kleine Seen, die von einer Schar von spitzen, teils nadelförmigen Zinnen umgeben sind. Dort endet der ausgetretene Pfad. Wer will, kann über eine Geröllhalde – nur mit roten T's gekennzeichnet – noch zu einem 1020 m hohen Sattel aufsteigen. Dort bietet sich ein prächtiger Rundblick auf die Bergwelt und, 100 m weiter östlich, auf den *Hjørundfjord*. Wanderzeit 3,5 Stunden. Rückweg dieselbe Strecke.

■ **Hindaholmen seter**, eine gemütliche Wanderung von etwa einer Stunde pro Richtung. Fähre Magerholm-Aursnes (verkehrt ständig), Straße 60 nach Sykkylven. Dort von der neuen Umgehungsstraße herunter und auf der parallel verlaufenden alten Hauptstraße weiter gen Süden. Nach 3 km bei *Tynes* über eine Brücke, sofort danach links abzweigen und den Hang hinauf. Der Fahrweg macht einen Bogen, verläuft zunächst ostwärts, dann südwärts und endet nach wenigen Kilometern an einem Schlagbaum mit Wendeplatz. Dort kann man auch einen Wagen abstellen.

Man folgt dem Traktorweg und erreicht nach gemächlichem Anstieg in 400 m Höhe die Alm Hindaholmen. Zur Linken erheben sich die zerfurchteten *Hammersettindane*, zur Rechten das steile *Straumshorn*, dazwischen ein langgestreckter See. Von der Alm sind es nur wenige Minuten zu einem niedrigen Sattel im Westen, von dem man hinunter zum *Sykkylvsfjord* und auf die im Spätsommer häufig kalbenden Gletscher der gegenüberliegenden Berge blicken kann!

■ **Godøy:** Die Wanderung zum **Alnesvatn** wird unter der Rubrik »Ausflüge« kurz vorgestellt.

■ Weitere **Tips** für die oben beschriebenen Regionen gibt der lokale Wanderverein, Tollbugate 6, Tel. 7012 5804.

Verschiedenes

■ **Stadtwanderung:** organisiert 15.6.–20.8. Di und Do, Abmarsch um 13 Uhr beim Touristenbüro. Dauer 1,5 Stunden. Preis 45/0 NOK.

■ **Hafenrundfahrt:** 1.7.–15.8. Mo–Fr, Dauer rund 45 Minuten. Die aktuellen Daten beim Touristenbüro erfragen, dort auch Anmeldung.

■ **Helikopter-Sightseeing** ab Flughafen auf Vigra, Tel. 7018 3500. Zwanzigminütiger Flug für 2500 NOK, der nach Absprache verlängert werden kann. Maximal fünf Plätze. Zu teuer.

■ **Angeln:** z.B. im idyllischen See *Alnesvatnet,* auf dem Tafelberg von Godøy. Tageskarte in der Naustbuda in Alnes, 20 NOK. Infos: Tel. 7018 2000. – Bootsfahrten mit Jon Godøy, Tel. 7018 5026.

■ **Reiten:** *Ålesund Ridesenter,* Lerstad, Tel. 7015 4391. Täglich 8–20 Uhr. Lerstad liegt landeinwärts an der Str. 9.

■ **Tauchen:** *Ålesund Dykkersenter,* Brunholmsgt. 2, Tel. 7012 3424. Auch Kurse. – *Aquarius Dykkesenter,* Volsdalsberga, Tel. 7013 2828. Bei beiden Vereinen Verleih von Ausrüstung, Luftfüllung.

■ **Kunstgalerien:** *Aalesund Kunstforening,* Parkgt. 3, Tel. 70122 2237. – *Galleri Flora* im Rica Parken Hotel, Storgt. 16, Telefon 7012 5050. Mo–Sa 10–24 Uhr, So 12–18 Uhr. – *Galleri K 16,* Kirkegt. 16, Tel. 7012 3160. – *Gallerie '83,* Kipervikgt. 30, Tel. 7012 1888. – *Galleri Aalesund,* Prestegt. 2, Tel. 7012 4043.

■ **Hauptpostamt**: Korsegt. 4, am Treppenaufgang Richtung »Aalesund Museum« und Aksla.

■ **Notarzt:** Tel. 7012 8001.

■ **Transport:** mit Personenfähren zu allen Inseln der Umgebung, zudem über Valderøy nach Hareid. Per Bus Lokalrouten ab Ålesund-Zentrum nach Austnes, Blindheimskiftet, Brattvåg, Dragsund, Emblem, Engeset, Fiksdal, Fjørtoft, Furnes, Giske, Godøy, Hamnsund, Kjerstad, Kvalstein, Kverve, Langevåg, Magerholm, Mauseidvåg, Myklebust, Nerås, Sjøholt, Skjelten, Skodje, Slyngstad, Solevåg, Solnør, Solnørdal, Spjelkavik, Stette, Store Kalvøy, Sulesund, Sykkylven, Taftesund, Tennfjord, Tomrefjord, Utvik, Vadset, Valderøy, Valle, Vatne/Haram, Vegsund, Vestnes, Vigra (Flughafen).

■ **Taxi:** Tel. 7013 2500.

■ **Parkhäuser:** 24 Stunden geöffnet ist das Parkhaus im »Rica Parken Hotel«, Storgt. 16. Parkhaus-Preise: 5 NOK pro Stunde, 45 NOK pro Tag.

Wer 10–15 Minuten Fußweg bis zum Zentrum nicht scheut, kann sein Auto kostenlos in einer der Straßen abstellen, die oberhalb der Straße 9 parallel am Hang des Aksla verlaufen. Man folge ab der Straße 9 zunächst dem Schild Richtung Fjellstua/Aksla, fahre dann aber weiter geradeaus, anstatt rechts den Hang hinauf.

Weiterreise

■ **Flug:** *Flyplass Ålesund* auf Vigra. Zu erreichen mit dem Bus ab *Skateflukaia*, Fahrpreis 55 NOK (darin enthalten Tunnelmaut). Aktueller Fahrplan im Touristenbüro oder unter Tel. 7012 5800.

Direktverbindungen innerhalb Westnorwegens mit Bergen und Kristiansund, ferner mit Oslo u.a.

■ **Hurtigrute:** Anlegestelle *Skansekaia*, im Norden der City. Die Preise unten (1995) gelten für Juni bis September; ansonsten sind die Tickets 25-45 % billiger.

Nordwärts nach Molde (149 NOK) Kristiansund (268 NOK) und weiter nach Trondheim; südwärts nach Måløy (230 NOK), Florø (349 NOK) und Bergen (655 NOK). Dazu noch Zimmeraufschlag, plus Verpflegung an Bord.

■ **Personenfähre:** *Skateflukaia,* siehe Stadtplan.

Direktverbindungen nach Molde (130 NOK), über Valderøy nach Hareid (40 NOK).

■ **Bus:** *Busstasjon* Keiser Wilhelms gate am Storneskaia und Busterminal am Skateflukaia.

Nach Sunndalsøra (192 NOK) über Spjelkavik, Sjøholt, Molde, Surnadal. – Nach Molde auch mit Lokalroute (71 NOK). – Nach Åndalsnes (130 NOK). – Nach Valldal (93 NOK) über Spjelkavik, Valle, Sjøholt, Liabygda kai (Fähre nach Stranda) und Linge. – Nach Øvre Årdal (395 NOK) am Sognefjord über Spjelkavik, Stranda, Hellesylt (108 NOK), Stryn (157 NOK), Loen, Olden, Innvik, Utvik, Byrkjelo, Skei, Fjærland (263 NOK) und Sogndal (318 NOK). – Nach Førde (247 NOK) über Spjelkavik, Ørsta, Volda, Nordfjordeid, Sandane, Byrkjelo (187 NOK). – Nach Bergen mögliche Kombination Bus/Fähre über Hareid, Ulsteinvik, Selje, Måløy, und Florø; mit gut 8 Stunden schnell und teuer. Oder (»Fjordekspressen«, 438 NOK) über Ørsta, Volda, Nordfjordeid und Førde, oder (»Vestlandsbussen«, 459 NOK) über Stranda, Hellesylt, Stryn und Førde; jeweils knapp 11 Stunden unterwegs!

Lokalrouten siehe unter »Verschiedenes, Transport«.

■ **Auto: Nach Molde**. Auf Straße 1 zum Fähranleger *Vestnes,* unterwegs Durchquerung der Hochlandebene **Skorgedal**, umrahmt von geschmirgelten Höhenzügen; lediglich ein paar vorlaute, gezackte Bergspitzen akzentuieren die geradezu liebliche Landschaft, die sich im Herbst in ein Gemälde aus Rot und Gelb verwandelt. Ab Vestnes Autofähre nach Molde, genannt die »Stadt der Rosen«; siehe dort.

Nach Sunndalsøra. Auf Straßen 1 und 9 ostwärts bis nach *Åndalsnes,* ab dort weiter auf Straßen 64, 660 und 62 ins Sunndal, fast die gesamte Strecke an Fjorden entlang. Unterwegs mögliche Abstecher ins

Eikesdal und ins Øksendal; siehe unter »Sunndal«.

Nach Geiranger. Drei Wege, alle unter »Geiranger, Weiterreise« in umgekehrter Richtung beschrieben. Bei Wahl der Straße 60 über Sykkylven und Stranda müssen Sie in Hellesylt, zumindest während der Hochsaison im Juli, mit Wartezeiten am Fähranleger rechnen.

Nach Stryn. In umgekehrter Richtung beschrieben unter »Stryn, Weiterreise«.

Zum Sognefjord. In umgekehrter Richtung beschrieben unter »Am Sognefjord, Fjærland, Weiterreise«.

Nach Runde/Herøy. Straßen 61 und 654 über Hareid, *Ulsteinvik, Dragsund, Fosnavåg* zur Vogelinsel Runde. Vor Ulsteinvik steht rechts auf dem Hügel das architektonisch ungewöhnliche »Ulstein Hotell«.

Molde

Jazz und Rosen

Jazz und Rosen sind die beiden Schlagwörter, die Touristen nach Molde ziehen. Die Aussicht vom Stadtberg *Varden* und einige Ausflugsziele sprechen ebenfalls für die Stadt und ihre Umgebung zumindest als Durchreisestation.

Quellen aus dem Mittelalter berichten von einem Handelsplatz mit Hafen an der Mündung des Flusses *Moldeelva*. Bevor die Industrialisierung einsetzte, bildeten der Fischfang und der Holzhandel mit England und Holland die wirtschaftliche Grundlage.

In diesem Jahrhundert wurde die Bevölkerung zweimal von Katastrophen heimgesucht. 1916 brannten rund 100 Häuser nieder, und 1940 waren es deutsche Flugzeugverbände, die weite Teile der Stadt verwüsteten. Die Besatzer hatten erfahren, daß König *Haakon VII.* auf seiner Flucht in Molde eingetroffen war. König und Kronprinz hielten sich während des Bombardements am 29.4. im Wald westlich der Stadt auf. An besagter Stelle steht *kongbjerka*, die Königsbirke. Der Baum, wenn auch inzwischen abgestorben und verkrüppelt, gilt als Symbol des Widerstands gegen die deutsche Okkupation.

Der Wiederaufbau nach dem Krieg hinterließ seine Spuren. Als quadratisch, praktisch, häßlich kann der Stadtkern unten am Fjord beschrieben werden. Viel Beton, Grün eher als Alibi. Symbolisch für diesen Baustil ist das Rathaus (1966). Obwohl auf dem Dach, das wegen der Hanglage problemlos über Treppen zu besteigen ist, Bänke und Rosenkübel um einen Springbrunnen herum gruppiert sind – es fehlt der letzte Tick an Originalität, an Gemütlichkeit. Einladender wirken da die Häuserreihen oben am Hang, beispielweise zwischen Margaretha Dahls gate im Norden und Parkvegen/Øvre veg im Süden. Auffallend die weiß angelegten Häuser und die Gärten, in denen eine Vielzahl von Rosenarten prächtig gedeihen. Die warmen Winde des Golfstroms machen's möglich.

Doch viele Rosen allein geben noch kein Flair. Ein wenig davon ist immerhin Mitte Juli zu verspüren, wenn sich Musiker und Fans zum Internationalen Molde Jazzfestival treffen. Die Konzerte finden in Hotels, Bars, Restaurants und umfunktionierten Lagerhäusern statt. Zudem hat sich seit wenigen Jahren das *Bjørnsonfestival* etabliert, benannt nach dem norwegischen Dichter und Literatur-Nobelpreisträger *Bjørnstjerne Bjørnson*, der in Molde zur Schule ging: Anfang Juli lesen eine Woche lang Autoren aus ihren Werken, sorgen Theatervorstellungen, Konzerte (»Musikk og lyrikk«) und besondere Programme für Kinder für Abwechslung. Molde auf dem Weg Haugesunds, zu einer Stadt der Festivals?

Heute leben rund 23.000 Menschen in Molde, in erster Linie von Dienstleistungssektor, Verwaltung (für das fylke Møre og Romsdal) und Industrie (Textil, Möbel, Elektronik, Schiffsausstattung). Seit 1983 ist die Stadt Bischofssitz.

Information

■ **Turistinformasjon Molde**, Postboks 484, N-6401 Molde. Tel. 7125 7133 und 7121 9200, Fax 7125 4918. 15.5.–31.8. Mo–Sa 9–18, So 10–16 Uhr, sonst Mo–Fr 8.30–15 Uhr. Infostelle im Rathaus, außerhalb der Saison eventuell nicht besetzt, dann Broschüren in Selbstbedienung.

■ **Molde International Jazz Festival**, Postboks 261, N-6401 Molde, Tel. 7121 6000, Fax 7125 3635.

■ **Bjørnsonfestivalen**, Rådhuset, N-6401 Molde, Tel. 7121 9450, Fax 7121 9451.

Unterkunft

■ **Hotell Alexandra**, Storgaten 1–7, Tel. 7125 1133, Fax 7121 6635.

15.6.–15.8. EZ 735 NOK, DZ 880 NOK, sonst EZ 980 NOK, DZ 1180 NOK.

Der riesige Betonkomplex gilt als feinste Absteige in Molde, ist auch Gastgeber einiger Jazzkonzerte während des Festivals. Zimmer mit Aussicht zum Fjord und Hörverbindung zur belebten Hauptstraße, mit dunklen Holzmöbeln und Teppichboden in schweren Farben, im Vergleich mit anderen selbsternannten Nobelherbergen zu teuer. Schwimmbad und Sonnenterrasse.

■ **Knausen Hotell, Motell, Hytter**, Bergmo, Nøisomhedveien, Tel. 7125 1577, Fax 7121 5287. Hotel 1.6.–31.8. Fjord Pass (B) EZ 495 NOK, DZ 690 NOK, sonst EZ 700 NOK, DZ 800 NOK. Appartement für 4 Personen 450 NOK. Campinghütte 325 NOK.

Das einzige Hotel in Molde, das (3 km) außerhalb des Zentrums liegt, in einem ruhigen Stadtteil mit viel Grün. Bus 20 zur City. Durch die hohe Bettenkapazität viel Rummel in der Hochsaison. Zimmer in skandinavischem Design, verhalten modern, helles Holz dominiert unaufdringlich das Erscheinungsbild.

■ **Hotel Nobel**, Amtmann Krohgs gate 5, Tel. 7125 1555, Fax 7121 5954. 15.6.–15.8. EZ 480 NOK, DZ 660 NOK, sonst EZ 625 NOK, DZ 850 NOK. Nur Frühstück.

Trotz des Namens nicht ganz so nobel wie das »Alexandra«, zu dem es auch gehört. Zimmer klein, aber ordentlich eingerichtet; der Straßenverkehr dringt durch die Fenster.

■ **Hotell Molde**, Storgt. 19, Tel. 7121 5888, Fax 7121 5890. 1.6.–31.8. Fjord Pass (C) EZ 470 NOK, DZ 750 NOK, sonst EZ 690 NOK, DZ 830–960 NOK.

Ebenfalls im Stadtzentrum. Die Atmosphäre ist persönlicher als im »Alexandra«, die Zimmer sind kleiner und nicht ganz so aufwendig ausgestattet, die Fenster dafür besser isoliert.

■ **Norrøna Pensjonat**, Storgt. 77, Tel. 7125 1824. EZ um 275 NOK, DZ um 400 NOK. Frühstück 50 NOK.

Hier übernachten hauptsächlich Norweger, die für ein ordentliches Bett keine Hotelpreise zahlen wollen und im Gegenzug anspruchloses Ambiente in Kauf nehmen: Bett, Stuhl, Tisch, Waschbecken, damit hat es sich – halt, beinahe hätte ich den allgegenwärtigen Straßenverkehr vergessen.

■ **Kviltorp Camping**, Fannestrandvegen 142, Tel. 7121 1742. Ganzjährig geöffnet. Preisniveau Camping: 2. 19 Hütten für 3–4 Personen 190–450 NOK, 1 Ferienhütte für 6 Personen um 575 NOK.

Der baumbestandene Platz liegt am östlichen Stadtrand zwar nett am Moldefjord, doch für Zeltromantik ist vor allem in der Hochsaison wenig Platz. Der nahegelegene Flugplatz stört weniger, die vorbeiführende Straße 1 schon eher. Die Hütten sind passabel, aber zu teuer. Neue Sanitäranlage, W & T. Kiosk. Spielplatz. Kanus und Ruderboote.

■ **Skaret Turistsenter**, 11 km nordöstlich an der Straße 64, Tel. 7126 5622, Telefax 7126 5006. Ganzjährig geöffnet. Preisniveau Camping: 2. 5 Hütten mit Bad und einem Schlafraum für 3 Personen 350 NOK, Ferienhütten für 5 Personen 650 NOK. Frühstück. Typische Kafeteria, in der es nach Pommes riecht.

Steiniger, leicht abfallender Platz am See, mit einigen winzigen Grasflächen, auf dem sich Dauercamper mit Holzzäunchen, kitschigen Blumentöpfen und Tierfiguren breitgemacht haben. Zum Zelten nur als Notlösung geeignet. Die Hütten sind dagegen unkonventionell ausgestattet, mit Durchreiche zur Küchennische, Barhockern und gemütlichem Sofa. W & T. Kiosk. Spielplatz und Schwimmbecken. Angeln, Bootfahren und Reiten in der Umgebung, leider keine Rundwanderungen möglich.

Essen und Trinken

■ **Naust Gryta**, Hamnegt. 47 (am Busbahnhof), Tel. 7125 1030. In dem mit Harpune, Boot, Fischernetzen und Holzbalken als Seemannskneipe aufgemachten Lokal herrscht schon vormittags Betrieb, wenn deftige, wohlschmeckende Frühstückskompositionen ab 35 NOK serviert und die Tageszeitungen eifrig durchblättert werden. Dagens rett um 49–79 NOK, kleinere Gerichte und Salate um 30–50 NOK, Fisch und Steaks um 79–130 NOK, darunter auch Robbensteak und Walhaischnitzel.

■ **Vardestua** on the top of the town (am Aussichtspunkt auf dem Stadtberg Varden), Tel. 7125 1086. Das mit Holzwänden und Steinboden eingerichtete Lokal ist auf Durchgangsverkehr ausgerichtet, stellt nur bei Gruppenbestellungen auf Restaurantbetrieb um. Smørbrød, Speckteller, rømmegrøt oder Lachsteller, um 19–99 NOK.

Sehenswertes

■ **Varden** (406 m) ist der Stadtberg von Molde, von dessen höchstem Punkt bei klarer Sicht ein unvergleichliches Panorama zu erleben ist. Auf dem *Moldefjord* liegen Schären und Inseln verteilt, Autofähren und Ausflugsboote verkehren über das Wasser. Auf dem anderen, dem südlichen Ufer des Fjords erhebt sich eine Bergkette mit, je nach Jahreszeit, 87 schneebedeckten Gipfeln, unterbrochen vom *Tresfjord*, in den man weit hineinschauen kann. Im Westen bleibt das Meer weitgehend von den Höhenzügen verdeckt. Die 222 Gipfel, von denen die örtlichen Tourismusstrategen heute reden, können Sie sich ja mal vom Fremdenverkehrsdirektor zeigen lassen...

Varden ist über eine Straße bequem mit dem eigenen Wagen zu erreichen. Wer den Hügel zu Fuß besteigen will, sollte einen der zahlreichen Pfade wählen, die ab Moldelivegen nach oben führen. Allein an der Königsbirke beginnen zwei davon. Moldelivegen verläuft oben am Hang quer durch die Stadt. Die Autostraße auf Varden ist wegen der Asphaltdecke und dem großen Bogen, den sie beschreibt, schlecht zum Laufen geeignet.

■ Freilichtmuseum **Romsdalsmuseet**, Museumsvegen 14 (Ecke Moldelivegen), Tel. 7125 2534. 1.6.–15.6. und 16.8.–31.8. Mo–Sa 10–14, So 12–15 Uhr, 16.6.–15.8. Mo–Sa 10–18, So 12–18 Uhr. Eintritt 30 NOK.

Das Freilichtmuseum, ab Øvre veg / Parkvegen ausgeschildert, umfaßt mehr als 40 Gebäude, die in einem Waldstück mit Seerosenteich und Wiesen verteilt liegen. Wohnhäuser und Wirtschaftsgebäude von Bauernhöfen, die ältesten Teile fast 400 Jahre alt, sind hier seit 1912 zusammengetragen worden. Manche wurden zu diesem Zweck Stück für Stück auseinandergenommen und wieder zusammengesetzt, andere im Ganzen transportiert. Die meisten Gebäude sind original mit Möbeln, Haushaltsgeräten und Handwerkzeug eingerichtet.

Etwas aus dem Rahmen fällt die kleine Kapelle, die 1952 zur Erinnerung an jene Bombennacht im April 1940 errichtet wurde und in der noch heute Hochzeiten stattfinden. Das Interieur ist der Sammelleidenschaft einer Privatperson zu verdanken, die die Einrichtung verfallender Kirchen im *Romsdal* aufgekauft hatte – allein 18 Stabkirchen standen dort früher einmal.

Eine lustige Geschichte betrifft den Barock-Altar (1670), den ein paar barbusige Frauenkörper zieren. Als Ende des letzten Jahrhunderts der Pietismus Einzug hielt und die selbsternannten Moralapostel ihren Mitbürgern die Schamesröte ins Gesicht redeten, mußten die Figuren vorübergehend verschwinden.

In der Hauptsaison stehen die meisten Häuser und ein Souvenirladen offen, finden Volkstanzvorführungen statt, und das Führungspersonal, in Trachten eingekleidet, spricht sowohl deutsch als auch englisch. In Vor- und Nachsaison läuft alles etwas gemächlicher ab: Die Bänke, die zum Ausruhen auf dem Gelände stehen, sind frei, und es bleibt Zeit, in der Kapelle auf der Orgel zu spielen.

Im Verwaltungsgebäude gibt es Dauerausstellungen zu Geschichte und Lebensweise im Distrikt

Romsdal, zu *Bjørnstjerne Bjørnson* (siehe oben) und zur Besatzungszeit 1940–45.

■ Das Freilichtmuseum **Fiskerimuseet**, das Fischereimuseum auf der Insel *Hjertøya* im Moldefjord, ist eine Abteilung des Romsdalsmuseums. 1.6.–19.6. und 21.8.–31.8. täglich 9–15 Uhr, 20.6.–20.8. 12–19 Uhr. Fähre nach Hjertøya ab Torget, Markplatz: täglich 9–14 Uhr zu jeder vollen Stunde, in der Hauptsaison 12–18 Uhr; letzte Rückfahrt um 15.15 bzw. 19.15 Uhr.

Das Museum, mit Wohnhäusern, Trankocherei, Werkstätten und Bootsschuppen wie ein Fischerdorf angelegt, soll veranschaulichen, wie (hart) der Alltag der Familien war und die Arbeit auf See noch ist.

Ausflug nach Bud

Das Fischerdorf Bud, 44 Autokilometer nordwestlich von Molde, verdankt seiner exponierten Lage am offenen Meer eine bewegte Geschichte. Im 16. und 17. Jahrhundert war Bud der größte Handelsplatz zwischen Bergen und Trondheim. 1533, als das Land bereits dänische Provinz war, wurde hier der letzte norwegische Reichstag abgehalten, woran ein Denkmal auf dem Hügel *Ergan* erinnert. *Hustadvika*, der Küstenstreifen nördlich von Bud, gehört zu den berüchtigsten in Norwegen und hat viele Menschen auf See behalten.

Weiteres Unheil brachte die deutsche Wehrmacht 1940 nach Bud, als sie das strategisch günstig gelegene Dorf durch den aufwendigen Bau von Verteidigungsanlagen zu sichern begann. Norwegische, polnische und sowjetische Kriegsgefangene mußten ein verzweigtes Tunnelsystem samt unterirdischem Feldlazarett in jenen Hügel Ergan treiben, Schützengräben ausheben, Geschützstellungen bauen. Rund 50 Gebäude wurden abgerissen, und sogar das Kuppeldach der 1717 gebauten Kirche mußte weichen, weil es in der Feuerlinie der Kanonen lag. Wenigstens blieb Bud von Kämpfen verschont.

Heute gehen die Dinge in Bud ihren beschaulichen Gang. Wer bei klarer Sicht auf den Stadthügel wandert, genießt eine famose Sicht in alle vier Himmelsrichtungen. Draußen vor der Küste zeichnet sich das Dörfchen *Bjørnsund* auf drei kleinen Inseln ab; um 1900 lebten dort 5-6000 Menschen, primär vom Fischfang. Seit den 70er Jahren ist Bjørnsund verlassen, kehren die ehemaligen Bewohner und ihre Nachkommen nur noch während der Ferien und an den Wochenenden in ihre alten Häuser zurück, sofern sie diese als Ferienhäuser erhielten. Zwischen März und Oktober verkehrt ein Boot von *Harøysund* (bei Bud) nach Bjørnsund, mit Busanschluß von und nach Molde.

Den aktuellen Fahrplan erfragen Sie am besten im Touristenbüro von Molde.

Anfahrt nach Bud: per Bus ab Molde-Busbahnhof (51 NOK) oder mit eigenem Wagen auf den Straßen 64, 663 und 664.

Sehenswertes

■ **Ergan Kystfort**, Tel. 7126 1518 und 7126 8100. 10.5.–31.8. täglich 10–18 Uhr. Führungen um 11, 13, 15 und 17 Uhr, sonst nur Gruppen nach Anmeldung. Teilnahme 30/20 NOK.

Ergan ist mittlerweile eine Touristenattraktion. Elektrisches Licht wurde verlegt, die Gänge wurden geweißt und Ausstellungen in einigen Räumen eingerichtet. Wer Tunnelforscher spielen will, sollte an warme Bekleidung denken. Sie können auf eigene Faust durch die Gänge streifen, doch Sie haben mehr davon, wenn Sie an einer Führung (auch auf deutsch oder englisch) teilnehmen. In dem ehemaligen Wasserbassin steht eine beklemmende Skulptur, die als blutroter Stacheldraht die Schrecken des Krieges symbolisiert.

■ **Bud Kirke:** 20.6.–20.8. Di–Sa 12–15 Uhr. Führungen.

Früher zierte Bud sogar eine Stabkirche, die jedoch 1709 nach einem Blitzeinschlag niederbrannte. Die heutige Kreuzkirche aus Holz wurde 1717 errichtet. Der Zwiebelturm kam nach einem Brand 1832 hinzu. 1943 von den Deutschen entfernt, weil er im Schußfeld ihrer Kanonen lag, überstand er in einer Scheune unbeschadet den Krieg, bevor er 1950 wieder an seinen ursprünglichen Platz zurückkehrte.

Unterkunft

In manchen Regionen Norwegens müssen gute Campingplätze mit der Lupe gesucht werden. In Bud gibt es gleich zwei davon. Die Lage am offenen Meer bekommt nicht jedem Zelt; windstabile Exemplare bewähren sich spätestens beim ersten Sturm.

■ **Blåhammer Camping**, 1,5 km südlich von Bud an der Straße 664, Tel. 7126 1703. 1.6.–1.10. Preisniveau Camping: 2. 6 Hütten für 4 Personen 200 NOK.

Viereckig eingezäunte Wiese, die das Hauptgebäude umgibt, prinzipiell ohne Dauercamper. Die Lage ist etwas zu offen. Davor kurzer Sandstrand. Die Hütten liegen hübsch zwischen Sträuchern und Bäumen, sind sauber sowie mit Regalen und kleinen Schränken gemütlich eingerichtet. Gute Sanitäranlage, W. Spielplatz. Kanus und Ruderboote.

■ **Bud Camping**, Tel. 7166 1023. Mai bis 1.10. Preisniveau Camping: 2, WM 3. 10 Hütten für 4 Personen um 220 NOK.

Grasbewachsene Fläche, die sich unregelmäßig um felsige Anhöhen verteilt und so ganz persönliche Zeltplätze ermöglicht. Die Hütten sind in Ordnung, jedoch nicht ganz so wohnlich wie bei Blåhammar. Sanitäreinrichtungen passabel, W & T. Kiosk. Ruderboot gratis.

Wanderungen

■ **Trollkyrkja**, die Trollkirche, ist ein Höhlensystem mit stockdunklen Gängen, Grotten und unterirdischen Wasserfällen, zweifellos eines der spannendsten Wanderziele in ganz Norwegen. Notwendige Ausrüstung: feste, möglichst wasserdichte Schuhe, Regenkleidung, Fackeln oder lichtstarke Lampen. Fackeln gibt es bei Sverre Amdam, Myrabakken, Molde.

Die Wanderung beginnt an der Straße 64 Richtung *Eide*, 25 Kilometer nordöstlich von Molde (Parkplatz). Der ausgetretene Pfad ist 2,5 km lang und steigt von 85 auf 500 m an. Er überquert eine Brücke, führt durch einen Nadelwald, später über bemooste Felsen und aufgeweichten Boden stets aufwärts. Weiter oben verteilen sich die Wege, um die größten Schlammpfützen auszusparen. Nach gut 75 Minuten Gehzeit steht man vor einem dunklen Höhleneingang. Wer keine starke Lichtquelle dabei hat, muß sich entweder anderen Abenteurern anschließen oder auf den schönsten Teil der Wanderung verzichten. Kleine Taschenlampen reichen nicht aus, wenn der Kopf nicht unliebsame Bekanntschaft mit den zackigen Felsen machen soll. Der Gang führt 60 m in den Berg hinein; die Seitengänge, manchmal so schmal, daß nur Kinder hindurchpassen, sind nicht zu empfehlen. Wenn das Rauschen von Wasser deutlicher und ein Lichtschein erkennbar wird, steht das phantastische Finale bevor: ein Felskessel, in den sich ein kräftiger Wasserfall ergießt, von oben durch einfallendes Tageslicht illuminiert.

Weiter oben steigt eine steile Leiter in eine zweite Grotte mit Wasserfall hinab. Die Grottenwände bestehen teilweise aus weißem Marmor. Noch weiter oben befinden sich zwei schmale Löcher im Felsboden, die das Hinweisschild am Parkplatz mit gutem Grund verschwiegen hat. Bierbäuche scheiden jetzt aus. Wer sich nach unten zwängt, steht am Beginn eines weitverzweigten Wirrwarrs unterirdischer Gänge. Vorsicht: Der vielzitierte Bindfaden zum Wiederfinden des Ausgangspunktes ist keine schlechte Idee, und wegen der unübersichtlichen Gänge lohnt es sich, eher eine Fackel zuviel als zu wenig dabei zu haben.

Von hier oben zeichnet sich der Parkplatz mit Ihrem Fahrzeug als winziger Punkt in der Ferne ab. Es ist ein unvergeßlicher Trip, der selbst in diesem Land seinesgleichen sucht.

■ Ein günstiges Terrain für leichte Wanderungen und Spaziergänge ist **Moldemarka**, das mit Wäldern, kleinen Seen und Bächen die Stadt wie ein Halbkreis umgibt und wo sich die Jogger treffen. Mögliche Ausgangspunkte sind die Pfade hinauf zum Aussichtspunkt Varden. Leider gibt es weder brauchbare Karten noch ein markiertes Wegenetz.

Verschiedenes

■ Der schönste **Badeplatz** befindet sich auf der Insel *Hjertøya* im Moldefjord. Die Personenfähre verkehrt ab Torget, dem Marktplatz. Abfahrtzeiten unter der Rubrik »Sehenswertes, Fiskerimuseet«.

■ **Fahrradvermietung:** *Elvaas & Co.* Storgt. 56, Tel. 7125 1866.

■ **Golf:** *Molde Golfklubb,* Henden gård in Eikrem, Tel. 9466 0780 und 9464 5498. 9-Loch-Platz.

■ **Molde Domkirke:** Mo–Sa 10–15 Uhr.

■ **Galerie:** *Møre og Romsdal Kunstnersenter*, Julsundveien 9, Tel. 7125 8000. Kunsthandel und wechselnde Ausstellungen.

■ **Veranstaltungen:** *Bjørnsonfestivalen,* Anfang Juli. – *Molde International Jazz Festival,* Mitte Juli. – Adressen zwecks Auskunft unter »Information«.

■ **Hauptpostamt:** Torget (Marktplatz), gegenüber dem Rathaus.

■ **Transport:** Lokale Buslinien nach Aukra, Auresoen, Bolsøya, Botterli, Brattvåg, Bremsnes, Brudalen, Bådalen, Bud, Dryne, Eide, Eidseter, Elnesvågen, Farstad, Harøysund, Hollingsholm, Horsgard, Hustad, Kleive, Kårvåg, Lyngstad, Lønset, Malmefjord, Midsund, Moa, Mordal, Mordalsvågen, Osbrua, Ræstad, Småge, Solemdal, Solholmen, Stavik, Sølsnes, Tangen, Torvikbukt, Tverrfjell, Vevang, Vikan, Ytre Hoem, Åfarnes, Årø.

Personenfähren nach Vestnes und Vikebukt sowie über Nordøyane nach Ålesund.

Autofähren nach Vestnes sowie Sæternes auf Sekken.

■ **Parkmöglichkeiten** sind deutlich ausgeschildert. Zu empfehlen sind die Parkplätze am Øvre veg, 5 Gehminuten zum Zentrum. Preis: Je 2 NOK für die ersten beiden Stunden, ab dann 4 NOK pro Stunde (im voraus zu zahlen). Kostenlose Langzeitparkplätze am Kai der Autofähren nach Vestnes und Vikebukt, östlich vom Stadtzentrum, häufig durch Pendler besetzt.

Weiterreise

■ **Flug:** *Arø flyplass*, 5 km östlich vom Zentrum an der Straße 1, Tel. 7121 4700. Der Flughafenbus verkehrt ab Busbahnhof (Zentrum. und Flugplatz.

Direktverbindungen innerhalb Westnorwegens mit Bergen und Kristiansund, ferner mit Oslo u.a.

■ **Hurtigrute:** Anlegestelle *Storkaia*, am westlichen Rand der City. Die Preise unten (1995) gelten für Juni bis September; ansonsten sind die Tickets 25–40 % billiger.

Hurtigrute nordwärts nach Kristiansund (204 NOK) u.a. Hurtigrute südwärts nach Ålesund (149 NOK), Måløy (374 NOK), Florø (494 NOK) und Bergen (758 NOK).

■ **Personenfähre:** Anlegestelle *Torgkaia*, in der Stadtmitte.

Nach Ålesund (130 NOK) über Brattvåg, Fjørtoft, Myklebust, Austnes, Kjerstad, Hamnsund, Store Kalvøy. – Nach Vestnes (39 NOK) und Vikebukt (39 NOK).

■ **Autofähre:** Anlegestelle *Molde ferjekai*, am östlichen Rand der City. Routen siehe unter »Verschiedenes, Transport«.

■ **Bus:** *Busstasjon Storgata*, Stadtzentrum.

Fernverbindungen innerhalb Westnorwegens mit Kristiansund (101 NOK), Sunndalsøra (103 NOK), Åndalsnes (96 NOK), Ålesund (97 NOK, inklusive Fährticket Vestnes-Molde).

Lokalrouten siehe unter »Verschiedenes, Transport«.

■ **Auto: Nach Kristiansund**. Entweder Küstenroute auf den Straßen 64 und 664 über Bud, Vevang und Atlanterhavsveien zum Fährhafen Bremsnes, ab dort Autofähre nach Kristiansund: **Atlanterhavsveien** ist ein mautpflichtiges Brückenband, das die Insel Averøya mit dem Festland verbindet; bei heftigem Wind, wenn die Wellen hoch an die Felsen klatschen, stellen sich beim Autofahrer gemischte Gefühle ein, atemberaubende und unheimliche zugleich; doch die Frage sei erlaubt, ob es sinnvoll war, so viel Geld in die Anbindung unbewohnter Schären zu investieren und dafür die schnelle Fährverbindung zwischen Averøy und dem Festland einzustellen; Maut: Pkw inklusive Fahrer 40 NOK, Wohnmobil 120 NOK, jede weitere Person 15/7 NOK. Oder über Straße 1 direkt nach Kristiansund; zuletzt über neues Brücken- und Tunnelband, das die Stadt seit 1992 mit dem Festland verbindet; Maut: Pkw inklusive Fahrer 55 NOK, Wohnmobil 180 NOK, jede weitere Person 20/10 NOK. Oder Straße 64 bis kurz vor Eide, unterwegs mögliche Wanderung zur Trollkyrkja (siehe oben), dann am Kvernesfjord entlang nach Høgset und zur Straße 1; abschließend, wie oben, über Brücke und Tunnel nach Kristiansund.

Nach Sunndalsøra. Straßen 1 und 62 über Eidsvåg. Schönes Panorama entlang des Tingvollfjords.

Nach Geiranger. In umgekehrter Richtung beschrieben unter »Geiranger, Weiterreise«.

Nach Ålesund. In umgekehrter Richtung beschrieben unter »Ålesund, Weiterreise«.

Kristiansund

Mitten durch die Werft

Ganz im Norden des fylke Møre og Romsdal liegt Kristiansund (sprich: kristiansünn) auf drei Inseln verteilt im Meer. Das Stadtzentrum reicht direkt an die geschützte Hafenbucht (*Vågen*), in der schon vor 8000 Jahren Menschen ihre Boote festmachten. Die kleine südliche Insel heißt *Innlandet*, die große im Osten *Nordlandet*, während die Insel mit dem Stadtkern auf der Westseite der Hafenbucht *Kirkelandet* und auf der Ostseite *Gomalandet* genannt wird.

Kristiansunds Geschichte ist untrennbar mit dem Fisch (Dorsch und Hering) verbunden, in früheren Jahrhunderten die norwegische Exportware schlechthin. Um den Dorsch für die langen Schiffsreisen zu konservieren, wurde er gewaschen, gesalzen und zum Trocknen auf den Felsen ausgelegt, bei schlechtem Wetter mit Holzschirmen vor der Feuchtigkeit geschützt. Der so konservierte Fisch heißt Klippfisch, *klippfisk*, im Gegensatz zum Trockenfisch, *tørrfisk*, der an Gestellen hängt und wochenlang vor sich hin trocknet.

1742 verlieh *Christian VI.* Kristiansund die Stadtrechte – gegen den Widerstand von Bergen und Trondheim, die ihre dominante Handelsposition gefährdet sahen. Den Namen des Regenten durfte die neu gegründete Stadt großzügigerweise gleich mit übernehmen. Kristiansund konnte den Handel mit Holz (nach Holland und England) und Klippfisch (nach Spanien, Portugal, Italien) nun selbst abwickeln. Die ersten ausländischen Kaufleute, unter ihnen viele Schotten, siedelten sich in der Stadt an.

1850 war Kristiansund Norwegens Klippfischexporteur Nummer eins. Der Höhepunkt wurde 1876 erreicht, als 21.000 t den Hafen verließen. Der finanzielle Überschuß wurde in die Erschließung neuer Märkte investiert; der Reichtum verteilte sich nicht auf die Bevölkerung. So zogen die Kaufleute, die sich 1846 in der Kristiansund Handelsforening organisiert hatten, durch geschickte Manöver den Grundbesitz an sich, um dann die Fischerhütten während der Fangsaison wieder an ihre ehemaligen Besitzer, die Fischer, zu vermieten. Trotzdem ging es den einfachen Leuten in Kristiansund besser als in vielen kleinen Siedlungen, wo die Kaufleute machten, was sie wollten, nachdem sie die Fischgründe dem König abgekauft hatten (siehe Insel *Grip*).

Schlimme Erinnerungen verbindet die Stadt mit den Tagen vom

Atlanterhavsveien (oben); Wanderarbeiter bauten
◀ die ersten Straßen im Fjordland, aufgenommen 1909

22.4. bis zum 1.5.1940, als deutsche Luftangriffe mehr als 60 % aller Gebäude zerstörten, darunter den gesamten historischen Ortskern. Mehrere Menschen wurden getötet, die meisten Einwohner flohen auf andere Inseln oder auf das Festland. Während der anschließenden Besatzungszeit durften sie weite Teile ihrer Stadt nicht betreten.

Nach dem Krieg wurde Kristiansund großzügig und modern wiederaufgebaut – sagen die Wohlwollenden, viereckig und praktisch die Diplomatischen, nichtssagend und konsequent durchbetoniert die Kritiker. Eine Bergenserin, die aus beruflichen Gründen nach Kristiansund umgezogen ist, antwortete nicht auf meine Frage, wo es nun schöner zu wohnen und zu leben sei. Keine Antwort ist auch eine Antwort. Auf Kirkelandet reichen die Wälder immerhin vom Meer direkt an die Wohngebiete, und auf Innlandet sind Wohn- und Grünflächen sogar durchmischt. Dort steht auch Lossiusgaarden, ein hübsches, begrüntes Patrizierhaus, das die Bombenangriffe 1940 überstand. Es ist in Privatbesitz und kann nicht besichtigt werden.

Die rund 17.500 Einwohner des heutigen Kristiansund leben von Handel, Fischfang- und verarbeitung, Werften (Trawler und Reparaturen), Kosmetikindustrie und Forschung (Ölindustrie). Die Arbeitslosigkeit liegt über dem Landesdurchschnitt. Die große Zahl an Konferenzen und Tagungen hat für eine Überkapazität an Hotelbetten gesorgt. Ob es an den Konferenzteilnehmern oder an den vielen Seeleuten liegt, daß es fast mehr Night-Clubs als Restaurants in der Stadt gibt?

Touristen scheuen häufig den Weg in die Stadt, die etwas abseits liegt. Seit Kristiansund 1992 durch die 1257 Meter lange Brücke *Gjemnessundbrua* und den sich anschließenden, 5086 Meter langen *Freifjordtunnel* mit dem Festland verbunden ist, geht es nun schneller, aber aufgrund der Maut keineswegs billig (55 NOK für einen Pkw inklusive Fahrer, Wohnmobil 180 NOK, jeweils eine Passage). Die Lektüre der nächsten Seiten soll die Entscheidung für oder gegen Ihren Besuch erleichtern. Die Verkehrsanbindung ist jedenfalls sehr gut. Es verkehren mehrere Personenfähren, die Autofähre ab *Bremsnes* ermöglicht die Anfahrt über die Küstenroute und der Flughafen auf Nordlandet den Anschluß an das Inlandflugnetz.

Information

■ **Kristiansund Reiselivslag**, Kong Olav V gt. 1, N-6501 Kristiansund, Tel. 7167 7211, Fax 7167 6657. Juli Mo–Fr 8.30–19 Uhr, Sa 10–14.30 Uhr, So 11–17.30 Uhr, sonst Mo–Fr 8–16 Uhr.

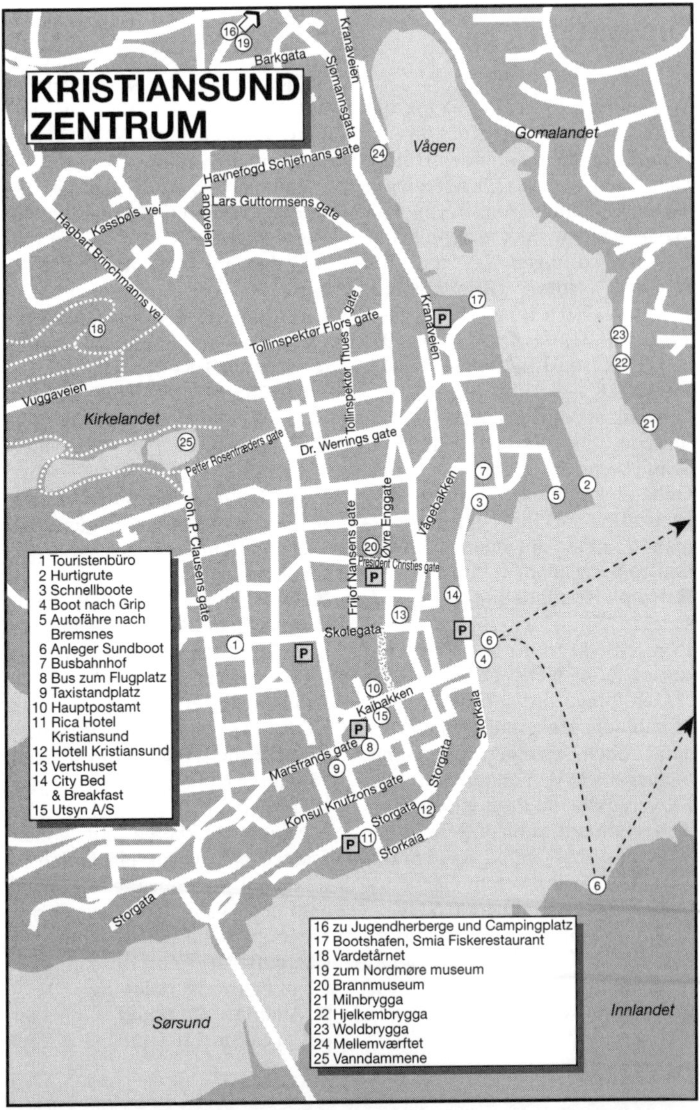
KRISTIANSUND ZENTRUM
Barkgata
Kranaveien
Sjømannsgata
Havnefogd Schjetnans gate
Vågen
Gomalandet
Lars Guttormsens gate
Langveien
Kassbøls vei
Hagbart Brinchmanns vei
Tollinspektør Flors gate
Tollinspektør Thues gate
Kranaveien
Vuggaveien
Kirkelandet
Petter Rosentræders gate
Dr. Werrings gate
Joh. P. Clausens gate
Frijof Nansens gate
Øvre Enggate
Vågebakken
President Christies gate
Skolegata
Kaibakken
Storkaia
Marsfrands gate
Storgata
Konsul Knutzons gate
Storgata
Storkaia
Storgata
Sørsund
Innlandet
1 Touristenbüro
2 Hurtigrute
3 Schnellboote
4 Boot nach Grip
5 Autofähre nach Bremsnes
6 Anleger Sundboot
7 Busbahnhof
8 Bus zum Flugplatz
9 Taxistandplatz
10 Hauptpostamt
11 Rica Hotel Kristiansund
12 Hotell Kristiansund
13 Vertshuset
14 City Bed & Breakfast
15 Utsyn A/S
16 zu Jugendherberge und Campingplatz
17 Bootshafen, Smia Fiskerestaurant
18 Vardetårnet
19 zum Nordmøre museum
20 Brannmuseum
21 Milnbrygga
22 Hjelkembrygga
23 Woldbrygga
24 Mellemværftet
25 Vanndammene

Unterkunft

Wegen der großen Bettenkapazität herrscht ein harter Konkurrenzkampf, vor allem unter den Hotels. Deswegen lohnt es sich, telefonisch wegen Rabatten (zum Beispiel an Wochenenden oder während der Ferien) anzufragen.

■ **Rica Hotel Kristiansund**, Storgt. 41, Tel. 7167 6411, Fax 7167 7912. 1.6.–31.8. EZ 530 NOK, DZ 660 NOK, sonst EZ 945 NOK, DZ 1160 NOK.

Musik in der Eingangshalle, Parfümerie im Foyer, allerhand Schnickschnack bietet der große Gebäudekomplex – sogar eine Polizeistation ist hier untergekommen. Zimmer mit hohem Niveau und entsprechendem Preis.

■ **Hotell Kristiansund**, Storgt. 17, Tel. 7167 3211, Fax 7167 2501. 1.6.–15.8. EZ 500 NOK, DZ 600 NOK, sonst EZ 745 NOK, DZ 895 NOK.

Geräumige, ordentliche Zimmer in dunklem Holz und cremefarbenen Tönen, weniger fein, dafür billiger als in den anderen Hotels. Kaigeräusche im Preis inbegriffen.

■ **Vertshuset**, Skolegt. 2, Tel. 7167 8435, Fax 7167 1788. 1.6.–15.8. EZ 445, DZ 560, in älterem Gebäudeteil EZ 295 NOK, DZ 390 NOK.

Durchschnittliche Zimmer zwar teilweise mit Balkon (Aussicht bescheiden), aber zu teuer für das Gebotene. Restaurant »Marcus« im Haus.

■ **City Bed & Breakfast**, Vågeveien 5, Tel. 7167 3823. EZ um 300 NOK, DZ um 400 NOK. Zimmer mit Waschbecken, Bad auf dem Flur. Frühstück 50 NOK, ferner Kuchen und smørbrød.

Zimmer zeigen lassen, die Größen variieren. Kombiraum mit Zusatzbett für Kinder (bis 14 Jahre). Von der Ausstattung her die beste Pension, doch bei offenem Fenster nimmt der Gast lebhaft am Geschehen auf Straße und Kai teil.

■ **Utsyn A/S**, Kongens Plass 4, Tel. 7167 3305. EZ 250 NOK, DZ 370 NOK. Zimmer mit Waschbecken, Bad auf dem Flur. Frühstück 45 NOK.

Wird von der norwegisch-lutherischen Missionsvereinigung betrieben. Zimmer einfach, groß, passabel. Aufenthaltsraum.

■ Jugendherberge **Kristiansund Vandrerhjem**, Atlanten (Gomalandet), Tel. 7167 1104. Geöffnet für Individualreisende nur 15.5.–30.9. Anmeldung erwünscht. EZ 200 NOK, DZ 300 NOK, Mehrbett-Zimmer für 100 NOK pro Person. 18 Zimmer mit 1–8 Betten. Frühstück 40 NOK (bestellen).

Neuere Herberge mit hohem Standard, wird wie ein Hotel geführt, mit höheren Preisen außerhalb der Saison. Kochgelegenheit. Liegt etwas außerhalb neben dem Campingplatz. Zur Bushaltestelle 1 km. Fahrradvermietung.

■ **Atlanten Camping**, Gomalandet, Telefon 7167 1104. 1.5.–15.9.

Preisniveau Camping: 2, WM 3. 10 Hütten für 4 Personen, mit Wasser und abgetrenntem Schlafraum 350 NOK, einfach 270 NOK.

Abgelegenes, von Bäumen gesäumtes Gelände, auf dem sich die Kriebelmücken wohl fühlen. In der Hochsaison weichen die Camper aus Platzmangel auf die benachbarte Wiese aus. Dort beginnen auch Spazierwege, die zur Küste führen. Die Hütten sind groß, farbiger und modischer eingerichtet als gewöhnlich. Sanitäranlage ausreichend, W & T. Kiosk.

■ **Sandvoll Camping**, Bremsnes, Tel. 7161 1193. 1.6.–31.8. Preisniveau Camping: 2. 4 Hütten für 4 Personen, mit Spüle um 225 NOK, einfach um 200 NOK.

Für diejenigen, die ab Averøy nur einen Tagesausflug nach Kristiansund einlegen und die happigen Preise des dortigen Campingplatzes meiden wollen. Großer Rasen mit Sicht auf Fjord und Kristiansund. Kleine Hütten, die beiden teureren mit Schrank, Spüle, Besteck und Geschirr. Sanitärhütte passabel, Ww. Aufenthaltsraum.

Essen und Trinken

Über die Hotels hinaus ist das Angebot nicht berauschend.

■ **Smia Fiskerestaurant**, Fosnagt. 30b (Gjestebrygga), Tel. 7167 1170. Vorzeige-Fischrestaurant der Stadt, in einer alten Schmiede aus dem Jahr 1787, daher der Name. Geschickt am Gästehafen plaziert. Edles Meeresgetier zu entsprechenden Preisen.

■ **Marcus**, Skolegt. 2. Gemütliches Restaurant mit abgetrennten Sitzgruppen und roten Bezügen. Täglich wechselndes Fischmenü um 135 NOK. Dagens rett um 75 NOK, Salate um 55 NOK, sonst 50–150 NOK. Große Weinkarte. Angeschlossener Pub »Rorbua«.

■ **Café Annen Etasje**, Kaibakken (2. Etage, daher der Name). Typische Kafeteria ohne Meisterküche. Eigentümlicher Stilmischmasch aus Sofa und Bistrostühlen, Farngrün und Weiß. Dagens rett um 59 NOK.

■ **Utsyns Misjonskafé**, Kongens Plass 4. In dem verräucherten Saal mit typischer Plast-Kafeteria-Ausstattung treffen sich schon morgens die älteren Herrschaften zu Kaffee und Kuchen. Kleinere Gerichte, darunter angeblich selbstgemachte Pizza.

Sehenswertes

■ Ausblick vom Wachtturm **Vardetårnet**, auf Kirkelandet. Etwa 25.6.–15.8. Di–So 12–14 Uhr. Die Sicht reicht zur Insel Grip im offenen Meer und zu den Gipfeln der

Nordmøre-Alpen Richtung Sunndalsøra.

Um die Ankunft feindlicher Schiffe frühzeitig zu bemerken, wurde wahrscheinlich Anfang des letzten Jahrhunderts ein Wachtturm auf dem *Vardefjell* errichtet. Doch die hölzerne Konstruktion erwies sich als zu eng und unpraktisch, wurde verkauft und endete als Speicher in einem Garten. 1892, zum 150jährigen Stadtjubiläum, weihte man den gemauerten Nachfolger ein. Erfüllte der während Ersten Weltkriegs noch seinen eigentlichen Zweck, auch wenn das neutrale Norwegen von Angriffen verschont blieb, entwickelte er sich später zum Ausflugsziel der einheimischen Bevölkerung. 1940 nisteten sich dann die Deutschen ein, bauten ein Dach auf die zweite Etage. 1976 mußte der inzwischen baufällige Turm abgerissen werden, doch 1983 stand schließlich der dritte Turm an dieser Stelle, möglich gemacht durch die Initiative Kristiansunder Bürger. Dieser dritte Turm sieht dem zweiten sehr ähnlich, wurde allerdings bautechnisch verbessert, zum Beispiel durch eine weniger steile Treppenkonstruktion entschärft.

■ **Nordmøre museum**, beim Stadion Atlanten auf Gomalandet, Tel. 7167 1578. Di–Fr 10–14 Uhr, So 12–15 Uhr. Eintritt 20/10 NOK. Für 5 NOK gibt es ein deutschsprachiges Begleitheft.

Fischerei, Dampfschiffahrt und Archäologie sind die Hauptthemen des Museums, das auch eine kleine Freilichtabteilung umfaßt. Die Ausstellung »Kristiansund in Flammen« dokumentiert in Zeitungsausschnitten die Zerstörung der Stadt durch deutsche Luftangriffe Ende April 1940.

Die Fischereiabteilung beschränkt sich nicht auf das Zeigen von Ausstellungsstücken, sondern führt auch in Zusammenhänge ein, und das macht sie gut. Der Besucher erfährt etwas über die Exportmärkte, und er erfährt viel über die Lebensumstände der Fischer, die jahrhundertelang von reichen Kaufleuten in Abhängigkeit und Armut gehalten wurden. Die Verarbeitung von Trockenfisch wird ebenso dargestellt wie die Entwicklung vom einfachen Boot zum Trawler und deren Ausrüstung. In den Gängen hängen sogar (geruchlose) Trockenfische. Wer an einem originellen Souvenier interessiert ist, kann für rund 100 NOK eine große Metalldose kaufen, das klassische Transportmittel für exportierten Trockenfisch. Die Dosen stammen aus neuer Fabrikation, sind aber mit historischen Etiketten versehen.

■ **Brannmuseum**, Feuerwehrwache, President Christies gate, Kirkelandet. Links von der Ausfahrt des Wagenparks führt eine Treppe hinauf zur Verwaltung der Feuerwehr (Schild: Teknisk Etat). Wer dort klopft und Interesse bekundet, erhält eine Gratisführung durch zwei Lagerhallen, in denen so gut wie alles versammelt ist, was hier in den letzten beiden Jahrhunderten zur Brandbekämpfung eingesetzt wurde. Angefangen mit Wagen, an denen kleine Wassereimer befestigt sind, die die Menschen von Hand zu Hand weiterreichten. Den größten Zuspruch finden die Automobile, wobei das Prunkstück (1925) noch heute am Nationalfeiertag durch die Stadt rollt. Alte, handbetriebene Sirenen sind ebenso zu sehen (und zu hören) wie ein Sanitätswagen, der von Pferden gezogen wurde, diverse Pumpen, Schutzanzüge, Uniformen und die komplette Alarmzentrale von 1950. Fotos dokumentieren den Gebrauch von Löschbooten. Ein Gemälde zeigt Kristiansund um 1500, ein Modell die Stadt vor dem Bombardement 1940.

■ Stadtkirche **Kirkelandet kirke**, Langveien (am Rande des Stadtparks), 1.5.–31.8. täglich 10–19 Uhr, sonst 10–14 Uhr. Eintritt frei.

1964 an Stelle der 1940 zerbombten Stadtkirche errichtet – eins von jenen Bauwerken, die entweder anerkennendes Nicken für Mut in der Architektur oder heftiges Kopfschütteln als Ausdruck von Nichtverstehen provozieren. Auf dem Vorplatz steht ein Kreuz, so als müßte erklärt werden, daß es sich um eine Kirche handelt. Jedem Besucher seine Assoziation – ich verzichte auf eine Beschreibung des Äußeren. Architekt *Østby* begriff sein Werk als »Bergkristall in Rosen«. Die roten, blauen und gelben Glasfenster der 30 m hohen Chorwand sollen bei Sonnenlicht ein Spiel der Farben entfachen. Da weitere Fenster fehlen, wirkt das Kircheninnere bei bedecktem Himmel eher düster und Kopfschmerz-fördernd.

Hafenrundgang

Ein 2 km langer Hafenrundgang erzählt ein bißchen über das Kristiansund der letzten 250 Jahre. 26 Gebäude und Plätze listet eine Broschüre des Fremdenverkehrsamtes auf, die als Begleiter den Überblick erleichtert. Auch wenn der Rundgang mitten durch die Werft *Mellemværftet* führt, darf man kein Freilichtmuseum erwarten, das Lagerhäuser, Werkstätten usw. auf einem eigenen Grundstück konzentriert; die markanten Punkte liegen zwar rund um das Hafenbecken, aber auch an stark befahrenen Straßen und mitten zwischen den faden Zeugen der Nachkriegsarchitektur.

■ Das Ostufer des Hafenbeckens Vågen (Gomalandet) stand einst im Zeichen des Klippfischs, der hier getrocknet (Hügel Milbergan), gelagert und verschifft wurde. Auf **Milnbrygga** hat die Zeit rund um den Klippfisch ihr eigenes Museum erhalten. Etwa 20.6. bis Anfang August Mo–Sa 13–17 Uhr, So 13–16 Uhr. Eintritt 25/10 NOK.

■ **Hjelkrembrygga**, ein Lagerhaus aus der Klippfischära, erwartet Sie mit einer Ausstellung alter wie neuer Fotografien rund um Vågen. Von Ende Juni bis Anfang August täglich 13–16 Uhr. Eintritt 20/10 NOK.

■ Ebenfalls auf Gomalandet steht **Woldbrygga** (1822), von 1875 bis 1965 gleichzeitig Böttcherwerkstatt und Wohnhaus der Handwerker und ihrer Familien, heute Abteilung des Nordmøre Museums. Von Ende Juni bis Anfang August täglich 13–16 Uhr. Eintritt 20/10 NOK.

■ Am Westufer (Kirkelandet) laufen Sie plötzlich mitten durch eine Werft, queren Männer mit Werkzeug in den Händen Ihren Weg. **Mellemværftet** wurde 1865 gegründet; die Gebäude stehen seit den 1890er Jahren. Die meisten Aufträge betreffen Reparaturen von Fischkuttern und Privatbooten; für den Neubau großer Schiffe ist die Anlage zu klein. Als Abteilung des Nordmøre Museums ist das Gelände nicht abgesperrt; Fußgänger und Fahrradfahrer gehören zum alltäglichen Bild. An der Werkzeughalle hängt eine Art schwarzes Brett, an das technische und historische Infoblätter angeheftet sind, zumeist auf norwegisch. Wer mehr wissen will, sollte das Englische beherrschen. Feierabend: 15.30 Uhr.

■ Der Spaziergang wird zum Rundgang, indem man eines der **Sundboote** benutzt, die in halbstündlichem Turnus zwischen den drei Inseln verkehren (auf Kirkelandet ab Piren, Mo–Fr 6.40–16.35 Uhr, Sa 8.40–13.40 Uhr, Rundfahrt 10/5 NOK). Sundbåtene verkehren seit 1876.

Wanderung

■ **Rund um den Aussichtsturm**. Sowohl mit dem Fahrrad als auch zu Fuß zu meistern. Gehzeit gut eine Stunde. Abwechslungsreicher, stiller Rundweg zum Meer und zum Aussichtsturm Vardetårnet, auch durch Wälder.

Vom Stadtzentrum aus geht es über Langveien zum Hagbart Brinchmanns vei, von dem ausgeschilderte Wege zum Aussichtsturm führen. Diese merken, jetzt aber links liegen lassen, stattdessen in die nächste Straße, direkt vor einem Spielplatz, links einbiegen. Die Straße, Omveien, endet nach 500 m an einem Friedhof. Man nehme den Fußweg am linken Rand des weiten Friedhofsgeländes, auf dem auch ein Steinkirche steht. Fahrradfahrer sollten ihren Drahtesel hier schieben. Am Ende des Friedhofs führt der Weg geradeaus zum Meer, wo die Brandung runde, glatt geschliffene wie schroffe Felsen hinterlassen hat. *Klubba*, so heißt der Ort, ist eine Sackgasse.

Hafenrundgang-Impressionen ▶

KRISTIANSUNDS
MEK.VERKSTED

Zurück auf demselben Weg, der sich nach kurzer Zeit gabelt. Links geht es zurück zum Friedhof, rechts schlängelt sich der Weg bald durch den Wald (Rastbänke). Der Spaziergänger läuft hier auf zubetonierten »Dachrinnen«, in denen früher Wasser gesammelt und dem städtischen Wasserreservoir *Vanndammene* zugeführt wurde. Vanndammene lag auf der anderen Seite der später parallel zum Spazierweg verlaufenden Straße, Vuggaveien. Unterhalb des Aussichtsturms kommt der Weg aus dem Wald heraus.

Ausflug nach Grip

Das Fischerdorf Grip liegt 14 km nordwestlich von Kristiansund im offenen Meer. Um eine umgebaute Stabkirche (1470–1500) drängen sich auf einem halben Quadratkilometer die Häuser, in denen 1964 noch 135 Einwohner lebten. Seit 1974 ist die Insel im Winter verwaist.

Grip steht für die Entbehrungen, die das Wetter und die Grundbesitzer den Fischern über Jahrhunderte bescherten. Um 1100 muß die erste Kirche auf der Insel gestanden haben. Zur Zeit der Hanse war Leben vergleichsweise einträglich. Die Fischer verkauften den Trokkenfisch in Bergen und erhielten als Gegenleistung Korn. Ihre Steuern mußten sie vor der Reformation an den Bischof in Trondheim zahlen. Nach der Reformation begann die Leidensgeschichte, als das Königshaus, fernab in Dänemark, die Zuständigkeit übernahm und die Fischgründe an Kaufleute verschacherte. 1728 ging Grip auf diese Weise an einen Trondheimer Kaufmann. Er besaß nun das Vorkaufsrecht für den gefangenen Fisch, natürlich zu einem Preis, der niedriger lag als in Kristiansund. Ihre Lebensmittel mußten die Familien vom Kaufmann beziehen; schnell geriet man ins Minus, worauf die Pfändung des Hauses folgte. 1780 gehörte keinem Fischer mehr das Haus, in dem er wohnte. Mit ausgeklügelter Taktik hielten die jeweils residierenden Inselfürsten die Bevölkerung knapp über dem Existenzminimum, während sie sich selbst bereicherten. Ein einziger stellte es den Fischern frei, wo sie ihre Ware verkauften. Zu den hausgemachten Tragödien kamen die Sturmkatastrophen, die Menschenleben forderten, Häuser und Boote vernichteten. 1818 fristeten weniger als 20 Personen ihr Dasein auf Grip. Die Insel wechselte ständig den Besitzer, weil sie nicht viel abwarf. Als das Vorkaufsrecht 1899 gesetzlich verboten wurde, ignorierte der damalige Eigentümer namens *Williamsen* die Bestimmung. Ein Historiker errechnete, daß die Fischer von Grip im Jahr 1900

112.000 NOK verloren, weil sie ihren Fisch nicht in Kristiansund verkaufen durften. 1909 verkaufte Williamsen die Insel an ihre Bewohner zurück.

■ **Bootsverkehr:** *M/S Mørecruise,* ab Kristiansund etwa 20.5.–20.8. Mo–Do 11 Uhr, Fr 11 und 17.30 Uhr, Sa 14.15 Uhr, So 11 und 17 Uhr, zudem im Juli zudem Mo–Do um 13.30 Uhr und Sa um 11 Uhr; jeweils ab Piren, Kirkelandet, Parkplatz Storkaia. Ticket 114/58 NOK retour. Personen mit empfindlichem Magen sollten ruhige See vorziehen.

■ Die 1621 umgebaute **Stabkirche** kann besichtigt werden. Auffallend vor allem der Altaraufsatz, eine holländische Arbeit aus der Zeit um 1520. Von Juni bis August finden Gottesdienste in der Kirche statt. Fragen Sie wegen der Daten im Touristenbüro nach.

Verschiedenes

■ **Stadtrundfahrten mit dem Taxi:** 2 Stunden. 1–4 Personen um 450 NOK, Tel. 7167 2222. – Nach Absprache 5–13 Personen um 90 NOK pro Nase. Tel. 9466 0670.

■ **Angeln:** Als gute Meerangelplätze gelten *Brunsvika, Klubbneset* und *Smørvikneset.* Das Touristenbüro arrangiert die Vermietung von Motorbooten.

■ **Galerien:** *Kristiansund Kunstforening,* Konsul Johnsens gt. 1a (Bungalow im Park vor dem Touristenbüro). Mo–Fr 18–20 Uhr, Sa 12–14 Uhr, So 12–14 und 18–20 Uhr. Ausstellungen mit Verkauf, vorwiegend Malerei. – *Club 76,* Thomas Aasgårdensgate (Altstadt Innlandet), Tel. 7167 2281. Mi 19–21 Uhr, So 15–18 Uhr. Galerie mit Verkauf. – *Galleri Dobag,* Skolegt. 8, Mo–Mi,Fr 10–16 Uhr, Do 10–18 Uhr, Sa 10–14 Uhr. Ebenfalls Ausstellung und Verkauf.

■ **Veranstaltungen:** *Operafestuka,* die Opernfestwoche Anfang Februar, im Jugendstil-Prachtbau »Festiviteten«. Informationen über das Touristenbüro.

■ **Hauptpostamt:** Kongens Plass 5.

■ **Notarzt:** Tel. 7167 0113.

■ **Taxi:** Tel. 7167 2222.

■ **Parken:** 15 NOK für 2 Stunden. Oder man läßt den Wagen etwas außerhalb stehen und läuft etwa 15 Minuten.

Weiterreise

■ **Flug:** Flughafen *Kverneberget,* 7 km vom Stadtzentrum entfernt auf Nordlandet. Flughafenbus (20 NOK) ab Kongens Plass 1, dem Stadtbüro der Fluggesellschaft »Braathens SAFE«, Tel. 7167 2711.

Direktverbindungen innerhalb Westnorwegens mit Bergen und

Molde, ferner mit Oslo und Trondheim.

■ **Hurtigrute:** Anlegestelle *Holmakaia* auf Kirkelandet, im Stadtzentrum auf Kirkelandet. Die Preise unten (1995) gelten für Juni bis September; ansonsten sind die Tickets 25–40 % billiger.

Hurtigrute nordwärts über Trondheim nach Nordnorwegen. Hurtigrute südwärts nach Molde (204 NOK), Ålesund (268 NOK), Måløy (494 NOK), Florø (585 NOK) und Bergen (841 NOK).

■ **Autofähre:** Ab *Holmakaia* auf Kirkelandet, neben dem Anleger der Hurtigruten-Schiffe, nach Bremsnes auf Averøya; mindestens zwölfmal täglich. – Ferner ab *Seivika* (Nordlandet) nach Tømmervåg auf Tustna, nur bei Weiterfahrt nach Norden oder zur Insel Smøla.

■ **Bus:** *Bussterminal,* Fosnagt. 12, Tel. 7167 1611. Gleich neben den Fähranlegern.

Fernverbindungen innerhalb Westnorwegens mit Sunndalsøra (138 NOK) über Tingvoll, Ålvundeid. – Mit Åndalsnes (182 NOK) über Molde (101 NOK). – Separater Bus nach Molde (101 NOK).

■ **Auto: Nach Sunndalsøra**. Auf Straße 1 durch Freifjordtunnel auf die Insel *Bergsøya;* hinter der Mautstation, und noch vor der Gjemnessundbrua, auf die Straße 70 abzweigen und über die 933 Meter lange »schwimmende« *Bergsøysundbrua,* die nur an den beiden Anlandungspunkten verankert ist, auf das Festland wechseln. Über Tingvoll, Ålvund und die Hochebene nach Ålvundeid, dort möglicher Abstecher ins wildromantische Innerdal (siehe »Ausflüge ab Sunndalsøra«). Reststrecke weiter auf Straße 70 durch drei Tunnel am Sunndalsfjord entlang nach Sunndalsøra.

Nach Molde. In umgekehrter Richtung beschrieben unter »Molde, Weiterreise«.

Sunndal

Täler und Schluchten

Wer aus dem Fjordland kommend in *Sunndalsøra* (sprich: sünndalsöra) eintrifft, dem Zentrum der Gemeinde Sunndal, wird sicher zwiespältigen Gefühlen ausgesetzt sein. Am Ende des *Sunndalsfjords*, wo sich pittoreske Holzhäuser und ein einsames Kirchlein gut machen würden, begrüßen ein Elektrizitätswerk und die 1200 m lange Blechhalle einer Aluminiumfabrik den Gast. Dahinter verteilen sich großzügig die Gebäude des Ortskerns, kommen für einen Schönheitspreis aber kaum in Frage. Nebeneinander buhlen drei Mißgriffe der Außenarchitektur um die Gunst der Einkäufer. Wenigstens die Wohnviertel zeigen sich halbwegs unbeeindruckt von den Ruck-Zuck-Bauten aus Beton und Glas.

Doch was für eine Natur! Fast 1900 m recken sich die glatten, abschüssigen Felswände vom Fjord aus nach oben, so hoch wie nirgendwo sonst in Westnorwegen. Blickfang ist das Gipfelpaar *Store Kalken* (1889 m) und *Litle Kalken* (1656 m), das die beiden Täler *Sunndal* und *Litledal* voneinander trennt. Im Mai, wenn die Schneegrenze ständig nach oben rückt, kann man den Fall des Schmelzwassers über Hunderte von Metern verfolgen.

Das breitere Sunndal ist eine wichtige Verbindung zwischen den Fjorden der Landschaft *Nordmøre* und dem Landesinneren. Die Straße 70 erreicht 69 km östlich von Sunndalsøra das Skizentrum Oppdal. Die ältesten Spuren menschlicher Besiedlung im Sunndal reichen mehr als 4000 Jahre zurück. Seit der Bronzezeit (1800–1600 v. Chr.) lebten die Bewohner von Landwirtschaft und Viehhaltung, woran sich bis in unser Jahrhundert nichts änderte. 1913 begann der schwierige Bau eines Wasserkraftwerks, das aber erst vierzig Jahre später den ersten Strom lieferte, als die Aluminiumfabrik kurz vor der Vollendung stand. Die Industrie stellt heute die meisten Arbeitsplätze in dem rund 5000 Einwohner zählenden Sunndalsøra. In der Kommune Sunndal, mit 1712 km² die größte im fylke Møre og Romsdal, leben 7530 Menschen. Weitere reizvolle Täler neben Sunndal und Litledal sind *Innerdal* und *Øksendal.*

Daß die vermeintlich entzückende Landschaft im Sunndal auch ihre Tücken hat, beweisen die Naturkatastrophen, die sich hier in den vergangenen Jahrhunderten ereigneten. Die Ost-West-Richtung des Tals macht es anfällig für Fallwinde, die ihren Ursprung im Dovrefjell haben, ebenso für die Winterstürme aus dem Westen. Schnee- und Geröllawinen sowie der Fluß *Driva*, der sich mehrmals ein neues Flußbett schuf, haben viele Gebäude zerstört oder die Menschen zur Verlegung ihrer Wohnstätten gezwungen. Die Anziehungskraft auf die Urlauber, die vorzugsweise in den hellen Sommermonaten anreisen, hat dadaurch nicht gelitten. Zu den ersten Touristen gehörten in der zweiten Hälfte des letzten Jahrhunderts viele Briten, die ins Sunndal kamen, um zu angeln oder zu jagen – der Lachsfluß Driva genießt einen guten Ruf über die Gemeindegrenzen hinaus. Bei mancher Gelegenheit werden Sie den Spuren jener ladies and gentlemen begegnen, werden Sie die Namen *Barbara Arbuthnott* und *Ethelbert Lort Phillip* lesen.

Information

■ **Sunndal Reiselivslag**, Sunndalsøra Samfunnshus, Postboks 62, N-6600 Sunndalsøra, Tel. 7169 2552. 15.6.–25.8. Mo–Sa 10–18 Uhr, So 15–18 Uhr, sonst Mo–Fr 10–16 Uhr.

Unterkunft

Reihenfolge: Sunndalsøra, Sunndal, Innerdal und Øksendal.

■ **Baronen Hotell Sunndal**, Sunndalsøra, Tel. 7169 1655, Fax 7169 2533. 15.6.–15.8. mit Fjord Pass (B) EZ 480–630 NOK, DZ 660–730 NOK, sonst EZ 785–850 NOK, DZ 885–950 NOK.

Unfreundlicher Kastenbau an der Hauptstraße durch Sunndalsøra. Dafür aber schicke Zimmer, der Preislage entsprechend.

■ **Trædal Turistsenter**, Sunndalsøra, Tel. 7169 1301, Fax 7169 0555. Ganzjährig geöffnet. Jugendherberge: Mitglieder 90 NOK, Nicht-Mitglieder 115 NOK. 15 Zimmer mit 56 Betten (DZ und 4-Bett-Zimmer). Preisniveau Camping: 2. 25 Hütten für 2–6 Personen 175–440 NOK. Frühstück 45 NOK, middag 65 NOK. Kochgelegenheit.

Liegt auf einem Hochplateau am Fuß des Bergs Store Kalken, zum Auftakt des Litledals. Tolle Aussicht auf den Fjord. Leicht welliges Terrain mit vielen Bäumen und Sträuchern, Zeltwiesen. Das schmucke Holzhaus, in dem die Jugendherberge untergebracht ist, ließ sich der Engländer Lort Phillip 1892 bauen. Den behaglichen, liebenswert altmodischen Aufenthaltsraum, in dem auch ein Klavier steht, können alle Gäste in Anspruch nehmen – solange er nicht geheizt werden muß. W & T.

■ **Sunndalsøra Camping**. Kleine, schiefe Wiese auf dem Landstreifen zwischen Litledal und Sunndal, keine Bäume, auf drei Seiten von Wohnhäusern umgeben. 4 Hütten, die schon bessere Tage hinter sich haben. Nur als Notlösung geeignet.

■ **Furu Camping**, Furugrenda im Sunndal, Tel. 7169 1361. 1.5.–30.9. Preisniveau Camping: 2. 12 Hütten für 4 Personen 170–300 NOK.

Schlichter Platz neben der Straße 70, auf dem sich sommers die Lachsangler tummeln, für Zelte ein wenig zu offen. Standardhütten in drei Größen, die mittlere reicht völlig aus. Sanitärgebäude leidlich, W & T. Lebensmittelladen gleich nebenan. Ruderboote.

■ **Heimstad Gjestgiveri**, Grøavegen 47, im Sunndal, Tel. 7169 6135. EZ 300 NOK, DZ 460 NOK. Zimmer mit fließend Wasser, Bad auf dem Flur. Frühstück inklusive. Halbpension 335 NOK, Vollpension 395 NOK. Im Annex, mit Gemeinschaftsküche, EZ 150 NOK, DZ 300 NOK. Frühstück 50 NOK, Dagens rett 60 NOK. Norwegische Küche.

Liegt bereits im Sunndal, gepflegtes Holzhaus aus dem Jahr 1905, mit niedlichem Wintergarten und gemütlicher Kaminstube. Zimmer zum Teil groß und renoviert, das alte Inventar wurde möglichst belassen: Eisenofen, Kommoden, originale Holzplanken.

■ **Skogly Camping**, Grøa im Sunndal, Tel. 7169 6174. 1.6.–1.9. Preisniveau Camping: 2. 6 Hütten für 2–4 Personen 170–300 NOK, teilweise mit Kochnische und Bad.

Anheimelnder Platz an kaum befahrener Seitenstraße, mit rauschendem Bachlauf, hochgewachsenen Bäumen als natürlicher Begrenzung und einem mißtrauischen Eigentümer.

■ **Vangshaugen Fjellstue** (750 m), Grødal, Tel. 7169 5711. Etwa 25.6.–1.9. bedient. DZ und 4-Bett-Zimmer. DNT-Mitglieder 140 NOK, Nicht-Mitglieder 190 NOK. Bettwäsche 70 NOK. Leinen-Schlafsack 35 NOK. Bad auf dem Flur. Frühstück 60/80 NOK, Lunchpaket 35/40 NOK, middag 120/150 NOK. Im Annex Übernachtung 90/140 NOK.

Das stattliche Holzhaus wurde 1910–11 als Landsitz des Engländers Lort Phillip gebaut. 1934 kaufte die Organisation »Kristiansund Turistforening« das Anwesen, um es als Touristenhütte herzurichten.

■ **Innerdal Turisthytte** (400 m), Innerdal, Tel. 7169 7990. DZ um 480 NOK. Bad auf dem Flur. Frühstück inklusive.

Traditionsreiche Unterkunft, 1988 um die grasbewachsene Hütte mit Seeblick erweitert – bei voller Auslastung geht die intime Hüttenatmosphäre verloren. Besser anmelden, sonst muß man eventuell in die alte Innerdalshytta ausweichen, die vom 1.9.–19.6. als Selbstbedienungshütte offensteht.

■ **Sætran Camping**, Øksendal, Tel. 7169 5811. Preisniveau Camping: 1, für WM 2. 12 Hütten für 4–6 Personen um 200–220 NOK.

Offene, leicht abfallende Wiese, von Wald und Kornfeld begrenzt. Die Sicht reicht weit ins Tal hinein.

Alle Hütten mit Spüle, über dem Durchschnitt; doch der letzte Tick, um eine Woche auszuspannen, fehlt. W & T. Kiosk. Reittouren, Bootsvermietung.

Sehenswertes

Bevor die einzelnen Sehenswürdigkeiten aufgeführt werden, ist es sinnvoll, Barbara Arbuthnott vorzustellen. Die Lady aus Schottland besuchte das Sunndal erstmals 1866, um hier ihre Flitterwochen zu verbringen. Die Landschaft gefiel ihr dermaßen gut, daß sie sich dort 1869 das Landhaus *Elverhøy* bauen ließ. Nach der Scheidung von ihrem Mann machte sie das Holzhaus im englischen Stil zu ihrem Sommerwohnsitz, lebte aber keineswegs zurückgezogen, sondern lernte den hiesigen Dialekt und beteiligte sich am dörflichen Leben. Die Lady unterstützte notleidende Menschen, wies die Talbewohner in den neuesten Stand der Kinderpflege ein und vollbrachte weitere warmherzige Taten, so daß sie gelegentlich als ungekrönte Königin im Sunndal bezeichnet wurde. Auf Elverhøy tummelten sich die wohlhabenden Freunde und Bekannten aus Großbritannien, um Lachse zu angeln, zu jagen oder Schützenfeste zu feiern. Als 1886 ihre englische Hausbank pleite ging, kam der Besitz der Lady nach und nach unter den Auktionshammer. 1892 mußte sie sogar Elverhøy aufgeben; bis zu ihrem Tod 1904 lebte sie verarmt in Grøa. Elverhøy wird unverändert von Ausflüglern genutzt, befindet sich aber in Privatbesitz und kann nicht besichtigt werden.

■ Noch wilder als das Sunndal präsentiert sich das **Litledal**, das auf der anderen Seite des Store Kalken seinen Anfang nimmt. Zwischendurch ist das Teil nicht breiter als 50 m; die Besiedlung beschränkt sich auf den breiteren Talbeginn. An die abschüssigen Berghängen krallen sich vereinzelt grüne Flecken, kleine Eisfelder schimmern blau zwischen den Gipfeln der Ostseite, Wasserfälle schießen herab und teilen sich unterwegs in mehrere Arme. Die attraktivste Zeit liegt vor der Hauptsaison, wenn noch genügend Schmelzwasser von den Höhen herunterfließt.

Ein schmaler Fahrweg, der einst im Zusammenhang mit dem Kraftwerksbau entstand, durchquert das Litledal Richtung Gebirge. Er ist für Wohnmobile und Wohnwagen sinnvollerweise gesperrt, weil sich der Belag in einem katastrophalen Zustand befindet und die schwerfälligen Fahrzeuge ohnehin nicht die Kurve bekämen, wenn es am Ende des Tals in engen Serpentinen hinaufgeht. Die Aussicht von oben zu beschreiben, gleicht dem Versuch, ein Gemälde von Dahl in Worte zu fassen. Die Stromleitungen und das kleine Kraftwerk am Talende, *Osbu*, werden in Gedanken einfach wegretuschiert.

■ Das Freilichtmuseum **Leikvin Bygdemuseum** befindet sich 7,5 km östlich von Sunndalsøra, an der Straße 70. Den ersten Hof begrub 1715 eine Schneelawine, worauf Leikvin an seine heutige Stelle verlegt wurde. Das Anwesen wechselte mehrfach den Besitzer, gehörte 1880–86 Lady Arbuthnott, deren Elverhøy sich gleich gegenüber befindet. 1935 kaufte der lokale Museumsverein den Hof, der zuletzt »nur« noch als Feriensitz genutzt worden war. Die Vereinsmitglieder trugen mit viel Fleiß landwirtschaftliches Gerät, historische Einrichtungsgegenstände und Antiquitäten zusammen, die teilweise aus den Landsitzen der englischen Gäste stammten. Die restaurierten Gebäude vermitteln die Fürsorglichkeit, mit der das Anwesen gepflegt wird. Geöffnet 1.6.–31.8. täglich 12–17 Uhr.

Neben Elverhøy, gegenüber dem Freilichtmuseum, ließ der Engländer Lort Phillip einen Rhododendrengarten anlegen. Mit Beginn dieses Jahrhunderts verwilderte *Philliphagen*, wurde im letzten Krieg sogar als Lagerplatz verwendet. Der Museumsverein bemüht sich in Absprache mit dem Grundbesitzer um eine naturgetreue Wiederherstellung des Gartens und nimmt in unregelmäßigen Abständen neue Anpflanzungen vor. Ende Mai blühen die Rhododendren, doch auch sonst lockt Philliphagen zu einer Mußestunde inmitten von saftigem Grün. Der kurze Fußpfad beginnt am Zaun von Elverhøy (hohes, feuchtes Gras).

Wer am Ende des Gartens den Pfad benutzt, der durch den Wald und am Flußufer entlangführt, gelangt zum heidnischen Gräberfeld *Løykja*, wo sich in unübersichtlichem Gelände mehr als 200 Gräber und Grabhügel verteilen, die 1000–1500 Jahre alt sind. Ausgrabungen halfen nicht nur bei der Bestimmung des Alters, sondern bewiesen auch, daß viele Gräber in früheren Zeiten geplündert worden waren. *Løykja Gravsted* heißt der Friedhof bei Leikvin und Elverhøy, auf dem auch Lady Arbuthnott begraben liegt – wahrscheinlich der christliche Nachfolger des nahegelegenen Gräberfeldes.

■ **Alfheim** war die Jagdhütte von Lady Arbuthnott, die sie 1876 im schottischen Highland-Stil erbauen ließ. Fotogene Lage am See. Besichtigung nach Absprache mit dem Touristenbüro in Sunndalsøra. Alfheim liegt im *Grødal*, das parallel zum Sunndal verläuft. In Gjøra, an der Ostgrenze der Gemeinde, zweigt eine Nebenstraße von der 70 rechts ab; danach noch einmal rechts halten. Sie passiert das Gehöft *Svisdal* und gabelt sich später, wobei »der rechte Weg« an der bedienten Touristenhütte *Vangshaugen Fjellstue* endet, von dort aus mautpflichtiger Fahrweg (10 NOK) nach Alfheim (4 km).

Wer im September dem Fahrweg durch das Grødal bis an sein Ende folgt, hat einen wunderbaren Blick auf eine in sattes Rot und Gelb getauchte Herbstlandschaft; siehe auch unter »Wanderungen, Grødal«.

Ausflüge

Litledal und Eikesdal

■ **Sunndalsøra-Litledal-Torbudal-Eikesdal-Sunndalsøra:** Wie bereits gesagt, die tollkühne Serpentinenstraße durch das Litledal ist für Wohnmobile und Wohnwagen gesperrt. Wer vom obersten Aussichtspunkt auf das Litledal weiterfährt, erlebt einen schlagartigen Wechsel der Landschaft. Der unbefestigte Weg, der für den Bau und Betrieb von Staudämmen entstand, zieht sich schnurgerade an einem Berghang entlang, bevor er den aufgestauten *Osbuvatn* erreicht. Noch im Juni bedeckt eine dicke Eisschicht die Oberfläche, und neben den Lagerhütten der Kraftwerksbehörde stehen Schneescooter. Die niedrige, spärliche Vegetation paßt gut zu der rauhen Szenerie. Zwergbirken sind die höchsten Gewächse. Der Fahrweg begleitet den Stausee und durchquert das Torbudal, in dem Dutzende von Ferienhütten unterstreichen, wie gern die Norweger ins Gebirge kommen. Hier liegt mit 900 m der höchste Punkt der Strecke. Nach einem Bogen kommt der Stausee *Aursjø* in Sicht, an dessen Mauer die bediente Touristenhütte *Aursjøhytta* den Schnittpunkt mehrerer Wanderwege markiert. Nun beginnt der wildeste Teil der Strecke; bei heruntergezogener Wolkendecke gleicht die Fahrt einer kleinen Mutprobe. An mehreren Stellen haben kleine Wasserläufe den Fahrbelag weggebrochen, und das ständige Auf und Ab zwingt zu einem Vorwärtstasten von Kurve zu Kurve. Im Juni bestehen gute Chancen, sich auf einem Schneefeld zu erproben. Schließlich geht es wieder abwärts, und nach den ersten Serpentinen blickt man in das Eikesdal hinab, etwas breiter als das Litledal, die Bergwände mit 1700–1800 m aber fast genauso hoch. Obwohl die Sonne schon im August spät erscheint und früh verschwindet, hat sich hier eine üppige Vegetation entwickelt: Farbenfrohe Wiesen, ausgedehnte Mischwälder, meterhohe Findlinge, die mit Bäumen bewachsen sind, sattgrüne Farne und selbst Rhododendren in den Gärten verleihen dem Eikesdal ein beinahe südliches Flair. Der Niederschlagsmenge ist nur halb so groß wie in den umliegenden Tälern. Die 70 Bewohner leben vorwiegend von der Landwirtschaft. *Bjørnstjerne*

Bjørnson diente die Kulisse einst als literarische Vorlage.

Am anderen Ende des Tals, wo der 22 km lange Eikesdals-See beginnt, konzentriert sich die Besiedlung; hier gibt es einen Campingplatz, einen Gemischtwarenladen und ein Postamt. Wer Norwegens angeblich höchsten Wasserfall sehen will, den *Mardalsfossen*, zweige hier links ab. Vom Parkplatz führt ein Waldpfad zum Aussichtspunkt. Mardalsfossen steht im Dienst der Wasserkraftindustrie, so daß nur ein bescheidener Schleier herunterstürzt, 297 m in freiem Fall und 655 m insgesamt. Bevor das Projekt 1970 realisiert wurde, hatten die Gegner zu spektakulären Maßnahmen gegriffen, indem sie sich an Felsen ketteten. Doch bei der Wasserkraft kennt man kein Pardon; als Kompromiß wurde vereinbart, daß der Wasserfall im Juli, wenn das Kraftwerkspersonal Ferien macht, möglichst viel von seiner alten Pracht zurückerhält. Hinter dem Postamt beginnt übrigens ein Steig, der in 52 Kehren den steilen Berghang hinaufklettert und oben auf eine Versorgungsstraße für die Fahrzeuge des Kraftwerks trifft, die sich auf der anderen Seite ins *Romsdal* hinabwindet. Bei gutem Wetter garantieren die Talbewohner eine phantastische Aussicht auf das Eikesdal.

Früher verband eine Fähre das Eikesdal mit der Außenwelt. 1990 wurde am Ostufer des Sees eine Straße freigegeben – angeblich eine weitere Entschädigung für die Kappung des Mardalsfoss. Auf halber Strecke, bei *Vike*, beginnt rechts ein Wanderpfad, der zu den Stauseen oberhalb des Litledals zurückführt. Doch auch der Autofahrer wird seinen Spaß haben, denn die unverändert 1700 m hohen Berge geben ein unvergeßliches Panorama ab. Die alte Fähre ankert vorläufig in *Øverås*, am nördlichen Ende des Sees. Sie soll zwar für Ausflugsfahrten reaktiviert werden, aber die Aussichten sind vage. Die Fahrt zurück auf den Straßen 660 und 62 rundet einen gelungenen Tagesausflug ab.

Die Paßstraße ist von Oktober bis Anfang Juni gesperrt. Wegen der aufwendigen Ausbesserungsarbeiten wird momentan diskutiert, ob künftig eine Benutzungsgebühr erhoben werden soll.

■ **Unterkunft:** *Aursjøhytta,* Tel. 9477 2769. Etwa 25.6.–31.8. DNT-Mitglieder 140 NOK, Nicht-Mitglieder 190 NOK. Bettwäsche 70 NOK. Leinen-Schlafsack 35 NOK. Bad auf dem Flur. Frühstück 60/80 NOK, Lunchpaket 35/40 NOK, middag 120/150 NOK. In unbedienter Hütte Übernachtung 115/165 NOK.

Sandgrovsletta Camping, 1.6.–1.9. Preisniveau Camping: 1. 10 Hütten für 4 Personen um 180 NOK. Eingezäunte Wiese mit vielen Bäumen; schöne Lage durch Blick auf den See. Leider ist der Platz durch die Wohnwagen der vielen Stammcamper beengt. Gute Standardhütten mit abgeteiltem Schlafraum. Saubere Sanitäranlage, Ww. Der Besitzer spricht deutsch und weiß viel Interessantes über die Geschichte des Tals zu erzählen.

Svinviks Arboret

Svinviks Arboret verzaubert den Besucher mit einer überraschenden Pflanzenvielfalt, die das milde Klima am *Todalsfjord* begünstigt. Das Ehepaar *Anne* und *Halvor Svinvik* begann 1943 damit, auf dem hügeligen Gelände einen einzigartigen Baumgarten anzulegen, den sie durch ein Netz von Pfaden und Treppen zugänglich machten. Eine große Zahl der Bäume und Sträucher entstammt nicht der einheimischen Flora. Nachdem Svinviks ihr Lebenswerk 1971 der Universität Trondheim geschenkt hatten, pflanzten die Botaniker vermehrt Ziersträucher, so daß heute allein 400 Rhododendrenarten die 200 verschiedenen Nadelbäume mit einer überwältigenden Farbenpracht umgeben – Ende Mai/Anfang Juni ist der günstigste Zeitpunkt für einen Besuch. Rhododendren und Nadelbäume stellen aber nur einen Teil der Pflanzen; im Treibhaus ist eine große Schar von Kakteen versammelt. Die Wissenschaftler untersuchen nebenbei die Anpassungsfähigkeit von Pflanzen, die in anderen Klimazonen beheimatet sind.

Geöffnet 20.5.–10.8. Mo–Fr 10–18 Uhr, Sa,So 11–17 Uhr. Wegen der steilen Hänge ist gutes Schuhwerk von Vorteil. Bei starkem Regen rate ich aufgrund der eng stehenden Bäume und Sträucher vom Besuch ab. Anfahrt mit Bus oder eigenem Fahrzeug: Kombination der Buslinien Sunndalsøra-Kvanne (-Surnadalsøra) und Kvanne-Todalen. Ab Sunndalsøra Straße 70 nach Norden bis zum Fähranleger Røkkum, Autofähre nach Kvanne (verkehrt ständig), Straße 670 Richtung Surnadal, nach 4 km Abzweigung Richtung Todal.

■ **Unterkunft:** *Kvanne Camping,* Tel. 7166 3510. 1.5.–1.10. Preisniveau Camping: 2. 14 Hütten für 2–4 Personen um 200–250 NOK. Auch preiswerte DZ mit fließend Wasser und Kochplatte, 6 DZ mit gemeinsamer Küche und Aufenthaltsraum.

Ein vorbildlicher Campingplatz, auf dem eine betont entspannte, gemütliche Atmosphäre herrscht. Die ruhige Art des Eigentümers befreit den Besucher von letzter Hektik. Die abseits gelegene Wiese am Fluß *Søya* zieren Blumenkästen und Sitzgruppen. Geräumige Hütten mit großzügiger Ausstattung und Holzstühlen vor der Tür. Die Zimmer sind eher schlicht, dafür aber billig. W & T.

Wanderungen

■ Das **Innerdal** wird von vielen Norwegern als einzigartige Schönheit besungen. Wer mit dieser Erwartungshaltung anreist, wird möglicherweise enttäuscht sein, denn das Tal ist eher breit und die Berghänge an beiden Seiten sind längst nicht so steil wie im Sunndal oder im Litledal. Dafür lugen Gletscherzungen zwischen den Gipfeln hervor, rauschen kleine Wasserfälle von den Hängen herab. Der 4 km lange Fahrweg passiert zwei Seen und erlaubt einen erholsamen Spaziergang durch unbeeinträchtigte Natur, von ein paar Ferienhütten abgesehen. In der bedienten *Renndølssetra* wird typisch norwegische Kost serviert – meine Empfehlung: *rømme*. Die Innerdalshytta, nur wenige hundert Meter weiter, ist ebenfalls bewirtschaftet, seit dem Umbau zur Touristenstation aber nicht so urig wie Renndølssetra. Angelmöglichkeiten.

Kinderleichte Wanderung, Dauer gut eine Stunde. Anfahrt mit dem eigenem Fahrzeug: Straße 70 ab Sunndalsøra nach Norden bis Ålvundeid, an der Kirche Abzweigung ins Innerdal, Parkplatz am Hof Nerdal, direkt an einem Wasserfall.

■ **Innerdalstårnet** heißt die Berggruppe südöstlich von Renndølssetra und Innerdalshytta, ab dort 4 Stunden Wanderzeit. Schwerer Steig mit Kletterpassagen, auch über loses Gestein. Nur für Geübte ohne Höhenangst. Beratung in den Touristenhütten.

■ **Sunndal-Innerdal-Todal.** Mittelschwere 2-Tages-Tour. Erste Etappe gut 5 Stunden, Übernachtung entweder Innerdalshytta oder Renndølssetra; zweite Etappe 5–6,5 Stunden, Rückfahrt mit dem Bus, eventuell Übernachtung im Todal, *Todalshytta,* Tel. 7166 3836, oder *Lauvås Sommerpensjonat,* geöffnet Mai bis August, Telefon 7166 3847, um 100 NOK pro Bett. Startpunkt: Fale im Sunndal, Anstieg hinauf ins *Giklingdal.*

■ **Åmotan:** mittelschwerer, da steiler Pfad. Hin und zurück 35–45 Minuten. Verlängerung mit extrem steilen An- und Abstieg (und famoser Aussicht) möglich, dann hin und zurück 90–120 Minuten. Anfahrt nur mit dem eigenen Fahrzeug. In Gjøra, an der Ostgrenze der Gemeinde, zweigt eine Nebenstraße rechts von der Straße 70 ab; an der Gabelung links halten. Parkplatz (links) am Gehöft Jenstad (rechts).

In der Schlucht Åmotan treffen gleich fünf Täler mit ihren Wasserläufen zusammen. Ab Jenstad geht es rechts stramm abwärts, durch Wald und über Wiesen. An der Weggabelung rechts halten, dem Schild »fossene« folgend. Nach rund 15 Minuten stehen Sie vor dem Wasserfall *Syøufallet* (156 m freier Fall); bei Sonnenschein hüpft eventuell ein kleiner Regenbogen über den Wasserschleier. Je nach Jahreszeit fließen hier bis zu fünf Wildbäche über Stromschnellen und Wasserfällchen zusammen. Der Ort heißt folgerichtig *Åmotan*, das Treffen der Flüsse.

Bei Lust und Laune kann die Wanderung über einen anstrengenden Anstieg zum Gehöft Svisdal verlängert werden. Dazu muß man nicht zurück zur Weggabelung, sondern man kann dem Wildbachufer flußaufwärts folgen. Zwei Hängebrücken werden überquert. Und dann folgt der wildeste Anstieg, den ich bisher in Norwegen genießen durfte. Von unten glaubt man einfach nicht, daß dort ein Pfad den Berg hinauf führt. Aber über einen Rücken zwischen den Schluchten geht es durch lichten Wald voran. Zwischendurch muß man sich an gespannten Seilen emporhangeln; der Boden ist teilweise erodiert. Nach einer Kurzetappe durch kniehohe Wiesen steht man vor dem Gehöft Svisdal: Die Scheune mit ihren dunkelbraunen, massiven Holzbalken hat man vom Parkplatz aus schon gesehen; nur daß es einen Pfad hier hinauf gibt, das konnte anfangs niemand vermuten. Die Aussicht auf die Schlucht und die umliegenden Berge lohnt alle Strapazen. Nach einer Brotzeit inmitten der Schafherde geht es denselben Weg zurück – Hals und Beinbruch, nicht wörtlich zu nehmen.

■ Das **Grødal** verläuft parallel zum Sunndal und ist über dieselbe Nebenstraße wie nach Åmotan zu erreichen; an der Weggabelung aber rechts halten und Weiterfahrt, wie unter »Sehenswertes, Alfheim« beschrieben. Parken am Ende des Fahrweges. Es gibt mehrere Pfade, die zurück ins Sunndal führen; das einzige Problem besteht darin, daß sie nicht zu kombinieren sind und damit kein Weg zum Auto am Ausgangspunkt zurückführt. Trotzdem – im September lohnt sich der Ausflug ins Grødal allemal, wenn die Herbstfarben leuchten. Als Paket mit der Åmotan-Wanderung und dem Alfheim-Abstecher ein unvergeßlicher Tag. Wer eine Rückfahrmöglichkeit ab Grøa organisieren kann, braucht bis dorthin 4–5 Stunden; immer dem markierten Pfad durch das Tal folgen.

■ Wer sich zu Höherem berufen fühlt, kann es mit **Store** und **Litle Kalken** probieren, die bei gutem Wetter eine famose Aussicht auf Fjord, Täler und Gebirge garantieren. Die Pfade erfordern Übung und sparen auch Kletterpassagen nicht aus, sollen aber ohne Kletterausrüstung zu bewältigen sein. Das versicherten mir Einheimische, doch die Wandertips von fjellgewandten Norwegern sind erfahrungsgemäß mit Vorsicht zu genießen. Wetterwechsel dort oben können recht unangenehm werden.

Die Wanderung zu Store Kalken dauert 6–7 Stunden, die zu Litle

Kalken 3–5 Stunden. Fundierte Auskunft im Touristenbüro oder in den Unterkünften einholen.

■ **Organisierte Wanderungen:** *Eventyr i Sunndal,* Tel. 7169 7990 (Innerdalshytta). Im Programm leichte Familienwanderungen ebenso wie anspruchsvolle Kletter- und Gletschertouren, »Wildnistage«, Rafting und Ausritte. 125–375 NOK, der »Wildnistag« für 575 NOK je Person.

Verschiedenes

■ **Angeln:** Forellen in den Seen von *Sunndal Statsalmenning*, 480 km^2 Staatseigentum. Angelscheine an der ESSO-Tankstelle, wo auch Hütten und Boote vermietet werden. – Lachs in den Flüssen *Driva* und *Litledalselva.* Die Angelscheine gibt es im Touristenbüro.

■ **Reiten:** Ausritte im Innerdal (45–120 NOK) organisiert *Eventyr i Sunndal,* Tel. 7169 7990 (Innerdalshytta).

■ Die hübsche **Holzkirche Hov** in Sunndalsøra wurde 1887 im neugotischen Stil errichtet. Etliche Teile des Interieurs spendeten die britischen Gäste, die das Sunndal Jahr für Jahr aufsuchten, u.a. Kronleuchter und Kachelofen. Die alte Kirche war einem Sturm zum Opfer gefallen. Täglich geöffnet 10–18 Uhr.

■ Der Eingang zum Wasserkraftwerk **Auraverkene** liegt oberhalb der Mündung des Litledalselva in den Fjord, Tel. 7169 2333. Führungen 1.6.–20.8. täglich 11–14 Uhr. Anmeldung telefonisch oder direkt beim Pförtner. Das Kraftwerk, 1953 in Betrieb genommen, liegt 300 m tief im Berg; die beiden Maschinenräume messen 18 m Höhe, 70–80 m Länge und 17 m Breite. Das Wasser wird oberhalb des Litledals im Holbuvatn gestaut und fließt durch einen 16 km langen Tunnel zur Verteilungskammer.

■ **Weitere Werksbesichtigungen:** *Hydro Aluminium A/S, Sunndal Verk*, Tel. 7169 3000. Besichtigungswunsch einen Tag im voraus telefonisch oder beim Pförtner anmelden. Normalerweise 10–14 Uhr. – Wasserkraftwerk *Driva Kraftverk*, Fale, Tel. 7169 4547. Führung nach Absprache. Auf dem Gelände steht eine restaurierte Mühle.

■ **Notarzt:** Tel. 7169 1933.

■ **Taxi:** Tel. 7169 1441.

■ **Transport:** Bus (Oppdal -) Gjøra, Grøa, Sunndalsøra, Ålvundeid, Ålvundfoss, Røkkum (- Kvanne). – Sunndalsøra, Øksendal.

Weiterreise

■ **Bus:** *Rutebilstasjon* in der Kaptein Dreiersgata.

Südwärts (Richtung Geiranger) nur durch mehrmaliges Umsteigen; Beratung im Touristenbüro. – Nach Kristiansund (138 NOK) über Ålvundeid, Tingvoll, Bergsøya. – Nach Molde (103 NOK) über Øksendal, Eidsvåg. – Nach Ålesund (198 NOK) über Molde und Spjelkavik.

■ **Auto: Nach Geiranger**. Auf Straßen 62, 660 und 64, fast immer an Fjorden entlang, nach *Åndalsnes,* ab dort Straße 9 zur Kreuzung *Sogge bru,* eventueller Ausflug in das wilde *Romsdal,* sonst Straße 63 rechts ab zur berühmten Serpentinenstrecke *Trollstigen;* siehe jeweils dort. Auf Straße 63 nach *Valldal,* dort möglicher Abstecher nach **Tafjord**, das 1934 von einer verheerenden Lawine (7 Millionen Kubikmeter Gestein) heimgesucht wurde, und Besuch des Wasserkraftwerks Tafjord (Tel. 7025 8000). Zurück auf Straße 63, nun zum Fähranleger *Linge,* Fähre nach *Eidsdal* (verkehrt ständig), weiter auf Straße 63 über Hochland am idyllischen See *Eidsvatnet* zum *Ørneveien,* dem Adlerweg, der sich hinunter nach Geiranger am gleichnamigen Fjord schraubt; siehe dort.

Nach Kristiansund. In umgekehrter Richtung beschrieben unter »Kristiansund, Weiterreise«.

Nach Molde. Straßen 62 (über Eidsvåg) und 1, fast immer am Fjord entlang, besonders schön die erste Teilstrecke am Ufer des *Tingvollfjords.*

Nach Ålesund. In umgekehrter Richtung beschrieben unter »Ålesund, Weiterreise«.

Trollstigen - Romsdal

Trollpfad

Eine der meist besungenen Touristenrouten beginnt 5 km östlich von Åndalsnes, wo die Straße 63 von der Straße 9 abzweigt, bei *Sogge bru*. Nach kurzer Zeit verläuft sie durch das leicht ansteigende *Isterdal*, das von bis zu 1.600 m hohen Bergen eingerahmt wird und dessen einzige Bewohner die Kühe zu sein scheinen, die träge auf der Fahrbahn stehen und nur widerwillig Platz machen. Plötzlich ist das Tal zu Ende, weil sich nun auch im Vordergrund eine steile Felswand erhebt. Trotzdem geht es weiter: Erst nach und nach in Sicht kommend, windet sich die Straße mit 10 bis 12 Prozent Steigung in Serpentinen hinauf. Wer auf der Beifahrerseite sitzt, ist eine unterhaltsame Fahrt beschieden, Schwindelfreiheit vorausgesetzt. Unterwegs wird ein Knie des 180 m hohen Wasserfalls *Stigfossen* überquert. In vielen Passagen reicht die Breite nur für ein Fahrzeug aus, so daß, je nach Verkehrsaufkommen, in die Ausweichbuchten rangiert werden muß. Mitunter beleben Schafe und Gaffer das ohnehin turbulente Treiben auf der Fahrbahn.

Trollstigen, der Pfad des Trolls, heißt dieses kühne Bauwerk. Die Berge östlich der Straße heißen *Trolltindane*, die Trollgipfel, und im nahegelegenen *Romsdal* erhebt sich mit der Trollwand eine der anspruchvollsten Kletterwände Europas. Den Überlieferungen nach sollen die Trolle hier auf den Gipfeln sitzen und, je nach Laune, die Menschen mit Wetterwechseln und Lawinen ärgern.

Auf 850 m oben angekommen, unterstreichen Souvenirbuden, die Kafeteria Trollstigen Fjellstue (10-18 Uhr, So 10-20 Uhr) und einige private Ferienhäuser Trollstigens Bekanntsheitsgrad. Bei den Entgegenkommenden legt die Gebäudeansammlung den Schluß nahe, daß Ihnen in dieser scheinbar trostlosen Gegend Ungewöhnliches bevorsteht.

■ **Geschichte:** Etwa um 1700 wurde an dieser Bergwand ein steiler Saumpfad angelegt, der das Romsdal mit dem Valldal verbinden sollte. Lange Zeit blieb es ein gefährliches Unterfangen, sich mit Pferden auf den Steig zu wagen, doch gerade der Warentransport war der entscheidende Anlaß für den Pfad gewesen. Als der Weg 1915 nach zehn Jahren mühsamer Handarbeit ein weiteres Mal verbessert worden war, begann auch in Norwegen das Zeitalter der Automobile – womit

◀ *Lady Arbuthnotts Alfheim im Grødal (s.S. 259)*

der neue Weg eigentlich überholt war.

1925 wurde der Bau einer Autostraße beschlossen. Der Bautrupp mußte mit Ideenreichtum, Dynamit, Handarbeit und primitiven Hilfsmitteln auskommen, denn große Maschinen standen damals noch nicht zur Verfügung. Ein Schmiedeofen wurde unter Feuer gehalten, um notwendiges Werkzeug herstellen zu können. Das Dynamit mußte in der Regel vor dem Gebrauch aufgewärmt werden. Loren auf Schienen, die das lose Gestein transportierten, mußten von Menschen und Pferden geschoben und gezogen werden. Ein Transportkran wurde konstruiert wie eine Seilbahn, die beim Bau der Brücke über den Wasserfall Arbeiter und Material auf die andere Seite beförderte.

Kein Geringerer als König Håkon VII. war es, der Trollstigen am 31.7.1936 eröffnete. Umgehend band man die Serpentinenstrecke in den Fremdenverkehr ein: Touristen, die mit Ausflugsbooten nach Åndalsnes kamen, wurden mit Autos den Trollstig hinaufkutschiert und aßen oben zu Mittag. Das Restaurant stand nicht weit vom Abgrund, dort wo heute die beiden Souvenirbuden ihren Schnickschnack feilbieten.

Anfang der 70er Jahre erhielt Trollstigen seine erste Asphaltdecke, was zu seiner Entschärfung beitrug. Gefahr drohte und droht eigentlich nur noch von Lawinen, denen zum Beispiel das alte Restaurant, ebenfalls in den 70er Jahren, zum Opfer fiel. Besonders in den Monaten Mai und Juni, wenn das ständig abfließende Schmelzwasser die Erosion begünstigt, können Geröll und Schnee in Bewegung geraten – so geschehen im Juni 1991, als die Straße auf 50 m Länge verschüttet wurde.

■ Selbst ein kleines Museum findet hier oben seine Besucher. Das **Trollstig-Vegmuseum** vollzieht in vielen Fotografien die historische Entwicklung nach. Besonders beeindruckend sind die Fotos, die die schwierigen Schneeräumungsarbeiten wiedergeben. Die meisten Exponate stammen aus der Zeit des Straßenbaus: Dynamit-Kisten, Paraffinlampen, Sicherheitsgurte, Transportbehälter, Stahlhufe, die die Pferde im Winter trugen, um Halt zu finden, ein Modell der Taubahn oder eine Bücherkiste, die von Wohnbaracke zu Wohnbaracke wanderte, um die Arbeiter abends mit Lesestoff zu versorgen.

Das Museum, gleich neben Trollstigen-Fjellstue, ist ungefähr vom 17.6. bis zum 10.8. zwischen 10.30 und 16 Uhr geöffnet. Eintritt 20 NOK.

■ **Aussicht auf Trollstigen und Isterdal:** Kommen Sie bei nicht allzu tiefhängenden Wolken an, können Sie das Spektakel von oben betrachten: Zwischen den beiden Souvenirhäuschen beginnt ein 200 m langer Weg, der zuletzt über eine Holztreppe auf eine Aussichtsplattform führt. Wer sich seiner Schadenfreude nicht schämt, darf sich freuen, wenn Träger absatzbetonten Schuhwerks ihren Kampf mit den unkonventionellen Treppenstufen austragen. Von der Plattform liegen Isterdal und Trollstigen in ganzer Breite vor dem Betrachter. Die Autos gleichen von hier aus Matchbox-Spielzeug, kriechen respektvoll vorwärts. In vielen Passagen reicht die Breite nur für ein Fahrzeug aus, so daß, je nach Verkehrsaufkommen, in die Ausweichbuchten rangiert werden muß. Mitunter beleben Schafe und Gaffer das ohnehin turbulente Treiben auf der Fahrbahn. Auch der alte Saumpfad ist zu erkennen, seitdem er in den letzten Jahren restauriert worden ist. Obwohl an der Plattform ein Wanderpfad beginnt, der in ein verzweigtes Wegenetz integriert ist, dürfte die Benutzung des Saumpfads eher witzlos sein, weil er in das Tal hinabführt und sich so nicht zu einer Rundwanderung kombinieren läßt.

Bergsteigerfreuden

Die meisten Touristen fahren ab Geiranger über Trollstigen in die uninteressante Stadt Åndalsnes, um von da aus ihren Fjordland-Urlaub nordwärts fortzusetzen - oder umgekehrt. Prinzipiell ist dagegen nichts einzuwenden, doch an der Kreuzung der Straßen 63 und 9 versäumen es dann viele aus Unkenntnis, für zehn bis fünfzehn Kilometer ostwärts in das grandiose Romsdal hineinzufahren. Grandios, weil sich die Berge zu beiden Seiten bis zu 1.800 m hoch erheben und sich dabei so nah gegenüberstehen, daß das Tal zwischendurch nicht breiter als 300 m ist. An diesen Stellen bleibt die Sonne während der kalten Jahreszeit mehrere Monate lang hinter den Granitwänden verborgen.

Die Berge machen die Faszination des Romsdals aus - gerade für Bergsteiger: *Trollveggen,* die Trollwand, gilt als eine der schwierigsten Kletterwände Europas. Das Gestein ist im oberen Bereich brüchig, und die dünnen Flechten, die auf dem Granit wachsen, verwandeln sich bei Regen in eine glitschige Schicht. Die häufigen Wetterwechsel bringen aber nicht nur (Dauer-) Regen, sondern auch Kälte und schlechte Sicht, und das Biwakieren ist unter diesen Umständen ziemlich unangenehm. So ist es wohl zu erklären, daß die erste Besteigung von Trollveggen erst 1958 durch die Norweger *Heen* und *Høibakk* gelang. Mittlerweile werden sogar Winterbesteigungen durchgeführt. In den 80er Jahren entdeckte die Schar derer, die ihre Lust aus Nervenkitzel und Im-Mittelpunkt-Stehen beziehen, dic Trollwand als Rampe für Fallschirmsprünge. Nach mehreren Todesfällen wurden die Spektakel verboten.

Wohl dem, der gutes Wetter hat und einen Blick auf die Riesen im Tal abbekommt. Mir zum Beispiel war es erst bei meinem vierten Besuch im Romsdal vergönnt, die spitzen Zinnen und gewaltigen Moränen von Trollveggen frei von Wolken zu sehen. Direkt vor der Trollwand befindet sich ein großer Parkplatz mit einer Schautafel, auf der die verschiedenen Aufstiegsrouten abgebildet sind. Die typisch norwegische Kafeteria darf nicht fehlen. Wer zurück Richtung Åndalsnes will, sollte hier umkehren.

Ansonsten ziehen sich Eisenbahn, Straße 9 und der Fluß *Rauma* noch wenige Kilometer so wie bisher durch ein stilles, dünn besiedeltes Tal, in dem sich ein paar Bauernhöfe und winzige Siedlungen verlieren, bevor es weiter östlich breiter und fruchtbarer wird und zwei ungewöhnliche Wasserfälle folgen. Einige Anwohner bessern ihr Einkommen auf, indem sie Privatquartiere für Durchreisende anbieten. Zwei Campingplätze komplettieren das Übernachtungsangebot in diesem Talabschnitt – normalerweise Quartier für viele Angler, die Lachse aus der Rauma ziehen. Doch seitdem Infektionskrankheiten vermehrt dem Fischbestand zusetzen, fällt die Zahl der zurückkehrenden Lachse von Jahr zu Jahr sehr unterschiedlich aus.

Der prägnanteste Berg liegt allerdings talauswärts Richtung Åndalsnes: die Felsnase des 1550 m hohen *Romsdalshorns.* Im Innern Bergs verbirgt sich ein Wasserkraftwerk, das jedoch nicht besucht werden kann.

Landschaftsgemälde mit dem Romsdalshorn ▶

Geiranger

Der Bilderbuch-Fjord

Der Geirangerfjord ist das bekannteste Fotomotiv Norwegens. Hohe Berge rahmen das türkisfarbene Wasser des engen Fjords, Wasserfälle schmücken die steilen, dunklen Gneisfelsen – eine Landschaft, die sogar gefilmten Heimatschnulzen der Adenauer-Ära als Kulisse diente.

Adenauer war noch nicht geboren, als die ersten Ausländer nach Geiranger kamen; das Dorf hieß damals noch *Maråk*, so wie die größte einheimische Familie. 1869 lief schließlich der erste Kreuzfahrtdampfer aus England ein, und im darauffolgenden Jahr waren es schon sechs. Die Reisenden waren vom Fjord ebenso angetan wie von dem verschlafenen Nest mit seinem krachenden Wasserfall, der mitten durch den Ort rauscht, den Kirsch- und Apfelbäumen, den Stachel- und Johannisbeersträuchern, die sie in dieser rauhen Bergwelt nicht erwartet hatten.

Von 1880–1889 wurde ein Weg über das Gebirge angelegt, der den Bauern von *Oppland* im Landesinnern eine Verbindung zur Wasserstraße Geirangerfjord ermöglichte. 300 Männer waren im Einsatz, konnten wegen der gewaltigen Schneefälle nur im Sommer arbeiten. Noch heute sind sieben der neun Steinbrücken mit PKWs befahrbar, zum Beispiel *Knuten*, der Knoten, (1882), der sowohl unter- als auch überquert wird. Trotzdem war *Geirangerveien*, der mit 29 Serpentinen von 0 auf 1.038 m ansteigt, anfangs kaum mit Pferden zu meistern und mußte ständig ausgebessert werden. Später kam die zunächst aus wirtschaftlichen Überlegungen entstandene Verkehrsverbindung auch dem Tourismusgeschäft zugute: Die Gemeinde ließ in den 30er Jahren einen Weg von Geirangerveien auf den 1476 m hohen *Dalsnibba* anlegen und kaufte 31 Automobile, um die Touristen auf den Aussichtspunkt zu kutschieren.

Heute steht den rund 260 ständigen Einwohnern Geirangers eine Kapazität von mehr als 3000 Übernachtungen gegenüber. Da viele Touristen »nur« im Rahmen einer Schiffs- oder Busreise Station in Geiranger machen, summiert sich die Zahl der jährlichen Besucher mittlerweile auf 500.000 bis 600.000! Neben dem Fremdenverkehr wird noch ein wenig Landwirtschaft betrieben. Der Wasserfall ist zwischen Beton eingezwängt, fällt noch auf, aber dominiert nicht mehr das Erscheinungsbild. Kein anderer Ort Norwegens steht so konsequent im Zeichen des Tourismus. Für 1996 sagten sich mehr als 100 Kreuzfahrtschiffe an – nur in Bergen gehen mehr der weißen Riesen vor Anker. An sonnigen Tagen in der Hochsaison machen schlendernde Touristen und Autos, die entweder nach einem Parkplatz suchen oder in der Warteschlange am Fährkai stehen, den unteren Ortsbereich zum geduldsfordernden Nadelöhr (das demnächst umgebaut werden soll). Die Souvenirbuden und das Touristenbüro sind brechend voll. Früh sollte kommen, wer sich im Touristenbüro beraten lassen oder mit dem Auto auf die Fähre nach *Hellesylt* will, das wahre Objekt der Begierde, die unvergeßliche Reise durch den Geirangerfjord.

Die Saison ist kurz und heftig. Wer im September Geirangerveien befährt, kann in 1000 m Höhe möglicherweise schon einen Schneemann bauen. Ab Oktober wird es zügig dunkler, kälter und niederschlagsfreudiger. Die Autofähre verkehrt nicht mehr, und Anfang Dezember wird Geirangerveien gesperrt. Vier bis sieben Meter hoch liegt dort im Winter der Schnee. Die einzige Verkehrsverbindung zur Außenwelt bis Mai ist dann die Straße 63 nach *Eidsdal*, die sich am Nordufer des Fjords in Serpentinen auf 625 m windet und deshalb *Ørneveien* heißt, der Adlerweg.

Information

■ **Geiranger Turistinformasjon**, N-6216 Geiranger, Tel. 7026 3099. Geöffnet 1.6.–31.8. 9–19 Uhr, Anfang Juni und Ende August nur 10–17.30 Uhr. Großer Andrang, Wartezeiten nicht auszuschließen, deshalb zeitig kommen.

■ **Hellesylt Turistinformasjon**, am Fährkai, Tel. 7026 5052. Mitte Juni bis Mitte August.

■ **Geiranger og Stranda Reiselivslag**, N-6200 Stranda, Tel. 7026 0044, Fax 7026 0714. Antwortet auf schriftlichen Anfragen und Prospektwünsche außerhalb der Saison.

Unterkunft

Wie in einem Basar den Preis aushandeln, wenn die Saison nicht läuft, teils unfreundliche Gastgeber, wenn die Saison gut läuft und die Gäste ohnehin kommen – die Spuren des Tourismus. Deshalb können die angegebenen Preise, vor allem der Hütten, bestenfalls als Anhaltspunkte herhalten.

Vorsicht, wenn mehrere Übernachtungsbetriebe direkt hintereinander liegen, denn in der Regel ist der erste nicht der beste; zum Beispiel am Südufer des Fjords, wo die Straße 2 km außerhalb des Ortskerns endet. Wer zelten will, kann sich den Weg dorthin übrigens sparen. Wegen der Hanglage sind keine Zeltplätze vorhanden.

Außer Hotels und Campingplätzen gibt es einige Privatquartiere, in denen Doppelzimmer um 250 NOK zu haben sind. Beachten Sie die Hinweise »rom« oder »husrom«.

■ **Union Turisthotel**, Tel. 7026 3000, Fax 7026 3161. 1.3.–20.12. geöffnet, 1.5.–30.9. mit Fjord Pass (D) EZ 560–605 NOK, DZ 880–910 NOK, sonst EZ ab 810 NOK, DZ ab 1100 NOK.

Liegt am Geirangerveien, schon ein ganzes Stück oberhalb des Fjords. Mit Giebeln, viel Glas und einer schönen Balkonfront der gelungenste Hotelbau im Ort. Gleiches gilt für die großen Zimmer in angenehmen, zarten Farbtönen. Hübscher Garten. Hallenbad und Swimmingpool im Freien.

■ **Hotel Utsikten Bellevue**, Tel. 7026 3003, Telefax 7026 3018. 15.5.–15.9. geöffnet. EZ 540–590 NOK, DZ 760–860 NOK. Mahlzeiten nach Bedarf.

Liegt in einer Kurve oben am Ortsausgang und bietet demgemäß, der Namen sagt es schon, eine nette Aussicht. Im Hotel herrscht eine bedächtige Atmosphäre: klassische Musik im »Foyer«, Flügel im Salon, Gemälde namhafter norwegischer Maler, eine liebevoll aufbereitete geologische Sammlung, Rauchen und »Rauschmittel« verboten. Komfortlose Zimmer, in denen die Zeit seit 30 Jahren stehengeblieben zu sein scheint. Der Clou: zwei Toiletten mit Aussicht auf den Fjord.

■ **Hotel Geiranger**, Tel. 7026 3005, Fax 7026 3170. 1.5.–30.9. geöffnet. Mit Fjord Pass (D) EZ 605 NOK, DZ 910 NOK, sonst 650–770 NOK, DZ 840–1080 NOK. Zimmer nach hinten etwas preiswerter.

Das plumpe Viereck liegt zentral, aber eingezwängt in der Nähe des Fährkais. Top die Zimmer mit Fenster zum Fjord: Veranda, Aussicht, gefällige Möbel im Skandi-Design und jede Menge Zartgrün. Die Zimmer nach hinten sind ohne Veranda und erschreckten zuletzt mit der Farbkomposition Braun, Orange und Rostrot. Die Möbel verraten Anhänglichkeit an die 60er Jahre. Der geringe Preisunterschied ist ein Witz.

■ **Meroks Fjord Hotel**, Telefon 7026 3002, Fax 7026 3170. 1.5.–30.9. geöffnet. Mit Fjord Pass (C) EZ 530 NOK, DZ 760 NOK, sonst EZ 660–710 NOK, DZ 900–1000 NOK. Verwaltet vom »Hotel Geiranger«, nur bei Bedarf geöffnet. Unten am Kai.

■ **Grande Fjord Hotell**, Tel. 7026 3090, Fax 7026 3177. 1.5.–30.9. geöffnet. Mit Fjord Pass (B) EZ 480 NOK, DZ 660 NOK, ohne in der Hochsaison EZ 550–605 NOK, DZ 620–810 NOK, sonst EZ 500–605 NOK, DZ 575–810 NOK. Frühstück 70 NOK. Bootsvermietung.

Das Gelände (mit Campingplatz, siehe unten) liegt abseits des rummelgeplagten Ortskerns am

Nordufer des Fjords, wo sich die Serpentinenstraße Ørneveien nach oben schraubt. Die Zimmer verteilen sich auf eine motellartige Baracke. Durch den Reihenhauscharakter fehlt die persönliche Note, aber die Räume sind groß und relativ preiswert. Zum Betrieb gehört auch:

■ **Grande Fjordhytter og Camping**, Tel. 7026 3090. 1.5.–30.9. Preisniveau Camping: 2–3. 19 Hütten für 4–6 Personen 200–625 NOK, in der Hochsaison ab etwa 250 NOK.

Sanft hügeliges Terrain, günstig gelegen, weil außerhalb des Ortskerns. Romantischer, grasbewachsener Uferstreifen den Zelten vorbehalten. Die Hütten stehen dermaßen aneinandergedrängt, daß sie sich gegenseitig die Aussicht nehmen – egal, sie gehen ja doch weg. Sanitäranlage ausreichend, W & T. Kiosk. Spielplatz. Bootsvermietung. Das Gelände grenzt unmerklich an:

■ **Grande Turisthytter og Camping**, Tel. 7026 3068. 1.5.–30.9. Preisniveau Camping: 2–3. 11 Hütten für 2–6 Personen um 250–650 NOK, die Ferienhütten mit zwei Schlafzimmern. W & T. Kiosk. Spielplatz. Bootsvermietung.

■ **Geiranger Camping**, Tel. 7026 3120. 20.5.–10.9. Preisniveau Camping: 2. Keine Hütten.

Einzige Alternative am Fjord, wenn Grande überfüllt ist. Große Wiese zu beiden Seiten einer Bachmündung, zwar im Ortskern, aber auf unbebautem Gelände. Bäume fehlen, Massentourismus vorprogrammiert. Sanitärgebäude akzeptabel, W & T. Kiosk. Spielplatz. Bootsvermietung.

■ **Homlong Camping**, Tel. 7026 3042. 1.5.–30.9. Kein Camping. 10 Campinghütten für 4 Personen um 175–325 NOK, 1 Ferienhütte für 6 Personen um 400 NOK.

Liegt am Südufer, dort wo die Straße endet. Standardhütten teilweise mit großer Veranda. Ruderbootbenutzung gratis. Beim Bau des Sanitärhauses scheint das Abluftrohr vergessen worden zu sein. Trotz gemütlicher Sitzbänke am Fjord ein Platz ohne einladende Atmosphäre, der davon profitiert, daß die potentiellen Gäste hier zuerst vorbeikommen.

■ **Fjordan Camping**, Telefon 7026 3077. 1.6.–15.9. Kein Camping. 11 Hütten für 2–4 Personen um 200–300 NOK. 4 Nobelhütten mit Bad für 2–3 Personen um 450–550 NOK.

Kommt gleich hinter »Homlong«. Die kleinen Hütten sind Standard, die Ferienhütten aber mit das Feinste, was ich bisher in Norwegen gesehen habe: großes Panoramafenster, überbaute Veranda, wohnliches Holzhausambiente. Benutzung von Ruderbooten im Preis inbegriffen.

■ **Solhaug Camping**, Tel. 7026 3076 und 7026 3125. Geöffnet April bis November. Keine Zelte. 2–3

Stellplätze für Wohnmobile 60 NOK. 8 Hütten für 4 Personen um 275–550 NOK.

Letzter Übernachtungsbetrieb am Südufer. Die kleinen Hütten teilweise mit Waschbecken, gemütlich eingerichtet, mit Aussicht auf den Fjord. Große Ferienhütten mit Veranda und zwei Schlafräumen.

■ **Vinje Camping**, Tel. 7026 3017. 1.6.–10.9. Preisniveau Camping: 2. Keine Hütten.

Liegt in Geiranger an der Paßstraße Richtung Stryn/Odda, leider nicht hoch genug, deshalb schlappe Aussicht. Gepflegte Terrassen mit Bäumen, Wiesen, Steinbegrenzungen und – einem Wasserfall. Passable Sanitäreinrichtungen, W & T. Kiosk. Spielplatz.

■ Über weitere Anbieter von **Hütten** informieren Sie sich am besten in einer der ausliegenden Broschüren.

In Hellesylt

■ **Grand Turisthotel**, Tel. 7026 5100. Von Ostern bis Weihnachten. EZ um 250–450 NOK, DZ um 575 NOK. Selbstgemachter Kuchen. Hat den Namen von »Grand Hotel« in »Grand Turisthotel« geändert, um nicht allzu hohe Erwartungen zu wecken. Die billigen EZ nur mit Bad auf dem Flur.

■ Jugendherberge **Hellesylt Vandrerhjem**, Tel. 65 128 und 63 657. 1.6.–1.9. EZ für Mitglieder 150 NOK, DZ 250 NOK, im Mehrbett-Zimmer 90 NOK. 14 Zimmer mit 2–6 Betten. Frühstück 55 NOK, Lunchpaket 40 NOK, Abendessen 75 NOK. Die Jugendherberge liegt 1,5 km vom Fährkai entfernt. Ruderboote vorhanden.

■ Zwei **Campingplätze:** *Hellesylt Camping,* Tel. 7026 5104. 1.5.–30.9. Preisniveau Camping: 2. – Und *Stadheimfossen Camping,* Tel. 7026 5079.

Essen und Trinken

■ Nahe des Fähranlegers haben sich zwei Restaurants etabliert: **Oldebuda**, Tel. 7026 1040, eher gehoben. – Und **Naustkroa**, smørbrød und eher einfache Mahlzeiten.

■ Die **Djupvasshytta** liegt 1030 m hoch am glasklaren, türkis bis dunkelblau schimmernden See *Djupvatn,* kurz vor der Kreuzung der Straßen 63 und 15. Zwei bis drei wechselnde Hauptgerichte um 75 NOK, Waffeln, Karamelpudding, smørbrød, rømmegrøt etc.

Sehenswertes

■ Ohne die **Schiffahrt über den Geirangerfjord** wäre der Besuch von Geiranger sinnlos. Mehr als 1.000 m hohe Berge säumen den schmalen Fjord, der sich 16 km lang wie eine Schlange durch die Landschaft windet, bevor er in den *Sunnylvsfjord* übergeht. Die tiefste Stelle mißt 350 m.

Im Frühjahr liegt auf den Bergen noch Schnee, der mehrere Wasserfälle speist, die an den steilen Felswänden in die Tiefe stürzen und die gemäß ihren Formen originelle Namen tragen. Passiert das Schiff die *Sieben Schwestern* oder den *Brautschleier*, werden die Fotoapparate malträtiert. In einem trockenen Sommer kann es allerdings im August passieren, daß einige Schwestern verreist und die anderen magersüchtig sind.

Große Aufmerksamkeit finden auch die verlassenen Bauernhöfe, die sich an halbwegs ebene Terrassen zu krallen scheinen; manche unten am Ufer, andere in 500 m Höhe, manche verfallen, andere als Sommerhäuser renoviert. Gemein ist ihnen, daß sie nur über den Wasserweg zu erreichen sind. Einer mußte wegen Lawinengefahr verlassen werden, die anderen wegen der aussichtslosen wirtschaftlichen Zukunft für solch kleine Parzellen. Der Bauer von *Knivsflå* zog 1899 ins Dorf, aber noch heute weiden dort im Sommer Schafe, Ziegen und Milchkühe. Hans-Magnus Enzensberger erzählt in seinen »Norwegischen Anachronismen« (»Ach Europa!«) über Geschichte und Bewohner solcher Einödhöfe.

Die Autofähren Geiranger-Hellesylt, die 70 Minuten unterwegs sind, verkehren zwischen Mai und September viermal (eine Fähre), in der Hochsaison bis zu dreizehnmal täglich (drei Fähren). An sonnenverwöhnten Tagen ist mit Wartezeiten zu kalkulieren, weil die Fähre nicht immer alle Autos mitnehmen kann. Wer das vermeiden will, wer sowieso in Geiranger oder Hellesylt Quartier bezogen hat, kann sein Auto stehenlassen und mit der Fähre hin und zurück zu fahren. Langeweile kommt wegen der doppelten Fahrt bestimmt nicht auf. Ein Tonband begleitet die Reisenden in verschiedenen Sprachen, sogar auf japanisch. Preise: Auto inklusive Fahrer 92 NOK, Erwachsene 29 NOK.

Mehr Service (Restaurant mit Bier und Wein) und mehr Gedränge bietet das Ausflugsboot *M/S Geirangerfjord*, das vier- bis sechsmal täglich zu einer anderthalbstündigen Sightseeing-Tour ausläuft. 1.6.–31.8. Preis 65/30 NOK. Weitere Informationen im Touristenbüro oder unter Tel. 9466 0502.

■ Die **Aussicht vom 1476 m hohen Dalsnibba** ist zwar ein Erlebnis, aber kein Muß und fällt nicht selten wegen tiefhängender Wolken aus. Information: »Geiranger Skysslag«, Tel. 7026 3115. Anfahrt: Straße 63 Richtung Stryn/Odda, Abzweigung bei der Djupvasshytta.

Stolze 40 NOK pro Auto sind fällig, um die einst berüchtigte Serpentinenstrecke zu benutzen. Ihre vermeintliche Gefährlichkeit hat sie eingebüßt, seit die Fahrbahn verbreitert wurde, damit auch Busse den Parkplatz auf dem plateauähnlichen Gipfel erreichen. Einzig dem unsteten Wetter dürfte es zu verdanken sein, daß dort oben noch keine Waffeln gebacken und Rentierfelle verkauft werden. Der Geirangerfjord ist von hier nur ein Detail in der Kulisse, wenn auch das wichtigste; die Kreuzfahrtschiffe gleichen weißen Stecknadelköpfen. Die anderen drei Himmelsrichtungen dominieren Gebirge, doch ein überwältigendes Gefühl stellt sich nicht ein, weil die Gipfel etwa auf demselben Höhenniveau wie Dalsnibba liegen.

Wanderungen

Das Touristenbüro hält ein Blatt parat, auf dem neun Touren vorgeschlagen werden. Die Auflistung erläutert in Kurzform, was es zu sehen gibt, und enthält Angaben zu Gehzeit und Schwierigkeitsgrad. Alle Wege sind traditionell rot markiert, die Startpunkte durch neue Wegweiser aus Holz nicht zu verfehlen. Leider sind die Routen kaum zu kombinieren, so daß Rundtouren entweder gar nicht oder nur durch die Benutzung der Straße möglich sind. Und an einigen Startpunkten ist kein Platz, um ein Fahrzeug zu parken (Touren 4 und 7).

■ Tour 2 zum 30 m hohen Wasserfall **Storseterfossen** ist mittelschwer, wegen teils kräftiger Steigung kein Spaziergang. Die Warnschilder an den rauschenden Bächen unterwegs stehen da nicht umsonst, denn es geht flott abwärts, und die Strudeltöpfe haben so manchen Verunglückten in keiner beneidenswerten Verfassung wieder an die Oberfläche gelassen. Das Besondere an Storseterfossen ist, daß er von einem überhängenden Felsen hinabstürzt, unter dem der Wanderer hindurchgehen kann. Gehzeit: 50–60 Minuten.

Wer seine Ruhe haben möchte, sollte die schwierigeren Touren 3, 5 und 7 probieren. Gehzeit: je zwei Stunden.

■ Eine kürzerer Spaziergang beginnt in einer der oberen Kehren von **Ørneveien**, dort wo eine kleine Haltebucht für etwa drei Autos direkt in der Kurve liegt. Am dahinterliegenden Gatter (wieder schließen!) beginnt ein ebener Schafspfad über Stock und Stein, in dessen Verlauf sich mehrere nette Ausblicke auf den Fjord ergeben. Der Weg passiert die Fundamente eines verfallenen Gehöfts und stößt nach 10–15 Minuten auf einen abwärts rauschenden Bach – Zeit zur Umkehr, denn besser wird die Aussicht nicht mehr.

Verschiedenes

■ **Fjord-Sightseeing:** 1.6.–31.8. mit der »M/S Geirangerfjord«; siehe oben unter »Sehenswertes«. – Fjordfahrten sowie Besuche von Berghöfen organisiert »Geiranger Turistservice«, Tel. 7026 3123. – Rundflüge mit dem Wasserflugzeug: kleine Tour in 15 Minuten über Fjord und Umland, 250 NOK; große Tour in 40 Minuten über die Fjordwelt bis zum Gletscher Jostedalsbre, 500 NOK. Information unter Tel. 5786 5388 oder im Touristenbüro.

■ **Busrundfahrten:** auf der »Golden Route«, eine dieser künstlich auf den Schild gehobenen Routen, die sich die Marketingfritzen ausgedacht haben. Über den Trollstig (siehe dort) und Valldal geht's nach Åndalsnes, nette Lage, nichtssagendes Städtchen. Für 107 NOK einfacher Weg.

■ **Angeln:** In Hellesylt und Umgebung gibt es in drei Flüssen und zehn Seen Forellen zu angeln. Die Flüsse *Bygdaelva*, *Langedalselva* und *Nibbedalselva* münden alle in Hellesylt in den Fjord und sind leicht zu erreichen. Die Seen liegen in höheren Regionen und müssen erwandert werden. Tageskarte um 30 NOK. Informationen und Angelschein in den Touristenbüros von Hellesylt und Sunnylven oder in der Jugendherberge von Hellesylt.

Ebenfalls Forellen finden sich in mehreren Bergseen im *Djupdal*, unterhalb von Dalsnibba. Tageskarte um 45 NOK. Infos und Angelkarte im Touristenbüro Geiranger.

■ **Fahrradvermietung:** Touristenbüro Hellesylt. Halber Tag 50 NOK, ganzer Tag 100 NOK.

Weiterreise

■ **Bus:** Geiranger ist Station der Busroute von Åndalsnes (110 NOK) nach Langvatn (57 NOK, Anschluß an »Nordfjordexpressen« Måløy-Stryn-Otta-Oslo). Alternative Abfahrten durch Kombination der Buslinien Geiranger-Eidsdal und Valldal-Åndalsnes mit der Fährroute Linge-Eidsdal.

Hellesylt ist Endstation eines Busses aus Stryn (56 NOK), ferner Stopp der Fernverbindung »Vestlandbussen« von Ålesund (108 NOK) über Stryn, Loen, Byrkjelo, Førde nach Bergen (363 NOK).

■ **Auto: Nach Stryn**. In umgekehrter Richtung beschrieben unter »Stryn, Weiterreise«.

Nach Sunndalsøra. Zunächst wie die Anreiseroute nach Ålesund, mit allen Höhepunkten wie Tafjord, Trollstigen und Romsdal, ab *Åndalsnes* aber nordwärts auf den Straßen 64, 660 und 62 ins Sunndal, fast die gesamte Strecke an Fjorden entlang. Unterwegs mögliche Abstecher ins Eikesdal und ins Øksendal; siehe unter »Sunndal«.

Nach Molde. Zunächst wie die Anreiseroute nach Ålesund, mit allen Höhepunkten wie Tafjord, Trollstigen und Romsdal, ab *Åndalsnes* aber nordwärts auf der Straßen 64 bis zum Fähranleger *Åfarnes,* Fähre nach *Sølsnes* (verkehrt ständig), weiter auf Straße 64 über *Bolsøya* (Mautstation: Pkw 47 NOK inklusive Fahrer sowie 18/9 für jede weitere Person bzw. jedes Kind, Wohnmobile ab 160 NOK, Motorräder 30 NOK) nach Molde.

Nach Ålesund. Entweder ab Hellesylt auf tunnelreicher Straße 60 über *Stranda,* dort schön gelegener Campingplatz *Osen* als Basis für Touren nach Ålesund und Geiranger möglich, nach *Sykkylven,* Autofähre nach *Magerholm,* kurz vor Ålesund. – Oder Straße 63 über Ørneveien auf eine Hochebene mit von Gletschern geschliffenen Berghängen und dem malerischem See **Eidsvatnet**, langsamer Abstieg nach *Eidsdal,* Autofähre nach *Linge,* ab dort gen Westen auf Straßen 63, 650 und 1 nach Ålesund. – Oder ab Linge auf der Straße 63 ostwärts nach *Valldal,* dort möglicher Abstecher nach **Tafjord**, das 1934 von einer verheerenden Lawine (7 Millionen Kubikmeter Gestein) heimgesucht wurde, und Besuch des Wasserkraftwerks Tafjord (Tel. 7025 8000). Straße 63 ab Valldal über Trollstigen (siehe dort) zur Kreuzung *Sogge bru,* wo die 63 auf die Straße 9 trifft, die durch das wildromantische *Romsdal* ins Inland führt; zumindest für 10–15 Kilometer lohnt es sich, in das Romsdal hineinzufahren (siehe dort). Ab Sogge bru westwärts Richtung *Åndalsnes,* ab dort weiter auf Straße 9 nach Ålesund.

Stryn

Tor zum ewigen Eis

Europas größter Festlandgletscher, der *Jostedalsbre*, schiebt sich an seiner Nordwestseite an mehreren Stellen in die Täler. Diese Gletscherzungen, die liebliche Fjordlandschaft und einige malerische Seen machen aus der an sich farblosen Gemeinde Stryn ein Reiseziel. Die Vielzahl an Wanderungen aller Schwierigkeitsgrade und ein großes Übernachtungsangebot ermöglichen einen abwechslungsreichen Aufenthalt von mehreren Tagen.

Die größeren Ortschaften der Gemeinde, *Stryn*, *Loen*, *Olden*, *Innvik* und *Utvik,* liegen durchweg am Ufer des verzweigten *Nordfjords.* Gut 100 Kilometer von der Küste entfernt, reicht dieser Fjord bis an die größte norwegische Gebirgsregion südlich von Trondheim. Gut 2.200 der 6.750 Einwohner leben im Verwaltungs- und Dienstleistungszentrum Stryn, das aus touristischer Sicht nicht mehr als zum Einkaufen taugt. Die restlichen Einwohner verteilen sich auf viele kleine Ortschaften und Siedlungen, von denen keine mehr als 200 Menschen zählt.

Jahrhundertelang lebten die Ansässigen von Forst- und Landwirtschaft (Vieh und Obstanbau). Noch in den 40er Jahren trieb man das Vieh kurz nach der Schneeschmelze auf die Almen. Während diese traditionellen Erwerbszweige teilweise industrialisiert wurden (Schlachterei Loen), kamen mit Verwaltung und Dienstleistung (Fremdenverkehr), Baugewerbe, Pelztierzucht und einigen wenigen Industriebetrieben (Zementfabrik Loen) neue Sparten hinzu.

1880 setzte allmählich der Fremdenverkehr ein. Die Gäste kamen mit großen Ausflugsdampfern, die im Fjord vor Anker gingen. 1895 wurde die Straße über das Hochland nach Grotli und Richtung Oslo freigegeben und schloss den zuvor abgelegenen Winkel damit einer Ost-West-Verbindung an. Nicht anders als heute zog es die Reisenden zu den Gletscherzungen, zum *Kjenndalsbre* im *Lodal*, das bei Loen beginnt, und zum *Briksdalsbre* im *Oldendal.*

Beispiel Lodalen: 1890 löste ein Dampfschiff das Ruderboot ab, mit dem die Touristen bisher an das südliche Ende des Sees *Lovatn* gebracht worden waren. An der Anlegestelle erwartete sie ein Restaurant, und dann ging es zu Pferd hinauf zum Kjenndalsbre. Später wurde mit privaten Mitteln ein Fahrweg finanziert, damit die Gäste in Kutschen zum Gletscher gebracht werden konnten. 1906, als die Eröffnung des Hotels Alexandra in Loen durch das norwegische Königspaar der starken Nachfrage Rechnung trug, konnten bereits 800 Touristen an einem Tag den Ausflug zum Kjenndalsbre unternehmen.

Naturkatastrophen gehören allerdings ebenso zum Lodal wie der Liebreiz der Landschaft. Südöstlich von *Sande* gibt es keinen Hof und keine Siedlung, die nicht in tragische Ereignisse verwickelt war. Der Lovatn, der das Schmelzwasser aus dem Gebirge zum Fjord transportiert, nimmt den größten Raum des Talgrunds ein, so daß nur wenig Platz für die Höfe an seinen Ufern bleibt. Aus dem 18. Jahrhundert ist überliefert, daß der See immer wieder fruchtbaren Boden und Wiesen mit sich riß und daß die Betroffenen in schwer zugänglichen Hanglagen Alternativen schaffen mußten. Eine ständige Bedrohung waren die Schnee- und Steinlawinen, die mehrere Gehöfte unter sich begruben oder die Menschen zur Verlegung ihrer Wohnstätten zwangen. Der Hof Helset befindet sich mittlerweile an seinem dritten Standort.

Das bis dahin größte Unglück ereignete sich am Abend des 15.1.1905, als vom *Ramnefjell* ein ganzes Stück Berg absprang. Mehr als 300.000 Kubikmeter Gestein und mitgerissenes Geröll stürzten aus 500 m Höhe in den See und verursachten eine meterhohe Flutwelle, die die Siedlungen *Ytre Nesdal* und *Bødal* völlig zerstörte und 61 Menschen das Leben kostete – das war die Hälfte aller Talbewohner. Der Ausflugsdampfer *Lodalen* wurde von seiner Anlegestelle 15 m hoch und 300 m weit aufs Festland geworfen. Nach einem erneuten Felsrutsch wurden die Höfe weiter oberhalb der Uferlinie wiederaufgebaut.

Am 13.9.1936 wiederholte sich die Katastrophe, als diesmal gleich eine Million Kubikmeter Felsgestein aus 800 m in den See hinabdonnerte. Die Flutwelle soll stellenweise bis zu 70 m hoch gewesen sein und zog selbst bei *Lovassenden*, am anderen Ende des Sees, zwei Menschen in den Tod; 74 starben im ganzen Tal. Die Wassermassen zertrümmerten Gebäude, die 1905 noch verschont geblieben waren, und warfen das Wrack der »Lodalen« noch einmal 200 m landeinwärts, wo es gut 40 m über der Seeoberfläche seine vorläufig letzte Ruhe fand. Die meisten Gehöfte wurden hartnäckig wiederaufgebaut, doch nur ein einziger in Bødal wird heute noch bewirtschaftet. Niemand kann beantworten, ob noch einmal solches Unheil droht.

An der Straße zwischen Bødal und Kjenndal steht ein Gedenkstein, der an diese schrecklichen Ereignisse erinnert. Von diesem Punkt ist das Wrack des Ausflugsdampfers, das unten im Wald vor sich hinrostet, ebenso zu sehen wie die Stelle im Ramnefjell, wo einst die Felsmassen losbrachen.

Information

■ **Reisemål Nordfjord**, Reiselivshuset, N-6880 Stryn, Tel. 5787 2333, Fax 5787 2371. 1.6.-31.8. Mo–Fr 10–16 Uhr.

■ **Turistinformasjon Olden**, N-6870 Olden, Tel. 5787 3126. Anfang Juni bis Ende August.

Unterkunft

In Loen

■ **Hotel Alexandra**, Str. 60 bei Loen, Tel. 5787 7660, Fax 5787 7720. 1.6.–31.8. mit Fjord Pass (D) EZ 605 NOK, DZ 910 NOK, sonst EZ 775 NOK, DZ 1090 NOK. Lunch ab 110 NOK, Abendbuffet 285 NOK.

Das große, weiße Viereck mit Springbrunnen und englischem Rasen ist bekannt und von Ostern bis Oktober gut gefüllt. Auffallend das ständige Kontingent betont lässiger Yuppies. Wohnliche, geräumige Zimmer in verschiedenen Stilrichtungen, deshalb vorher anschauen. Großes Dienstleistungsangebot über Hallenbad und Radl – sogar Babysitter werden gestellt.

■ **Loen Pensjonat**, gleich neben der Kirche von Loen, auf einem Hügel, Tel. 5787 7624. Geöffnet 15.5.–15.9. EZ ohne Bad 180 NOK, DZ ohne Bad 300 NOK, DZ mit Bad 340 NOK. Frühstück 50 NOK. Smørbrød nach Absprache.

Nettes Quartier in abgelegener Umgebung. Schöne Zimmer mit Sofas und modischen Betten, mit mehr als dem Notwendigen.

■ **Lo-Vik Camping**, Straße 60 bei Loen, Tel. 5787 7619. Ostern bis 1.10. Preisniveau Camping: 1. 22 Hütten für 4 Personen 240–600 NOK.

Riesiger Platz an der Fjordbucht bei Loen. Legionen von Dauercampern und die schematisch aufgestellten Hütten warten auf Massenbetrieb in der Hochsaison. Trotzdem viel Platz für Zelte. Die »billigen« Hütten sind muffig, düster und deshalb gar nicht billig. Sanitäranlage so lala, W & T. Kiosk. Spielplatz. Baden, Ruderboote.

Im Lodal

Die vorgestellten Campingplätze befinden sich in der aufgeführten Reihenfolge am idyllischen Lovatn.

■ **Tjugen Camping**, Tel. 5787 7617. Preisniveau Camping: 2. 4 Hütten für 4 Personen 200–250 NOK, 2 Ferienhütten für 6 Personen 400–600 NOK, je nach Saison.

Einladendes Wiesenplateau mit Sitzbänken, ideal für Zelte und Wohnmobile. Große, gemütlich eingerichtete Ferienhütten mit überdurchschnittlicher Küche. Aufenthaltsraum wie Camperküche zum Verweilen geeignet.

Neue Sanitäranlage, W & T. Kiosk. Spielplatz.

■ **Loenvatn Feriesenter**, Tel. 5787 7655, Fax 5787 7710. Ganzjährig geöffnet. 28 Hütten und Zimmer für 4–6 Personen 1.6.–20.8. 230–650 NOK, sonst 130–550 NOK, alle mit Bad. Kafeteria, middag um 70 NOK. Dagens middag 70 NOK.

Alle Hütten mit Bad, zwar teils etwas verwohnt und ohne Pfiff, aber für den Preis recht gut, besonders in der Nebensaison; alle Hütten mit Satelliten-TV. Und in der Kafeteria treffen sich die männlichen Talbewohner ab und zu zum TV-Fußball. Hilfsbereite, freundliche Gastgeber, die weitere Nobelhütten im Tal vermieten. W & T. Surfbretter.

■ **Sande Camping**, Tel. 5787 7659, Fax 5787 7859. Ganzjährig geöffnet. Preisniveau Camping: 2. 9 Campinghütten HS 225–350 NOK, ZS 190–300 NOK, NS 160–245 NOK. 6 Ferienhütten HS 450–750 NOK, ZS 380–630 NOK, NS 320–525 NOK. 4 Appartements für 2–3 Personen HS 365–625 NOK, ZS 315–535 NOK, NS 255–440 NOK. HS 15.6.–15.8.

Vorbildlich geführte Anlage mit Kafeteria und kleinem Laden. Nette Gastgeber, gemütliche Stellplätze auf leicht buckligen Terrassen am See, famose Aussicht auf die gegenüberliegenden Berge. Wer wenig Geld hat, sollte zelten, wer viel Geld hat, kann guten Gewissens ein Appartement mieten. Die preiswerten Hütten sind etwas unpersönlich eingerichtet. Gute Sanitäranlage, Sauna, W & T. Vermietung von Kanus, Ruderbooten, Fahrrädern.

■ **Helset Camping**, Tel. 5787 7631. 1.6.–31.8. Preisniveau Camping: 1. Hütten ab 250 NOK.

Klassisches Beispiel für Camping als Nebenerwerb. Auf der steil abfallenden Wiese beim Hof des Eigentümers steht kein Zelt, kein Wohnmobil gerade. Simple, aber saubere Sanitäranlage in der Scheune.

In Olden

■ **Olden Fjordhotel**, Ortsausgang Richtung Loen, Tel. 5787 3400, Fax 5787 3381. Geöffnet 1.5.–30.9. EZ 800 NOK, DZ 820–1050 NOK.

Akzeptable Zimmer mit Balkon, Textiltapeten und teilweise originellen Möbeln, für den Preis einen Tick zu klein. Gewagt: Nackte, abstrahierte Tatsachen an den Flurwänden. Fahrradvermietung.

■ **Yris Hotell Olden**, Tel. 5787 3240, Fax 5787 3490. 1.5.–30.9. geöffnet. 1.6.–31.8. mit Fjord Pass (C) EZ 630 NOK, DZ 760 NOK, sonst EZ 550–630 NOK, DZ 740–900 NOK.

Der ausgestopfte Uhu an der Rezeption begrüßt vor allem Bustouristen. Die garantierte Übernachtungszahl beschert dem Individualreisenden bei hohen Preisen unterdurchschnittliche Zimmer, in denen seit Jahrzehnten bestenfalls die Matratzen ausgetauscht worden sein dürften.

■ **Olden Krotell**, Tel. 5787 3455. Ganzjährig geöffnet. EZ 335 NOK, DZ 450 NOK.

■ **Næsset Camping**, Ortsausgang Richtung Innvik, Tel. 5787 3346. 15.5.–1.9. Preisniveau Camping: 2. 13 Hütten für 2–4 Personen um 150–190 NOK.

Die preiswerten Standardhütten stehen, ähnlich den rorbuern, direkt am Wasser, mit feiner Aussicht auf den Fjord. Ideal für eine Nacht. Nur wenige Stellplätze für Zelt und Wohnmobile. Neuere Sanitäranlage, W & T. Spielplatz. Ruderboote. Die Besitzer kommen abends zum Kassieren.

Im Oldendal

■ **Løken Camping**, Tel. 5787 3268. 1.5.–15.10. Preisniveau Camping: 1, WM 2. 13 Hütten für 2–4 Personen 250–450 NOK. Ein Platz der Marke »schnell und billig«, um auch etwas vom Kuchen abzubekommen. Fahren Sie weiter.

■ **Solberg Hytter**, Tel. 5787 3150. Ganzjährig geöffnet. 5 Ferienhütten für 2–6 Personen, je nach Saison, 400–500 NOK. 2 Wohnungen in altem Haus für je 400 NOK.

Die Nobelhütten liegen abgeschieden auf einem bewaldeten Hügel verteilt. Mehrere Schlafzimmer, großes Bad, wohnliche Möbel, Mikrowelle – fast zuviel für Urlaub in der Natur.

■ **Agnes Sunde**, Tel. 5787 5921. Zimmer, Hütten, Wohnungen für 1–4 Personen, teilweise mit Küche. DZ 250 NOK, Hütten, Wohnungen 300–350 NOK.

Nicht wie bei Frau Saubermann, aber akzeptabel. Abzweigung 100 m vor »Oldevatn Camping«.

■ **Oldevatn Camping**, Telefon 5787 5915. 25.5.–15.9. Preisniveau Camping: 1, WM 2. 6 Standardhütten für 4 Personen 300 NOK, 3 Ferienhütten 600 NOK. Besser als »Løken Camping«, aber die guten Plätze kommen noch.

■ **Gytri Camping**, Tel. 5787 5950. Anmeldung schwierig, Besitzer kommt abends zum Kassieren. Preisniveau Camping: 2. 3 Hütten für 4 Personen 200–250 NOK.

Liegt hübsch auf Terrassen verteilt am See Oldenvatn, durch Bäume und Sitzbänke etwas aufgelockert, ideal für Zelte und Wohnmobile. Sanitärhäuschen für die Hochsaison knapp bemessen, Ww. Spielplatz. Bootsvermietung.

■ **Gryta Camping**, Tel. 5787 5936. 15.5.–30.9. Preisniveau Camping: 1, WM 2. Keine Hütten.

Schöner neuerer Platz, ebenfalls auf Terrassen verteilt, noch großzügiger. Modernes Sanitärhaus, W & T. Kiosk. Aufenthaltsraum mit Schnickschnack zur Kurzweil. Besser schon das Ruderboot, das unten auf dem Gletscherwasser des Sees schaukelt. Blick auf die Gletscherzunge Melkevollbre.

■ **Melkevoll Camping**, Telefon 5787 3864. 1.5.–30.9. Preisniveau

Camping: 1. 3 Hütten für 2–4 Personen 180 NOK, 3 Ferienhütten 550 NOK.

Liegt dem Briksdalsbre am nächsten. Hier, am Ende des Tals, kündigt sich die rauhe Natur an: näherrückende Berge, ein rauschender Wildbach, der sich für ein Stück in einen Wasserfall verwandelt. In den Hütten ist es wegen der Berge eher düster, aber sie sind annehmbar eingerichtet. Mini-Sanitäranlage, keine weiteren Einrichtungen für Campinggäste.

■ **Briksdalsbre Fjellstove**, Tel. 5787 3811, Fax 5787 3861. EZ 250 NOK, DZ 500 NOK, jeweils ohne Bad. Frühstück inklusive. Hütte 350 NOK. Viel Rummel rund um die Fjellstation, komfortlose Zimmer, zu teuer. Abstauberbude.

In Hjelle

■ **Hjelle Hotel**, Hjelledalen, Tel. 5787 5250, Fax 5787 5350. Geöffnet ungefähr 1.5.–30.9. EZ 390–495 NOK, DZ 600–790 NOK.

Das Hotel liegt ganz im Osten der Gemeinde, dort wo die Touristen, aus Geiranger oder Ostnorwegen kommend, vom Gebirge herunterfahren. Hjelle ist eines dieser verschlafenen Nester von Stryn. Das Hotel liegt zwar direkt an der Hauptstraße (Kurve kriegen!), aber auch am Ostende des Sees *Strynsvatn*; der zauberhafte Hotelpark schiebt sich auf einer Landzunge in den See hinein.

Seit 1895 derselben Familie gehörend, wird das alte Holzhaus im englischen Stil gehegt und gepflegt. Wenn auch manche Zwischenwände wegen Brandgefahr ausgetauscht werden mußten, blieben die meisten Originalbalken erhalten. Die Zimmer sind in Ordnung. Toller alter Salon mit Klavier, verziertem Spiegel, Eisenofen und handgefertigten Sofabezügen.

In Stryn

■ **King Oscars Hall**, Tel. 5787 1953, Fax 5787 1953. 1.4.–30.9. EZ 400 NOK, DZ 700 NOK. Zimmer wegen geringer Bettenkapazität lieber telefonisch vorbestellen.

■ **Stryn Hotel**, Visnesveg 1, Tel. 5787 1166, Fax 5787 1802. 1.6.–31.8. mit Fjord Pass (C) EZ 530 NOK, DZ 760 NOK, sonst EZ 595–750 NOK, DZ 795–950 NOK. Bootsvermietung.

■ **Vesla Pensjonat**, Myrane 20, Tel. 5787 1006, Fax 5787 1938. EZ 400 NOK, DZ 650 NOK. Frühstück 60 NOK. Preisnachlaß je nach Saison.

■ Jugendherberge **Stryn Vandrerhjem**, Kreklingen, Tel. 5787 1106, Fax gleiche Nr. 20.5.–10.9. Für Mitglieder EZ 200 NOK, DZ 250 NOK, im Mehrbett-Zimmer 85 NOK. 13 Zimmer mit 2–8 Betten. Frühstück 55 NOK, Lunchpaket 40 NOK, Abendessen 70 NOK.

■ **Stryn Camping**, Tel. 5787 1136. Ganzjährig geöffnet. Preisniveau Camping: 2. 24 Hütten für 4–8 Personen 290–690 NOK. Kleine

Hütten Standard, Ferienhütten mit zwei Schlafzimmern. W & T. Kiosk. Spielplatz.

■ Es folgen noch drei weitere **Campingplätze**: »Strynsvatn CP« (wenig Platz), »Kleivenes CP« (am ungemütlichsten) – beide haben die Straße zwischen sich und dem See – und »Mindresund CP«, noch der bestgelegene dieser drei, wenigstens am See, aber auch nahe der Straße. Alle drei mit Preisniveau Camping: 1, Preise für die Campinghütten um 200 NOK. Bestenfalls für eine Nacht geeignet.

Sehenswertes

Das *Jostedalsbreen Nasjonalparksenter* gehört zur neuen Generation der »Erlebniszentren«, mit Konkurrenz in Fjærland, Jostedal und jetzt auch Eidfjord. Der Eintritt ist happig, und wer nur eines dieser Etablissements besuchen will, kann das hier tun. Zusammen mit Fjærland die Nummer Eins auf diesem Sektor.

■ **Briksdalsbre im Oldendal:** Zum Briksdal-Gletscher, sein Alter wird auf 2500 Jahre geschätzt, strömen mehr Touristen als zu jedem anderen Reiseziel in der Gemeinde. Die Landschaft wirkt runder, freundlicher, das Klima ist milder, die Vegetation nicht so spärlich, wie das am benachbarten Kjenndal-Gletscher der Fall ist.

Die Anfahrt erfolgt entweder mit Bus oder Auto. Der Bus fährt ab Stryn über Olden nach Melkevoll. Außer dem Pendlerbus – morgens raus aus dem Tal, nachmittags wieder zurück – verkehrt zwischen etwa 10.6. und 10.8. ein Zusatzbus zur »Fjellstation Briksdalsbre«, der aber nur drei Stunden Aufenthalt ermöglicht.

Ab Olden führt eine ausgebaute Straße 24 Kilometer durch das Oldendal, das breiter ist und der Landwirtschaft mehr fruchtbaren Boden als im benachbarten Lodal läßt. Gegen Talende fahren Sie auf eine Gletscherwand zu, den *Melkevollbre*. Die Straße endet am großen Parkplatz der professionell geführten Fjellstation Briksdalsbre (Bewirtung, Übernachtung, Souvenirs). Selbst in asiatischen Schriftzeichen wird hier für Norweger-Pullis geworben. Und in diesem Winkel des Landes auf einen Parkautomaten zu treffen, mag überraschen und zugleich enttäuschen – vorbei ist es mit den Briefkästen, in die der Benutzer seine Gebühr auf Vertrauensbasis einwirft.

Zum Gletscher sind es noch 2,5 km, davon 2 km auf einem Schotterweg, der 1927/28 auf Privatinitiative entstand, um mehr Touristen anzulocken. Ab der Fjellstation verkehren zwischen Mai und September Kutschen, die von Pferden aus der Region gezogen werden. Mitfahrpreis: 160 NOK. Die restlichen 500 m zu Fuß ersparen sie allerdings nicht. Fahrräder sind auf diesem Weg zum mentalen Schutz der Pferde nicht erlaubt. Die Wanderer können einen eigenen Pfad benutzen, der die Kurven des Schotterwegs ausspart und schneller ans Ziel führt.

Der Briksdalsbre ist in den letzten Jahren beinahe 100 Meter gewachsen und hat sich, in 346 m Höhe, über den angrenzenden See geschoben, ganz nahe an die Bäume heran, deren Höhe dokumentiert, daß sich das Eis an dieser Stelle vor geraumer Zeit verabschiedet hatte. Schilder und Absperrungsbänder warnen davor, dem Gletscher zu nahe zu kommen. Denn wann der nächste Brocken abbricht, weiß niemand.

■ **Kjenndalsbre im Lodal**: Bis zu 1.850 m hoch sind die steil aufragenden Berge, die das schmale Lodal einrahmen. Der 11 km lange See Lovatn, durch den das grünliche Schmelzwasser der Gletscher und Eiskappen Richtung Fjord fließt, ist mit seinen üppig bewachsenen, aber schmalen Ufern und den Bergen im Hintergrund für eine Fotosafari prädestiniert. Wanderwege gibt es zuhauf.

Wer die Gletscherzunge Kjenndalsbre aus der Nähe erleben will, kann entweder das Ausflugsboot, den Bus oder das eigene Fahrzeug benutzen; das letzte Teilstück muß jeweils zu Fuß zurückgelegt werden. Der Bus von Stryn nach Lodal verkehrt allerdings nur außerhalb der Schulferien, von Ende August bis Mitte Mai.

Das Ausflugsboot *M/B Kjendal* verkehrt dafür ab 10.6. um 10.30 Uhr ab Sande, Rückfahrt 13.30 Uhr ab Kjenndalen, Weiterfahrt zum Gletscher mit dem Bus. In der Hochsaison zusätzliche Abfahrt 15.00 Uhr, Rückfahrt 17.15 Uhr. Stops in Bødal nach Absprache. Preis: 100 NOK inklusive Bustransport, 60 NOK ohne, Kinder zwischen 10 und 15 Jahren 35 bzw. 20 NOK. Die knapp bemessene Zeit erzwingt die Inanspruchnahme des Busses. 10.6.–20.8.

Die Autostraße führt zunächst bis Kjenndalen, wo die Ausflugsboote aus Sande anlegen. Das letzte, 2,7 km lange Teilstück kostet dann Maut: 20 NOK für PKW, 30 NOK für Wohnmobile und 10 NOK für Motorräder. Die holprige Piste endet an einem nicht minder buckligen Parkplatz, wo der Gletscher in der Ferne schon auszumachen ist.

Der Kjenndal-Gletscher ist einer wildesten seiner Art, und die Chancen, eine kleine Lawine auf dem zerklüfteten Eisfeld mitzuerleben, stehen nicht schlecht. Zu dem rauhen Eindruck tragen auch der eisige Wind und die dunklen, steilen Berge zu beiden Seiten des Tals bei. Das Kjenndal war nie bewohnt, weil sich an bestimmten Stellen

Der wachsende Briksdalsbre schiebt sich wieder an die Vegetation heran (oben); stille Schönheit Bødalsbre ▶

regelmäßig Schnee ansammelt, um im Frühjahr in gewaltigen Lawinen hinabzustürzen. Die daraus resultierenden Windturbulenzen entwickeln enorme Kräfte und sollen sogar massive Felsbrocken bewegen.

Vom Parkplatz aus sind es 25–30 Minuten zu Fuß, zuerst auf der Verlängerung des Fahrwegs, dann auf einem Pfad durch ein Lawinenfeld. Auf dem steinigen Boden behaupten sich bis zu 2 m hohe Sträucher, die sich im Wind biegen. Direkt am Gletscherfluß angekommen, kann man noch fünf Minuten dem Pfad am rechten Ufer folgen, bis man den besten Aussichtspunkt erreicht. Auch der Kjenndalsbre ist gewachsen, wenn auch nicht so stark wie der Nachbar im Briksdal. Doch selbst wer noch Anfang der 90er Jahre da war, wird den Unterschied bemerken.

■ **Bødalsbre ab Lodal:** Die Straße von Loen nach Kjenndalen teilt sich in Bødal, wo ein mautpflichtiger Fahrweg links hinauf zur Alm *Bødalsseter* abzweigt. Diejenigen, die gern quer auf der Motorhaube liegen, um jedem Staubkorn nachzustellen, sollten ihr Heiligtum auf vier Rädern lieber stehenlassen, denn die rund 5 km lange Piste mit durchschnittlich 10 % Steigung ist mit Sicherheit die anspruchsvollste in der Region. Obwohl seit meinem letzten Besuch viel an ihr gearbeitet wurde, setzen ihr Schneeschmelze und der Winter generell doch hart zu. Maut: 20 NOK.

Vom Parkplatz sind es rund 10 Minuten zur Alm. Ab Bødalsseter (500 m) geht es eine knappe Stunde über eine Hochebene bis zum Gletscher; unterwegs zweigt der Weg zum 2083 m hohen Hünen *Lodalskåpa* ab. Es ist eine Wanderung durch unendliche Stille – wären da nicht die Wasserfälle, die von den Bergwänden ringsum herab donnern. Nach einer Kurve ist die Gletscherzunge schon von weitem gut zu übersehen. Später sollte man an dem Warnschild tatsächlich haltmachen; so friedlich alles scheinen mag, ist der Zeitpunkt der nächsten Lawine doch niemals vorauszusehen.

Bei meinem letzten Besuch, es war Anfang Oktober, lief ich hier oben bereits durch eine weiße Landschaft, und nachdem sich die Sonne am frühen Nachmittag zurückgezogen hatte, wurde es zeitig frisch. In kaum einer Stunde hatte sich eine dünne Eisplatte auf dem nahen Gletschersee gebildet, und manche Wasserfällchen kämpften bereits unter dicken Eisdecken um ihre Fortbewegung. Die Anfahrt (bis zur Alm) mit dem Fahrrad zu bewältigen erwies sich als kühne Tat, die unter der Berücksichtigung müder Glieder nur hartgesottenen Mountain bikern angeraten werden kann. Wie gesagt, 10 % Steigung.

■ **Jostedalsbreen Nasjonalparksenter**, Oppstryn, Tel. 5787 7200. Juli täglich 9–20 Uhr, Juni und

August 9–18 Uhr, Mai und September 10–16 Uhr, April und Oktober 12–16 Uhr, sonst nach Absprache. Eintritt 50/25 NOK, Familien 120 NOK.

Am Südufer des Sees *Strynsvatnet,* zwischen Stryn und Hjelle (Str. 15). Der langegezogene Bau stellt ein Gebäude aus der Eisenzeit dar. In seinem Inneren bildet der Kinosaal den Mittelpunkt, wo Filme mit Naturmotiven gezeigt werden. Die Ausstellungen befassen sich mit Geschichte, Geologie, Botanik (Botanischer Garten) und Zoologie, mit Ernstzunehmendem zum Thema Umweltschutz. Per Videoband können Sie sich über Gletscher-geprägte Regionen wie Rondane, Dovrefjell und Jostedal informieren. Zusammenhänge werden erklärt, etwa wie die Landschaftsbildung nach dem Rückzug des Eises vor sich geht. Der Film schließlich ist eine gelungene Mischung aus Lehrfilm und Appetithappen, kein Wiederkäuen längst bekannter Motive. Alles in allem top.

Nun gibt es drei ähnliche Einrichtungen rund um den Gletscher, aufwendig gestaltete museale Erlebniszentren mit Media-Spektakeln und Ausstellungen. Die 14 Millionen NOK Startkapital schossen vor allem der Staat und das fylke Sogn og Fjordane bei, immerhin ein Drittel billiger als der Prototyp dieser neuen Generation, das Gletschermuseum in Fjærland. Zur Eröffnung 1993 kam eigens Ministerpräsidentin Gro Harlem Brundtland aus Oslo.

Von Juni bis August werden hier Wanderungen an und über das Eis organisiert; benötigte Ausrüstungsgegenstände liegen bereit. Auch Besuche von nahegelegenen Bauernhöfen sind möglich.

■ **Landwirtschaft in Westnorwegen** heißt das Motto auf dem Bauernhof *Kyrkjeeide*, nahe der Nedstryn-Kirche, 5 km östlich von Stryn. Fotografien, Geräte und Schautafeln sollen über die Veränderungen bei Arbeitsbedingungen und Lebensformen in der Landwirtschaft sowie die Rolle der Bauernfamilien in der Gesellschaft berichten. 1.5.–31.8. täglich 10–17 Uhr. Eintritt 30 NOK, Kinder bis 14 Jahre frei.

Wanderungen

In den Touristenbüros, manchen Hotels und Campingrezeptionen gibt es einen schriftlichen Reisebegleiter für die Gemeinde Stryn, der mehr als 40 Spaziergänge und Wanderungen verschiedener Schwierigkeitsgrade vorschlägt. Im Lodal stehen an vielen Startpunkten entsprechende Wegweiser. Trotzdem ist es von Vorteil, vor dem Losgehen einen Einheimischen nach dem Weg zu fragen, denn nicht alle der (zu knapp) beschriebenen Routen sind markiert oder so leicht zu finden, wie das der Reisebegleiter zu vermitteln versucht. Wenig Kombinationsmöglichkeiten.

Ab Lodalen

■ Am Südufer des Lovatn verläuft ein leichter Wanderpfad durch stille, fast unbesiedelte Natur, der auf der Höhe von **Helset** endet. Beginn: Brücke in *Sæten*.

■ Die anspruchsvollste Tour führt auf den Gipfel des **Skåla** (1.848 m), wo ein Steinturm Unterschlupf gewährt. Den runden Turm errichteten 1891 Bauern aus der Umgebung. Kondition und wettererprobte Kleidung sind Voraussetzung. Beginn: Hinweisschild zwischen *Tjugen* und *Haugen*. Gehzeit: 7–8 Stunden.

Die Tour kann auch bei der Alm *Tjugenseter* (2 Stunden) oder beim Skåla-See (5–6 Stunden) beendet werden.

Ab Oldendalen

Vier längere, unterschiedlich schwere Routen schlägt eine Schautafel vor, die auf dem Campingplatz Melkevoll im Oldendal steht.

■ Ein unbeschwerlicher Traktorweg führt zum Gletscher **Brenndalsbre**. Beginn: *Åberg*. Gehzeit 1,5–2,5 Stunden.

■ **Kattnakken**, der Katzennacken, ist eine Gletscherzunge in 1.500 m Höhe, von deren Rand Gletscher und Gebirge toll zu übersehen sind. Beginn des Pfads: Briksdalsbre Fjellstove, Dauer: 4–5 Stunden. – Letzte Meldung: Pfad verschüttet; bitte vor Ort nach dem neuen Wegverlauf erkundigen.

■ **Oldeskaret** (etwa 1.100 m) ist der höchste Punkt eines Wegs, auf dem die Bauern früher Vieh über das vergletscherte Gebirge nach *Jølster* trieben. Beginn: Melkevoll Camping. Gehzeit 4–5 Stunden.

Gletscherwanderungen

■ **Stryn Glacier Guide Association**, Postboks 72, N-6880 Stryn, Tel. 5787 1200 und 5787 2333, Fax 5787 2222. Juni bis September täglich kurze (4–5 Stunden) wie lange (6–10 Stunden) Wanderungen auf Bødalsbre und Lodalskåpa. 250–400 NOK. Anmeldung erbeten; Verpflegung, wasserdichte, warme Kleidung und Sonnenbrille sind mitzubringen.

■ **Jostedalen Nasjonalparksenter**, Oppstryn, Tel. 5787 7200. Juni bis August. Siehe oben unter »Sehenswertes«. 175–200 NOK.

■ **Oldedalen Aktiv**, Oldedalen, Tel. 9419 5813. 1.6.-10.9. Touren zum Beispiel über den Brenndal-Gletscher (300 NOK).

Verschiedenes

■ **Angeln:** Seen, Angelplätze und Verkaufsstellen samt Preisen von Angelkarten im aktuellen »Nordfjord Guide«, zu bekommen in jedem Touristenbüro der Region.

■ **Fahrradvermietung:** *Jostedalsbreen Nasjonalparksenter* und *Olden Turistinformasjon,* jeweils 20 NOK pro Stunde und 100 NOK pro Tag.

■ **Rafting:** *Jølster Rafting,* Kontakt über das Touristenbüro Stryn.

■ **Sommerski:** *Strynefjellet Sommarski,* Tel. 5787 2333. Alte Straße 258 Richtung Grotli durch das *Videdal.* Saison: Mitte Mai bis Mitte September. Skizentrum für Langlauf und Alpinski mit Skischule, Ausrüstungsverleih etc.

■ **Notarzt:** Stryn, Tel. 5787 1256.

■ **Taxi:** Stryn, Tel. 5787 1423. – Loen, Tel. 5787 7660. – Olden, Tel. 5787 3115 und 5787 3817. – Innvik, Tel. 5787 4140. – Utvik, Telefon 5787 6546.

■ **Transport:** Lokalbusse Stryn, Mindresunde, Oppstryn, Hjelle, Tangen, Skåra (im Osten der Gemeinde). – Stryn, Flo (auf der Nordseite des Strynsvatn). – Stryn, Kjøs, Grodås (weiter nach Hellesylt). – Stryn, Vegtun, Blakset, Bergseterelv, Bakkesvadet, Ytre Hopland (auf der Nordseite des Innviksfjords). – Stryn, Lodalen (nicht Mitte Juni bis Ende August). – Stryn, Olden, Oldendalen/Briksdalsbre. – Stryn, Loen, Olden, Innvik, Utvik (im Südwesten der Gemeinde).

Weiterreise

■ **Bus:** Nach Sogndal (165 NOK) ab Stryn über Loen, Olden, Innvik, Utvik, Byrkjelo (64 NOK), Skei und Fjærland (113 NOK). – Nach Hellesylt (56 NOK), dort Fähre nach Geiranger. – Nach Ålesund (157 NOK) über Grodås, Hellesylt, Stranda, Sykkylven, Aursnes (Fähre nach Magerholm), Spjelkavik. – Nach Måløy (107 NOK) über Helle/Eid, Nordfjordeid (53 NOK), Almenningsfjellet. – Nach Bergen (317 NOK, Vestlandsbussen) über Byrkjelo, Skei, Førde, Sande, Vadheim, Lavik (Fähre nach Oppedal) und Matre.

■ **Auto: Nach Geiranger**. Entweder auf Straße 15 ostwärts auf das Hochland, ab Langevatn auf Straße 63 nach Geiranger (gesperrt November bis Mitte Mai). – Oder auf den Straßen 15 und 60 nach *Hellesylt,* unterwegs, vor *Grodås,* Museum mit 400 Arbeiten des norwegischen Bildhauers *Anders Svor,* ab Hellesylt Autofähre über den Geirangerfjord nach Geiranger, ein traumhaftes Erlebnis; in der Hauptsaison Wartezeiten möglich.

Nach Ålesund. Entweder auf Straßen 15 und 60 nach Hellesylt, ab dort auf tunnelreicher Straße 60, unterwegs famoser Blick in den Geirangerfjord, über *Stranda,* dort schön gelegener Campingplatz *Osen* als Basis für Touren in die nähere Umgebung, nach *Sykkylven,* Autofähre nach Magerholm, kurz vor Ålesund. – Oder auf der Straße 15 westwärts nach Nordfjordeid, unterwegs an Norwegens tiefstem Binnensee vorbei: *Hornindalsvatn* (514 m). In **Nordfjordeid** Rast einlegen: Im Zentrum wartet eine dänische Bäckerei mit exquisiten Leckereien. Nun, bis Ålesund, weiter auf Straße 1 durch das *Stigedal* zum Fähranleger Folkestad, Autofähre nach **Volda**. Das kleine Städtchen liegt hübsch am gleichnamigen Fjord, zieht sich einen sanften Hang hinauf. Es selbst hat keinen Architekturpreis verdient, aber die Steinkirche (1932) ist eine der schönsten neuzeitlichen im Land (Furtwänglerorgel mit 31 Registern). Die Medienfakultät der hiesigen Universität ist »Hoflieferant« für Jungredakteure in Rundfunk und Fernsehen an den Norwegischen Rundfunk, NRK. Das benachbarte **Ørsta** liegt nicht weniger reizvoll zwischen Fjord und Fjell. Am Hauptkreisel, nahe dem pittoresken Kleinboothafen, finden Sie die Statue *Ivar Aasens,* dem Norwegen die Existenz zweier gleichberechtigter Sprachen zu verdanken hat; siehe »Eine Nation, zwei Sprachen«. Ab Ørsta stets am Fjord entlang zum Fähranleger *Festøy,* Autofähre nach *Sunde,* kurz vor Ålesund.

Nach Måløy. In umgekehrter Richtung unter »Måløy, Weiterreise« beschrieben.

Zum Sognefjord. In umgekehrter Richtung unter »Sognefjord, Fjærland, Weiterreise« beschrieben.

Nach Bergen. In umgekehrter Richtung beschrieben unter »Bergen, Weiterreise«.

Am Sognefjord

Zwischen Fjord und Gletscher

Der Sognefjord ist der König der norwegischen Fjorde. Keiner reicht so weit ins Land hinein: bis ins *Lærdal,* ins *Årdal* oder nach *Skjolden* am Ende des *Lustrafjords* mehr als 200 Kilometer. Entstanden sind die Fjorde während der letzten Eiszeit, als die Gletscher Täler bis zu einer Tiefe von mehr als einem Kilometer aushobelten; mit 1308 Metern bei *Breivik* ist der Sognefjord auch der tiefste der Meeresarme. Nach dem Schmelzen des Eises füllten sich die Täler, die in die Nordsee ausliefen, mit Meerwasser. An den Schwellen zum Meer, wo die Eisdecke weniger dick und kraftvoll war, sind die Fjorde häufig nur wenige Dutzend Meter tief. Der Wasseraustausch ist aus diesem Grund begrenzt, das Fjordwasser wegen der einmündenden Flüsse nicht so salzhaltig wie das Meerwasser. Die Gezeiten sind freilich selbst an den innersten Fjordufern zu beobachten.

Die bekannten Touristenziele Aurland, Flåm und Gudvangen liegen an den südlichen Ausläufern des Sognefjords; sie werden im nächsten Kapitel ausführlich vorgestellt. Doch zunächst stellt dieses Kapitel fünf Täler und Orte an den innersten Verzweigungen sowie an den nördlichen Ausläufern des Fjords vor. Von all diesen Punkten ist es nicht weit bis ins Gebirge. In *Fjærland* und *Luster* reichen die Gletscherzungen von Europas größtem Festlandgletscher, dem *Jostedalsbre,* nahe an den Fjord.

Fjærland

Das Dorf Fjærland war für Touristen bis in die 80er Jahre nur zu erreichen, indem sie mit der Fähre über den gleichnamigen Fjord kamen. 1986 endete der vermeintliche Dornröschenschlaf, als die Straße 625 nach Skei freigegeben wurde. Diese neue Verbindung geriet in die Schlagzeilen, weil sie die südliche Spitze des Jostedalsbre in einem 6,4 km langen Tunnel unterquert. 1994 dann stellte ein 6,7 km langer Tunnel Richtung Osten den Anschluß an Sogndal her. Das noch 1985 abgeschiedene Fjærland findet sich nun an einer stark befahrenen Ost-West-Achse wieder, die die Reisezeit zwischen Sognefjord und Nordfjord um anderthalb Stunden verkürzt hat.

Die Besiedlung in den Tälern zwischen *Fjærlandsfjord* und Gebirge beschränkt sich (bis jetzt) auf Fjærland und ein gutes Dutzend Bauernhöfe, die teilweise weit auseinanderliegen. Die 750 Einwohner leben traditionell von der Landwirtschaft (Milchproduktion), heute auch vom Dienstleistungssektor. Die Natur von Fjærland sah vor einigen hundert Jahren etwas anders aus, als der Fjord weit in das Tal hineinreichte. Doch der Fluß, der in den Fjord mündet und den das geschmolzene Gletschereis speist, führt Kies und Sand mit sich, hauptsächlich im Sommerhalbjahr. Diese Partikel lagern sich im Flußbett und an der Mündung ab, füllen den Fjord allmählich auf und drängen ihn nach hinten. 1860 mußte deswegen der lokale Bootshafen verlegt werden. Um 4 mm jährlich heben die Sedimente heute den Fjordgrund vor Fjærland. Das neu entstandene Land, manchmal 2,5 m im Jahr, kann nicht wirtschaftlich genutzt werden, denn die Erde ist instabil, und die Flußläufe im Delta wechseln durch die frischen Ablagerungen von Jahr zu Jahr – Grundlage für ein reiches Vogelleben.

Der Gletscher hat die Natur geprägt, und die Menschen haben sich mit ihm arrangiert. Der Gang über das Eis war vor 300 Jahren ebenso notwendig wie selbstverständlich: Bauern von der Südostseite des Jostedalsbre kauften Vieh am *Nordfjord* und trieben manchmal 200 Tiere über *Erdalsbre* und *Lodalsbre* nach *Fåberg*. Teilnehmer regelrechter Handelskarawanen transportierten ihre Waren auf dem Rücken, und bei Hochzeiten oder anderen Festen besuchte man die Freunde auf der anderen Seite, das entsprechende Wetter immer vorausgesetzt. Die gletscherkundigen Führer aus jener Zeit genießen in der lokalen Geschichtsschreibung den Ruf von Helden.

Im 19. Jahrhundert machte die verbesserte Infrastruktur diese beschwerlichen Reisen allmählich überflüssig. Dafür setzte ein neuer Strom zum und auf den Gletscher ein: Um 1880 entdeckten die ersten Touristen, meist aus Großbritannien und Deutschland, das ewige Eis für sich. Besonders rasant entwickelte sich der Fremdenverkehr auf der nördlichen Seite des Jostedalsbre, in *Briksdal* und *Kjenndal* (siehe dazu das Kapitel über *Stryn*). Mit dem Export von Gletschereis nahm die Vermarktung beinahe kuriose Züge an. 1883 fanden die ersten organisierten Wanderungen auf dem Gletscher statt. Der überregionale Wanderverein DNT autorisierte ortskundige Führer, indem er Patente an sie vergab. Diese Fremdenführer stammten aus den Tälern rund um den Jostedalsbre; obwohl Saisongeschäft, konnten sie mit den organisierten Wanderungen mehr verdienen als in der Landwirtschaft.

Die Touristen, die Fjærland besuchten, kamen in der Regel mit dem Schiff aus *Balestrand*, das durch seine hübsche Lage am Sognefjord und dem milden Klima schon um die Jahrhundertwende als Hochburg des Fremdenverkehrs galt. Der prominenteste Gast war Norwegen-Freund Kaiser *Wilhelm II.*, der beinahe jeden Sommer hierher kam. Seine Majestät wohnte im altehrwürdigen *Kvikne's Hotel*, noch heute der wohl prächtigste Hotelpalast im ganzen Land. (Mehr über Balestrand und Wilhelm II. im Sogndal-Kapitel, unter der Rubrik »Weiterreise«.)

Die heutige Gemeinde *Balestrand* (1600 Einwohner) besteht aus Fjærland und eben Balestrand, das dank seiner verkehrsgünstigen Lage unverändert hohe Übernachtungszahlen schreibt. Doch die hübsche Lage, das Arboretum im Pfarrhof und einige schmucke Villen sind eine eher bescheidene Rechtfertigung für den alljährlich großen Auflauf. Spätestens seit 1991 *Norsk Bremuseum*, das Norwegische Gletschermuseum, in Fjærland öffnete, scheint mir das Dorf am Rande des ewigen Eises um einiges attraktiver zu sein als der rummelverwöhnte Nachbarort. Und nirgendwo sonst ist der Weg zu den Gletscherzungen des Jostedalsbre kürzer als hier. Wie sich die steigenden Besucherzahlen auf den bisher stillen Winkel auswirken, was die 750 Einwohner davon haben, ob und wie ein schonender Tourismus umgesetzt werden kann, das muß sich in den nächsten Jahren einpegeln. Bisher scheint sich noch nicht allzu viel verändert zu haben. Der angekündigte Campingplatz läßt auf sich warten, woran alle Reisende mit schmalem Geldbeutel denken und nicht gerade abends in Fjærland ankommen sollten. Mal eben kurz nach Sogndal, das hat wegen der Tunnelmaut (110 NOK für Pkw inklusive Fahrer) fürwahr seinen Preis.

Information

■ **Balestrand og Fjærland Reiselivslag**, Kai, Postboks 53, N-5850 Balestrand, Tel. 5769 1255, Fax 5769 1613. 15.6.–15.8. Mo–Sa 8–18 Uhr, So 11–15 Uhr. Ab 1.6. und bis 31.8. Mo–Fr 8.30–16.30 Uhr, Sa 8.30–14.30 Uhr, So 11–14 Uhr, Mai und September Mo–Fr 9–16 Uhr.

Unterkunft

Ein Campingplatz ist seit Jahren geplant...

■ **Hotel Mundal**, Tel. 5769 3101, Fax 5769 3179. Geöffnet 1.4.–1.11. EZ 695 NOK, DZ, je nach Aussicht und Größe, 860–1350 NOK. Alle Mahlzeiten teuer; in der Kafeteria bis um 100 NOK.

1891 gebautes Holzhaus im Schweizer Stil mit Jugendstilelementen. Zimmer fast durchweg mit alten Möbeln eingerichtet, ob Bett, (viktorianisches) Sofa, Korbsessel, Truhen, Ofen und Türen. Teils Verkleidung mit Holzplanken, teils weiße Wände, letzteres etwas kühl.

Einzelzimmer recht klein. Suite im Turm. Verkauf von Norweger-Pullis an der Rezeption.

■ **Fjærland Fjordstue**, Tel. 5769 3200, Fax 5769 3161. EZ 450–550 NOK, DZ ohne und mit Bad 580–850 NOK, Rabatt für Halbpension. Menü oder Tellergerichte nach Absprache, 100–170 NOK.

Große Zimmer, teilweise in zartem Rosa. Helles Holz, nüchterne Möbel im Stil der 60er Jahre. Gemütlicher Aufenthaltsraum, Veranda mit Aussicht. Fahrradvermietung.

■ Hütten unterschiedlicher Kategorien bei den Familien **Distad** und bei **Anders Mundal**. Zentrales Anlauf-Tel. 5523 2080, oder einfach der Beschilderung mit dem Hüttensymbol folgen.

Sehenswertes

Das Gletschermuseum, das seine Pforten 1991 öffnete, ist der Prototyp einer neuen »Erlebnis-Museums-Generation«, in der aufwendige Modelle und Ausstellungen den Informationsdrang sowie Filme oder Diashows die Sinne ansprechen. Vom Erfolg in Fjærland inspiriert, wächst die Familie der Erlebniszentren nun von Jahr zu Jahr: Jostedal, Stryn, Eidfjord... Wer nicht in jedem Ort seinen Geldbeutel zu rücken bereit ist, darf es in Fjærland aber getrost tun. Zusammen mit dem »Jostedalsbreen Nasjonalparksenter« in Stryn ist das Gletschermuseum die spannendste Einrichtung dieser Art (Vorsicht ist nur in Eidfjord geboten; siehe dort).

■ Gletschermuseum **Norsk Bremuseum**, Tel. 5769 3288. 1.6.–31.8. täglich 9–19 Uhr, 1.4.–31.5. und 1.9.–31.10. 10–16 Uhr. Eintritt 60/40 NOK, Familien 130 NOK.

Als Herzstück fungiert ein Film, den fünf Projektoren auf eben fünf Leinwände werfen. Das Kunstwerk zeigt Helikopterflüge über die einheimische Gletschwerwelt und die Exkursionen zwei Wandergruppen, die zu einer leichten und einer schweren Tour über das Eis aufbrechen (ab 9.15 bzw. 10.15 Uhr alle 30 Minuten).

Der Besucher erfährt, daß der Jostedalsbre, entgegen früherer Annahme, keineswegs ein Überbleibsel der letzten Eiszeit ist, warum der Gletscher blau und das von ihm gespeiste Fjord- und Seewasser grün ist – vermeintlich simple Fragen mit teils komplizierten Antworten. Wie schuf der Gletscher das Tal von Fjærland und wie lebten die Menschen am Rande des Eises? Klima, Flora und Fauna sind weitere Themen. Leider sind nicht alle Schautafeln ins Englische und Deutsche übersetzt. Man kann durch einen künstlichen Miniatur-Gletscher laufen, in dem Wasser von der Decke tropft und akustische Effekte die Bewegungen des Eises simulieren. Schließlich werden noch Wanderrouten in der Umgebung von Fjærland vorgestellt.

Zu finanzieren sind solche Erlebniswelten nicht nur über die happigen Eintrittspreise: 22 Millionen NOK hat das Gletschermuseum gekostet, woran sich die Universitäten Oslo und Bergen, die Norwegische Polarstiftung, der Wanderverein DNT u.a. beteiligten und dadurch mit eigenen Projekten an der Museumsausstattung vertreten sind. So stellt das Energieunternehmen »Norsk Vassdragsenergie« vor, wie es Strom aus dem unter dem Eis abfließenden Wasser gewinnt.

■ Die steile Gletscherzunge **Bøyabre** schiebt sich fotogen über einen steilen Berghang bis an einen kleinen See, in den das geschmolzene Eis abläuft. Der Bøyabre ist sehr aktiv, so daß auch im Sommer die Chancen nicht schlecht stehen, eine Eislawine mitzuerleben. Das Krachen des herabdonnernden Eises wird durch die Bergwände, die Tal begrenzen, eindrucksvoll verstärkt.

Anfahrt: Straße 625 Richtung Skei, Abzweigung direkt vor dem Tunnel unter dem Jostedalsbre. Parkplatz an der Kafeteria, kurzer Fußweg bis zum See.

■ Der Gletscherarm **Suphellebre** ist nicht ganz so spektakulär wie sein Nachbar Bøyabre, weil der Rand des Gletschers viel weiter oben verläuft. An die Bergwand gelehnt, türmt sich das herabgestürzte Eis hundert Meter über dem Talboden. In Zeiten geringerer Aktivität überziehen Gesteinsablagerungen und vom Regen transportierte Schmutzpartikel diesen unteren Teil mit einem grauen Schleier. Das ablaufende Wasser sammelt sich hier nicht in einem See, sondern speist ein mehrarmiges Flüßchen.

Anfahrt: 4 km vor Fjærland zweigt die Straße ins Suphelledal ab. Fahren Sie besonders vorsichtig, denn unterwegs fahren Sie mitten durch einen Bauernhof, in dem auch Kinder wohnen. Nach 5 km Parkplatz und Kiosk in unmittelbarer Nähe des Gletschers.

Wanderungen

Im Gletschermuseum steht ein Monitor, auf dem Wanderungen verschiedener Schwierigkeitsgrade abgerufen werden können, Angaben zu Höhen und Gehzeit, Karten und Fotos inbegriffen.

■ Die klassische Bergwanderung führt hinauf zu den beiden Hütten der **Flatbrehytta** (994 m), direkt am gleichnamigen Gletscher, unterwegs tolle Aussicht auf den Fjord. Die eine Hütte ist dem Wanderverein DNT für die Durchführung seiner Gletscherexkursionen vorbehalten, in der anderen sind einfache Übernachtungen möglich. Dauer 2–3 Stunden.

■ **Gletscherwanderungen:** ab Flatbrehytta, Juli und August Di und Fr um 9 Uhr, Teilnahme 250 NOK. Anmeldung, auch für organisierte Wanderungen ohne

Eistanz, bei Jostein Øygard, Tel. 5769 3292. – Der Wanderverein DNT veranstaltet Wanderungen wie auch Kurse auf Flatbre und Suphellebre; variieren in Länge, Schwierigkeitsgrad, Dauer, von der Tageswanderung bis zum Wochenkurs mit zweitägiger Skitour auf dem Eis. Startpunkt an der Flatbrehytta.

Verschiedenes

■ **Sightseeing:** mit dem Bus; aktuellen Fahrplan im Touristenbüro erfragen, wird sich durch die Eröffnung der Straße nach Sogndal erst einpegeln, je nach Nachfrage. Achten Sie aber darauf, daß Gletschermuseum, Bøyabre und Suphellebre nicht im Schnellzugtempo durchgehechelt werden.

■ **Angeln:** Angelausflüge im Fjord, rund 200 NOK pro Person. Informationen beim Kiosk am Fähranleger.

■ **Wandern:** Organisierte Touren bietet *Jostein Øygard* an, Tel. 5769 3292. Sehr zu empfehlen.

■ **Postämter:** in Balestrand übliche Öffnungszeiten, in Fjærland nur Mo–Do 12–13.30 und 14.15–16 Uhr, Fr 10–10.30 und 12.30–16 Uhr, Sa 10–10.30 und 11.30–13 Uhr.

■ **Notarzt:** Tel. 5782 2822.

Weiterreise

■ **Personenfähre:** Fjærland, Balestrand, Vangsnes (100 NOK). Nur Mitte Mai bis Mitte September.

■ **Bus:** Sogndal (62 NOK), Selseng bru, Fjærland, Skei, Byrkjelo (44 NOK), Utvik, Innvik, Olden, Loen, Stryn (103 NOK). – Linie Florø, Førde, Moskog, Vassenden, Ålhus, Skei, Fjærland, Selseng bru, Sogndal, ab dort entweder nach Lærdal oder Øvre Årdal. – In Sogndal Anschluß an gleich mehrere Expreßbusverbindungen; siehe dort.

■ **Auto: Nach Sogndal**. Ruckzuck über die neue Tunnelstraße (110 NOK Maut für Pkw inklusive Fahrer).

Nach Stryn. Go west durch den »Gletscher-Tunnel« nach *Kjøsnes,* ab dort weiter nordwärts auf Straße 1 bis nach *Byrkjelo,* unterwegs, bei *Klakegg,* schöner Blick ostwärts in das *Stardal* und auf das Eis des Jostedalsbre. Ab Byrkjelo weiter auf Straße 60, über das *Utvikfjell,* Paßhöhe 630 m ü.d.M., anschließend die Fahrt hinunter an den *Innvikfjord,* Uferstraße um den Fjord herum in das Gemeindezentrum Stryn; unterwegs, in Olden, erster Abstecher zur Gletscherwelt möglich, zum Briksdalsbre; siehe unter »Stryn«.

Nach Ålesund. Zunächst wie Richtung Stryn; ab Byrkjelo dann auf der Küstenstraße 1 über *Sandane, Nordfjordeid* (Rast einlegen, im Zentrum eine dänische Bäckerei mit exquisiten Leckereien), *Volda, Ørsta,* unterwegs 3 Fähren. **Volda** liegt hübsch am gleichnamigen Fjord, zieht sich einen sanften Hang hinauf. Die Stadt selbst hat keinen Architekturpreis verdient, aber die Steinkirche (1932) ist eine der schönsten neuzeitlichen im Land (Furtwänglerorgel mit 31 Registern). Die Medienfakultät der Universität ist »Hoflieferant« für Jungredakteure in Rundfunk und Fernsehen an den Norwegischen Rundfunk, NRK. Das benachbarte **Ørsta** liegt nicht weniger reizvoll zwischen Fjord und Fjell. Am Hauptkreisel, nahe dem pittoresken Kleinboothafen, finden Sie die Statue *Ivar Aasens,* dem Norwegen die Existenz zweier gleichberechtigter Sprachen zu verdanken hat; siehe »Eine Nation, zwei Sprachen«. Ab Ørsta immer am Fjord entlang, letzte Autofähre von *Festøy* nach *Sunde.*

Alle anderen Straßenrouten über Sogndal; siehe dort.

Sogndal

Die Dörfer der heutigen Gemeinde Sogndal lagen Jahrhunderte hindurch relativ abgeschnitten von der Außenwelt: weit im Inneren des Sognefjords, von den Gebirgsmassiven des Jostedals-Gletschers und des Sognefjells umgeben. Die Menschen lebten von der Natur und tauschten ihre Produkte gegen Dinge, die sie selbst nicht herstellen konnten. Bis der Straßenverkehr aufkam, war das Boot das einzige Verkehrsmittel, mit dem sie ihre Heimat verlassen konnten, um Handel zu treiben, die Kirche oder Freunde zu besuchen. Bevor 1842 die Handelsrechte der Städte abgeschafft wurden, waren die Bauern abgelegener Land- und Fjordstriche darauf angewiesen, ihre Waren auf den großen Handelsplätzen feilzubieten. Eine Bootsreise nach Bergen nahm normalerweise nur wenige Tage in Anspruch – spielten Wind und Wetter jedoch nicht mit, konnte sich die Reisezeit ohne weiteres verdreifachen. Das Bootsmuseum von *Kaupanger* dokumentiert, wie erfinderisch die Bootsbautechnik den Anforderungen gerecht wurde. Boote für längere Fahrten besaßen Segel sowie Schutzplanen gegen den Regen, und wenn in strengen Wintern der Fjord zufror, setzte man »Eissegler« mit Kufen ein.

Es sind jenes Bootsmuseum und die Stabkirche in Kaupanger, die einen kurzen Aufenthalt in der Gemeinde Sogndal (knapp 6000 Einwohner) am ehesten rechtfertigen. Denn trotz der Lage zwischen Fjord und Gebirge fehlt die landschaftliche Attraktivität der Nachbarkommunen. Die beeindruckenden Gletscher gibt es in Fjærland und Luster, die markanteren Fjorde in Gudvangen, Aurland, Årdal und Luster, die wilderen Gebirgsformationen in Gudvangen, Flåm, Lærdal und Årdal. Immerhin sind die Nachbarn näher gerückt, seit 1994 der Straßentunnel nach Fjærland sowie die Fährverbindung von Kaupanger nach Fodnes (zwischen Årdal und Lærdal) freigegeben wurden.

Nur Einkaufen kann man in Sogndal besser. Das fade Verwaltungs- und Dienstleistungszentrum ist zudem Standort mehrerer Ausbildungsstätten und Industriebetriebe.

Information

■ **Sogndal Turistinformasjon**, Kulturhuset, Postboks 222, N-5850 Sogndal, Telefon 5767 3083, Fax 5767 3178. 1.6.–31.8. Mo–Fr 9–20 Uhr, Sa 10–13 Uhr, So 13–18 Uhr, sonst Mo–Fr 11–16 Uhr. Es werden Betriebsbesichtigungen (Wasserkraftwerk Årøy oder Konservenfabrik Lerum) vermittelt. Fahrradvermietung.

Unterkunft

Die Touristeninformation gibt eine Reihe von Telefonnummern aus, unter denen Anbieter von Privathütten zu erreichen sind.

■ **Sogndal Hotell**, westliches Stadtzentrum, Tel. 5767 2311, Fax 5767 2665. EZ 790–970 NOK, DZ 890–1070 NOK. Kaltes Buffet oder middag um 200 NOK.

Unglückliche Lage an der Hauptstraße, zwischen Stadtzentrum und Industriegebiet. Den überwiegenden Teil der Gäste stellen Bus-Touristen aus Japan und Deutschland. Top-Zimmer mit gepflegten Holzmöbeln, zarte Farben, meist Grün und Lila. Hallenbad.

■ **Hofslund Fjord Hotel**, östliches Stadtzentrum, Tel. 5767 1022, Fax 5767 1630. 1.6.–31.8. mit Fjord Pass (B) EZ 480 NOK, DZ 660 NOK, sonst EZ 550 NOK, DZ mit Fjordblick 770 NOK, ohne 700 NOK. Lunch um 130 NOK, middag um 140 NOK.

Teils schöne, große Kombizimmer mit drei Betten, Textiltapeten, Einrichtung vorwiegend in Blau und Braun.

■ **Loftenes Pensjonat**, Fjørevegen 17, Tel. 5767 1577. EZ mit Bad 400 NOK, ohne Bad 350 NOK, DZ mit Bad 550 NOK, ohne Bad 500 NOK. Kleinere Gerichte um 50 NOK.

Ebenfalls viele Busreisende. Ordentliche, geräumige Zimmer mit lilafarbenen Möbeln und blauem Teppichboden.

■ Jugendherberge **Sogndal Vandrerhjem**, nahe der Brücke Richtung Kaupanger, Tel. 5767 2033, Fax 5767 3145. 15.6.–20.8. Mitglieder EZ 150 NOK, DZ 200 NOK, im 3-Bett-Zimmer. 34 Zimmer mit 1–3 Betten. Frühstück 50 NOK, Lunchpaket 35 NOK, Abendessen 65 NOK. Vermietung von Fahrrädern und Booten.

■ **Vesterland Feriepark**, zwischen Sogndal und Kaupanger an der Straße 5, Tel. 5767 3110 und 5767 8330. Ganzjährig geöffnet. Ferienhütten für 2 Personen ab 455 NOK, für 3–4 Personen ab 555 NOK.

Zuschlag für Halbpension um 150 NOK, nur Frühstück 55 NOK.

Das Gelände verteilt sich auf einem Hügel; die Straße ist zu hören. Luxuriös eingerichtete Hütten mit viel Holz, großem Wohnraum, perfekter Küche, Bad, Ofen, Vorraum, Waschmaschine etc. – und doch alles in allem etwas lieblos, genau wie die Minigolfanlage, die hastig in die Gegend geklatscht wurde. Der Tennisplatz wirkt wie ein Fremdkörper, der Spielplatz hingegen kommt gut an.

■ **Kjørnes Camping**, Abzweigung von Straße 5 (Richtung Kaupanger), Tel. 5767 4580. 1.6.–1.9. Preisniveau Camping: 2. 9 Hütten für 2–4 Personen um 180–200 NOK, mit Bad um 400 NOK.

Weitläufige, abfallende Wiese am Fjord, angenehm abgelegen weit unterhalb der Straße nach Kaupanger. Die meisten Hütten liegen außerhalb der Camperwiese, auf einem ruhigen Grundstück mit Obst- und Nadelbäumen, Heidekraut und feiner Aussicht auf den Fjord. Die kleinen Hütten standardgemäß, die großen etwas aufwendiger, zum Teil mit Korbstühlen. Sanitärgebäude ausreichend, W & T. Kiosk. Spielplatz. Surfen.

■ **Stedje Camping**, Ortsausgang Richtung Hella, Tel. 5767 1012. 15.5.–15.9. Preisniveau Camping: 2. Eine Hütte für 2 Personen um 200 NOK, 8 Hütten für 4 Personen um 220 NOK.

Typischer Durchgangsplatz in leidlicher Umgebung am Stadtrand. Immerhin Aufenthaltsraum. Neuere Sanitäranlage, W & T. Kiosk. Spielplatz. Vermietung von Fahrrädern und Ruderbooten.

Sehenswertes

■ **Sognefjord Båtmuseum**, Kaupanger, Tel. 5767 8206. 1.6.–31.8. Mo–Fr 10–17 Uhr, Sa,So 12–18 Uhr, Mai und September Mo–Fr 9–15 Uhr, Sa,So 12–18 Uhr. Eintritt 30/15 NOK, Familien 75 NOK. Das Billett berechtigt zum ermäßigten Eintritt im *Sogn Folkemuseum*.

Das neue, fein hergerichtete Gebäude ist bis unter das Dach mit historischen Booten vollgepropft. Die Palette der Exponate umfaßt einfache Fischerboote, Transportboote, mit denen die Bauern ihr Vieh zu den Weiden brachten, regelrechte Lastkähne, die die Händler für den Warentransport nach Bergen einsetzten, Kirchenboote und solche, die sich für gewöhnliche Reisen oder Besuche innerhalb des Fjordlands eigneten. Unter diesen Exemplaren gab es große Unterschiede, denn das Boot galt besonders im 19. Jahrhundert als Statussymbol. Reiche Familien gaben farbigere, stabiler konstruierte Modelle in Auftrag als die weniger vermögenden Mitbürger.

Der Arbeitsplatz eines Bootsbauers, der solche Aufträge entgegennahm, ist ebenfalls zu sehen. Normalerweise reisten diese Handwerker umher und bauten die gewünschten Modelle an Ort und Stelle. Der Auftraggeber stellte Material, Kost und Logis, der Bootsbauer brachte seinen Werkzeugkasten mit. Das Museumsexemplar aus dem Jahr 1880 belegt anschaulich, mit wie wenigen Hilfmitteln die Handwerker auskamen.

Fotografien, Skizzen von Bootsbautechniken und einzelne Stücke wie Kompasse oder eine Dokumentenröhre komplettieren das interessante Museum. Die meisten Texte sind auf norwegisch abgefaßt, leider nur wenige auf englisch.

■ **Stabkirche Kaupanger**. 1.6.–31.8. 10.30–18.30 Uhr, sonst nach Absprache mit dem Touristenbüro. Eintritt 25/0 NOK.

Die Stabkirche wurde 1184 errichtet, nachdem König *Sverre Sigurdsson* die alte Kirche hatte niederbrennen lassen, 1862 mit einem stilbrechenden weißen Anstrich versehen, 1965 jedoch nach dem Vorbild des Originals restauriert.

■ **Sogn Folkemuseum / De Heibergske Samlinger**, an der Straße 5 zwischen Sogndal und Kaupanger, Tel. 5767 8206. 1.6.–31.8. Mo–Fr 9–18 Uhr, Sa,So 12–18 Uhr, Mai und September Mo–Fr 9–15 Uhr, Sa,So 12–18 Uhr. Eintritt 30/15 NOK, Familien 75 NOK. Das Billet berechtigt zum ermäßigten Eintritt im *Sognefjord Båtmuseum.*

In der Hochsaison grasen auf dem hügeligen, bewaldeten Areal Tiere, werden die Wiesen gemäht und Heringe zum Trocknen aufgehängt; an bestimmten Abenden stehen Folklorevorführungen auf dem Programm – ein typisches Freilichtmuseum. Weniger typisch, dafür praktisch die Feuerlöscher, die an den Eingängen der zusammengetragenen Hofgebäude plaziert sind. Bitte auf dem gesamten Gelände nicht rauchen.

Interessanter jedoch als Wohnhäuser, Ställe und Gerätschaften sind die Sammlungen der Gebrüder *Heiberg*, zwei mittlerweile verstorbene Gutsbesitzer aus der Region. Die umfangreichen Sammlungen sollen den Alltag der Bewohner von Sogn verdeutlichen, erwecken aber manchmal den Eindruck, daß sich dieser Anspruch mehr an den Ausstellungsstücken orientiert als umgekehrt. Zu sehen gibt es Trachten, Schmuck, sakrale Gegenstände, Wohnungseinrichtungen, Werkstätten und Werkzeug, einen Kolonialwarenladen und ein ganzes Schulhaus. Die Wohnzimmer wohlhabender Familien werden u.a. durch ein Spinett und ein automatisches Klavier repräsentiert.

Die neueste Errungenschaft ist ein Einfamilienhaus aus dem Jahr 1992, damit unsere Nachfahren allzeit wissen, wie es uns mit uns erging.

Wanderungen

Karten zu den vorgestellten Routen können Sie im Touristenbüro und im Buchhandel erstehen.

■ Ein günstiger Ausgangspunkt für Wandertouren ist **Hodlekve**, nordwestlich von Sogndal, über die Stichstraße nach Selseng zu erreichen (Parkplatz). Möglicher Ausflug zum Gletscher *Voggabre*.

■ **Filmreite** liegt auf der Haukås-Halbinsel, die sich südlich von Sogndal in den Sognefjord schiebt. Die vorgestellte Route dorthin führt sowohl über karge Höhen als auch durch Laubwälder unten am Fjord. In Filmreite steht übrigens ein Bautastein, der an eine Schlacht im Jahr 1184 erinnert. Die Könige *Sverre Sigurdsson* und *Magnus Erlingsson* stritten damals um die Vorherrschaft in Norwegen.

Die Tour beginnt am Flugplatz mit dem Weg nach Dueskard, setzt sich ab dort mehrere Kilometer auf einem Waldpfad fort, der schließlich auf einen Waldfahrweg trifft und hinab nach Filmreite führt. Das 12 km lange Streckenprofil beinhaltet so manchen Höhenunterschied, so daß Einheimische empfehlen, sich im voraus ein Boot zu bestellen, das einen über den Fjord nach Nordnes bringt (Kontakt: Touristenbüro).

Verschiedenes

■ **Sightseeing mit dem Wasserflugzeug:** 10.5.–10.9. Startpunkt Loftesnes-Brücke, am östlichen Ortsende, Richtung Luster und Kaupanger. Preis 340 NOK. Informationen unter Tel. 5767 1725, Billetts auch beim Touristenbüro. Norwegen von oben, ein einmalig schönes Erlebnis, gerade hier, wo Fjord, Gletscher und Berge so nahe aneinderrücken. Relativ preiswert.

■ **Angeln:** *Haukåsen Fiskepark,* Abzweigung von der Straße 5 zum Flughafen. Liegt in 500 m Höhe in einem Waldgebiet. Fang von Regenbogenforellen und Lachsen, die an Ort und Stelle zubereitet und gegessen werden können. 1.6.–31.8. nach Vereinbarung mit Tel. 5767 8812. Preis 300 NOK pro Person. Anfahrt mit Bus oder PKW.

■ **Reiten:** *Sogndal Køyre og Rideklubb,* Vestreim, Kaupanger, Tel. 5767 8562.

■ **Vestreim Gard** liegt fast auf dem höchsten Punkt der Straße 5 zwischen Sogndal und Kaupanger. In einem 200 Jahre alten Gebäude ist *Kaupang Design* zu Hause. Die kleine Firma produziert und verkauft hier Kopien traditionellen Schmucks, dessen Originale unter den Heibergschen Sammlungen zu besichtigen sind. 1.5.–31.8. Mo,Mi 9–15 Uhr, Di,Do,So 18–22 Uhr. Tel. 5767 8176 und 5767 8390. Eintritt 70 NOK, inklusive Führung, Volksmusik, Kostproben.

■ **Notarzt:** Tel. 5767 1216.

■ **Parkautomaten** in Sogndal: 2 NOK pro Viertelstunde.

Weiterreise

■ **Flug:** Der Flughafen liegt auf der Haukås-Halbinsel, südlich von Sognefjord. Information, ebenso zum Flughafenbus, unter Tel. 5767 2042.

Sogndal liegt an der Ost-West-Achse. Direktverbindungen innerhalb Westnorwegens mit Bergen, Florø, Førde und Sandane, ferner mit Oslo.

■ **Personenfähre:** Expreßbootlinie Balestrand (98 NOK), Vangsnes, Leikanger, Kaupanger, Revsnes, Frønningan, Midtfjors, Fresvik, Undredal, Aurland, Flåm (105 NOK).

■ **Autofähre:** Kaupanger, Revsnes (verkehrt ständig). – Kaupanger, Revsnes, Gudvangen (drei- bis viermal täglich), bei gutem Wetter ein garantierter Höhepunkt Ihrer Fjordland-Reise. – Kaupanger, Fodnes (mehrmals täglich).

■ **Bus:** Lokalrouten nach Fjærland, Luster, Jostedalen, Årdal, Lærdal. – Nach Balestrand über Fähre Hella-Dragsvik, weiter gen Florø. – Nach Stryn (165 NOK) über Selseng bru, Fjærland, Skei, Byrkjelo (106 NOK), Utvik, Innvik, Olden und Loen. – Nach Måløy (197 NOK) über Fjærland, Skei, Byrkjelo (106 NOK), Sandane, Anda, Fähre nach Lote, Nordfjordeid. – Nach Florø (237 NOK) über Selseng bru, Fjærland, Skei, Ålhus, Vassenden, Moskog und Førde. – Nach Bergen (221 NOK) über Leikanger, Fähre Hella-Vangsnes, Vik, Vinje, Voss, Dale. – Nach Voss (137 NOK) über Leikanger, Fähre Hella-Vangsnes, Vik und Vinje.

■ **Auto: Nach Luster**. Straße 55 nach Skjolden, ab Joranger schöne Fahrt am *Lustrafjord* entlang. Beachten Sie auf der Höhe von Nes/Viki den Wasserfall **Feigumfossen**, auf der anderen Seite des Fjords.

Nach Årdal und Lærdal. Autofähre Kaupanger-Fodnes.

Nach Gudvangen (mit Flåm und Aurland). Autofähre Kaupanger, Revsnes, Gudvangen; bei gutem Wetter ein garantierter Höhepunkt Ihrer Fjordland-Reise.

Nach Fjærland. Ruckzuck über die neue Tunnelstraße (110 NOK Maut für Pkw).

Nach Bergen. Entweder Straße 5/55 bis zum Fähranleger *Hella,* unterwegs, rund um **Leikanger**, blühen Ende Mai rund 60.000 Obstbäume. Ab Hella Autofähre nach **Balestrand**: Schauen Sie sich dort *Kvikne's Hotel* an, ein famoser Holzpalast direkt am Fjord; die Tradition wird auf fast ulkige Weise gepflegt: Im Prunksaal steht ein Stuhl, auf dem nachzulesen ist, wann Kaiser Wilhelm II. wie lange seinen Ehrenwertesten darauf plazierte; als Mann großer Gesten schenkte er 1913 Balestrand und Vangsnes, das, gegenüber, auf der südlichen Seite des Sognefjords liegt, zwei Statuen, die Motive der Fridtjov-Saga entnommen; mehr unter »Vangsnes«, unten. Ab Balestrand weiter auf Straße 55 westwärts. Entweder Autofähre *Nordeide-Svortemyr* und darauf am Südufer des Sognefjords entlang bis Ytre Opperdal; oder Autofähre *Lavik-Ytre Opperdal.* Ab dort auf

Straße 1 nach Bergen. – Oder in Hella auf die Autofähre nach **Vangsnes**, dort nach der Ankunft nicht in die Schlange einreihen, sondern am Fährkai links abbiegen und rechts den Hügel hinauf: Zur Linken erhebt sich über den Bäumen die monumentale *Fridtjov-Statue*, die den Helden der gleichnamigen Saga darstellt; sich auf sein Schwert stützend, blickt er gestreng ins Land hinein – als Wilhelm II. 1913 die Statue stiftete, gehörte das Säbelrasseln in Europa zum traurigen Alltag; bedenkt man aber, daß von Norwegen seit Jahrhunderten kein Krieg mehr ausgegangen ist, wirkt diese martialische Pose heute doch reichlich deplaziert. Ab Vangsnes weiter auf Straße 13 nach *Viksøyri,* dort möglicher Besuch der Stabkirche **Hopperstad** (15.5.-15.9. Eintritt 25/10 NOK), Straße 13 weiter über das rauhe **Vikafjell**, auf dem so manches Schneefeld selbst im Sommer nicht schmilzt und sich mitunter ab September die ersten Schneestürme ein Stelldichein geben, ab *Vinje* auf E 16 über *Voss* und *Dale* nach Bergen. – Oder Autofähre Kaupanger-Revsnes-Gudvangen, ab dort auf E 16 nach Bergen.

Luster

Luster ist mit 2702 km^2 die größte Gemeinde im fylke Sogn og Fjordane. 89 % der Fläche bedecken Gebirge, Seen und Gletscher, darunter der Großteil des Jostedalsbre, Europas größter Festlandgletscher (490 km^2), der vor 2000–3000 Jahren entstand. An mehreren Stellen schieben sich Arme dieses Riesen hinab, fast alle in Seitentäler des *Jostedals*. Das Alter der Granit- und Gneiswände im Jostedal schätzen Forscher auf weit mehr als 400 Millionen Jahre. Die frühesten Spuren menschlicher Besiedlung reichen in die Steinzeit zurück, sind 7500 Jahre alt.

Der bekannteste unter den Gletscherarmen in Luster ist der *Nigardsbre*, der um 1750 seine weiteste Ausdehnung erreichte und zu dieser Zeit mehrere Familien zur Aufgabe ihrer Höfe zwang. Noch im gleichen Jahrhundert begann jedoch der rasche Rückzug, den Endmoränen und Vegetationsgrenzen deutlich markieren. Das Gebiet steht heute unter Naturschutz und ist Ziel nicht nur einheimischer Forscher. Seinen Bekanntheitsgrad verdankt der Nigardsbre dem Umstand, daß er ohne großen Aufwand besichtigt werden kann. Die anderen Gletscherzungen sind dagegen Ziele von mehrstündigen Wanderungen durch einsame Natur.

Doch die friedliche Stille trügt, denn das Eis ist in Bewegung, und niemand kann vorhersagen, wann die nächste Lawine herabbricht. Warntafeln und Absperrungen stehen nicht zur Dekoration da. Vor wenigen Jahren begrub der Gletscher *Bergsetbre* eine Familie, die sich in eine Eishöhle gewagt hatte.

Wer in *Skjolden*, im nördlichen Gemeindegebiet, eintrifft, tut gut daran, sich Zeit zu nehmen und die Sicht auf den grünlich schimmernden, von Bergen eingerahmten *Lustrafjord* zu genießen. Es ist Salzwasser, das hier gegen die Steine schwappt, wenn auch in geringerer Konzentration als draußen im Meer. Der Lustrafjord ist einer der innersten Arme des mächtigen Sognefjords, und die Entfernung zur Küste beträgt mehr als 200 Kilometer. Diese abgeschiedene Lage bringt aber auch Probleme. War der Kai von *Solvorn* vor 200 Jahren noch ein betriebsamer Platz, wo Waren verladen wurden und Händler aus Bergen an Land gingen, läuft die wirtschaftliche Entwicklung heute an Luster vorbei. Ein bißchen Land- und Forstwirtschaft, Industrie und Fremdenverkehr reichen nicht aus, junge Menschen in ausreichender Zahl in ihrer Heimat zu halten. So sinkt die Einwohnerzahl der Gemeinde von Jahr zu Jahr. Der Ausbau des Wasserkraftnetzes sorgt immerhin dafür, daß Luster nicht gerade arm ist. Das Zentrum der Kommune ist *Gaupne*, am Westufer des Fjords.

Information

■ **Turistinformasjon Gaupne Pyramiden**, N-5820 Gaupne, Telefon 5768 1588, Fax 5768 1222. 1.7.–16.8. Mo–Fr 10–18 Uhr, Sa 10–14 Uhr, So 14–18 Uhr, 1.6.–28.6. und 19.8.–31.8. Mo–Fr 10–17 Uhr. Pyramiden ist der unübersehbare Gebäudekomplex mit Läden etc.

■ **Breheimsenter Jostedalen**, N-5827 Jostedal, Tel. 5768 3250, Fax 5768 3240. 1.6.–31.8. 9–20 Uhr, Mai und September 10–17 Uhr.

■ **Turistinformasjon Skjolden**, Tel. 5768 6750, Fax 5768 1211. 10.6.–20.8. Mo–Fr 9–17 Uhr, Sa 9–13 Uhr, So (nur im Juli) 14–17 Uhr.

Unterkunft

Guter Service: Das Touristenbüro stellt alljährlich Broschüren mit Hotels und Pensionen, mit Hüttenanlagen und Campingplätzen samt allen Preisen zusammen. Besorgen Sie sich die Heftchen und Sie sind auf dem neuesten Stand.

■ **Walaker Hotell**, Fähranleger Solvorn, Telefon 5768 4207, Fax 5768 4544. 15.4.–15.10. geöffnet. 1.5.–30.9. mit Fjord Pass (B) EZ 480 NOK, DZ 660 NOK, sonst EZ mit Bad 540 NOK, ohne 440 NOK, DZ mit Bad 780–880 NOK, ohne 550 NOK. 11 Motel-Appartements wöchentlich Juni–August um

2350 NOK, sonst um 1650 NOK. Dagens middag um 200 NOK (feste Menüs), kleinere Gerichte, smørbrød und Kuchen. Wegen der geringen Bettenzahl im voraus anklingeln.

Ein historisches Hotel, die ältesten Teile 370 Jahre alt, letzter Umbau 1935. Seit neun Generationen im Besitz der Familie Nitter, die 1690 nach Solvorn kam und das bereits bestehende Gasthaus kaufte, in dem vor allem Handelsreisende übernachteten. Ende des letzten Jahrhunderts setzte dann der Touristenboom ein. Das Haus ist größer, als es von außen scheint. Die Zimmer sind geräumig, an manchen Wänden kleben museumsreife Tapeten. Teils alte Möbel, mitunter durch Rosenmalereien verziert. Kunstgalerie im ehemaligen Stall, mehr dazu unter der Rubrik »Sehenswertes«.

■ **Eikum Hotel**, Hafslo, Telefon 5768 4109, Fax 5768 4490. 1.5.–30.9. mit Fjord Pass (C) EZ 530 NOK, DZ 760 NOK, sonst EZ 550–650 NOK, DZ 750–850 NOK. Dagens rett um 100 NOK.

Passable Zimmer mit hellem Holz, leider etwas knapp bemessen, so daß das Bett zum alleinigen Blickfang wird. Schlappe Aussicht.

■ **Hafslo Gjestehus**, Hafslo, Tel. 5768 4401, Fax 5768 4490. Nur 20.6.–15.8. EZ 250 NOK, DZ 400 NOK. Bad auf dem Flur.

■ **Skjolden Hotell**, Skjolden, Tel. 5768 6606, Fax 5768 6720. 15.5.–15.9. geöffnet. Mit Fjord Pass (B) EZ 480 NOK, DZ 660 NOK, ohne EZ 490 NOK, DZ 700 NOK. Middag um 175 NOK (3 Gänge), kaltes Buffet um 175 NOK.

Zimmer mit nüchternen Möbeln der Nachkriegszeit, die eigentlich auf den Dachboden gehören. Einzelzimmer zur Straße, Doppelzimmer zum Fjord.

■ **Solvang Kafe og Pensjonat**, Gjerde, Tel. 5768 3119. EZ mit Bad 280 NOK, ohne Bad ab 155 NOK, DZ mit Bad 390–550 NOK, ohne Bad ab 270 NOK. Dagens rett um 70 NOK, Kafeteria um 80 NOK.

Zumindest die Doppelzimmer mit Bad sind besser als das, was einem die Hotels in Skjolden und Haflso andrehen wollen. Viel Platz, harmonische Farben, Einrichtung o.k. Aufenthaltsraum.

■ **Nigardsbreen Pensjonat**, Gjerde, Tel. 5768 3207. EZ 170 NOK, DZ 340 NOK. Frühstück 55 NOK. Außerhalb der Ortschaft, aber an der Durchgangsstraße. Nur für eine Nacht geeignet.

■ Jugendherberge **Skjolden Vandrerhjem**, Skjolden, Tel. 5768 6615 und 5768 6676. 15.5.–15.9. Mitglieder EZ 125 NOK, DZ 180 NOK, im Mehrbett-Zimmer 75 NOK, Familienraum für 4 Personen 225 NOK. 11 Zimmer mit 1–6 Betten. Keine Mahlzeiten. Vermietung von Booten und Angelausrüstung; Angeln im Fjord kostenlos.

Die gemütliche Herberge ist in einem »ganz normalen« Wohnhaus untergebracht. Geräumige Zimmer, teilweise mit Waschbecken. Wer sein Essen selbst zubereitet, muß eine etwas dustere Küche in Kauf nehmen, kann aber im Garten speisen, gleich neben einem rauschenden Fluß, der 100 m weiter unten in den Fjord mündet. Kaffeeklatsch im Aufenthaltsraum an der Rezeption. So können die »Neuen« gleich begutachtet werden.

■ **Luster Fjordhytter**, Høyheimsvik, Telefon 5768 6500. Ganzjährig geöffnet. 12 Appartements für 5 Personen: 8 ältere, Juni bis August 420–470 NOK, sonst 280 NOK; 5 neuere, Juni bis August 550–630 NOK, sonst 380 NOK.

Bei den »Fjordhütten« handelt es sich um Appartements in Speicherbauweise; sie stehen direkt am Lustrafjord. Auflockerndes Rot und gemütlich helles Holz, Panoramafenster, praktische Kochecke, und für Freeclimber auch Schlafplätze auf dem Speicher, nur über eine Leiter zu erklimmen. Dazu fünf neue Appartements im »Rorbu«-Stil. Der Tip in Luster, relativ preiswert. Ruderboote frei.

■ **Hafslotun Kro og Hyttesenter**, Hafslo, am Ortsausgang Richtung Gaupne, Tel. 5768 4178. 11 Ferienhütten für 2–6 Personen 15.5.–1.9. 450–875 NOK, sonst 350–675 NOK. Restaurant 20.6.–10.8. Hauptgerichte 70–150 NOK.

Die wohnlich eingerichteten Hütten verteilen sich mit ausreichendem Abstand auf einem bewaldeten Hügel. Doch die Lage abseits vom Fjord nimmt Hafslo generell Attraktivität. Preise an der oberen Grenze.

■ **Nes Camping**, Høyheimsvik, Tel. 5768 6424. 1.5.–30.9. Preisniveau Camping: 1. 8 Hütten für 4 Personen 190–250 NOK.

Schön gelegener Platz über Str. 55 und dem Ufer, mit prächtiger Aussicht auf Fjord und Feigumfossen, der auf der gegenüber liegenden Fjordseite in die Tiefe stürzt. Zum Zelten vermutlich der beste Platz am Lustrafjord. Neueres Sanitärgebäude, W & T. Kiosk. Spielplatz. Bootsvermietung.

■ **Viki Fjordcamping**, Høyheimsvik, Tel. 5768 6420. Etwa 1.5.–30.9. Preisniveau Camping: 2. 10 Hütten für 2–4 Personen 170 NOK, dazu 1 Ferienhütte für 4 Personen 500 NOK.

Kleine Zeltwiese mit Apfelbäumen zwischen Fjord und Straße. Die Hütten stehen idyllisch direkt am Wasser, und bei offenem Fenster ist das Donnern des Wasserfalls Feigumfossen drüben zu hören. Preiswerte Standardhütten, wirken allerdings einen Tick zu spärlich. Sanitäranlage klein, aber akzeptabel, Ww. Fahrrad- und Bootsvermietung.

■ **Nymoen Leirplass**, Skjolden, am Ortsausgang Richtung Sognefjell, Tel. 5768 6603. 1.5.–1.10. Preisniveau Camping: 2. 11 Hütten für 4–6 Personen 250–520 NOK.

Wiese mit Bäumen am Ende

Skjoldens, dort wo sich der See, der die Niederschläge und das Schmelzwasser aus dem Gebirge sammelt, zum Fluß verschmälert, um wenige hundert Meter weiter in den Fjord zu münden. Die Lage wird mitbezahlt, trotz Tankstelle und Straße in unmittelbarer Nachbarschaft. Einladende Hütten, die kleinen sogar mit Kücheneinrichtung. Sanitäranlage in Ordnung, W & T. Lebensmittel in der Tankstelle.

■ **Gjerde Camping**, Gjerde im Jostedal, Tel. 5768 3154. 20.5.–30.9. Preisniveau Camping: 2. 10 Hütten für 4 Personen 130–160 NOK, mit 2 Räumen 200–230 NOK.

Leicht wellige Wiese mit einzelnen Bäumen und Sitzbänken, grenzt an einen rauschenden Fluß – prima zum Zelten. Die Einrichtung der großen Hütten (mit Mini-Veranda) steht etwas verlassen herum, die kleinen reichen aus. Saubere, gute Sanitäranlage, ungewöhnliche Kombination von Camperküche, Wäschewaschbecken und Trockenraum.

■ **Nigardsbreen Camping**, im Jostedal, Tel. 5768 3135. Preisniveau Camping: 2. 8 Hütten für 4 Personen 200–230 NOK.

Das Zelten macht keinen Spaß auf dem zu offen daliegenden, buckligen Viereck, auf dem die letzten Grashalme um ihre Existenz kämpfen. An einer Seite stehen brav nebeneinander die Hütten, kaum besser ausgestattet als bei Gjerde Camping. Sanitärgebäude gepflegt, Ww.

Sehenswertes

■ Der Gletscher **Nigardsbre**, ein weiterer Arm des mächtigen Jostedal-Gletschers, ist seit rund 245 Jahren auf dem Rückzug. Vier Kilometer Moränenlandschaft hat er seitdem zurückgelassen – das in Norwegen anschaulichste Beispiel für die Bewegung der Gletscher.

Von der Straße 604 (Bus) durch das Jostedal zweigt 34 km nördlich von Gaupne links eine Straße zum Nigardsbre ab, die bald in eine mautpflichtige Privatstraße übergeht (15 NOK für PKW). Im Hintergrund zeichnet sich bereits der Gletscher ab, wie er sich geradezu elegant in Kurven vom Gebirge in das Tal hineinschiebt. Nach 3 km Fahrt endet die Privatstraße an einem See, dessen milchig grüne Farbe vom Schmelzwasser kommt. Zu Fuß sind es noch 40 Minuten bis zum Eis, immer am See entlang. Etwa vom 10.6. bis zum 10.9. verkürzt das Boot *Jostedalsrypa* den Weg, indem es zwischen Parkplatz und Gletscher pendelt: 10–18 Uhr, Preis 15/8 NOK retour, 10/5 einfache Strecke.

Der Nigardsbre hat den See inzwischen verlassen und schiebt sich jährlich einige Meter den Hang hinauf. Da der Fels nicht so steil wie andernorts abfällt, kann man dicht an die blaue Wand heran. Trotzdem sind eventuelle Warnschilder zu beachten. Wer auf das Eis will, wende sich an die Gletscherführer vor Ort; weitere Informationen siehe unten unter »Gletscherwandern«.

■ **Breheimsenter Jostedalen**, Jostedal, Tel. 5768 3250. 1.6.–31.8. 9–20 Uhr, Mai und September 10–17 Uhr. Eintritt 60/30 NOK.

Die Idee für das Gletschermuseum in Fjærland sprach sich rasch herum; und so beschlossen die Gemeinden, die dem Jostedalsbre zu Füßen liegen, nachzuziehen. Erster Akt dieses Bemühens ist diese ansehnliche Gletscherkathedrale, die den Auftakt des Nigard-Tals markiert, dort wo die Mautstraße zum Gletscher beginnt.

Herzstück des Breheimsenters ist eine Diashow, die Norwegens Natur präsentiert – risikolos, Zuspruch garantiert, aber auch gut gemacht. Die Ausstellungen drumherum erklären die Gletscherwelt, erzählen von Moränen- und Sedimentbildungen, vom Vorschreiten wie vom Rückgang des Eises. Breiter Raum wird dem Leben am Gletscher gewidmet, von archäologischen Funden über die Besiedlungshistorie und die Verkehrswege über das Eis zu den Auswanderungswellen im 19.Jh. und Aspekten der Gegenwart. Berücksichtigt werden aktuelle Themen, wie Wasserkraftnutzung oder Klimaveränderung; was nicht bedeutet, daß die Sage vom Jostedals-Schneehuhn ausgespart wird. Die Schautafeln sind vorwiegend dreisprachig abgefaßt. Der Besuch lohnt sich, sofern man die Konkurrenz in Fjærland oder Oppstryn nicht gesehen hat. Ansonsten sind diese beiden »Erlebniszentren« ein bißchen reichhaltiger und spannender aufgemacht.

■ **Stabkirche Urnes**. Geöffnet 25.5.–31.8. 10.30–17.30 Uhr, sonst telefonische Absprache mit Marit Bøen, Telefon 5768 3495. Eintritt 25/0 NOK.

Sie wirkt nicht ganz so spektakulär wie andere Vertreter ihres Typs, die Stabkirche Urnes: nicht so vehement verschachtelt und ohne geschnitzte Drachenköpfe auf dem Dach, wie das in Borgund oder Lom der Fall ist. Und doch ist sie etwas Besonderes, nämlich die älteste bewahrte Stabkirche des Landes. Sie paßt gut zu dem verschlafenen Nest *Ornes*, zwischen Fjord und Gebirge, wo weder ein Einkauszentrum noch eine stark befahrene Straße einen schwer verträglichen Kontrast provozieren.

In ihrer heutigen Form entstand sie wahrscheinlich zwischen 1130 und 1150, die Fachleute sind auf Indizien angewiesen. Sicher ist, daß beim Bau Teile einer noch älteren Kirche verwendet wurden: neben einzelnen Planken das kunstvoll verzierte Nordportal, dessen Ornamentik eher den Sagas als dem Christentum zuzuordnen ist. Der gewohnt dustere Innenraum überrascht durch eine nachträglich

eingebaute, primitive Stützkonstruktion: Als eine einflußreiche Familie einen geschlossenen Betstuhl für sich beanspruchte, mußten zwei der ursprünglichen Träger weichen. Das noch vorhandene Inventar – einzelne Stücke befinden sich mittlerweile in Museen – stammt sowohl aus dem Mittelalter als auch aus der Nachreformationszeit.

Die Stabkirche von Urnes findet sich mittlerweile auf der »World Heritage List« wieder, einer Liste der UNESCO, die erhaltungswürdige Bauten umfaßt. In Norwegen gehören zum Beispiel die *Brygge* in Bergen und die Altstadt von *Røros* zu diesem exklusiven Club der Baudenkmäler.

Anreise: Bus ab Skjolden, Fähre Solvorn-Ornes oder mit dem Auto ab Skjolden am Ostufer des Lustrafjords entlang, vorbei am 218 m hohen Wasserfall *Feigumfossen;* wegen der schmalen Straße kann die Anfahrt mit einem großen Wohnmobil recht langwierig geraten.

■ Wer sich generell für **Kirchen** interessiert, kann außer der Stabkirche von Urnes besuchen: die mittelalterliche Steinkirche von *Dale* in gotischem Stil (1.6.–1.9. 9–20 Uhr, Eintritt frei) oder die Holzkirche von *Gaupne* (1647), deren Westportal bereits eine ältere Stabkirche zierte (1.7.–10.8. 10.30–15.30 Uhr, Eintritt 25/0 NOK).

■ Die **Galleri Walaker 300** entstand 1990, zum 300. Geburtstag des Walaker Hotels in Solvorn. Die Besitzer ließen den alten Viehstall umbauen; dabei fanden auch Teile einer alten Kirche Verwendung, die ein Vorfahre auf einer Auktion ersteigert hatte. Rundbögen und Reste der alten Holzdekorationen verzieren so manche Innenwand, andere sind geweißt, dritte mit Kiefernholz verkleidet.

Die Galerie zeigt in wechselnden Ausstellungen norwegische Gegenwartskunst, bevorzugt Malerei und Keramik. In der Regel steht je einem Künstler ein Stockwerk zur Verfügung. Als private Einrichtung kann Familie Walaker ihre Galerie nicht ständig geöffnet halten. Zwischen 12 und 19 Uhr können sich Interessenten an der Rezeption des Hotels melden; wenn nicht gerade Hochbetrieb herrscht, wird Sie sofort jemand begleiten.

Wanderungen

Emsige Wanderer können ihr Zelt ohne weiteres eine Woche lang im Jostedal aufschlagen, um Aussichtspunkte und Gletscherzungen zu erwandern. Topografische Karten im Landhandel von *Thor Bakken*, Gjerde. Die Tourenvorschläge sind teilweise dem Heft eines lokalen Wandervereins entnommen, das auch auf englisch vorliegt (Gjerde Camping).

■ **Vangsen** (1757 m). Schwere Tour mit 712 m Höhenunterschied, aber die tollste Aussicht auf das Jostedal überhaupt. Wanderzeit zum Gipfel: 3–4 Stunden. Kompaß und Karte.

4 km südlich von Gjerde zweigt an der Brücke *Høge bru* links eine Straße ins *Vanndal* ab, die nach 10 km am See *Vanndalsvatnet* endet. Hier beginnen gleich mehrere Routen auf den Gipfel. Die kürzeste, nicht markierte hält sich strikt südwärts, ist aber so steil, daß sie nur Geübten ohne Schwindelprobleme empfohlen werden kann.

Der »normale« Weg führt ab dem See nordostwärts auf einen Bergrücken zu, auf dem deutlich ein Wartturm auszumachen ist. Zunächst durch leicht hügeliges Terrain mit Heidekraut und Moosen, weiter oben über Geröll und an geschützt stehendem Gebüsch vorbei. Ab der Warte (1240 m) weiter über den Bergrücken, in östlicher Richtung durch eine karge Hochgebirgslandschaft bis zu einem Plateau mit kleiner Schutzhütte (1550 m). Direkt auf den Punkt 1612 zu, mit kleiner Kurve nach rechts in südlicher Richtung. Steil hinunter zum kleinen See am Rande des Gletschers *Spørteggbreen*, am See entlang in südwestlicher Richtung zu einem kleinen Plateau (1620 m). Über kahles Gestein zum Schneefeld am Fuß des Vangsen-Gipfels, der nach kurzem Anstieg, auch über Schnee, erreicht ist.

■ **Bergsetbre.** Kinderleichte Tour zu einer der steilsten Gletscherzungen des Jostedalsbre, ohne nennenswerten Höhenunterschied. Wanderzeit retour: rund 2 Stunden. Wanderschuhe wegen steinigem Boden von Vorteil.

In Gjerde zweigt die Straße Richtung *Bergset* ab; sie durchquert das *Krundal* und endet am Bauernhof Bergset auf einem kleinen Parkplatz. Vorbei an den drei Häusern zum Gatter am Bach (wieder schließen). Der Weg am Wasser entlang ist nicht zu verfehlen. Die Route kreuzt eine Moräne des *Tuftebre*, der im 17. Jahrhundert in das Tal hineinreichte, sich dann aber wie der Nigardsbre rasch zurückzog. Das Tal ist fast eben, ein paar Bäche und Sumpfgebiete werden auf ausgelegten Holzbohlen überquert, und man bleibe bis zum Schluß auf der rechten Seite des Flusses, der vom Gletscher abfließt. Die Vegetation wird spärlicher: Die Birken weichen, je näher man dem Eis kommt. Auf dem letzten Abschnitt verliert sich der Pfad auf dem Gestein. Die Tour endet an den Warnschildern, in relativ weitem Abstand. Doch der steil abfallende Gletscher ist gefährlich: Eislawinen haben mehrere Menschenleben gekostet.

■ **Austerdalsbre.** Leichte Wanderung. Wanderzeit retour: rund 4 Stunden.

Anfahrt: In Hafslo zweigt die Straße nach Veitastrond ab, die zunächst in westlicher, dann in nördlicher Richtung an den Seen

Hafslovatn und *Veitastrond* entlangführt, bevor sie an der Hütte *Tungastølen* endet. Für die letzten 6 km ist Maut zu löhnen (20 NOK für PKW). Es fährt auch ein Bus (von Sogndal) über Hafslo nach Veitastrond.

Der Pfad zum Gletscher birgt keine Probleme und ist nicht zu verfehlen. Er beginnt links des Gletscherflusses; die Aussicht auf die dahinterliegenden Berge ist prächtig. Gleich am Anfang ist der erste von nur zwei kurzen Anstiegen zu bewältigen, worauf es am Hang des Hügels entlang hinab in das Tal geht, aus dem sich das Eis in den letzten Jahrhunderten zurückgezogen hat. Entsprechend karg ist die Vegetation, frei nach dem Motto: »kein Baum, kein Strauch«. Ganz so schlimm ist es dann doch nicht, befindet man sich erst einmal auf dem Marsch durch die Talsohle, wo Flüsschen und eventuell (alte oder frische) Schneefelder zu queren sind. In feuchten Zeiten können vermeintliche Rinnsale rasch anschwellen. Am Ende der Wanderung geht's noch einmal aufwärts, und plötzlich hat man den langgezogenen Gletscher vor, aber auch unter sich, eine tolle Perspektive. Unter der erhabenen Eisdecke läßt sich das abfließende Schmelzwasser vernehmen, auch als Warnung, sich, ohne Erfahrung und Ausrüstung, nicht auf das Eis zu begeben. Das können Sie allerdings im Rahmen einer geführten Wanderung tun:

Gletscherwandern

Besorgen Sie sich im Touristenbüro die aktuelle Broschüre des lokalen Gletscherführervereins, *Jostedalen Breførerlag.* Dessen Programm umfaßt leichte Wanderungen, auch für Familien, ebenso wie anspruchsvolle Kletterpartien mit Übernachtung. Die Preise für Gletscherwanderungen gelten inklusive Ausrüstung, sofern dies notwendig ist; gutes Schuhwerk sollten Sie in jedem Fall tragen und bei längeren Touren Verpflegung mitnehmen. Eine Auswahl:

■ **Information:** Jostedalen Breførerlag, Gjerde, N-5827 Jostedal, Telefon 5768 3273 und 5768 3204, Telefax 5768 3296.

■ **Einfache Tour:** Nigardsbre, 25.6.–20.8. Dauer 1,5 Stunden, Teilnahme 60/30 NOK.

■ **Mittelschwere Touren:** Nigardsbre, 1.6.–20.8. Dauer 3–4 Stunden, Teilnahme 240 NOK. Dauer 2 Stunden, Teilnahme 120 NOK. – Zum und auf dem Austerdalsbre, 1.7.–20.8. Dauer 6 Stunden, Teilnahme 150/100 NOK.

■ **Schwere Touren:** Fåbergstølsbre, 10.7.–15.8. Dauer 6 Stunden, Teilnahme 310 NOK. – Skagastølstindane (Sognefjell), 1.6.–31.8. nur bei gutem Wetter, Dauer 12 Stunden, Teilnahme 1500 NOK für die erste Person, 500 NOK für jede weitere Person.

Verschiedenes

■ **Helikopter-Sightseeing:** Wegen der unmittelbaren Nähe zu Fjord, Sognefjell und Jostedal-Gletscher die Erfüllung eines Traums. Ab Gaupne, Anmeldung im Touristenbüro. Minimum 5 Personen. Preis um 350 NOK pro Person.

■ **Sightseeing auf dem Lustrafjord** mit dem Boot »M/S Ornes«: Entweder 3-Stunden-Tour Solvorn, Feigumfossen, Urnes Stabkirche, Solvorn; 20.6.–20.8. Mo und Fr 13.15 Uhr, Preis 90/40 NOK. Sie können sich im Touristenbüro anmelden; dort auch Informationen über alternative Fjordfahrten; oder Tel. 5768 3912.

■ **Angeln:** Forellen in den Flüssen *Jostedalselva*, *Mørkridselva* und *Fortunelva,* ferner in den Seen *Hafslovatn* und *Åsetvatn* sowie rund 20 weiteren Gebirgsseen. Verkauf von Angelkarten im Touristenbüro Gaupne. Das Angeln im Fjord kostet nichts.

■ **Baden:** steiniger Badeplatz mit Umkleidekabine, Steg und vorgelagerter Insel zwischen Høyheimsvik und Skjolden.

■ **Bergsteigen:** Kurse arrangiert das »Turtagrø Hotell« auf dem Sognefjell, Tel. 5768 6116. Juli und August.

■ **Werksbesichtigung:** Wasserkraftwerk *Jostedal Kraftverk,* Myklemyr im Jostedal, 15 km nördlich von Gaupne an der Str. 604. Führung und, deswegen zu empfehlen, Diavorführung über den Kraftwerksbau. Das Kraftwerk reicht 1,2 km tief in den Berg hinein. Der größte Staudamm im Umland ist der 60 m hohe, 850 m lange und 200 m breite *Styggevassdammen,* ganz im Norden des Jostedals. Knapp 900 Millionen Kilowattstunden liefert »Jostedal Kraftverk« im Jahr; das Gros geht in andere Landesteile. 20.6.–20.8. Mo–Fr um 10, 12, 14 Uhr, abhängig von der Nachfrage. Anmeldung im »Breheimsenter«.

■ **Notarzt:** Telefon 5768 1300 (8–15 Uhr), sonst Tel. 5768 1555.

■ **Taxi:** Tel. 5768 1620 (Gaupne).

■ **Transport:** Autofähre Solvorn-Ornes (zur Stabkirche Urnes); mindestens sechsmal täglich, außerhalb der Saison eingeschränkter Betrieb.

Per Bus (Sogndal,) Solvorn, Hafslo, Lambhaug, Marifjøra bru, Gaupne, Høyheimsvik, Luster, Skjolden, Fortun (- Turtagrø). – (Sogndal,) Gaupne, Gjerde, Elvekrok, Nigardsbreen. – (Sogndal,) Hafslo, Veitastrond. – Skjolden, Kroken, Ornes.

Weiterreise

■ **Bus:** mit dem Bus ab Jostedalen und Fortun nach Sogndal; alle Fernverbindungen innerhalb Westnorwegens ab Sogndal.

Nahverkehrsrouten siehe oben unter »Transport«.

■ **Auto:** Zu den anderen Zielen am **Sognefjord** über Sogndal sowie

Fähranleger Kaupanger, Straße 55; siehe dort. – Alternativroute nach Årdal: Straße 55 auf das Sognefjell bis *Turtagrø,* ab dort aus mautpflichtige Gebirgsstraße hinunter nach Årdal (40 NOK; memo Wintersperre Sognefjell-Straße 55, von Anfang Dezember bis Mitte Mai).

Nach Geiranger/Stryn. Über **Sognefjell-**Straße 55 nach *Lom,* auf einer der spannendsten Straßen Norwegens, mit 1440 Metern Paßhöhe auf jeden Fall die am höchsten reichende: Sie wollen nicht enden, die engen Kurven ab Fortun hinauf ins Gebirge. Und wenn am Lustrafjord noch die Sonne scheint, können Sie oben durchaus in Nebel und Regen, vielleicht auch Schnee, eintauchen. Ganz schmilzt der Schnee hier nicht, tauen die eisigen Seen nicht auf. Eine gespentische Reise kann es werden, auf der schmalen, sich windenden Straße, manchmal am Abhang entlang. Der Fahrer hat leider wenig von der Szenerie; seine Aufmerksamkeit wird vollauf benötigt. Ab Lom westwärts auf Straße 15 durch das *Ottadal: Skjåk* ist mit weniger als 500 mm Niederschlag im Jahr einer der trockensten Orte in Norwegen. Nach Geiranger auf Straße 15 bis zum See *Langevatn,* ab dort über Paßstraße Geirangerveien (1038 m, Wintersperre von November bis Mitte Mai) hinunter an den Fjord. – Nach Stryn durchweg auf Straße 15; bei *Grotli* Alternativroute auf Straße 258 durch *Måràdal* und *Videdal* möglich; nicht für größere Wohnmobile geeignet, Wintersperre von Oktober bis Mitte Juni, unterwegs toller Blick hinab ins **Videdal**, gleich einem Fjord ohne Wasser. Am Ende der Straße 258 trifft man wieder auf die 15.

Årdal

Egal, mit welchem Verkehrsmittel man Årdal ansteuert – das Auge wird verwöhnt. Ob mit dem Schnellboot durch den langgezogenen, immer enger werdenden Årdalsfjord, ob über die neue Fjorduferstraße aus dem Lærdal, ob mit Bus oder Auto über die schmale, gebührenpflichtige Gebirgsstraße, die ab *Turtagrø* vom *Sognefjell* herunterführt, oder über die Straße 53, die sich als verwegene Serpentinenpiste ins Tal windet, wobei die Kehren teilweise im Berg versteckt liegen.

Die Gemeinde Årdal (sprich: oordal) gliedert sich in mehrere kleinere Siedlungen sowie zwei dicht besiedelte Ortschaften: *Årdalstangen*, auf einer Landzunge am Fjord, und *Øvre Årdal*, 11 km weiter landeinwärts; beide voneinander getrennt durch den See *Årdalsvatn*, an dessen östlichem Ufer die Straße 53 verläuft, die sich später in Richtung Lærdal und Fähranleger Fodnes fortsetzt. Auf halbem Weg zwischen Øvre Årdal und Årdalstangen stürzt der Wasserfall *Eldegardsfossen* in die Tiefe. Das Seeufer ist wegen Lawinengefahr kaum bewohnt.

In Årdal angekommen, stellt sich beim Touristen nach der ersten Begeisterung ein wenig Ernüchterung ein. In Øvre Årdal beherrscht eine riesige Industriefläche den hinteren Talabschnitt: Das Schmelzwerk *Hydro Aluminium* produziert mehr als 150.000 t Aluminium jährlich. Bei entsprechendem Wind belästigt das Werk Nase und Gemüt. Auch Årdalstangen bekommt seinen Teil ab, denn dort werden die Endprodukte auf Schiffe verladen. Die 6.200 Einwohner haben sich mit der Präsenz der Großindustrie arrangiert – das Aluminiumwerk ist *der* Arbeitgeber der Kommune. Die notwendige Modernisierung des Werks zieht sich allerdings seit Jahren dahin. Øvre Årdal war übrigens 1700–68 Standort eines Kupferbergwerks. *Koparverkshuset*, ehemals das Verwaltungsgebäude, steht mitten in Årdalstangen, hergerichtet für Ausstellungen.

In den Seitentälern des Årdals wird der Besucher die Industrie vergessen. Die Kombination aus Bergen, rauschenden Flüssen und Wasserfällen ist eine dieser typischen Szenerien, die dafür verantwortlich sind, daß so viele Norwegen-Urlauber wiederkommen. Die leichte Wanderung zum Wasserfall *Vettisfossen* führt durch eine solche Szenerie; sie wird unter der Rubrik »Sehenswertes« geschildert.

Die Geschichte des Aluminiumwerks

Die Zusammenarbeit der Firmen *Norsk Hydro* und *Badische Anilin- und Sodafabrik* stand am Anfang, doch bereits 1911 übernahm Norsk Hydro die Planung in alleiniger Regie. Erst 1940 war der schwierige Bau von Gebirgsstraßen, Dämmen und Wassertunneln (mit einer Gesamtlänge von 25 km) endgültig abgeschlossen. Die Hilfe durch Maschinen war bescheiden gewesen, das Wetter oft genug strapaziös. Doch Norsk Hydro kam vorläufig nicht dazu, die Wasserenergie einzusetzen. Im selben Jahr meldeten sich die Deutschen auf bekannte, unrühmliche Weise zurück. Sie begannen den Bau einer Fabrik, die Aluminium für Kriegsflugzeuge produzieren sollte. Die Besatzer zwangen bis zu 5000 Menschen gleichzeitig zur Arbeit, darunter viele russische und französische Kriegsgefangene. Für Zwangsarbeiter wie Einheimische bedeuteten die Jahre bis 1945 eine leidvolle Zeit. Die Bombardierung der Baustelle durch die Alliierten soll nur wegen eines Irrtums unterblieben sein. Immerhin reichte die Zeit nicht aus, das Werk bis Kriegsende fertigzustellen.

Information

■ **Årdal Turistkontor**, Årdal Syningssenter, N-5870 Øvre Årdal, Tel. 5766 3010, Fax 5766 1653. 15.6.–15.8. täglich 10–17 Uhr. In der alten Schule (1918), in der auch Kunstgewerbe verkauft wird. Ab 1.5. und bis 30.9. übernimmt »Utladalen Camping« die Aufgaben des Touristenbüros.

■ **Klingenberg Fjordhotell**, Årdalstangen, Tel. 5766 1122, Fax 5766 0135. Täglich 7–23 Uhr. Auch Anmeldung zu Sognefjord-Bootstouren.

■ **Årdal Reiselivslaget**, N-5875 Årdalstangen, Tel. 5766 1177, Fax 5766 1653. Ganzjährig geöffnet. Mo–Fr 8–15.30 Uhr. Beantwortet schriftliche Anfragen, dienstbereit auch außerhalb der Saison.

Unterkunft

■ **Klingenberg Fjordhotell**, Årdalstangen, Tel. 5766 1122, Fax 5766 0135. 15.6.–15.8. mit Fjord Pass (C) EZ 530 NOK, DZ 760 NOK, sonst EZ 710–935 NOK, DZ 915–1035 NOK.

Verhältnismäßig schöne Lage am Wasser, schicke Zimmer mit modernen Möbeln. Das Hotel arrangiert Kreuzfahrten auf dem Sognefjord, Ausritte usw.

■ **Sitla Hotell**, Øvre Årdal, Tel. 5766 3344. 15.6.–15.8. DZ 500 NOK, sonst DZ 730 NOK.

■ **Vetti Gard og Turiststasjon**, Øvre Årdal, Telefon 5766 3024. Nahe des Wasserfalls Vettisfossen, umgebauter Hof am südlichen Rand des Sognefjells. Geöffnet 1.6.–15.9. DNT-Standardpreise für die Mitglieder, für Nicht-Mitglieder EZ 190 NOK, DZ 380 NOK, Bett im Mehrbett-Zimmer 120 NOK, im Schlafsaal 100 NOK. Alle Mahlzeiten.

■ **Årdalstangen Camping**, Årdalstangen, Tel. 5766 1560. Ganzjährig geöffnet. Preisniveau Camping: 2, für WM 3. Extra-Stellplätze für Wohnmobile. 20 Hütten für 2–6 Personen um 200–300 NOK, dabei auch Ferienhütten mit Bad und zwei Schlafräumen um 600 NOK.

Komfortloser Platz mit hübscher, wenn auch nicht geräuschloser Lage zwischen Berg und Wasser. Ww. Kiosk. Spielplatz. Angeltips, Bootsvermietung, Swimmingpool.

■ **Utladalen Camping**, Øvre Årdal, Telefon 5766 3444. 1.5.–30.9. Preisniveau Camping: 2, für WM 3. 14 Hütten für 4 Personen um 200–250 NOK.

Ordentlicher Platz am Weg zum Vettisfoss. Das Aluminiumwerk liegt gelegentlich in der Luft. Wiese am Fluß, von Hecken und Sträuchern in einen offenen und einen ruhigen Abschnitt geteilt; die Mücken fühlen sich auf beiden wohl. W & T. Kiosk. Spielplatz. Bootsvermietung.

Sehenswertes

■ **Vettisfossen** ist nicht so kräftig wie die anderen bekannten Wasserfälle in Westnorwegen, beeindruckt dafür durch seine freie Fallhöhe von 273 m. Seit 1924 steht er per königlicher Resolution unter Schutz. Gehzeit: 1,5 Stunden, für Familien mit Kindern geeignet.

Der Weg beginnt in *Hjelle*, 8 km nördlich von Øvre Årdal. Für Privatfahrzeuge ist hier Endstation. Vor dem Wanderer liegen nun eine knappe Stunde Gehzeit auf einem sanft ansteigenden Fahrweg, der an der DNT-Station *Vetti Gård* in einen Pfad übergeht, für den noch einmal 20–30 Minuten bis zum Wasserfall zu veranschlagen sind. Der Fahrweg wurde 1973–77 als eine Art Volkswanderweg angelegt, nachdem die Gemeinde, Firmen und Privatpersonen die Finanzierung ermöglicht hatten. *Vettisvegen*, oder auch *Folkevegen til Vetti*, führt bis Vetti durch das *Utladal*, in dem er viermal ein schäumendes Flüßchen, das an mehreren Stellen Strudeltöpfe und ausgewaschenes Felsgestein hinterlassen hat, auf Brücken überquert. Pfeiler und verfallende Hängebrücken markieren den Verlauf des früheren Weges. Von den Bergwänden stürzen immer wieder Wasserfälle hinab und leiten das noch entfernte Finale ein. Wer ab Ende August hierher kommt, kann sich den Bauch mit Himbeeren vollschlagen, die entlang des Weges wachsen.

Die DNT-Station Vetti Gard liegt offen an einem Hang. In dem Wald rechts hinter dem Hof beginnt der Pfad, der zwischendurch etwas steiler nach unten führt, bevor er stur am rechten Ufer eines anderen, breiteren Flusses und hauptsächlich über blankes Gestein auf Vettisfossen zusteuert. Nicht links über die Hängebrücke gehen; dieser Steig klettert aufs Sognefjell Richtung Turtagrø.

Von Mitte Juni bis Mitte August verkürzen Pferdekutschen den Weg zwischen Hjelle und Vetti. Preis 450 NOK je Kutsche (Platz für 3–4 Personen). Abfahrt um 11.45 Uhr in Hjelle. Anmeldung am Tag zuvor bei »Utladalen Camping«, Tel. 5766 3444.

Wanderungen

Neben dem oben beschriebenen Trip zum Wasserfall Vettisfossen gibt es eine Reihe weiterer Touren, die zum Teil steil die Berghänge hinaufsteigen und eine famose Aussicht auf das Årdal ermöglichen, leider aber nicht zu Rundwanderungen zu kombinieren sind.

■ **Heirsnosvegen** heißt der alte Fahrweg, der von Øvre Årdal aus, oberhalb der Straße 53, Richtung Tyin führt und im Zusammenhang mit der Wasserkraftnutzung entstand.

Heirsnosvegen, zwischen 1910 und 1920 angelegt, schraubt sich in 42 engen Kurven bis auf 1000 m. Wanderarbeiter, also Menschen, die ihrer Arbeit hinterherzogen, setzten dieses kühne Bauwerk in die Realität um. Ihnen ist das

Denkmal *Rallarmonumentet* gewidmet, das in Øvre Årdal steht.

■ Der Weg zum Gehöft **Eldegard** beginnt am Wasserfall Eldegardsfossen, etwa auf halbem Weg zwischen Øvre Årdal und Årdalstangen, an der Straße 53. Neben dem Wasserfall steigt der schmale Pfad aufwärts, Schweißperlen garantiert.

■ Der günstigste Startpunkt für mehrtägige Wanderungen auf das **Sognefjell** ist die DNT-Hütte Vetti Gard; siehe »Unterkunft«.

■ **Organisierte Wanderungen:** *Årdal Turlag*, Tel. 5766 1231. Der emsige Verein organisiert von Mai bis Oktober spannende Touren in der erweiterten Umgebung; eventueller Transport erfolgt per Bus. Die Teilnahme kostet 70 NOK, plus Übernachtungszuschlag im Falle von Mehrtagestouren.

Verschiedenes

■ **Kreuzfahrten auf dem Sognefjord**: Solvorn, Lærdal, Årdalstangen, Offerdal und zurück. Anfang Juni bis Mitte August. 160/70 NOK. Information und Anmeldung: »Sognefjorden A/S«, Årdalstangen, Tel. 5766 0055, Fax 5766 0135. Mit Buffet und Stimmung.

■ **Angeln:** in den Flüssen *Utla* und *Hæreid*. – Im See *Årdalsvatnet*. – In den Seen und Flüssen von *Fardalsfjell, Sletterustfjell* und des *Moadals*, oben im Gebirge bei Tyin (Straße 53). Angelscheine und nähere Informationen im Touristenbüro.

■ **Reiten:** *Sogn Hest- og Helsesportsenter*, Årdalstangen, Telefon 5766 1477. Kontakt auch über das »Klingenberg Fjordhotell«, Tel. 5766 1122. Ausritte und Kutschfahrten – *Årdal Rideklubb*, Øvre Årdal, Tel. 5766 2056. Reittouren durch das Utladal um 120 NOK.

■ **Aluminiumwerk-Besichtigung:** Mitte Juni bis Mitte August Führung Mo–Fr um 10 und 13 Uhr. Teilnahme kostenlos. Anmeldung bis am Tag zuvor beim Touristenbüro.

■ **Postämter:** sowohl in Årdalstangen als auch in Øvre Årdal.

■ **Notarzt:** Årdalstangen, Tel. 5766 1388 oder 5766 5282. – Øvre Årdal, Tel. 5766 3533 oder 5766 5383.

■ **Transport:** Lokalbusse Øvre Årdal, Årdalstangen, Seim, Naddvik, Fähranleger Fodnes. – Øvre Årdal, Hjelle (nur Sommerfahrplan von Mitte Juni bis Ende August). – Øvre Årdal, Utladalen/Svalheim (nur Sommerfahrplan von Mitte Juni bis Ende August). – Øvre Årdal, Turtagrø (nur Sommerfahrplan von Mitte Juni bis Ende August).

Weiterreise

■ **Personenfähre** ab Årdalstangen: nach Bergen (440 NOK) über Kaupanger, Revsnes, Midtfjors, Leikanger, Vangsnes (135 NOK), Balestrand (155 NOK) und Lavik (285 NOK).

■ **Autofähre:** Fodnes-Kaupanger.

Fodnes liegt an der neuen Straße nach Lærdal.

■ **Bus** ab Øvre Årdal: Lokalbusse nach Lærdal und Sogndal. – Nach Stryn (165 NOK) über Sogndal, Fjærland, Skei, Byrkjelo (106 NOK), Utvik, Innvik, Olden und Loen. – Nach Ålesund über Sogndal, Fjærland, Skei, Byrkjelo, Sandane, Nordfjordeid, Volda und Ørsta. – Nach Florø (223 NOK) über Sogndal, Fjærland, Skei, Ålhus, Vassenden, Moskog und Førde (159 NOK).

■ **Auto: Nach Lærdal**. Kurz und schmerzlos über die neue Fjorduferstraße, vom Fjord nicht viel zu sehen, da meist im Tunnel.

Nach Luster. Entweder wie nach Sogndal und ab dort auf Straße 55 nach Gaupne und zum Lustrafjord. – Oder ab Øvre Årdal über die mautpflichtige Paßstraße (40 NOK, Wintersperre von Dezember bis Ende Mai) hinauf nach *Turtagrø*, über die Sognefjell-Straße 55 (Wintersperre von Anfang Dezember bis Mitte Mai) wieder hinunter nach *Skjolden* am Lustrafjord, dort herrliche Aussicht über das Fjord; siehe dort.

Nach Sogndal. Flott mit der Autofähre ab Fodnes hinüber nach Kaupanger, noch 11 km auf Straße 5 nach Sogndal.

Lærdal

Wo die Bauern auf Regen warten

Mehr als 200 km von der Küste entfernt, geht eine der innersten Verzweigungen des Sognefjords in das Lærdal über, ein Tal, das einiges über die Geschichte Norwegens zu erzählen weiß.

Jahrhundertelang verlief die klassische Reiseroute zwischen Oslo und Bergen durch das Lærdal. Die erhaltenen Pfade und Wege tragen teilweise die Namen der Könige, die sie auf ihren Reisen zwischen beiden Zentren benutzten. Als die regelmäßige Postbeförderung mit den Routen Oslo-Trondheim und Oslo-Bergen 1647 ihren Anfang nahm, führte die Ost-West-Verbindung ebenfalls durch das Lærdal. Die Beförderung erledigten Bauern, die zwar keine Bezahlung erhielten, dafür aber weniger Steuern zahlen mußten und vom Militärdienst freigestellt wurden. Zunächst ein-, später zweimal pro Woche ging die Post auf Reise. Am Ende einer Etappe übernahm der nächste Bote mit frischem Pferd die Post. Die ersten Transportkutschen glichen den wendigen römischen Kampfwagen, boten nur Platz für Bote und Postsack, waren aber in der Lage, auch steile Passagen zu überwinden. Für die Route Oslo-Bergen benötigte man anfangs acht bis neun Tage. Die schwierigste Teilstrecke war das rauhe *Filefjell*, das die Landschaften *Valdres* und Lærdal miteinander verbindet. Im Winter erschwerten ergiebige Schneefälle den Transport. Der Weg wurde mehrfach verlegt und ausgebessert.

1909 löste die Eröffnung der Eisenbahnlinie Oslo-Bergen die alte Postroute endgültig ab, die mit der Kombination aus Eisenbahn, Schiff und Pferdekutschen die Beförderungsdauer auf zwei Tage hatte verkürzen können. Die neue Eisenbahn brauchte nur noch 14 Stunden.

Das Lærdal profitierte von der guten Verkehrsanbindung, die den Landstrich bekannt machte. Bereits um 1830 kamen die ersten britischen Adligen, um Lachse im Fluß *Lærdalselva* zu angeln. Die hohe Zahl an Stammgästen wie neuen Besuchern bescherte den Talbewohnern neue Einnahmequellen: Hotels und Pensionen öffneten, und mit Hilfe von künstlichen Treppen konnten die Lachse bald 16 km weiter flußaufwärts schwimmen und geangelt werden. Die aufwendigste Lachstreppe, am Wasserfall *Sjurhaugfossen*, wurde als Tunnel 140 m lang durch den Berg getrieben. 1901 sorgte der Niederländer *Beduin* für ein großes Hallo im Tal, als er, aus Oslo kommend, mit seinem knatternden Automobil eintraf. Beim altehrwürdigen *Husum Hotell* erinnert ein Gedenkstein an diesen Tag.

Der älteste Übernachtungsbetrieb der Region steht übrigens nicht im Tal, sondern an der Straße hinauf zum Filefjell. Die bewegte Geschichte von *Maristuen*, mindestens seit dem 14. Jahrhundert als Gasthof und Postkutschenstation geführt, können Sie unter der Rubrik »Sehenswertes« nachlesen.

Die Touristen kamen und kommen allerdings nicht nur zum Angeln nach Lærdal, zumal die Fangsaisons unterschiedlich ausfallen und Krankheiten den Fischen zusetzen. 1500 m hohe Berge begrenzen das fruchtbare Tal, das sich zwischen *Bjørkum* und Husum schluchtartig verschmälert. Einige jener alten Wege verlaufen dort an Wasserfällen vorbei, an den Berghängen sowie an den Stromschnellen des Flusses entlang. In den breiten Talabschnitten prägen Felder und Wiesen das Bild, begünstigt durch das milde Klima. Das Lærdal gehört zu den trockensten Gebieten in Norwegen. 410 mm Niederschlag im Jahresdurchschnitt (Bergen 2108 mm, Oslo 740 mm) sorgen dafür, daß die landwirtschaftlich genutzten Flächen im Sommer künstlich bewässert werden müssen. Von Mitte Juni bis August sind mehr als 25°C keine Seltenheit.

In *Borgund* steht eine ausgezeichnet erhaltene Stabkirche. Und die Fahrt hinauf zum Filefjell führt noch einmal durch eine dramatisch enge Schlucht, die eigentlich nur dem Fluß Platz gewährt, so daß die

Trasse für die Europastraße 16 in den Fels gesprengt werden mußte. Die E 16 setzt die Tradition der Ost-West-Verbindungen über Valdres und Lærdal fort. Bisher endet sie am Fährkai *Revsnes,* von wo aus die Autofähre nach Gudvangen ablegt. Da die Verkehrsstrategen in Wirtschaft und Behörden die Fahrzeit zwischen Oslo und Bergen weiter verkürzen wollen, werden derzeit Alternativen auf dem Landweg geprüft. Seit 1995 fertig ist die tunnelreiche Fjorduferstraße ins benachbarte *Årdal,* das bisher nur über den Fjord oder auf einer mehr als 100 km langen Paßstraße zu erreichen gewesen war. Unterwegs passieren Sie den neuen Fähranleger *Fodnes,* der zusammen mit Revsnes und *Kaupanger* ein Dreieck bildet. Die Fjordgemeinden rücken einander näher.

Zentrum der Gemeinde Lærdal (2200 Einwohner) ist *Lærdalsøyri.* Das Dorf am Fjord konfrontiert den Besucher mit einer einmaligen Mischung aus einheitlicher Holzbebauung im Ortskern, die schon mehrere Preise eingefahren hat, und den Zweckbauten an der Peripherie. An sonnigen Sommertagen schwirren die Touristen wie die Bienen durch den Ort, und der Druck auf den Auslöser der Kamera ist die meist ausgeführte Bewegung. Durch die Lage an der E 16 übernachten hier viele Bustouristen aus den USA und aus fernöstlichen Staaten, die in Norwegen dank ihrer unzureichenden Mobilität und Literatur nur auf bestimmten Reisewegen anzutreffen sind.

Information

■ **Lærdal og Borgund Turistkontor**, Øyragata 15, N-5890 Lærdal, Tel. 5766 6509, Fax 5766 6793. 1.6.–1.9. Mo–Fr 10–20 Uhr, Sa 10–14 Uhr, So 14–19 Uhr, sonst Mo–Fr etwa 10–15 Uhr. Organisiert Ausflüge zum Kätnerhof Galdane und anderen Almhöfen.

Unterkunft

Zuerst sind Hotels und Pensionen von West nach Ost bis zur Gemeindegrenze auf dem Filefjell aufgelistet, danach Hüttenvermieter und Campingplätze in der gleichen Reihenfolge. Die Hotels und Hütten rund um die Kreuzung Tyinkrysset sind vor allem auf die Wintersaison ausgerichtet und aufgrund der entsprechenden Ausstattung relativ teuer.

■ **Lærdal Turisthotel**, Lærdalsøyri, Tel. 5766 6507, Fax 5766 6510. 15.5.–15.9. geöffnet. 1.6.–31.8. mit Fjord Pass (C) EZ 530 NOK, DZ 760 NOK, sonst EZ 550–750 NOK, DZ 760–975 NOK. Umfangreiche Speisekarte um 95–175 NOK, Kafeteria um 40–75 NOK.

Nicht gerade umwerfender Betonquader, in dem meist europäische Bustouristen einquartiert werden. Liegt etwas außerhalb. Die eine Hälfte der Zimmer zeigt zum

Fjord, die andere zur Straße. Schicke und geräumige Zimmer, teils in zartem Rosa und mit flauschigem Teppichboden. Speisesaal mit Panoramafenster gen Fjord.

■ **Lindstrøm Hotel**, Lærdalsøyri, Tel. 5766 6202, Fax 5766 6681. 1.5.–30.9. mit Fjord Pass (C) EZ 530 NOK, DZ 760 NOK, ohne EZ 550 NOK, DZ 830 NOK.

Das Hotel, früher Poststation und seit 1845 in Familienbesitz, umfaßt sowohl einen neuen, modernen Trakt als auch ein altes Haus, in dem die Zimmer nicht weniger komfortabel, wegen des Fußwegs zum Hauptgebäude aber preiswerter zu haben sind. Die Backsteinwände im Speisesaal geben Atmosphäre. Viele Bustouristen mit starken Kontigenten von Japanern und US-Amerikanern. Fahrradvermietung.

■ **Offerdal Hotel**, Lærdalsøyri, Tel. 5766 6101, Fax 5766 6225. Ganzjährig geöffnet. EZ 525 NOK, DZ 625 NOK.

Ohne die garantierte Übernachtung von Bustouristen wäre der häßliche, von zwei Straßen eingeklemmte Betonklotz wohl kaum konkurrenzfähig. Kleine Zimmer wie vom Fließband, ohne jeden Anspruch auf Gemütlichkeit. Fahrradvermietung.

■ **Husum Hotell**, Husum, Tel. 5766 8148. 15.5.–15.9. Nur DZ, etwa 350–500 NOK (je nach Saison), mit fließend Wasser. Bad auf dem Flur. Frühstück 50 NOK, middag um 60–175 NOK (1–3 Gänge). Wegen der geringen Bettenzahl zeitig anklingeln.

Nostalgie ist angesagt im Husum Hotell (1826), einer schmucken Holzvilla im Schweizer Stil. *Edvard Grieg* höchstpersönlich spielte auf dem Klavier, das da im Salon steht, während Literaturnobelpreisträger *Bjørnstjerne Bjørnson* eine Widmung schrieb. Im Speisesaal, dem ehemaligen Herrschaftszimmer, lösen sich allmählich die Tapeten von den Wänden, aber das paßt zu dem Anwesen und stört weniger als die Käselaibe, die beim Frühstücksbuffet direkt aus der Alufolie serviert werden. Nostalgie ersetzt den Komfort, und die Zimmer passen sich dem urigen Ambiente an. Viele Gäste kommen regelmäßig zur Angelsaison.

■ Jugendherberge **Borlaug Turistheim og Ungdomsherberge**, an der Kreuzung der Straßen 52 und E 16, Tel. 5766 8750. 5.1.–20.12. Mitglieder im EZ 140 NOK, DZ 190 NOK, Mehrbett-Zimmer 80 NOK. 14 Zimmer mit 45 Betten. Die gute Küche ist weithin bekannt. Im Winter auch Vollpension auf Bestellung.

■ **Maristuen Apartementhotel**, Maristuen, Tel. 5766 8712. Ostern und 15.6.–15.9. 20 Appartements für 4–6 Personen um 450 NOK, je nach Saison, Wochenpreise ab 1575 NOK. Dagens middag um 100 NOK, Kafeteria um 30 NOK.

Jüngeres Gebäude, das an die

Stelle des 1976 abgebrannten Traditionshotels getreten ist. Gemütliche Wohnungen mit Schlafzimmer im Obergeschoß, aber nahe an der Straße. Hallenbad. Auch Hütten und Camping; siehe weiter unten.

■ **Vindedalen Camping**, Vindedal, Telefon 5766 6528. 25.5.–31.8. Preisniveau Camping: 1. 14 Hütten für 2–4 Personen um 150 NOK.

Einladender, einfacher Platz mit vielen Bäumen, liegt auf einem Plateau über der E 16 zwischen Lærdalsøyri und Revsnes, Aussicht auf den Sognefjord. Hütten, Wohnwagen und Zelte verteilen sich in erträglicher, fast symphatischer Unordnung auf dem Gelände.

■ **Lærdal Ferie- og Fritidspark**, Lærdalsøyri, Telefon 5766 6695. 1.6.–31.8. Preisniveau Camping: 2. Keine Hütten.

Neuere, weitflächige Anlage mit asphaltierten Fahrwegen und englischem Rasen, dermaßen adrett, daß zur Vollendung nur noch die Gartenzwerge fehlen. Liegt attraktiv am Fjord, mit nur wenigen Bäumen allerdings etwas zu offen. Sanitärgebäude auf dem neuesten Stand. Spielplatz. Kiosk. Boots- und Fahrradvermietung.

■ **Borgund Hyttesenter**, Lærdal, Tel. 5766 8171. 15.5.–15.10. Preisniveau Camping: 2. 10 Hütten für 4–5 Personen um 200–250 NOK.

Offene Wiese am Fuße eines Berghanges, doch der Sichtkontakt zur Straße stört. Wohnlich eingerichtete Hütten mit Sofa und abgetrenntem Schlafraum. An der Sanitäranlage gibt es nichts auszusetzen, Ww vorhanden. Kiosk. Spielplatz. Fahrradvermietung.

■ **Steinklepp Camping**, Lærdal, Tel. 5766 8159. 15.5.–15.9. Preisniveau Camping: 2. 10 Hütten für 4 Personen um 200 NOK.

Kein herausragender, aber noch der beste Zeltplatz im Lærdal: Wiese mit Baum und Sitzbank, auf einer Seite vom Fluß begrenzt, auf zweien von den Hütten, auf der vierten, mit etwas Abstand, von der Straße. Die dunklen, unpersönlichen Standardhütten eignen sich nur für Durchreisende. Neues, vorbildliches Sanitärgebäude, W. Kiosk. Spielplatz.

■ **Maristuen Hytter og Camping**, Maristuen, Telefon 5766 8711. Ganzjährig geöffnet. Preisniveau Camping: 2. 6 Ferienhütten für 4–6 Personen, je nach Saison Wochenpreise 1575–6300 NOK.

Hecken und Bäume trennen die Straße von dem schön gelegenen Platz mit Waldboden. Die Hütten stehen hinter den beiden Hauptgebäuden und sind den Appartements im Motel deswegen vorzuziehen. Nobelhütten mit zwei bis drei Schlafräumen. Gute Sanitäranlage, W. Kiosk im Motel. Maristuen ist der ideale Ausgangspunkt für Wanderer, die auf den alten Postweg über das Filefjell wollen. Bootsvermietung.

Sehenswertes

■ **Stabkirche Borgund**, Borgund im Lærdal. Geöffnet 1.6.–31.8. 8–19 Uhr, Mai und September 10–17 Uhr. Eintritt 30/10 NOK.

Um 1150 soll sie entstanden sein, die am besten bewahrte und meistbesuchte Stabkirche überhaupt. Mit ihren dunklen Holzbalken und Schindeln sowie der verschachtelten, weit heruntergezogenen Dachkonstruktion schaut sie gleichermaßen fremdartig wie beeindruckend aus. Die kunstfertig geschnitzten Drachenköpfe, die die Firstenden zieren, sollten ebenso wie die hohe Schwelle am Eingang böse Geister von dem Gotteshaus fernhalten. Die Erbauer verließen sich nicht allein auf den neuen Glauben. Am Westportal befinden sich mehrere Runen. In dem charakteristisch dusteren Innenraum gibt es keine Sitzbänke – ob die Gemeinde während des Gottesdienstes stehen mußte?

Der happige Eintrittspreis erklärt sich dadurch, daß die Kirche von einem privaten Verein gepflegt wird, der sich der Bewahrung norwegischer Baudenkmäler verschrieben hat. Doch der Preis schreckt die Scharen nicht ab, die jeden Tag Schlange stehen und den Vorplatz mit ungewohntem Trubel bestimmen. Das Warten erfordert Geduld, kann aber auch ganz unterhaltsam sein, denn hier versammeln sich Touristen, die man nur an wenigen Punkten Norwegens trifft. Wer denen entgehen will, sollte früh oder spät kommen.

■ **Margretestova** ist ein Privatmuseum, das zum Gasthaus **Maristuen** gehört. Falls verschlossen, Anmeldung an der Motelrezeption.

Die älteste Quelle, die von einem Gebirgsgasthof Maristuen spricht, stammt aus dem Jahr 1358. Es handelt sich um einen Brief des damaligen Königs, Håkon VI. Das Hauptgebäude blieb den Adligen vorbehalten, während das gemeine Volk in primitiven Holzhütten nächtigte. Die Bauern aus Lærdal, Borgund und Årdal zimmerten jeweils eine solche Hütte für die Angehörigen ihrer Dörfer.

Nachdem 1790 der Postweg über das Filefjell fertiggestellt worden war, öffnete ein Jahr später ein neues Gasthaus auf Maristuen. Die Trennung nach Ständen galt unverändert. 1847 ging das Anwesen in den Besitz der Familie über, die Maristuen noch heute betreibt. Um 1860 wurde der Postweg aufgegeben und hinab ins *Smedal* verlegt, weil immer mehr Passagiere zwischen Valdres und Lærdal unterwegs waren und der alte Weg sich für Personentransporte nicht eignete. Auf dem neuen Weg durch das Smedal erfüllten nun zwölf vierrädrige Kutschen diese Funktion. Der Gasthof entwickelte sich profitabel, so daß Familie Maristuen 1884 Stück für Stück mit dem Neubau eines modernen Hotels begann. Die aufwendige Einrichtung

– Wiener Stühle für den Speisesaal – mußte mit dem Boot von Bergen nach Lærdal und dann auf Pferden hinauf nach Maristuen transportiert werden. 1894 stand der prächtigste Holzpalast des Landes, neben *Kvikne's Hotel* in Balestrand, ausgerechnet im abgelegenen norwegischen Mittelgebirge. Zu Maristuen gehörten eine Bäckerei, eine Mühle und eine Schmiede; immerhin bestand die Postkutschenstation fort. Das Hotel (90 Betten) avancierte zum Urlaubstip unter den reichen Bürgern Bergens, die bis zu vier Wochen am Fuße des Filefjells verbrachten. *Edvard Grieg*, Schriftsteller, Professoren und hochgestellte Politiker kamen ebenso wie die königliche Familie, die sich 1913–21 gleich dreimal ins Gästebuch eintrug.

Der Hotelbetrieb blieb so lange auf die Sommersaison beschränkt, bis der Kutschenweg 1933 erstmals regelmäßig vom Schnee geräumt wurde. In der Folgezeit sorgte der technische Fortschritt für ständige Modernisierungen. Die Zimmer erhielten fließend Wasser oder sogar Bäder, und elektrisches Licht löste die Paraffinlampen ab.

Als die Deutschen 1940 einrückten, durfte ein Teil des Hotels für den gewöhnlichen Reiseverkehr weiter betrieben werden. Die abgeschiedene Lage bewahrte Maristuen vor Zerstörungen.

1956 leitete die Einweihung einer Skipiste das vorläufig letzte Kapitel ein, unterbrochen vom 4.5.1976, als ein Brand den Prunkbau vernichtete – lediglich zwei verrußte Tresore überstanden die Flammen.

Ebenso wie das alte Gasthaus von 1791, das sich heute eine Wohnung und das von der Familie betriebene Museum teilen. Die Sammlung in Margretestova zeigt, wie das Gasthaus vor 200 Jahren eingerichtet war.

Wandern auf dem Königsweg

Aufgelistet sind die erhaltenen längeren Etappen der alten Post- und Fußwege, mit dem dekorativen Namen *Kongevegen,* der Königsweg, versehen. Die Abschnitte, die taleinwärts ab Lærdalsøyri am Fuß der Berge zu erkennen und nicht durchwegs miteinander verbunden sind, befinden sich überwiegend auf bewirtschaftetem Privatgrund und sind nicht zugänglich.

■ Ein unvergeßliches Erlebnis ist die rund 12 km lange Wanderung auf dem alten Postweg über das **Filefjell**. Bis in den Juli hinein liegen hier Schneefelder, und die Chancen stehen gut, eine Rentierherde zumindest aus der Ferne zu verfolgen; die Tiere sind sehr scheu. Bei gutem Wetter reicht die Aussicht auf die umliegenden Gebirgszüge sowie die Seen *Øvre* und *Nedre Smedalsvatn*, unten im gleichnamigen Tal. Der steile Abschnitt oberhalb von Maristuen ist durch Erosion dermaßen verwittert, daß man sich nur schwer vorstellen kann, wie die Postkutschen hier hinauf und hinunter gelangten.

Das südliche Ende des Weges liegt bei Maristuen, das nördliche zwischen *Kyrkjestølane* und *Nystuen*. Der Bus Lærdal-Tyinkrysset-Fagernes hält in Maristuen und Nystuen.

■ Der 800 m lange Postweg **Vindhella** (1793 angelegt, 1843 verbessert) verschwindet oberhalb der Stabkirche Borgund im Wald. In geradezu kunstvoll geschwungenen Kurven – die gußeisernen Begrenzungspfähle sind teilweise erhalten – durchquert er eine Schlucht und bewältigt dabei einen kräftigen Höhenunterschied, bevor er wieder auf die E 16 trifft.

Mögliche Kombination mit dem Pfad *Sverrestien*. Parkplatz an der Stabkirche oder am Beduin-Gedenkstein. Bus bis Husum oder Borgund.

■ Der 2,5 km lange Steig **Sverrestien** beginnt wie Vindhella oberhalb der Stabkirche. Über Stock und Stein führt der schmale Pfad durch den Wald zunächst leicht nach oben, dann aber steil hinunter ins Tal. König *Sverre* soll 1177 an dieser Stelle einer Falle aufsässiger Bauern entgangen sein.

Mögliche Kombination mit dem Postweg Vindhella. Parkplatz an der Stabkirche oder am Beduin-Gedenkstein. Bus bis Husum oder Borgund.

■ **Galdane** heißt der berüchtigte Pfad, der 5 km lang an der Nordseite der Schlucht zwischen Husum und Bjørkum verläuft. *Olav der Heilige* soll hier 1023 durchgeritten sein. Es geht fortgesetzt über feuchtes, schlüpfriges Gestein, Felsspalten und schmale Passagen an steilen Abhängen entlang. Neben dem Wasserfall Sjurhaugfossen passiert der Pfad Richtung Bjørkum einen 1947 verlassenen Kätnerhof, auf dem im letzten Jahrhundert noch eine vierzehnköpfige Familie lebte, bevor 1880 die Auswanderungswelle nach Nordamerika einsetzte. Ab dem Kätnerhof folgt ein Pfad vorübergehend dem Flußufer; der ältere Teil von Galdane aber klettert hinauf und klebt mitunter an abschüssigen Felswänden; Erd- und Geröllawinen schufen halsbrecherische Passagen.

Der einzige Ausgangspunkt liegt an der E 16 zwischen Husum und Sjurhaugfossen, dort wo den Rest einer Steinbrücke den Punkt markieren, an dem der Postweg von 1843 den Fluß überquerte. Kaum Parkmöglichkeiten. Wegen des unwegsamen Terrains sollten sich Ungeübte mit der Wanderung bis zum Kätnerhof begnügen.

■ Leichter zu bewältigen ist der gegenüberliegende **Postweg** (1843), der an besagter Steinbrücke auf der Südseite des Flusses kräftig nach oben führt, dann aber mehrere Kilometer auf ebener Erde dem Hang folgt, bevor er wieder zur Straße hinabsteigt. Der gut erhaltene,

Lachsfluß Lærdalselva (oben); Postweg Vindhella ▶

grasbewachsene Weg ist größtenteils von Baumwipfeln überwachsen und passiert die Fundamente eines verfallenen Hauses. Toller Ausblick durch die Zweige auf Sjurhaugfossen und Kätnerhof Galdane.

Verschiedenes

■ **Kreuzfahrten auf dem Sognefjord**: Solvorn, Lærdal, Årdalstangen, Offerdal und zurück. Anfang Juni bis Mitte August. 160/70 NOK. Information und Anmeldung: »Sognefjorden A/S«, Årdalstangen, Tel. 5766 0055, Fax 5766 0135. Mit Buffet und Stimmung.

■ **Angeln:** Die Grundeigentümer verpachten die Fangrechte in genau markierten Flußabschnitte normalerweise auf mehrere Jahre, so daß dem Durchreisenden nur vage Chancen bleiben. Mindesteinsatz 350–1000 NOK pro Tag. – 54 Gebirgsseen in Gemeindebesitz. Tageskarten ab 100 NOK. Fragen Sie im Touristenbüro nach.

■ **Notarzt:** Tel. 6766 6100.

■ **Taxi:** Lærdalsøyri, Tel. 5766 6245 oder 5766 6522. – Steinklepp, Tel. 5766 8731.

■ **Transport:** Lokalbusse (Sogndal, Kaupanger, Fähre nach) Revsnes, Lærdalsøyri, Ljøsne, Bjørkum, Borlaug. – Lærdalsøyri, Borlaug, Maristuen, Nystuen, Tyinkrysset. – Lærdalsøyri, Erdal.

Weitereise

■ **Autofähre:** Fodnes-Kaupanger. – Revsnes-Kaupanger. – Revsnes-Gudvangen.

■ **Bus:** Lokalroute Aurland, Flåm und Gudvangen (nur von Ende Juni bis Mitte August). – Nach Øvre Årdal Lokalbus über Fodnes. – Nach Sogndal ab Borlaug, Bjørkum, Ljøsne, Lærdalsøyri, Revsnes, Fähre nach Kaupanger. – Nach Fjærland oder Luster über Sogndal. – Nach Ålesund (312 NOK) über Sogndal, Fjærland, Skei, Byrkjelo, Sandane, Nordfjordeid, Volda und Ørsta. – Nach Florø über Sogndal, Fjærland, Skei, Ålhus, Vassenden, Moskog und Førde.

■ **Auto: Nach Aurland/Flåm**. E 16 Richtung Revsnes, ab Erdal über die Gebirgsstraße *Erdalsvegen* nach Aurland. Auf dem höchstem Punkt, 1306 m über dem Meer, weht auch im Sommer stets ein kühler Wind, so daß die umliegenden Seen nicht ganz auftauen. Während der Abfahrt fotogene Aussicht auf den Aurlandsfjord (Wintersperre Erdalsvegen).

Nach Gudvangen. Entweder wie nach Aurland/Flåm und dann durch die beiden kilometerlangen Tunnel. Oder eben mit der Autofähre ab Revsnes, bei schönem Wetter ein Höhepunkt jeder Fjordland-Reise.

Nach Årdal. Entweder rasch über Tunnel-Fjorduferstraße. – Oder auf E 16 durch das Lærdal auf das Filefjell, an der Kreuzung Tyinkrysset auf die Straße 53 abbiegen, nach 5 km am Westufer des

Tyin-Sees entlang, dort Pause in frischer Luft einlegen, weiter durch die ausdrucksstarke Gebirgslandschaft des *Moadals* und auf verwegen angelegter Serpentinenstrecke, die Kurven teilweise in Tunneln verborgen, hinab nach Øvre Årdal – bei wolkenarmem Wetter eine garantiert unvergeßliche Fahrt.

Nach Sogndal. E 16 bis zum Fähranleger Revsnes oder Straße 53 auf Tunnel-Fjorduferstraße nach zum Fähranleger Fodnes, jeweils Fähre nach Kaupanger, noch 11 km bis Sogndal, ab dort Weiterfahrt nach Luster oder Fjærland möglich.

Aurland – Flåm – Gudvangen

Im Zug vom Fjord aufs Fjell

Die Gemeinde Aurland (1890 Einwohner) lebt wie kaum eine andere in Norwegen vom Tourismus. Die bekanntesten Ortschaften, *Gudvangen*, *Flåm* und *Aurland*, liegen an inneren Verzweigungen des Sognefjords – sind aber als Ferienregion wegen ihrer Eigenheiten »autark« und bekommen deshalb ein eigenes Kapitel hier – und sind von markanten Gebirgszügen umgeben. Das *Nærøydal*, in das der gleichnamige Fjord bei Gudvangen übergeht, ist so schmal, daß die Sonne im Winterhalbjahr monatelang hinter den steil aufragenden Bergen verborgen bleibt. Im August schafft sie erst gegen 12 Uhr mittags den Sprung über die Felskante.

Die Natur kommt Urlaubern mit den unterschiedlichsten Neigungen entgegen. Wer Bequemlichkeit vorzieht oder körperliche Anstrengungen nicht auf sich nehmen kann, stehen Ausflüge mit Schiff, Eisenbahn oder Bus offen. Zum Wandern empfiehlt sich (nicht nur) das

Aurlandsdal, zum Radfahren der *Rallarveg,* ein alter Transportweg über die Hardangervidda. In der Hochsaison muß in Geschäften, Verkehrsmitteln, auf Campingplätzen und in den Ortschaften selbst mit einem Gedränge gerechnet werden, das eingefleischte Norwegen-Liebhaber gelegentlich das Weite suchen läßt.

Die Gemeinde zählt in den Programmen der Reiseveranstalter zum festen Bestandteil, gerade auch wegen der *Flåmsbahn,* die sich über 20 Kilometer vom Fjord auf die Hardangervidda windet. Das winzige Fjorddorf Flåm mit seinem Bahnhof ist das Einfallstor für die vielen organisierten wie Individualtouristen, die vor allem wegen dieser einzigartigen Verkehrsverbindung zwischen Fjord und Gebirge kommen. Wissend, was man Devisenbringern schuldig ist, wurde der Fjorduferstreifen bei Flåm Anfang der 90er Jahre neu strukturiert und bebaut, wurde die Servicestation des Bahnhofs in einen großen, aber ansehnlichen Neubau mit Geschäften, Postkontor und Touristenbüro integriert. Das »neue« Flåm schaut keinesfalls häßlich aus, aber in einer ruhigen Minute, wenn die weiten Plätze leer sind und die Betriebsamen vom Bahnsteig verschwunden, spürt man die Diskrepanz zwischen einer gewachsenen Ortschaft und einem vom Saisontourismus dominierten Fleck. Dann wirkt hier alles zwei Nummern zu groß. Immerhin hat man den Autoverkehr von der engen Dorfstraße genommen; die Straße 50, von Aurland nach Gudvangen, führt jetzt, in einen Tunnel verbannt, an Flåm vorbei, freilich um den Preis zweier Autobahnkreuz-ähnlicher Auffahrtsschleifen.

Unter den Touristen sind Nationen vertreten, die in Norwegen nur »schwerpunktartig« auftreten. Das nimmt erheiternde Züge an, wenn gewöhnliche Kühe (»uuuuh, there's a cow« – nicht zu fassen, eine Kuh in Norwegen) oder gar Tunnelwände von innen fotografiert werden. Und so scheint es nur eine Frage der Zeit, wann panierte Hähnchenkugeln und sushi in die Kafeterien einziehen.

Mein Tip: tief durchatmen und sich mit der ungewohnt lebhaften Kulisse arrangieren – denn überall auf nordische Zurückhaltung oder deutsche Disziplin und Ordnungsliebe zu treffen, wäre wohl fade, wenn nicht erschreckend. Da wir gerade bei Nationen sind...

Die alten Schweden!

Seit 1991 verbinden zwei Straßentunnel Gudvangen im Westen und Aurland/Flåm im Osten der Gemeinde. Der eine, von Flåm nach Langhuso (5,1 km), konnte bereits 1988 durchfahren werden, als der andere, von Langhuso nach Gudvangen (11,4 km), sich noch im Bau befand. Dazu gibt es eine kuriose

Geschichte zu erzählen: 1989 ignorierte ein älteres schwedisches Ehepaar die Hinweistafel in Langhuso und fuhr in den unfertigen Tunnel ein. Der Wagen blieb nach einigen Kilometern stecken, und da das ausgerechnet am Wochenende passierte, verbrachten die Schweden den Sonntag unfreiwillig tief im dunklen Inneren des Bergs. Die Arbeiter staunten nicht schlecht, als sie montags anrückten. Für die Norweger war das ein Heidenspaß, konnten sie doch herzlich über die Schweden lachen, denen sie häufig Überheblichkeit vorwerfen.

Information

■ **Aurland Turistkontor**, N-5745 Aurland, Telefon 5763 3313, Fax 5763 3280. 1.6.–31.8. Mo–Fr 8–19 Uhr, Sa, So 10–17 Uhr, sonst Mo–Fr 8–15 Uhr.

■ **Flåm Turistkontor**, N-5743 Flåm, Tel. 57633 2106. 15.4.–15.10. geöffnet. 1.6.–30.9. täglich 8.30–20.30 Uhr, ab 15.4. und bis 15.10. täglich 8.30–15 Uhr. Neues Büro im Bahnhofsgebäude. Gute Übersicht über Wanderungen in der Region.

■ **Gudvangen Turistkontor**, N-5717 Gudvangen, Tel. 5763 3916. 20.6.–20.8. Mo–Fr 8–15 Uhr.

Unterkunft

In Aurland

■ **Aurland Fjordhotell**, Telefon 5763 3505, Fax 5763 3622. 1.5.–1.11. EZ 720 NOK, DZ 980 NOK, 1.1.–30.4. EZ 550 NOK, DZ 700 NOK. Lunch um 120 NOK, middag um 180 NOK.

Neues, modernes Hotel, wie in Terrassen gebaut, Fjordblick vor dem Einschlummern. Hat die Architekten-Zunft aus den Fehlern der Vergangenheit (siehe nächstes Hotel) gelernt? Tadellose Zimmer.

■ **Ryggjatun Hotel**, Tel. 5763 3500, Fax 5763 3606. EZ ab 675 NOK, DZ 820–970 NOK. Middag um 220 NOK.

Einfallsloser Betonkasten, dafür mit schöner Lage am Hang und entsprechender Aussicht. Sonnenterrasse. Helle Zimmer in angenehm warmen Farben; die Einzelzimmer fallen etwas mickrig aus.

■ **Vangen Motell og Rorbuer**, Tel. 5763 3580. EZ 340 NOK, DZ 530 NOK. Hütten ab 325 NOK. Zentral, nahe Fähranleger: kurze Wege, intensive Geräuschkulisse.

■ **Østerbø Turisthytte**, Aurlandsdal, Tel. 5763 1141 und 5763 1118. 15.5.–30.9. EZ 240 NOK, DZ 480 NOK für DNT-Mitglieder. Bad auf dem Flur. Hütte 375 NOK. Für die Aspiranten der ersten in diesem Kapitel beschriebenen Wanderung.

■ **Stundalen Turisthytte**, Aurlandsdal, Tel. 5763 1145. 25.6.–20.8.

Zimmerpreise ähnlich wie in der »Østerbø Turisthytte«. Für die Aspiranten der zweiten hier beschriebenen Wanderung.

■ **Lunde Camping**, Aurlandsdal, Tel. 5763 3412. 1.5.–30.9. Preisniveau Camping: 2. 16 Hütten für 4 Personen ab 250 NOK.

Große Wiese zwischen Straße und Fluß, etwas zu offen gelegen. Standardhütten zu saftigen Preisen. Mittelmäßige Sanitäranlage, W & T. Kiosk. Spielplatz.

In Flåm

■ **Fretheim Hotell**, Tel. 5763 2200, Fax 5763 2303. 15.4.–20.10. geöffnet. 15.6.–15.8. mit Fjord Pass (D) EZ 605 NOK, DZ 910 NOK, sonst EZ 675 NOK, DZ 980 NOK. »Kurkonzerte« im Garten.

Mit weißen Holzplanken verkleidetes Gebäude, nett anzuschauen. Die Zimmer präsentieren eine gelungene Kombination aus modernem und konventionellem Stil: weniger Holz, originelle Möbel in seltenen Farben, ohne kalt zu wirken.

■ **Heimly Pensjonat**, Tel. 5763 2300, Fax 5763 2340. Ganzjährig geöffnet. 1.5.–30.9. mit Fjord Pass (C) EZ 450 NOK, DZ 760 NOK, sonst EZ ab 450 NOK, DZ ab 820 NOK, auch 3-Bett-Zimmer. Nur 5 Zimmer mit Bad.

Zimmer nach hinten wesentlich ruhiger, dafür ohne Fjordblick, teilweise mit Pflanzen. Bescheidenes Ambiente. Bootsvermietung.

■ **Flåm Vandrerhjem**, Flåm Camping, Tel. 5763 2121, Fax 5763 2380. Geöffnet 1.5.–1.10. Für Mitglieder EZ und DZ 250 NOK, im 4-Bett-Zimmer 80 NOK, Familien 320 NOK. 6 Zimmer mit 20 Betten. Maximal 6 Personen teilen sich eine Küche. Fähranleger, Bahnhof und Bushaltestelle 200 m entfernt.

Großzügige Appartements mit 3 Doppelzimmern und vorbildlich ausgestatteter Küche. Ansonsten Hütten für 4 Personen mit Kochgelegenheit. Eine der besseren Jugendherbergen, wenn der Campingplatz auf demselben Grundstück auch für viel Rummel sorgt. Wegen der geringen Bettenkapazität zeitig bestellen.

■ **Flåm Camping**, Tel. 5763 2121. Hütten ganzjährig zu vermieten, Camping 1.5.–15.10. Preisniveau Camping: 2, WM 3. 14 Hütten für 4 Personen 300–550 NOK, die Ferienhütten mit zwei Schlafräumen.

Weitläufige Anlage am Waldrand, auf der es in der Hochsaison trotzdem verdammt eng werden kann. Deshalb auch die ungewohnte, unerfreuliche Zuweisung von Terrassen, die nach Zelten und Wohnmobilen getrennt sind. Zusätzlich baumbestandene Wiese für weitere Zelte. Die Hütten sind in Ordnung, ziemlich teuer und doch ständig ausgebucht. Die Betreiber, das Ehepaar Håland, kümmern sich beispielhaft um den Platz. In der Hochsaison sind die morgendlichen Massensitzungen auf den

Toilettenschüsseln und das Anstehen mit der Spülschüssel in der Hand allerdings gewöhnungsbedürftig. Blitzsauberes, hygienisches Sanitärgebäude, W & T. Kiosk mit Lebensmitteln. Spielplatz. Fahrradvermietung.

■ **Vatnahalsen Høyfjellshotell**, Myrdal, Gebirgshotel oberhalb des Flåmsdals, Tel. 5763 3722. EZ ab 475 NOK, DZ ab 680 NOK. Lunch 125 NOK, Middag 195 NOK.

Die Geschäftsführung glaubt, die abgeschiedene Lage in der schneelosen Zeit mit diversen Kurzweil-Förderern kompensieren zu müssen – der Gipfel ist das unpassende Planschbecken im Freien. Sehr unterschiedliche Zimmer, die neueren mit eleganten Möbeln. Souvenirverkauf. Fahrradvermietung. Der Radweg Rallarveg über die Hardangervidda führt über das Hotelgrundstück. Im Sommer treffen sich hier die Radler, um bei Erfrischungen die Sonne zu feiern.

In Gudvangen

■ **Gudvangen Fjordtell**, Tel. 5763 3929, Fax 5763 3980. 15.3.–20.10. geöffnet. 1.5.–30.9. mit Fjord Pass (D) EZ 615 NOK, DZ 890 NOK, ohne EZ 715 NOK, DZ 980 NOK, sonst EZ 470–570, DZ 600–880 NOK. Dagens rett um 75 NOK.

Schmucke Pavillons mit ungewohnter Raumaufteilung. Originelle Einrichtung nach Motiven aus der Wikingerzeit: Schild und Schwert aus Holz zieren das Kopfende des Betts. Auf dem Grasdach ersetzen Kaninchen den Rasenmäher. Flotte Ideen, die Respekt verdienen. Fahrrad- und Bootsvermietung.

■ **Vang Camping**, Tel. 5763 3926. 15.5.–10.9. Preisniveau Camping: 2. 10 Hütten für 2–5 Personen 150–300 NOK.

Offene Wiese, nach Regenfällen tiefer Boden. Wohnliche Hütten mit Kochnische, Sofa und Schrank, persönlicher als die Meterware, aber ohne abgetrennte Schlafplätze. Gute Sanitäreinrichtung, W & T. Kiosk. Spielplatz.

■ **Gudvangen Camping**, Telefon 5763 3934. 10.5.–15.10. Preisniveau Camping: 1. 9 Hütten für 4 Personen um 175–200 NOK. EZ bis 4-Bett-Zimmer 75–150 NOK pro Person.

Eine der ältesten Campingplätze, was zu dem ganzen Anwesen paßt. Anglertradition. Für die Z eltwiese gilt das Gleiche wie für die Konkurrenz von Vang. Große Hütten mit Sofa und Besteck; die Möbel stehen ein wenig einsam herum, lassen sich durch Umstellen aber besser komponieren. Einfache Sanitäranlage, W & T.

Essen und Trinken

■ **Aurland:** *Kafé Troll,* typisch norwegischer Durchschnitt; sommers wird auch draußen serviert. – Kafeteria und Christofferstova-Pub im *Aurland Fjordhotell.*

■ **Flåm:** *Heimly Kafeteria,* gewöhnliches Menüangebot, besser als der Kafeteria-Durchschnitt, und die Küche ist durch den leichten Fettgeruch auch im Speisesaal präsent. – *Furukroa,* zentral an Kai und Bahnhof. Restaurant und Kafeteria, Kioskverkauf. – *Stationen,* originell in ausrangiertem Eisenbahnwaggon, nicht zu übersehen. Selbstbedienung, keine Ansprüche. Nur Mitte April bis September, je nach Saison.

■ **Undredal:** *Nedberge Kafe,* Kaffee und Kuchen, Abendessen, typisch norwegisch.

■ **Gudvangen Fjordtell**, Kai Gudvangen. Der Speisesaal mit Namen *Kongshallen*, die Königshalle, steht Hotelgästen wie Touristen auf der Durchreise offen. Originelle Holzmöbel mit handgearbeiteten Verzierungen, Motiven der Stabkirche Urnes nachempfunden. Auch Außenterrasse. Restaurant à la carte um 150–225 NOK, Dagens rett um 75 NOK, Kafeteria-Gerichte um 40–100 NOK.

Sehenswertes

■ Die **Flåmsbahn** (1940) verbindet den Fjord mit der Eisenbahnlinie Oslo-Bergen. Auf 20 km durchquert sie 20 Tunnel mit einer Gesamtlänge von 6 km und überwindet 865 m Höhenunterschied – angeblich das größte Gefälle auf einer Normalspurstrecke überhaupt, weswegen jeder Waggon mit einem eigenen Bremssystem versehen ist und den Zug zum Stehen bringen kann.

Die Statistiker seien befriedigt, doch interessanter als die Daten ist der Blick durch die Waggonfenster. Die Fahrt durch das dünn besiedelte Flåmsdal gewinnt mit zunehmender Höhe an Reiz. Plötzlich hält der Zugführer zwischen zwei Tunneln an und gibt den Passagieren die kurze Gelegenheit, auszusteigen und den Wasserfall *Kjosfossen* zu fotografieren. Dann klebt die Bahn an einer nahezu senkrecht abfallenden Felswand, bevor sie in mehreren Kehrtunneln aufs Gebirge steigt. Durch Wellblechröhren gegen Schneeverwehungen abgesichert, trifft sie nach 45–50 Minuten auf dem Bahnhof *Myrdal* ein, wo stets ein frisches Lüftchen weht.

Etwa 29.5.–17.9. 9–12 Abfahrten täglich, sonst 4–7 Abfahrten, davon je drei zur Nachtzeit. Preis 55 NOK, 110 NOK retour.

■ Die **Fjordfahrt** von Aurland nach Gudvangen (oder umgekehrt) vereint die gängigen norwegischen Fjordprofile: zuerst der breite, erhabene Aurlandsfjord, an dessen Ufer das Dorf *Undredal* sowie einzelne Gehöfte auf knappen, grünen Parzellen verteilt liegen, nur zu Fuß oder mit dem Boot zu erreichen; danach der wilde Nærøyfjord, von schroffen, steilen Gneis- und Granitwänden eng eingerahmt und mit Wasserfällen als naturgegebener Zierde. Dieses würdige Finale spricht dafür, den Trip in Aurland zu beginnen.

Die Straßentunnel zwischen Flåm und Gudvangen machten die Autofähre Aurland-Gudvangen überflüssig. So verkehren nur noch Ausflugsboote während der Saison: *Sognefjordcruise* auf Aurlands- und Nærøyfjord. 1.6.–31.8. mindestens je zweimal täglich ab Flåm und Gudvangen, ab 15.4. und bis 15.10 je einmal. Preis 145/73 NOK retour, 120/60 NOK einfacher Weg. Tel. 5765 4245.

Ausflüge

■ **Stalheim** liegt am südlichen Ende des Nærøydals und gehört bereits zur Gemeinde Voss im fylke Hordaland. Der Ort besteht nur aus einem großen Hotel, einem halben Dutzend Wohnhäuser, einem Postamt und einem Freilichtmuseum, das dem Hotel angeschlossen ist. Warum hierher kommen?

Erstens wegen des famosen Ausblicks auf das enge Nærøydal und seine mehr als 1000 m hohen Berge. Markant der rundgeschliffene Gipfel von **Jordalsknuten**, der in jedem zweiten Bildband über Norwegen erscheint. Das eigene Foto schießt man am besten von der Terrasse des Stalheim Hotels. Keine Scheu – das Personal hört die Bitte um Erlaubnis gut hundertmal am Tag und ist trotzdem ausgesprochen freundlich.

Zweitens wegen der alten Straße **Stalheimskleiva**, die auf 1,5 km Länge in 13 kurz aufeinanderfolgenden Serpentinen steil nach oben führt (Steigung bis 20 %). Das bautechnische Meisterstück entstand 1840, um das Nærøydal besser mit dem angrenzenden Hochland zu verbinden und die Postbeförderung zu erleichtern. Erst 1980 ersetzte ein Bogentunnel die knifflige Route, die in gutem Zustand ist und im Sommer bis zu einer gewissen Fahrzeuglänge benutzt werden kann. Am unteren Kleiva-Ende vereinigen sich die von den Wasserfällen *Sivlefossen* und *Stalheimsfossen* gespeisten Bäche zu dem Fluß, der bei Gudvangen in den Nærøyfjord mündet. Sivlefossen stürzt direkt neben der Serpentinenstraße herab, während Stalheimsfossen am besten vom Parkplatz am oberen Kleiva-Ende beobachtet werden kann. Die

Gemeinde ließ eigens dafür einige Bäume abholzen, welch Service.

■ Das Dorf **Undredal** am Aurlandsfjord war bis 1988 nur über Fjord oder Gebirgspfade zu erreichen. Die Häuser stehen eng gedrängt bis an den Kai, von dem aus sich der Aurlandsfjord in friedlicher Stille präsentiert. Die Kirche (18. Jahrhundert) gilt mit 40 Sitzplätzen als die kleinste Norwegens. Die Stabkirche, die 1147 an dieser Stelle errichtet worden war, zerstörte ein Unwetter. Die Kirche ist von Juni bis August geöffnet. Eintritt 10/5 NOK. Tel. 5763 3313.

Bekannter als durch die Kirche ist Undredal wegen des **geitost**, dem berühmten Ziegenkäse mit leichtem Karamellgeschmack, der hier hergestellt und (zu stolzem Preis) verkauft wird. Für Ausländer eröffnet der Genuß des geitost neue kulinarische Horizonte, doch die Begeisterung hält sich ob des Fremdartigen meist in Grenzen.

Unterkunft

■ **Stalheim Hotel**, Tel. 5652 0122, Fax 5652 0056. Nur 10.5.–25.9. EZ 700 NOK, DZ 800–1100 NOK. Kaltes Buffet um 175 NOK, à la carte um 200 NOK.

Das heutige Hotel ist das dritte an dieser Stelle seit 1885 – kein aufwendiger Holzpalast wie die Vorgänger, paßt sich durch die langgestreckte Architektur einigermaßen der Landschaft an. Schöne, große Zimmer zum Wohlfühlen, in lindgrünen, roten und cremefarbenen Tönen. Klaviermusik und Souvenirstände in der Empfangshalle, immer viel Trubel, Station der Bustouristen.

■ **Nedberge Pensjonat**, Undredal, Tel. 5763 1745 und 5763 1740, 16.9.–30.4. Tel. 3287 3530. Zimmer mit Bad. In der Gaststube Abendessen ebenso wie Kaffee und Kuchen. Zudem werden Wanderungen zur Alm Nedberge organisiert, 526 m ü.d.M. Im Sommer zweimal die Woche.

Rallarvegen

Radwandern über die Hardangervidda

»Rallarvegen« heißt der Transportweg, der zur Jahrhundertwende dem Felsboden abgerungen wurde, damit die Arbeiter, die die Eisenbahnstrecke Oslo-Bergen über die *Hardangervidda* bauten, samt Material und Verpflegung auf die Hochebene transportiert werden konnten. »Rallar« war der Wanderarbeiter, der sich mit solchen Projekten, wie dem Bau von Verkehrswegen, seinen Lebensunterhalt verdiente.

Anfang der 70er Jahre erneuerte ein Interessenverein den Weg, um daraus einen Radwanderweg zu machen. Die Mountain-bike-Mode verhalf Rallarvegen zum Durch-

Unterwegs auf dem Rallarveg ▶

bruch. Dabei reicht ein stabiles Rad herkömmlicher Bauart aus; zehn oder zwölf Gänge sollten es schon sein, um die Anstiege zu meistern.

Die restaurierte Strecke verbindet Myrdal/Vatnahalsen (780 m ü.d.M.) über die Stationen *Hallingskeid* (1110 m) und *Finse* (1222 m) mit *Haugastøl* (990 m), kann aber durch den Fahrweg Myrdal-Flåm zusätzlich verlängert werden. Die Entfernung zwischen Flåm und Haugastøl, am östlichen Rand der Hardangervidda, beträgt 80 km. Von Ende Juni bis Anfang September, je nach Saison, verkehrt ein *Fahrradzug* zwischen Myrdal und *Ål*, das noch hinter Haugastøl liegt. Auf diese Weise können der Rücktransport oder einzelne Streckenabschnitte bewältigt werden. Die anderen Züge befördern nur zum Teil Fahrräder, sind zudem nur auf eine begrenzte Anzahl eingerichtet.

Verschiedene Gründe sprechen dafür, die Tour in Haugastøl zu beginnen. Westnorwegen-Urlauber, die in Aurland/Flåm Station machen, können den Zug zur Hinfahrt einsetzen. Wer von Flåm aus aufbrechen will, sollte bis Myrdal die Bahn nehmen. Wer nur eine kurze Etappe fahren will, sollte den Zug bis Hallingskeid nehmen und von dort aus über Myrdal nach Flåm zurückradeln. Wer ganz auf die Bahn verzichten will, kann in Finse umkehren.

■ Die Etappe **Flåm-Myrdal** beschreibt die Wanderung durch das Flåmsdal. Wer nicht den Zug nimmt, muß sein Rad am Talende fast 17 Kurven extrem steil hinauf schieben. Der Fahrweg, für den öffentlichen Verkehr gesperrt, ist in katastrophalem Zustand: Loses Gestein und tiefe Spurrillen in den Kurven machen zusammen mit dem Gefälle selbst das Schieben zur Qual. Aufpassen, an der Weggabelung – dort beginnt der eigentliche Rallarveg – nicht zum Bahnhof Myrdal hinauf, sondern links am Abhang entlang zum Hotel Vatnahalsen. Flåm-Wegkreuzung 17 km, Flåm-Myrdal 19 km.

■ Die Etappe **Vatnahalsen-Hallingskeid** ist die attraktivste, weil der Radler wechselnde Landschaften durchfährt: hinter Vatnahalsen an den beiden Seen *Reinungavatn* und *Seltuftvatn* entlang, die Ufer in lichten Wäldern, dann durch die Schlucht *Kleiva*, in die sich ein tosender Wildbach eingegraben hat, der zwei Holzbrücken für Radler und Wanderer erzwang, an Stromschnellen und Wasserfällchen vorbei, die Eisenbahnschienen unterquerend, und plötzlich mitten in vegetationsarmen Gebirge – bisher hatten Schlucht und Wildbach von diesem Übergang abgelenkt. Der Rallarveg begleitet fortan See für See, doch das eisige Wasser überredet bestenfalls Asketen und Abhärtungskünstler zum Bade. Wegkreuzung Vatnahalsen-Hallingskeid 15 km, Myrdal-Hallingskeid 17 km, Flåm-Hallingskeid 32 km.

■ Die Etappe **Hallingskeid-Finse** ist die Problemstrecke, weil bis in den August hinein Schneeverwehungen den Weg bedecken, über die das Rad geschoben und gezogen werden muß. In manchem Jahr tauen einige Schneefelder überhaupt nicht auf. Deswegen ist es ratsam, sich zeitig über den Zustand dieses Abschnitts zu erkundigen. Die Bergenbahn verschwindet am See *Låghellervatn* in dem neuen, 10 km langen Tunnel nach Finse. Die Gleise der alten Strecke, die unser Rallarveg begleitet, bleiben wegen der winterlichen Schneemassen meist in Blechtunneln verborgen; nach einem Anstieg werden die Schienen in solch einem Tunnel überquert. An dieser Stelle steht die verfallende *Grjotrust Vakterbustad,* in der bis 1969, als die Bergenbahn elektrifiziert wurde, das Streckenpersonal gewohnt hatte. Einige dieser Holzhäuser sind zu Ferienhütten umgebaut; andere stehen unter Denkmalschutz und bleiben erhalten, teils als Museum oder als Kafeteria. Der Rallarveg trifft auf den eiskalten See *Taugevatn,* der auch im Sommer nicht vollständig auftaut, und passiert bei *Fagernut* (1343 m) den höchsten Punkt des Rallarveg. Nachdem die alte Bahnstrecke ein zweites Mal unterquert ist, sind es nur noch wenige Kilometer bis Finse. Hinter dem See *Finsevatn* erhebt sich majestätisch der Gletscher *Hardangerjøkulen.* In Finse ist auch die Ausfahrt des neuen Tunnels zu sehen. Hallingskeid-Finse 21 km, Wegkreuzung Vatnahalsen-Finse 36 km, Myrdal-Finse 38 km, Flåm-Finse 53 km.

■ Die Etappe **Finse-Haugastøl** wirkt auf diejenigen, die in Myrdal oder in Flåm aufgebrochen sind, ein wenig fad: Die Landschaft ist runder, zahmer als zuvor. Dafür bereichern Schlaglöcher in gar stattlicher Zahl den Rallarveg. Es geht überwiegend flott bergab. Mehr als 90 % der Radwanderer befahren den Rallarveg in umgekehrter Richtung, und dafür ist diese Etappe ein günstiger Einstieg. Finse-Haugastøl 27 km, Hallingskeid-Haugastøl 48 km, Wegkreuzung Vatnahalsen-Haugastøl 63 km, Myrdal-Haugastøl 65 km, Flåm-Haugastøl 80 km.

■ In Finse können Sie das **Rallarmuseet** besuchen, gleich neben dem Bahnhof. Fotografien, Ausrüstungsgegenstände und eine Unterkunft, wie es in den Baracken seinerzeit aussah, dokumentieren den Alltag der Arbeiter. Eintritt 15/5 NOK.

■ Es wird daran gedacht, die baufälligen Schutztunnel auf der stillgelegten Strecke ab Finse abzureißen und dort im Sommer eine Dampflokomotive als **Museumseisenbahn** einzusetzen. Wie weit diese Pläne gediehen sind – es bleibt die Frage, wie diese Strecke aus dem Griff des Winters befreit und gewartet werden soll –, fragen Sie im Touristenbüro nach.

■ **Unterkunft:** Die geringsten Probleme mit der Übernachtung haben die, die ein Zelt mitnehmen; es kann allerdings frisch werden. Die besten Zeltplätze finden sich auf dem Abschnitt zwischen der Kleiva-Schlucht und Hallingskeid, an den Seeufern. Achtung: keinen Müll zurücklassen!

Unterkünfte mit festem Dach: *Hotel Finse 1222,* Tel. 5652 6711, Fax 5652 6717. Geöffnet 1.1.–10.10. Preise nach Absprache. – *DNT-Hütte Finse*, Tel. 5652 6732. Geöffnet 25.6.–15.9. Preise zu den aktuellen DNT-Konditionen. – Die *DNT-Hütte Hallingskeid* ist nur DNT-Mitgliedern vorbehalten, ansonsten verschlossen.

■ **Informationen** zum aktuellen Zustand des Rallarveg entweder in den Touristenbüros, in den Unterkünften oder in den Bahnhöfen an der Strecke: Flåm, Tel. 5763 2100. – Myrdal, Tel. 5763 3717. – Finse, Tel. 5652 6730. – Haugastøl, Tel. 3208 7530. Hallingskeid ist nur noch von Streckenpersonal besetzt; kein Bahnhofsbetrieb.

Wanderungen

Das ansteigende Aurlandsdal und seine Seitentäler sind das Wandergebiet mit den meisten Variationsmöglichkeiten, viel unberührter Natur und der Chance, Rentierherden zu beobachten. Karten beim Touristenbüro in Aurland, darunter eine kostenlose Übersichtskarte.

Das Touristenbüro hat eine Vielzahl weiterer Tourenvorschläge in Bild und Wort recht ansprechend aufbereitet.

■ **Østerbø-Vassbygdi**, der Klassiker unter den Wanderungen im Aurlandsdal (von 817 auf 50 m). Der Pfad passiert einige verlassene Höfe, ist zweimal in den Fels gesprengt, wo die Wanderer früher mit Hilfe von Leitern Schluchten überqueren oder an beinahe senkrechten Felsen hinaufklettern mußten. Am See *Svartjødnvatn* zweigt links ein kurzer Weg zur *Vetlahelvete* ab, eine höhlenähnliche, überdimensionale Spalte im Felsgestein, in die von oben Licht fällt, die nach unten aber mit Wasser gefüllt ist. Die Wände sind so glatt, als seien sie mit Schmirgelpapier bearbeitet – ein Kunstwerk der Natur.

Mittelschwere Tour. Markierter Pfad. Wanderzeit: 6–7 Stunden. Die Tour kann durch die Etappen Geiterygghytta-Steinbergdalshytta und Steinbergdalshytta-Østerbø Fjellstove zu einer mehrtägigen Wanderung verlängert werden.

Anfahrt mit Taxi, Bus oder eigenem Fahrzeug. Der Bus nach Hol hält sowohl in Vassbygdi als auch in Østerbø, verkehrt nur von Mitte Juni bis Anfang September. Eine Alternative ist der Expreßbus Oslo-Bergen, der ebenfalls an beiden Stationen hält: Dieser Bus verkehrt mindestens von Anfang Mai bis Anfang Oktober; den aktuellen Fahrplan erfragen Sie im Touristenbüro.

■ **Stundalen-Vassbygdi**. Leichte Wanderung durch das Stundal, zwischen abschüssigen Felswänden entlang. Ausgangspunkt *Stundalen Gard*, an der Gebirgsstraße 50 von Aurland nach Hol, 20 km nördlich von Aurland direkt hinter einem Tunnel. Anfahrt wie oben. Wanderzeit: 2–2,5 Stunden.

■ Das **Flåmsdal** drängt sich durch die Kombination mit der Bahnfahrt nach Myrdal geradezu auf. Mit der Bahn rauf und zu Fuß wieder runter. Nette Aussicht auf das Myrdal bei Vatnahalsen, kurz bevor sich der holprige, steile Fahrweg in Serpentinen nach unten schlängelt. Kinderleichte Wanderung durch das Tal, Flåmsbahn, Wasserfälle und Stromschnellen des Flusses *Flåmselva* als ständige Begleiter. Allerdings geht die harte Fahrbahndecke gegen Ende der 18 km auf die Knochen; deswegen in Håreina, wo die Besiedlung dichter wird und der Fahrweg in eine Asphaltstraße übergeht, für die Reststrecke eventuell den Zug nehmen. Gehzeit: 3–4 Stunden.

■ Der Radwanderweg **Rallarvegen** eignet sich gut für Wanderungen, sowohl als längere Tour mit Zelt wie auch als Tagesetappe, wenn man für Hin- oder Rückfahrt den Zug in Anspruch nimmt. Als wohl abwechslungsreichste Strecke empfiehlt sich die Etappe zwischen Vatnahalsen, zu erreichen mit der Flåmsbahn, und Hallingskeid, wo allerdings momentan nur noch ein Zug am Tag je Richtung Station macht. Die Streckenprofile finden Sie oben unter »Rallarvegen« beschrieben. Wenn Sie den Juli und ansonsten die Wochenenden auslassen, werden Ihnen nur wenige klingelnde Radfahrer begegnen. Der Belag ist etwas härter, als vom Orthopäden empfohlen, der Wegverlauf an sich aber leicht.

■ Gletscher **Blåskalven**. Mittelschwere Wanderung, da mit kräftigen Steigungen, ab *Nalfarhøgdi*, an der Gebirgsstraße von Aurland nach Lærdal. Unterwegs eindrucksvolle Aussicht auf den Aurlandsfjord und die umliegenden Berge. Wanderzeit: 2–2,5 Stunden.

■ Eine organisierte Wanderung führt vom Aurlandsfjord aus hinauf zur **Alm Nedberge** (526 m). Kontakt: siehe oben unter »Ausflüge, Undredal«.

Verschiedenes

■ **Sightseeing:** mit der *Pferdekutsche,* Stunden- wie Tagestouren. Mitte Juni bis Mitte August. Aurland, Tel. 5763 3541. – Mit dem *Helikopter,* Information unter Tel. 5763 1300 und 9454 8924. – Die Ausflugsfahrten Marke »Norwegen in einer Nußschale« mag ich nicht empfehlen, weil der Kilometerstreß die Augenweiden überdeckt: mit dem Ausflugsboot ab Flåm und Aurland nach Gudvangen, per Busfahrt über Stalheim nach Voss, mit der Bergenbahn nach Myrdal, mit der Flåmsbahn zurück nach Flåm. Dauer 8,5 Stunden. Mitte April bis Mitte Oktober 1–2 x täglich. Ticket 245/123 NOK. – Die aktuellen Angebote, die es sonst noch gibt, erfragen Sie im Touristenbüro.

■ **Angeln:** Meerforellen in den Flüssen *Aurlandselva, Flåmselva* und *Nærøyelva,* ab 100 NOK pro Tag. – Die Lachse stehen derzeit unter Schutz. – Forellen in den Gebirgsseen um Aurland: Tageskarten ab 25–30 NOK.

■ **Fahrradvermietung:** im Touristenbüro Flåm (20 NOK je Stunde), im »Hotel Finse 1222« oder bei »Flåm Camping«.

■ **Galerie:** *Galleri Vinjum,* Aurland-Zentrum. 1.5.–31.8. Eintritt 10 NOK. Der Nachlaß des Aurland-Malers *Johannes Vinjum.*

■ **Freilichtmuseum Otternestunet**, zwischen Aurland und Flåm, die ältesten Gebäude aus dem 17. Jahrhundert. 15.6.–15.8. 11–18 Uhr, Führungen zu jeder vollen Stunde. Eintritt 20/10 NOK.

■ **Besichtigung des Wasserkraftwerks Vassbygdi** (an Straße 50), 1.7.–15.8. Mo–Fr um 12 Uhr. Eintritt frei. Tel. 5763 1150. An warme Kleidung denken; das Kraftwerk liegt im Berg.

■ **Veranstaltungen:** An Wochenenden »Kurkonzerte« im Garten des »Fretheim Hotel« in Flåm. Internationale Blasmusik, Marke »What shall we do with the drunken sailor?« – Ende Juli Kulturtage in Aurland, mit wechselndem Programm.

■ **Postämter:** in Aurland (kurz nach der Kreuzung, an der Straße 50 zum Aurlandsdal links) und Flåm (im Bahnhofsgebäude).

■ **Notarzt:** Tel. 5763 3351.

■ **Transport:** Lokalbusse Aurland, Flåm, Gudvangen (und weiter nach Voss). – Flåm, Aurland, Vassbygdi, Stundalen, Østerbø (weiter nach Hol, verkehrt nur zwischen Mitte Juni und Anfang September).

Ferner Fährverbindungen zwischen Flåm, Aurland und Gudvangen; siehe unter »Sehenswertes«.

■ **Taxi:** Aurland und Flåm, Tel. 9450 4931. – Gudvangen, Telefon 5763 3931.

Weiterreise

■ **Eisenbahn:** mit der Flåmsbahn nach Myrdal, dort Anschluß an die Bergenbahn (Linie 41): Bergen, Dale, Voss, Myrdal, Hallingskeid, Finse, Haugastøl, Ustaoset, Geilo, Ål, Gol, Nesbyen, Hønefoss, Drammen, Asker, Lysaker/Fornebu (Flughafen Oslo), Oslo Sentrum.

Flåmsbahn ▶

■ **Personenfähre:** Schnellboot Flåm, Aurland, Midtfjors, Leikanger, Vangsnes, Balestrand, Lavik, Bergen. – Schnellboot Flåm, Aurland, Balestrand (130 NOK).

■ **Autofähre:** von Gudvangen nach Revsnes (E 16 nach Lærdal, dort neue Fjorduferstraße nach Årdal) und Kaupanger.

■ **Bus:** Zwei- bis viermal am Tag fährt ein Bus ab Aurland, Flåm, Gudvangen über Voss (87 NOK) nach Bergen (178 NOK). – Nur von Ende Juni bis Mitte August verkehrt der Bus zwischen Gudvangen, Flåm und Aurland über Erdalsvegen (siehe unten) ins Lærdal und nach Revsnes.

■ **Auto: Nach Voss (und Bergen).** Auf E 16 ab Gudvangen durch das Nærøydal; rund 12 km vor Voss hübscher Wasserfall **Tvindefossen.**

Zum Sognefjord. Nach Lærdal über die Gebirgsstraße **Erdalsvegen**: ab Aurland, während des steilen Anstiegs tolle Aussicht auf den Aurlandsfjord. Auf dem höchstem Punkt, 1306 m über dem Meer, weht auch im Sommer stets ein kühler Wind, so daß die Eisdecke auf den umliegenden Seen kaum schmilzt. Bei gutem Wetter Aussicht auf die Gipfel nördlich des Sognefjords. An Almen vorbei und hinunter ins *Hørnadal,* ab *Erdal* weiter auf E 16 bis Lærdalsøyri. (Wintersperre Erdalsvegen: Die Straßenplaner erwägen, daß diese Paßstraße zur E 16 ausgebaut wird, um die Fähre Revsnes-Gudvangen einzusparen und damit die Fahrzeit auf der Europastraße zwischen Oslo und Bergen zu verkürzen.)

Nach Eidfjord, ins südlich gelegene Fjordland. Auf der E 16 ab Gudvangen durchs Nærøydal (siehe oben unter »Ausflüge, Stalheim«) und weiter nach Voss. Die Reststrecke finden Sie unter »Eidfjord, Weiterreise« in umgekehrter Richtung beschrieben.

Voss

Herr der Trolle

Das Schul- und Dienstleistungszentrum Voss (sprich: woss) versorgt einen großen Einzugsbereich. Landwirtschaft, Handel und Tourismus entwickelten sich zu den wirtschaftlichen Säulen der Gemeinde, mit 1815 km^2 die größte im fylke Hordaland. Von den 14.000 Einwohnern leben mehr als 6000 in dem Verwaltungszentrum, das eigentlich *Vossevangen* heißt, heute aber kurz und prägnant den Namen der Kommune trägt. Da die Deutschen 1940 das gewachsene Zentrum von Vossevangen weitgehend zerstörten, dominiert der viereckige Charme der Nachkriegsarchitektur. Zu den Öffnungszeiten herrscht ständig Betrieb in der City, und das Warenangebot ist enorm.

Dank seiner zentralen Lage im Hinterland von Bergen kommen mehr als die Hälfte aller Fjordland-Urlauber an Voss vorbei. Doch um hier lange hängenzubleiben, fehlt der Gemeinde so einiges, das gar nicht weit weg, aber eben woanders zu finden ist: die Fjorde im Norden und Süden, gerade mal 25 bzw. 45 Kilometer entfernt, die schroffen Berghänge eines Nærøydals, die spektakulären Wasserfälle, die riesigen Obstbaumplantagen am Hardangerfjord und seinen Verzweigungen oder die Küste vor Bergen. Voss wirkt wie ein Mittelgebirge vor den Toren der Alpen, eignet sich bestenfalls als Durchreisestation. Daran ändert auch nichts, daß man es geschickt verstanden hat, aus der Infrastruktur und der günstigen Topographie des Stadtbergs *Hangur* Kapital zu schlagen und eines der größten norwegischen Skizentren zu werden.

Warum ich überhaupt ein Kapitel über Voss geschrieben habe? Eben weil hier viele Urlauber zwangsläufig durchkommen *und* weil es durchaus ein paar Dinge zu sehen gibt. Wie mein Besuch in Voss verlaufen würde? Zuerst einkaufen, nach dem Besuch des Touristenbüros am See *Vangsvatnet* entlang schlendern und in meinem Reiseführer nachschauen, welche der unten aufgeführten Sehenswürdigkeiten und Aktivitätsangebote mir zusagen. Doch wer fragt mich schon?

Information

■ **Voss Turistinformasjon**, Uttrågata 9, Tinghus, N-5700 Voss, Tel. 5651 1716, Fax 5651 1715. Juni bis August Mo–Sa 9–19 Uhr, So 14–19 Uhr, sonst Mo–Fr 9–16 Uhr.

Unterkunft

■ **Fleischer's Hotel**, Evangervegen, Tel. 5651 1155, Fax 5651 2289. 15.6.–15.8. EZ 825 NOK, DZ 950 NOK. Auch Terrassen-Restaurant mit kleineren Gerichten. Auch Appartements ab 640 NOK für 2 Personen.

Verschnörkelter Bau (1889) mit Türmen, Giebeln und Erkern, allerdings eingekeilt zwischen Straße und Bahnhof. Als Anbau einfallsloser Betonquader – Stilbruch par excellence. Top-Zimmer in neuerem Design, historisch sehen nur die Spiegel aus; lärmdämmende Fenster wären eine wünschenswerte Investition. Würdige Atmosphäre in Salons und Sälen. Die Fahrradvermietung hat ihren Sinn, weil der Bahnhof und damit die Möglichkeit zu außerstädtischen Radtouren vor der Haustür liegt. Hallenbad.

■ **Hotel Jarl**, Utträgata (am Fluß Vosso), Tel. 5651 1933, Fax 5651 3769. 15.5.–15.9. EZ 645 NOK, DZ 890 NOK, sonst EZ 725 NOK, DZ 950 NOK.

Mittelgroße Zimmer in modernem Skandi-Design, sparsam an Holz. Die Kronleuchter in Salon und Speisesaal und die Laternen im Pub wirken gekünstelt, kein Ambiente wie in »Fleischer's Hotel«. Hallenbad.

■ **Park Hotel Vossevangen**, Holberg plass, Tel. 5651 1322, Fax 5651 0039. 15.6.–15.8. EZ 600 NOK, DZ 800 NOK, sonst EZ ab 700 NOK, DZ ab 850 NOK.

■ **Rondo Sportell**, Gjernesveien 34 (am Fluß Vosso), Tel. 5651 0700, Fax 5651 3514. Im Sommer EZ 450 NOK, DZ 650 NOK, sonst EZ 350–500 NOK, DZ 500–700.

■ **Kringsjå Pensjonat**, Nähe Rognsbakken, Tel. 5651 1627, Fax 5651 6330. EZ ab 490 NOK, DZ ab 560 NOK. Nicht alle Zimmer mit Bad. Nur als Notlösung zu empfehlen.

■ **Vang Pensjonat**, Utträgata 31, Tel. und Fax 5651 2145. EZ ab 350 NOK, DZ ab 480 NOK, 3-Bett-Zimmer ab 600 NOK. Bad auf dem Flur.

■ **Bavallstova Pensjonat**, Bavallen (Abzweigung E 16, nördlich von Voss), Tel. 5651 1873. EZ mit Bad 420 NOK, DZ mit Bad 520 NOK, ohne 420 NOK. Mehrbett-Zimmer um 600 NOK.

■ **Bavallslia Appartement**, Skulestadmo (Anfahrt wie Bavallen), Tel. 5651 0650. Ferienhütten für 4–6 Personen 500–700 NOK. Kiosk. Einladendes Interieur mit durchweg hellem Holz, könnte ein Tick persönlicher sein. Von manchen Hütten schöne Aussicht aufs Tal.

■ Jugendherberge **Voss Vandrerhjem**, am Hang oberhalb des Bahnhofs, Tel. 5651 2017, Fax 5651 0837. 1.5.–31.10. und 2.1.–30.4. Mitglieder im DZ mit Frühstück 195 NOK, 6-Bett-Zimmer 146 NOK, Nicht-Mitglieder um 50/25 NOK Aufschlag. 40 Zimmer mit Bad. Frühstück und Abendessen nach

Absprache. Fahrrad- und Bootsvermietung. Eisenbahn- und Bushaltestelle 700 m entfernt.

■ Jugendherberge **Mjølfjell Vandrerhjem**, N-5728 Reimegrend, Tel. 5651 8111. 15.6.–30.9. und 20.2.–30.4. Mitglieder im EZ 190 NOK, im DZ 140 NOK, 4-Bett-Zimmer 90 NOK, Nicht-Mitglieder um 50/25 NOK Aufschlag. 27 Zimmer mit 100 Betten. Frühstück, Abendessen, Kochgelegenheit. Eisenbahnhaltestelle.

■ **Voss Camping**, Prestegårdsalléen 40 (am See Vangsvatnet), Tel. 5651 1597. 1.1.–30.9. Preisniveau Camping: 3. 5 Hütten 250 NOK.

Die besten Stellplätze am See okkupieren Legionen von Dauercampern. Für Zelte steht nur ein dürftiges, sonnenarmes Waldareal zur Verfügung. Dustere Standardhütten. Null-Acht-Fünfzehn-Camperküche, nicht gerade der Traum von Frau Saubermann, W & T. Baden, Vermietung von Ruderbooten, Kanus, Fahrrädern.

Sehenswertes

■ **Troll-Taral-Museum**, Gjernesveien 71, Tel. 5651 3794. Geöffnet nach Absprache, 1.6.–15.9. ist meistens jemand da. Eintritt 10/5 NOK.

Das private Museum ist dem Maler und Karikaturisten *Arne Taraldsen* gewidmet, der durch seine Zeichnungen von schrulligen Trollen in ganz Norwegen bekannt wurde. Der liebevoll hergerichtete Museumsraum enthält nicht nur Werke des Meisters, sondern auch Fotografien, Zeitungsausschnitte und weitere einzelne Sammlungsstücke, die nicht durchweg im Zusammenhang mit Taraldsen stehen. Leider muß man des Norwegischen mächtig sein, um die Texte zu verstehen. Doch es gibt bekanntlich Formen der Kommunikation, die ohne Buchstaben auskommen: Im Garten von Harald Grimestad, dem das alles zu verdanken ist, steht die selbstgebaute *Trollgrotte*. Gehen Sie hindurch, und Sie werden die Welt der eigenartigen Fabelwesen kennenlernen.

Arne Taraldsen (1917–1989) lebte während der Besatzungszeit 1940–45 zeitweise im Untergrund, entwarf u.a. Plakate gegen die Deutschen und ihre norwegischen Handlanger oder illustrierte das »Handbuch für Saboteure«. Nach dem Krieg arbeitete er zunächst als Karikaturist für Zeitungen und verschiedene Organisationen. Seine Zeichnungen bezogen eindeutig politisch Stellung. Eine Karikatur zeigt den Waffenfabrikanten *Alfred Krupp* als deutschen Adler, der den frisch geschlüpften *Konrad Adenauer* mit der Ankündigung begrüßt, ihn unter seinen Fittichen in »Adolfs Fußspuren« treten zu lassen. Mit solch provokanten Motiven begeisterte Taraldsen die wenigsten Verleger. Er erweiterte zwangsläufig sein Spektrum, zeichnete für Reklame- und Unterhaltungsbranche, aber auch für Kinder und dekorierte *russebiler*, die meist roten, auffälligen Automobile, mit denen die Abiturienten die Straßen unsicher machen. Durch seine Zusammenarbeit mit Fremdenverkehrsorganisationen erlangten seine Trolle landesweite Berühmtheit. Später absolvierte er regelrechte Tourneen durch Großbritannien und Deutschland, Australien und Singapur, indem er von Hotel zu Hotel zog und Trolle auf Papier brachte. Die Zeichnungen der kauzigen Naturbewohner verliehen Taraldsen zwar seinen Beinamen *Trolltaral* und stellten ihn ins Rampenlicht, machten aber nur einen Teil seines bewegten Lebens aus, das auch viele Niederlagen und Zerreißproben beinhaltete. Seit 1960 lebte er in Voss.

Anfahrt mit dem Auto: stadtauswärts gleich hinter der Flußbrücke rechts abbiegen, am Fluß entlang, Parkplatz an der zurückgesetzten Leitplanke, Hinweisschild mit grüner Aufschrift. – Noch besser zu Fuß: Spaziergang auf *Prestegardsalléen* am See Vangsvatnet entlang, Holzbrücke über den Fluß.

■ Aussicht vom Berg **Hangur**. Die Hangurs-Seilbahn verkehrt während des Sommerhalbjahrs von Juni bis September. Aussichtsrestaurant an der Bergstation (660 m). 20.5.–1.9. täglich 11–17 Uhr, sonst unregelmäßig an Wochenenden. Preis retour 50/25 NOK. Tel. 5651 1817 (Hangursbanen), Tel. 5651 1212 (Verwaltung *Voss Fjellheisar*) und 5651 2614 (Restaurant). Wanderpfad zurück nach Voss unter der Rubrik »Wanderungen«.

■ **Vangskyrkja**, die Kirche von Voss, entstand 1271–77 im gotischen Stil. Das Interieur stammt überwiegend aus Mittelalter und Renaissance, auffallend Kanzel, Altartafel und die Lichterkrone (1641). Obwohl die Steinkirche, deren Mauern mehr als 2 m dick sind, im Ortszentrum auf dem Holberg plass steht, blieb sie von dem Bombenangriff 1940 verschont. Geöffnet während des Sommers 9–17 Uhr. Eintritt 10/5 NOK.

■ **Finnesloftet**, das älteste nichtsakrale Holzbauwerk in Norwegen, wurde um 1250 als Gildesaal für eine Adelsfamilie errichtet. 15 Minuten Fußweg nach Westen ab Bahnhof Voss, nördlich der Gleise. 20.6.–15.8. täglich 10–16 Uhr. Eintritt 10/5 NOK.

Voss Folkemuseum

Das Heimatmuseum Voss Folkemuseum umfaßt vier Abteilungen an unterschiedlichen Orten. Tel. 5651 1511.

■ **Mølstertunet**, 30 Minuten zu Fuß ab Vangskyrkja. Juni bis August täglich 10–19 Uhr, Mai und September 10–17 Uhr, sonst Mo–Fr 10–15 Uhr. Eintritt 20/10 NOK.

Die 16 eng beieinander stehenden

Gebäude des Gehöfts Mølstertunet sind zum Teil 400 Jahre alt, wurden bis 1927 noch bewirtschaftet und stehen seitdem unverändert am Berghang oberhalb des Bahnhofs. Das Hauptgebäude des Heimatmuseums versammelt eine Vielzahl an Geräten, Kleidung, Schmuck etc. – außergewöhnlich die Schnitzarbeiten. Von Juni bis August ab und zu Volkstanz.

■ **Magnus Dagestad Museet**, Gjernes, Helgavangen 52, Tel. 5651 1253 und 5651 1352. Juli Di–So 11–17 Uhr, Juni und August Di–So 11–15 Uhr. Eintritt 15/0 NOK.

Der Kunsthandwerker Dagestad (1865–1957) leitete 1905–12 die Tischler- und Holzschnitzerschule in Voss, 1920–35 sogar die norwegische Kunsthandwerksschule. Mit Phantasie und Geschick fertigte er Zierat, Möbel und andere Gebrauchsgegenstände, für die er auf internationalen Ausstellungen Preise und Anerkennung bekam. Das Museum neben seinem Wohnhaus richtete Dagestad 1950 selbst ein. Anfahrt wie »Troll-Taral-Museum«, nur ein paar hundert Meter weiter auf der linken Seite.

■ Der Hof **Nesheimtunet** und der Pfarrhof **Oppheim gamle prestegard** liegen nördlich von Voss. Geöffnet nach Absprache mit Tel. 5651 1511.

Ausflüge

Tvindefossen

Der Wasserfall Tvindefossen fließt in Kaskaden fotogen abwärts, während der Schneeschmelze besonders eindrucksvoll. Sie finden das Naturschauspiel 16 km nördlich von Voss, an der E 16 Richtung Vinje/Gudvangen.

■ **Unterkunft**: *Tvinde Camping* (am Wasserfall Tvindefossen), Tel. 5651 6919. Ganzjährig geöffnet. Preisniveau Camping: 2. 14 Hütten für 4 Personen 250 NOK, 7 Hütten für 4 Personen (Küchenecke, fließend Wasser, 2 Räume) 350 NOK.

Schön gelegener Platz vor dem Wasserfall; saftige, baumbestandene Wiese, durch die sich ein Bach schlängelt. Die großen Hütten sind geräumig und passabel eingerichtet, die kleinen nur Standard und deshalb zu teuer. Neues Sanitärgebäude, W & T. Kiosk.

Wanderungen

Das Touristenbüro verkauft unter dem Namen »Wandervogel Vosse-Troll« eine Loseblattsammlung, in der Vorschläge für Wanderungen und Radtouren zusammengestellt sind. Kartenskizzen und Angaben zu Verkehrsverbindungen inklusive. Die 5 NOK sind bestens angelegt.

■ **Hangur-Mølster-Voss**. Mäßig schwere Wanderung mit steilen Passagen abwärts. Gehzeit: 2,5–3 Stunden. Ab Endstation der Hangur-Seilbahn auf markiertem Pfad Richtung »Raugstad«. Zwischendurch steiler Pfad durch einen Wald, danach entweder dem Schild »To Voss Centre« folgen oder am Waldrand unterhalb der Seilbahn entlang zum Hof Mølstertunet, einer Abteilung von »Voss Folkemuseum«.

Verschiedenes

■ **Rundfahrten mit Eisenbahn, Schiff und Bus:** Broschüre mit Vorschlägen im Touristenbüro.

■ **Fahrradtouren:** Mjølfjell-Voss. Anfahrt mit dem Zug ab Voss, rund 1,5 Stunden zurück über die kaum befahrene Straße durch das Raundal, fast nur bergab. Fahrpreis 34 NOK plus 50 NOK für das Fahrrad. – Weitere Vorschläge in der Loseblattsammlung »Wandervogel Vosse-Troll«, die das Touristenbüro für 5 NOK verkauft. Kartenskizzen und Angaben zu Verkehrsverbindungen inklusive.

■ **Fahrradvermietung:** *Fleischer's Hotel*, Jugendherberge *Voss Vandrerhjem, Voss Camping* u.a.

■ **Galerie:** *Voss Kunstlag*, Hestavangen 8. Ausstellung und Verkauf.

■ In Voss stehen jede Menge **Denkmäler**, die sich auf lokale Persönlichkeiten oder Ereignisse beziehen. Vor dem Rathaus wurde *Per Sivle* verewigt, ein Dichter, der, nicht weit entfernt, in *Stalheim* aufwuchs.

■ **Veranstaltungen:** *Vossa Jazz* Festival, am Wochenende vor Ostern, parallel mit Volksmusik und Theater. Kontakt über Vossa Jazz, Postboks 223, N-5701 Voss, Tel. 510 055. – Volkstanz und Volksmusik, von Juni bis August Di und Fr. – Von Mitte Juni bis Mitte August Kirchenkonzerte in der Vangskyrkja.

■ **Hauptpostamt:** Uttrågata.

■ **Taxi:** Hestavangen, Tel. 5651 1340.

■ **Transport:** Bus-Nahverkehr nach Almeland, Brekkhus, Bulken, Dalsleitet, Eimstad, Gjerald, Helgatun, Holven, Lemme, Lidsheim, Nedkvitne, Opheim, Rong, Tvinne.

■ **Parkautomaten** in Voss: 2 NOK für 20 Minuten. – Für Benutzer des Skigebiets gebührenpflichtiger Parkplatz in Bavallen, direkt am Lift.

Weiterreise

■ **Eisenbahn:** Bergensbanen (Linie 41): Bergen, Arna, Trengereid (x), Vaksdal (x), Stanghelle (x), Dale (x), Bolstadøyri (x), Evanger (x), Bulken (x), Voss, Ygre (xx), Urdland (x), Reimegrend (x), Mjølfjell (x), Upsete (xx), Myrdal (umsteigen nach Flåm), Hallingskeid, Finse, Haugastøl und weiter nach Oslo. (x = nur als Lokalroute. xx = hält nur bei Bedarf.)

■ **Bus:** Nach Bergen (168 NOK) über Granvin, Kvanndal (Fähre nach Utne), Ålvik, Steinestø, Øystese (87 NOK), Norheimsund (93 NOK), Tysse, Arna und Nesttun. Oder nach Bergen (111 NOK) über Bulke, Evanger, Dale, Vaksdal, Trengereid, Arna und Åsane. – Nach Aurland (87 NOK) über Tvinne, Vinje, Stalheim, Gudvangen und Flåm. – Nach Ulvik (52 NOK) über Granvin, Vallavik und Bruravik.

■ **Auto: Nach Bergen**. E 16 über *Dale* und *Trengereid.*

Nach Balestrand/Sogndal. E 16 und Straße 13 über das rauhe *Vikafjell* zum Fähranleger *Vangsnes,* ab dort entweder Autofähre nach Balestrand. Oder nach *Hella,* ab dort auf Straße 5/55 am breiten Sognefjord entlang nach Sogndal.

Nach Ulvik. In umgekehrter Richtung beschrieben unter »Ulvik, Weiterreise«.

Zum Sørfjord. Auf der Straße 13 über *Granvin* zum Fähranleger *Kvanndal,* Autofähre entweder nach Utne, am Ostufer des Sørfjords, oder nach Kinsarvik, am Westufer des Sørfjords.

Nach Øystese/Norheimsund. Auf der stark befahrenen Straße 13 am breiten Hardangerfjord entlang bis Øystese.

Ulvik

Spielwiese für Botaniker

Wer aus dem Norden kommend in Ulvik oder der Nachbargemeinde *Granvin* eintrifft, wird den Kontrast zu den schroffen Gebirgszügen von Sunndal, Nærøydal oder Årdal bemerken. Die Täler sind hier breiter, die Felswände runder, lieblicher und weniger abweisend. An den Buchtenden rücken sie nicht so nahe an die Fjorde heran und überlassen den Platz einer vielfältigen Vegetation, der Edellaubwälder mit Ulme, Linde, Erle, Hasel und Eiche angehören. Für Botaniker gilt Ulvik als spannende Spielwiese, weil sie einen Schnittpunkt west- und ostnorwegischer Flora darstellt. Und obwohl sich die Gemeinde weit genug im Landesinneren befindet, um regelmäßig kalte und schneereiche Winter zu erleben, sorgt die offene Lage zum Eidfjord im Süden dafür, daß die Sonne im Sommer tagsüber nicht hinter Höhenzügen verborgen bleibt. Das begünstigt den Anbau von Gemüse und Obstbäumen, die in ausgedehnten Flächen an den Hängen stehen. Die ansässige Gärtnerschule erprobt in ihrer Versuchsstation u.a. neue Blumenarten sowie Erdbeeren, die sich besser dem Fjordklima anpassen. Und auch die Vogelwelt weiß Ulvik zu schätzen, wurden hier in den letzten Jahren doch rund 80 Arten gezählt. In einer Beobachtungshütte können sich Ornithologen ihrer Leidenschaft hingeben.

Das milde, freundliche Klima im Sommer lockte schon um die Jahrhundertwende viele Touristen nach Ulvik. Es ist ein mehr beschaulicher Ort, wie geschaffen für jene, die ein begrenztes Maß an körperlicher Aktivität bevorzugen. Er eignet sich zum Lustwandeln am gemächlich dahinschwappenden Fjord, und wenn Mitte bis Ende Mai die Obstbläume blühen und der kurze Frühling losbricht, ist der Grundstein für den nächsten Norwegen-Urlaub gelegt. Einzig und allein alte, pittoreske Holzhäuser mag der Besucher vermissen; die fielen in ihrer Mehrheit der deutschen Invasion 1940 zum Opfer, als gleich 75 Häuser niederbrannten.

Touristenbüro und Hotels unterbreiten den Gästen ein breit gefächertes Angebot an Ausflügen mit Schiff oder Bus. Manchmal werden dabei verschiedene Ausflugsziele in bedenklich kurzer Zeit zusammengefaßt, so daß Sie das Preis-Leistungs-Verhältnis im voraus so gut wie möglich prüfen sollten. In diesem Kapitel finden Sie nur Vorschläge, die der Autor als akzeptabel einstuft.

Wer sich in seinen Ferien gern etwas intensiver bewegt, braucht dennoch keinen Bogen um Ulvik zu machen. Fast alle Hotels liegen in unmittelbarer Nähe zum Fjord und offerieren diverse Wassersportgeräte: vom Tretboot über Surfbrett und Segelboot zum Wasserski. Die Wanderwege in der näheren Umgebung können eine/n mehrere Tage auf Trab halten.

Zum Gemeindegebiet gehört übrigens auch ein achtbarer Teil der Hochebene *Hardangervidda*, darunter der Wintersportort *Finse*, von wo aus die Polarforscher *Nansen*, *Amundsen* und *Scott* zu Hardangervidda-Expeditionen aufbrachen, um ihre Ausrüstung zu testen. Im Winter sind dort Temperaturen von unter -30°C normal. Obwohl ein großzügiges Wanderwegenetz die Hochebene umspannt, eignet sich Ulvik als Startpunkt für mehrtägige Touren nur bedingt. Im Gegensatz zu Aurland/Flåm, Voss oder anderen Orten östlich des Fjordlands, besteht nicht die Möglichkeit, mit der Eisenbahn, die die Hochebene überquert, zum Ausgangspunkt zurückzufahren. Die Bahnhöfe *Mjølfjell* (Jugendherberge) und *Ørneberget* liegen eine Tageswanderung entfernt.

Information

■ **Ulrik Turistservice**, N-5730 Ulvik, Tel. 5652 6360, Fax 5652 6623. Etwa 20.5.–15.9. Mo–Fr 8.30–17 Uhr, Sa 8.30–17 Uhr, So 13–17 Uhr, sonst Mo–Fr 8.30–13.30 Uhr. Das Touristenbüro vermittelt Fremdenführer, die auch das Deutsche und Englische beherrschen. Für die ersten vier Stunden jeweils 210 NOK, danach 175 NOK.

Unterkunft

Das Touristenbüro vermittelt Privatquartiere.

■ **Brakanes Hotel**, Tel. 5652 6105, Fax 5652 6410. 15.6.–15.8. EZ 615 NOK, DZ 830 NOK, sonst EZ 995 NOK, DZ 1280 NOK.

Pikfein und teuer, Garten direkt am Fjord. Große Zimmer mit Edelholz-Möbeln, teilweise mit Sofa und Kamin, vorherrschende Farben Blau, Braun und Violett. Die Gäste kommen überwiegend aus Südeuropa, Deutschland und den USA.

■ **Strand Fjordhotel**, Tel. 5652 6305, Fax 5652 6410. 1.5.–30.9. Fjord Pass (C) EZ 530 NOK, DZ 760 NOK, sonst EZ 895 NOK, DZ ab 990 NOK.

Geräumige, wohnliche Zimmer, die sich gut für Familien eignen (geringfügiger Rabatt). Rückfront zur Straße. Dachterrasse. Viele Bustouristen.

■ **Ulvik Hotel**, Tel. 5652 6200, Fax 5652 6641. EZ 670 NOK, DZ 940 NOK.

Liegt mit der Front zur Straße, doch der Verkehr hält sich in Grenzen. Die Dachterrasse gleicht die fehlende Direktverbindung zum Wasser aus. Zimmer auf der Fjordseite mit Balkon, viel Lila und Blau, Textiltapeten. Zimmer nach hinten weniger komfortabel, teilweise auch kleiner. Viele Bustouristen.

■ **Nye Bjotveit Hotel**, Tel. 5652 6300, Fax 5652 6623. Seltsame Lage an der Straßenkreuzung, dafür preiswerter als die Konkurrenz.

■ **Ulvik Fjord Pensjonat**, (südliches Ortsende), Tel. 5652 6170, Fax 5652 6160. EZ 430 NOK, DZ 640 NOK. Meist Individualtouristen. Sammlung präparierter Tiere, vorwiegend Vögel.

■ **Ulvik Fjord Camping**, (südliches Ortsende), Tel. 5652 6577 und 5652 6182. 20.5.–31.8. Preisniveau Camping: 2. 10 Hütten für 4 Personen 250 NOK.

Buckelwiese zwischen Straße und Fjord, an den Seiten von Bäumen eingefaßt. Kleine Standardhütten, sauber und o.k. Spielplatz. Vermietung von Ruderbooten, Fahrrädern.

Sehenswertes

■ **Stream Nest** kennen Sie vielleicht von der Winterolympiade 1994. Das eigenwillige Kunstwerk des Japaners *Takamasa Kuniyasu,* aus 3000 Baumstämmen und 22.000 Backsteinen gefertigt, ist nach Ulvik umgezogen, und immer noch ertönt aus ihm Musik.

■ Die hölzerne **Ortskirche** stammt aus dem Jahr 1858. Der einheimische Künstler *Lars Osa* dekorierte 1923 den Innenraum mit Bauernmalereien. 1.6.–31.8. 9–20 Uhr. Orgelkonzerte von Juni bis August in unregelmäßigen Abständen.

■ **Galleri Hjadlane**, Osa, Telefon 5652 6821. 1.5.–30.9. täglich 11–18 Uhr, sonst nach Absprache. Eintritt 10 NOK.

Galerie für Gegenwartskunst, mit wechselnden Ausstellungen im Sommer und einer permanenten außerhalb der Saison.

Ausflüge

Da die Sehenswürdigkeiten im schönen Ulvik begrenzt sind, heißt es aufbrechen zu Exkursionen ins Umland.

■ **Osa** liegt östlich von Ulvik, an der Spitze des gleichnamigen Fjords. Eine Straße, die im Zusammenhang mit dem Bau des *Sima-Kraftwerks* in Eidfjord entstand, setzt sich ostwärts in das seenreiche Gebirge fort und steigt bis auf 1250 m ü.d.M. Bei klarer Sicht hebt sich der Gletscher *Hardangerjøkulen* am Horizont ab.

Busausflug mit Reiseleitung ins

Osa-Gebirge, in *Hjeltnes* Besuch der ältesten Gärtnerschule Norwegens, die einen mehr modernen als antiquierten Eindruck macht: Sa 14–17 Uhr. Preis 210/90 NOK. Anmeldung im Touristenbüro bis Fr 17 Uhr.

■ **Granvin** ist die Nachbargemeinde im Westen. Die prägnanten Punkte sind der malerische See *Granvinvatn* und der Wasserfall *Skjervefossen*, der wenige Kilometer nördlich des Sees vom Gebirge herabstürzt. Wer seine Reise mit Auto oder Bus Richtung Voss fortsetzt, kommt auf der Straße 13 an beiden Naturschauspielen vorbei; kein Parkplatz am Wasserfall.

Wanderungen

Neu ist das »Wanderbuch für Ulvik«, das 14 verschiedene Routen beinhalten soll und mit Karten beim Touristenbüro zu erstehen ist. Von Mai bis September veranstaltet der lokale Wanderverein an jedem Sonntag Touren mit guide; Programm im Touristenbüro, das darüber hinaus selbst »Wanderungen light« organisiert.

■ Mehr Spaziergänge als Wanderungen sind die beiden sogenannten **Informationsloipen** in Ulvik. Infotafeln, die über Geschichte und Gegenwart der Ausblick geben, markieren die Rundstrecken, die gleichermaßen auf asphaltierten Straßen sowie Traktor- und Waldwegen verlaufen.

■ Der **alte Postweg** von Ulvik nach Granvin wurde 1901 angelegt, war aber nur im Sommer zu benutzen, weil die Pferde die steilen Passagen bei Schnee nicht schafften. Die (tiefer gelegene, aber längere) Alternativroute im Winter entsprach ungefähr der heutigen Trasse der Straße 572. Am besten fährt man mit dem Bus nach Granvin und bittet den Fahrer, bei *Øvsthussvingen* zu halten – das ist die kleine Kurve, die von Granvin aus auf die Straße 572 nach Ulvik abzweigt. In dieser Kurve biegt rechts der Fahrweg nach *Velkje/Velken* ab, der sich steil zu einem großen Parkplatz (Holzfäller-Lkw) nach oben windet und somit den größten Anstieg einfordert; wer mit dem Auto kommt, darf sich freuen, muß den Weg aber zurückgehen oder das Auto mit dem Fahrrad ab Ulvik (über die Straße 572) abholen. Ab Parkplatz mäßig schwere Wanderung; Dauer 2,5–3,5 Stunden.

Der Weg führt zunächst weiter steil bergauf, an der Gabelung links halten, zur Alm *Litlastøl,* 500 m ü.d.M. Dann erreicht man die Alm *Vatnasete* und begleitet den See *Vatnasetvatn* (483 m), ein vortrefflicher, stiller Rastplatz, wenn die vielen Ferienhütten nicht gerade bevölkert sind. Am Ende des Sees geht der Weg in einen Wanderpfad über, der nach 1 km das sumpfige

Plateau *Angerskleiv* erreicht, mit 508 m der höchste Punkt der Wanderung; hat man Glück, sieht man über den nahen Höhenzügen Raubvögel ihre Kreise ziehen. Wollgrasfelder, Blaubeersträucher, Schafe bleiben dem Wanderer in Erinnerung. Nun geht es steil hinunter durch einen lichten Mischwald, und manchmal kommt das Fjell bei Ulvik bereits ins Blickfeld. Der Pfad trifft an der Alm *Furusete* ein, wo zuletzt ein abgebrochener Fels quer über dem Weg lag und eine Turneinlage erforderte. Der Pfad wandelt sich wieder zum Waldweg; 400 m dahinter bieten sich zwei Alternativen für die Reststrecke an, weil die Route hier auf eine markierte Informationsloipe trifft, die ihren Ausgangspunkt in Ulvik hat. Wer sich rechts hält, hat in *Øyane* noch einmal die Möglichkeit, über einen Steig auf die andere, linke Seite der Loipe zu wechseln. Unangenehm ist allein der letzte Teil nach Ulvik, der auf der Straße 572 absolviert werden muß.

■ **Mjølfjell-Ulvik**. Markierter, mittelschwerer Pfad. Wanderzeit 6–7 Stunden. Anfahrt mit Bus nach Voss und Zug nach Mjølfjell, insgesamt rund zwei Stunden.

Vom Bahnhof aus hinunter zur Straße am Fluß, über die Hängebrücke und dann dem markierten Pfad aufwärts folgen. Der Pfad begleitet einen Bach, bevor er nach rund 1,5 Stunden auf den See *Vesetevatn* (846 m) trifft. In südöstlicher Richtung hinauf nach *Fallet* (Aussicht), Knick nach Süden, an Wasserfällen vorbei und hinunter ins *Tyssedal*, durch das Tal nach *Sotnos* und *Ulsberg*. Unangenehme Reststrecke über Straße 572 nach Ulvik oder vorher auf Fahrweg nach Osten zum See *Solsævatn*, an dessen südöstlichem Ende Wanderweg hinunter nach Ulvik. Diese Alternative verlängert die Wanderzeit um mindestens 30 Minuten.

Verschiedenes

■ **Rundflüge mit dem Wasserflugzeug:** Die Fluggäste können die Route mitgestalten. Preis 350 NOK für 25 Minuten, bei mindestens 4 Personen. Anmeldung im Touristenbüro oder in den Hotels.

■ **Fjordfahrten:** 15.6.–20.8. nach Eidfjord (42 NOK), Kinsarvik (62 NOK), Lofthus (78 NOK), Utne (61 NOK), Norheimsund (128 NOK); mit Umsteigen nach Odda (146 NOK) – Auf Ulvikfjord und Osafjord. Preis 75 NOK für 90 Minuten, bei mindestens 7 Personen. Anmeldung im Touristenbüro oder im »Brakanes Hotel«. – Oder Ausflugsfahrten mit der *M/B Stein Viking,* die zudem auch gemietet werden kann. Aktueller Fahrplan und Anmeldung im Touristenbüro.

■ **Spazierfahrten mit Pferdekutschen:** Infos über Routen und

Anmeldung beim Touristenbüro. 1 Stunde ab 130 NOK pro Person.

■ Das Touristenbüro vermittelt **Fremdenführer**, die Deutsch und Englisch sprechen. Stunde 1–4 210 NOK, ab Stunde 5 175 NOK.

■ **Angeln:** Forellen und Saiblinge in den Gebirgseen um *Osa*, im *Tyssedal* und im See *Solsævatn*. Angelkarten im Touristenbüro. Tageskarten ab 20 NOK. Wochenkarten ab 60 NOK.

■ **Fahrradvermietung:** im Touristenbüro. 50 NOK für 4 Stunden, 80 NOK für 8 Stunden. Auch Karten sind zu haben.

■ **Taxi:** Ulvik, Tel. 5652 6344. – Granvin, Tel. 5652 5172.

■ **Transport:** Lokalbusrouten Ulvik, Bruravik, Vallavik, Granvin, Voss. – Ulvik, Osa.

Weiterreise

■ **Personenfähre:** nach Eidfjord, Lofthus, Kinsarvik, Odda, Utne, Norheimsund; Preise unter »Verschiedenes, Fjordfahrten«.

■ **Autofähre:** Bruravik-Brimnes (verkehrt ständig). Bruravik liegt 9 km südlich von Ulvik und ist mit dem Bus nach Granvin/Voss zu erreichen.

■ **Bus:** Fernverkehr innerhalb Westnorwegens größtenteils ab Voss, nach Øystese und Norheimsund ab Granvin, nach Eidfjord und Richtung Sørfjord ab Fähranleger Brimnes. Nahverkehr siehe unter »Verschiedenes, Transport«.

■ **Auto: Nach Eidfjord**. Autofähre *Bruravik-Brimnes* (verkehrt ständig), ab Brimnes 11 km auf Straße 7 am Eidfjord entlang bis zum gleichnamigen Ort.

Zum Sørfjord. Autofähre *Bruravik-Brimnes* (verkehrt ständig), ab Brimnes 19 km auf Straße 13 am Eidfjord entlang nach Kinsarvik, wo der Sørfjord beginnt; siehe dort.

Nach Voss. Alte Straße 572 bis zum See *Granvinvatn*, ab Kreuzung 21 Kilometer auf der Straße 13 bis Voss, unterwegs vorbei am sehenswerten Wasserfall *Skjervefossen;* kein Parkplatz.

Nach Øystese / Norheimsund. Alte Straße 572 zum See *Granvinvatn,* weiter auf der stark befahrenen Straße 7 am breiten *Hardangerfjord* entlang bis Øystese: früher die Europastraße 68, als sich die Lkw auf der engen Trasse packende Positionskämpfe lieferten; allein die Bremsspuren ließen einem den Atem stocken.

Eidfjord

Wasserfall auf Zeit

Wer auf der Straße 7 ab Fähranleger Brimnes landeinwärts fährt, erlebt zunächst den Übergang vom freundlichen, breiten *Hardangerfjord* in den engeren *Eidfjord*, seine östlichste Verzweigung, die 1500 m hohe, glatt gehobelte Berge begrenzen. Die Gemeinde Eidfjord verteilt sich auf ein paar Täler und Uferrandzonen, die die Eiszeiten zwischen Gebirge und Fjord hinterlassen haben. Im Winterhalbjahr geht die Sonne hier spät auf und zeitig wieder unter. Schon im August verschwindet sie viel zu früh hinter den Bergen.

Noch abrupter gestaltet sich der Wechsel von den grünen Fjordzonen auf die karge Hochfläche *Hardangervidda*, wo neun Monate im Jahr Kälte und Schnee regieren. Die Straße steigt durch das enge *Måbødal* an und verschwindet mehrmals im Berg, um in Spiralen nach oben zu gelangen. (Bis 1980 lief der Verkehr über die 1920 freigegebene alte Trasse, die in die senkrecht abfallenden Felsen hineingesprengt worden war, in den 70er Jahren aber den Verkehr nicht mehr bewältigen konnte.) Hinter dem letzten Tunnel beginnt ein ausgedehntes Gebiet mit privaten Ferienhütten, Pensionen und Hotels, bevor die letzten Bäume und höher gewachsenen Sträucher weichen und den Blick auf die weite Landschaft in den Farben Grün, Gelb und Braun freigeben. Südlich der Straße stehen weite Teile der Hardangervidda unter Naturschutz, während sich im Norden der Mensch breit gemacht hat, indem er Seen und Flüsse zur Gewinnung von Wasserkraft anzapfte. Anschaulichstes Beispiel ist die 1,6 km lange Staudammauer des *Sysenvatn*, für die 640.000 Kubikmeter Geröll bewegt wurden. (Das Kraftwerk *Sima*, das diese typisch norwegische Art der Energiegewinnung umsetzt, wird unter der Rubrik »Sehenswertes« vorgestellt.) Von der Hardangervidda stürzt übrigens Norwegens schönster zugänglicher Wasserfall, der *Vøringsfossen.* Wegen der Wasserkraftnutzung darf er seine Pracht allerdings nur in einem festgelegten Zeitraum während des Sommers entfalten!

Das Wasserkraftwerk hat den Gemeindesäckel gut gefüllt. Ansonsten leben die knapp 1100 Einwohner von Tourismus, Dienstleistungssektor sowie Bau- und Landwirtschaft. *Nedre Eidfjord*, das Zentrum der Kommune, liegt auf der Landzunge am Ende des Fjords, die einst Moränenschutt und Ablagerungen bildeten. Am anderen Ende der Landzunge beginnt der 6 km lange See *Eidfjordvatnet*, der beinahe den gesamten Talboden ausfüllt, so daß die Straße vorübergehend in zwei Tunnel ausweicht. Das südliche Ufer des Sees bildet ein breiter, grüner Streifen mit dem Dorf *Øvre Eidfjord*, dem früheren Sæbo.

Schnapsidee Seilbahn

Von all den Orten, die dieser Reiseführer vorstellt, hat sich Eidfjord in den 90er Jahren am deutlichsten unter dem (Ein-)Druck des Tourismus verändert: Daß weitere Unterkünfte hinzugekommen sind, o.k. Die beste Neuerung ist der »Trollzug«, *Trolltoget,* der über die alte Serpentinenstraße zuckelt und wanderfreudigen Gästen viel Schweiß ersparen hilft (siehe dort); außerdem hat man entlang der Strecke informative Tafeln zu Måbødal und Hardangervidda montiert. Das »Hardangervidda Natursenter« dagegen, das erst 1995 seine Pforten öffnete, ist ein mißlungener Versuch, das Erfolgsrezept der Konkurrenz in Fjærland und Stryn zu kopieren (siehe dort). Und daß der Erfinder des »Trollzugs« nun auf die glorreiche Idee verfallen ist, man solle eine Seilbahn über den Vøringsfoss spannen, damit ihn die Touristen besser einsehen könnten, läßt eigentlich nur noch den Ratschlag zu, der Mann solle schnell die Branche wechseln oder ins Exil nach Benidorm gehen. Hinter all diesen Projekten steckt die Sehnsucht, die Bustouristen, die sich aufgrund ihres Fahrplans nicht wehren können, möglichst rasch in möglichst großer Zahl abzukassieren. Und da braucht es eben Außergewöhnliches, wie eine Seilbahn über einem Wasserfall. Noch ist nichts entschieden, und die freundlichen Damen im Touristenbüro sind für jede Meinung in dieser Frage dankbar...

Information

■ **Eidfjord Turistkontor**, Nedre Eidfjord, N-5783 Eidfjord, Tel. 5366 5177, Fax 5366 5297. Juli bis Mitte August Mo–Fr 9–20 Uhr, Sa 9–18 Uhr, So 12–20 Uhr, Juni sowie Mitte bis Ende August Mo–Sa 9–18 Uhr, Oktober bis Mai Mo–Fr 8–15.30 Uhr.

Unterkunft

■ **Vøringfoss Hotell**, Zentrum Nedre Eidfjord, Tel. 5366 5500, Fax 5366 5505. Geöffnet 15.3.–31.10. EZ 375–420 NOK, DZ 500–575 NOK, je nach Saison.

Eine der alten Prachtvillen im Hotelbaustil des 19. Jh. Den Zimmern fehlt trotz einiger Anstrengung die persönliche Note, im Gegenzug manierliche Preise, die unter dem Durchschnitt liegen.

Den Wasserfall, dessen Namen das Hotel trägt, wird der Gast im Tal vergebens suchen.

■ **Ingrids Appartement**, Nedre Eidfjord, Ortsende Richtung West, Tel. 5366 5485. EZ 300 NOK, DZ 400 NOK, 4-Bett-Zimmer 500–600 NOK. Hütte für 4 Personen 400 NOK.

Geräumige Appartements, denen auch Platz für Sofa und Sessel gegönnt wird. Solide Kücheneinrichtung, Bad tiptop. Aufenthaltsraum. Leider verläuft zwischen Gasthaus und Fjord die Straße, deshalb Zimmer zur Seite nehmen.

■ **Vik Pensjonat og Hytter**, Zentrum Nedre Eidfjord, Tel. 5366 5162. Hütten ganzjährig zu haben, Zimmer 1.5.–31.8. EZ 100–210 NOK, DZ 200–420 NOK, auch 3- und 4-Bett-Zimmer. 2 Ferienhütten für 6 Personen 400–500 NOK, je nach Saison.

■ **Bergslien Turistheim**, Nedre Eidfjord, Elvavegen, Tel. 5366 5126. DZ mit Waschbecken 200 NOK. 13 Hütten für 2–6 Personen 100–200 NOK. Dusche im »Campinghaus«. Kein Frühstück.

Frau Saubermann war schon lange nicht mehr vor Ort: einfach, schmuddlig, billig. Große Hütten, immerhin mit kleinem Backofen. Verkauf von Angelkarten.

■ **Kvamsdal Pensjonat**, Nedre Eidfjord, Ortsende Richtung Øvre Eidfjord, Tel. 5366 5243. EZ 250 NOK, DZ 350 NOK. Teilweise mit Bad. Frühstück um 50 NOK. Zimmer mit viel Platz, Sofa und hellem Teppichboden.

■ **Eidfjord Gjestgiveri**, Øvre Eidfjord, Tel. 5366 5934. EZ 200 NOK, DZ 350 NOK. 6 Zwerg-Hütten für spartanisches Volk 100 NOK. Frühstück 50 NOK. Dagens rett um 50 NOK.

■ **Bruheim Camping**, Nedre Eidfjord, Tel. 5366 5290. 15.6.–15.9. Preisniveau Camping: 2. DZ 190 NOK, Caravan 170 NOK.

Kleiner Garten mit wenigen Stellplätzen, deshalb auch die Preisvariationen. Grill oder Kochplatte für alle. Einfache, ordentliche Doppelzimmer zu fairem Preis.

■ **Kjærtveit Camping**, Nedre Eidfjord, Straße ins Simadal, Tel. 5366 5131. 15.5.–15.9. Preisniveau Camping: 2. Zimmer mit Bad für 2–4 Personen um 350 NOK.

Wiese direkt am Fjord, doch in der ersten Reihe nur 10–15 Stellplätze. Nebenstraßenverkehr. Sanitäranlage mittelmäßig, Ww.

■ **Myklatun Camping**, Øvre Eidfjord, Tel. 5366 5915. 15.4.–30.9. Preisniveau Camping: 2. 10 Hütten für 4 Personen 120–170 NOK.

Offene Wiese am Eidfjord-See. Ordentliche Hütten mit Standardausstattung plus Geschirr. Die Sanitäranlage könnte eine Renovierung vertragen, Ww. Spielplatz. Bootsvermietung.

■ **Sæbø Camping**, Øvre Eidfjord, Tel. 5366 5927. Preisniveau Camping: 2. 7 Hütten für 4 Personen

170–200 NOK, 1 größere Hütte 300 NOK.

Der beste Campingplatz in Eidfjord. Riesige Wiese, die sowohl an den Eidfjord-See als auch an den Fluß aus dem Hjølmodal grenzt (Steinmauer für Anlehnungsbedürftige); mehr Platz als bei der Konkurrenz und trotzdem einladender. Bäume am Ufer sowie rund um die meisten Hütten und das Servicegebäude. Adrette Hütten, die einen Schimmer mehr Licht vertragen könnten, mit Sofa und Regal aufwendiger eingerichtet als der Durchschnitt. Gutes Sanitärhaus, WC behindertengerecht, W & T. Kiosk. Spielplatz. Bootsvermietung.

■ Unterkünfte oben auf dem **Fjell:** weitab vom Fjord, rauhes Klima, nur denen anzuraten, die unbedingt ein paar Tagestouren auf der Hardangervidda einlegen oder ins Måbødal hinuntersteigen möchten; siehe unter »Wanderungen«: *Fossli Hotel,* Tel. 5366 5777. Geöffnet Mai bis September. Zimmer mit und ohne Bad, EZ 480–1080 NOK, DZ 580–1080 NOK. Frühstück um 70 NOK. Dagens rett um 95 NOK. Die Speisekarte enthält 100 Gerichte, darunter auch so verräterische Namen wie »Wiener Schnitzel«, »Sauerkraut« und »Kaviar«. Rummel-verwöhntes Abstauberhotel mit üblichem Souvenirramsch. Schöne Aussicht auf das Måbødal, nicht aber auf den Wasserfall, wie der Name vermuten läßt. Gleichgültige Gastgeber – das Geschäft läuft auch ohne Freundlichkeit. – *Liseth Pensjonat & Hyttetun,* Tel. 5366 5714. EZ 300 NOK, DZ 460 NOK, 9 Hütten für 4 Personen 275–400 NOK. – *Maursæth Turistsenter,* Tel. 5366 5780. 25 Hütten für 4 Personen 175–375 NOK. – *Garen Camping,* Tel. 5366 5725. 21 Hütten für 4–6 Personen, Campinghütten 150–250 und Ferienhütten 400–550 NOK. – *Dyranut Turisthytte,* Tel. 5366 5715. EZ 205 NOK, DZ 310 NOK. Schon mitten in der Hardangervidda; siehe »Wanderungen«.

Sehenswertes

Das »Hardangervidda Natursenter« steht in dieser Rubrik, weil es die Leser erst einmal an dieser Stelle erwarten. Streng genommen, gehört es unter »Verschiedenes«.

■ **Vøringsfossen** ist unangefochten der prächtigste der bekannten, leicht zugänglichen Wasserfälle Norwegens. 182 m stürzt er in freiem Fall von einer Felskante hinab ins Måbødal – ein grandioses Erlebnis von des Staates Gnaden, denn einzig und allein ein offizieller Erlaß schützt den Wasserfall vom 1.6. bis zum 15.9. vor der Ausbeutung durch das Sima Kraftwerk. Demnach sollen es mindestens 12.000 Liter pro Sekunde sein, die über die Kante abwärts rauschen.

Es gibt drei Aussichtspunkte unterschiedlicher »Qualität«. Bei der »Vøringfoss Kafeteria« an der Straße 7, auf Höhe der Felskante, wird das Spektakel robust vermarktet, obwohl kaum mehr als das Schäumen des niederdonnernden Wassers zu sehen ist. Den besseren Blick von oben ermöglicht ein kurzer Pfad, der am »Fossli Hotel« beginnt. Der Fahrweg zum Hotel wurde inzwischen ausgebessert, was das gewiefte Hotel-Management ermutigt, in der Hochsaison eine Benutzungsgebühr zu erheben.

Viel eindrucksvoller aber ist der Blick von unten, für den man einen 25minütigen Fußweg auf sich nehmen muß. Parkplatz an der Straße 7, kurzer Fußweg über die alte Paßstraße, danach Wanderpfad, der sich durch Gestrüpp und Bäume ins Måbødal hinunterschlängelt, über Geröllawinen und an einem Wildbach entlang führt, den er auf einer Hängebrücke überquert. Endlich steht man schräg vor dem breiten, kräftigen Wasserfall, ganz klein in Anbetracht eines solchen Naturschauspiels, während die Gischt Gesicht und Haare benäßt. Die senkrechten Felswände stehen so eng beieinander, daß die Feuchtigkeit nicht weicht. Fällt Sonne in den Spalt, verschönert ein Regenbogen die Szenerie.

Zum unerquicklichen Thema »Seilbahn über Wasserfall« ist in der Einleitung alles gesagt.

■ **Måbødalen Kulturlandskapmuseum** ist der plakative Titel für die Landschaft rund um das Måbødal. 20 Infotafeln sind an 6 Stationen entlang der Gefällstrecke plaziert. Da zwischen der Tal- und der Bergstation oft nur wenig Parkraum besteht, lassen Sie Ihr Fahrzeug am besten an einem der Endpunkte des »Trollzugs« stehen und nehmen die alte Serpentinenstraße zu Fuß oder mit dem Rad in Angriff; Spaziergänger können den Weg hinauf mit dem »Trollzug« fahren. Unterwegs passieren Sie übrigens den Startpunkt der Kurzwanderung zum Vøringsfoss.

Die Texte der Schrifttafeln unterwegs sind recht informativ und in sinnvollem Rahmen auch ins Deutsche übersetzt. Sie erfahren etwas über die Talgeschichte, wie und wovon die Bewohner früher lebten, welche Verkehrs- und Handelswege durch das Tal und über die Hardangervidda führten, über das Aufkommen des Tourismus vor Ort, über Almwirtschaft und Rentierzucht auf der Hochebene. Diese Schrifttafeln vermitteln mehr über die Hardangervidda als das bombastisch aufgemachte »Natursenter« (siehe unten).

■ **Sima Kraftstasjon**, Simadalen, Tel. 5366 5200. 10.6.–18.8. Führungen um 10, 12 und 14 Uhr, in der Hochsaison auch um 15.30 Uhr sowie zusätzlich nach Bedarf. Eintritt 25/15 NOK.

Das Kraftwerk ist eines jener gigantischen Projekte, die die Norweger für den Ausbau der Wasserkraft umsetzten. Die Führung umfaßt einen Ausflug in die Maschinenhalle und eine Filmvorführung. Die Maschinenhalle liegt 700 m tief im Berg und erinnert in Aussehen und ihren Maßen (20 m hoch, 200 m lang) an die Kulisse in Fritz Langs *Metropolis*. Zu sehen sind handgefertigte Turbinenlaufräder und die Zipfel zweier Generatoren – Norwegens größte, die Oslo an einem kalten Wintertag mit Strom versorgen könnten. Trotz dieses anschaulichen Beispiels bleibt der Rundgang ziemlich abstrakt, da er optisch ausspart, wie es in den Turbinen zur Sache geht. Daran ändert auch die Besichtigung des Kontrollraums nichts, zumal sich die Leitzentrale im 100 km entfernten *Sauda* befindet.

Besuche von Wasserkraftwerken sind selten spannender als Festreden, doch Sima hat ja noch den Film parat, der während der achtjährigen Bauzeit 1973–81 einfing, unter welch enormen Anstrengungen das Projekt durchgezogen wurde. Der Film, der in verschiedenen Sprachen vorliegt, zeigt die Sprengungen, wie Helikopter Wohnbaracken und Arbeitsmaterial auf das Gebirge schafften, wie Staudämme, Wassertunnel (43 km), Straßen (50 km) und das Leitungsnetz entstanden. 1300 Personen waren im Einsatz; im Winter mußte die Arbeit wegen der unbezwingbaren Schneemengen ruhen.

Sima Kraftstasjon nutzt im wesentlichen das Schmelzwasser, das vom Gletscher *Hardangerjøkulen* abfließt. Die regulierten Flüsse und Bäche fließen in vier Staudämme, die durch Tunnel mit zwei Durchlaufstationen in 905 und 1040 m Höhe verbunden sind. Durch zwei Druckschächte im Berg saust das Wasser in die Tiefe und dreht die gewaltigen Turbinenlaufräder dreihundertmal in der Minute. Das Kühlwasser, das die Generatoren vor Überhitzung bewahrt, wird übrigens in einer Fischzucht-Station wiederverwendet. In dem angewärmten Wasser wachsen Lachse und Forellen doppelt so schnell wie unter »normalen« Bedingungen.

Wer sich für Daten interessiert, sollte die Broschüren studieren, die in der Eingangshalle des Kraftwerks ausliegen.

■ Der Einsiedlerhof **Kjeåsen** liegt in 600 m Höhe am Nordhang des Simadals, genau an jenem Berg, in dem sich das Kraftwerk befindet. Faszinierende Aussicht auf Tal und Eidfjord. Seit besagten Bauarbeiten ist Kjeåsen mit dem Auto zu erreichen, wobei ein kilometerlanger, enger und unbeleuchteter Tunnel durchquert werden muß. Knifflige Situationen bei Gegenverkehr. Bevor die Ära der Wasserkraft ins Simadal einrückte, war Kjeåsen nur auf einem Pfad mit der Außenwelt verbunden. Der mittelschwere

War vor der Gewässerregulierung noch gewaltiger: Vøringsfossen ▶

Steig beginnt am Parkplatz des Kraftwerks. Wanderzeit hinauf: 80–100 Minuten. Besichtigung von Kjeåsen 15 NOK. Informationen über die aktuellen Ausflugsfahrten nach Kjeåsen im Touristenbüro. Tel. (Kjeåsen) 5366 5433.

■ **Hardangervidda Natursenter**, Øvre Eidfjord, Tel. 5366 5300. Juni bis August täglich 9–18 Uhr, ab April und bis Oktober 10–18 Uhr; Film ab 10.30 Uhr alle 30 Minuten. Eintritt 65/35 NOK, Familien 150 NOK. Kladden mit deutschen Texten liegen bereit.

Geplant war ein »Erlebniszentrum« nach dem Muster der Vorbilder in Fjærland und Stryn. Doch weder Ausstellungen noch Film reichen an die Darbietungen der Konkurrenz heran. Einziger Höhepunkt sind die Fotografien von wilden Rentieren, die aus dem Nachlaß des 1994 verstorbenen Forschers *Terje Skogland* stammen. Die Aquarien und die Ausstellungen sind nicht uninteressant, aber ungeschickt angeordnet und wirken durch die überdimensionale Innenarchitektur etwas verloren. Was an ihnen »erlebnisorientiert« sein soll? Vielleicht daß man per Knopfdruck Vogelstimmen ertönen lassen kann?

Die größte Enttäuschung aber bereitet der groß angekündigte Film, den mehrere Projektoren auf eine Panoramaleinwand werfen: eine Werbeveranstaltung für Eidfjord, mit den gängigen und immer wiederkehrenden Motiven, die wir aus jeder Eidfjord-Broschüre und jedem zweiten Norwegen-Bildband kennen – wild geschnitten, kein Konzept erkennbar, die Natur der Hardangervidda als beiläufiges Rahmenprogramm – ein Sammelsurium an bunten Bildern, das die Zuschauer in ihren Kinosesseln erschlagen soll, und so kreischt es »Ah« und »Oh«, wenn der Helikopterflug über Fjord, Gletscher und Wasserfall plötzlich steil in die Tiefe führt. Das Machwerk basiert auf zwei Gedankenfehlern: erstens, daß alle potentiellen Zuschauer Amerikaner und Japaner sind, zweitens, daß Amerikaner und Japaner wohl generell für bescheuert gehalten werden. Kino-Jahrmärkte gibt es heute überall. Doch was bleibt im Gedächtnis haften, was ist das Spezielle, das Profil dieses »Naturzentrums«?

Daß Unterhaltung und ein bißchen Hintergrundwissen durchaus zusammenpassen, beweisen das Gletschermuseum in Fjærland und vor allem das »Jostedalsbreen Nasjonalparksenter« in Oppstryn; siehe jeweils dort.

Ausflüge

■ Die **Hardangervidda** ist mit 7500 km^2 Fläche Europas größte Hochfläche, von der 3400 km^2 seit

1981 als Nationalpark ausgewiesen sind. Die Höhe der meisten Gipfel schwankt zwischen 1250 und 1550 m; nur wenige ragen darüber hinaus, wie etwa der Gletscher Hardangerjøkulen. Das rauhe Klima sorgt für einen langen Winter und einen kurzen, nur drei Monate währenden Sommer. Die Baumgrenze verläuft etwa bei 1050 m; oberhalb lassen die lang anhaltende Kälte und der Wind nur niedere Vegetationsformen zu, zum Beispiel Flechten, von denen sich die umherziehenden Rentierherden ernähren. Gut 15.000 frei lebende Tiere wandern über die Hochebene. Die Rentierzucht wurde schon in den 50er Jahren aufgegeben, und auch die Almwirtschaft befindet sich auf dem Rückzug. Mehr als 30.000 Schafe sollen es noch sein, die im Sommer hier oben weiden.

Der Tourismus kam in den 70er Jahren. Ein akkurat geflochtenes Wanderwegenetz mit Übernachtungshütten umspannt die Hochebene – ideal für Wanderer, die Weite und Einsamkeit suchen. Botaniker interessieren sich für die unterschiedlichen Klimazonen und die daraus resultierende Vielfalt der Vegetation. Zwei Wanderungen werden gleich im Anschluß vorgestellt.

■ Seit 1995 verkehrt ein Ausflugsboot auf dem inneren **Hardangerfjord**. Stationen sind Ulvik (42 NOK), Kinsarvik (64 NOK), Utne (64 NOK), Lofthus (80 NOK), Odda (148 NOK) und Norheimsund (130 NOK). 15.6.–20.8.

Wanderungen

■ 1500 steinerne Treppenstufen sollen es sein, mit denen der Steig **Måbødal-Vøringsfossen** auf den Rand der Hardangervidda klettert. In 125 Kehren schlängelt sich dieser historische, mittelschwere Pfad über die verwitterten Stufen den birkenbewachsenen Berghang hinauf. Dem Wanderer sei der umgekehrte Weg von oben aus empfohlen. Startpunkt oben: Vøringfoss Kafeteria, Schild »Måbødalen« auf der anderen Straßenseite. Startpunkt unten: der erste Parkplatz oberhalb von Øvre Eidfjord, (mit WC, rechts der Straße 7). Dem Schild »Vøringsfossen« folgen, nach 200 m ein Gehöft durchqueren, am Bach entlang, nach 15 Minuten nicht dem Verlauf der Straße nach links folgen, sondern über den Holzsteg geradeaus auf die Bergwand im Osten zu, die in einem Halbkreis das Seitental abschließt.

Durch den »Trollzug« (siehe unter »Verschiedenes, Sightseeing«) hat man jetzt die Möglichkeit, den Pfad abwärts zu steigen und mit diesem Gefährt wieder an den Ausgangspunkt zurückzugondeln.

■ Die anstrengende Wanderung von Sima zum Hof **Kjeåsen** finden

Sie unter der Rubrik »Sehenswertes« vorgestellt. Dauer einfacher Weg: 80–100 Minuten.

Auf der Hardangervidda

Eidfjord liegt am Rand der Hardangervidda und eignet sich damit als Ausgangspunkt für Tageswanderungen. Zwei besonders reizvolle Touren möchte ich hier vorstellen.

■ **Hjølmo – Valurfossen – Viveli – Hjølmo.** Leichter, gut markierter Pfad, auch durch Sumpfgebiete. Wanderzeit: 4–4,5 Stunden. Wanderzeit Hjølmo-Valurfossen: 45–55 Minuten. Wasserdichte Schuhe von Vorteil.

Anfahrt ab Øvre Årdal durch das *Hjølmodal* (kein Bus), Wasserfall *Vedalsfossen* am Westhang. Unbefestigte Serpentinenstraße steigt auf gut 700 m, verwegener als der gern zitierte Trollstig (nix mit Wohnmobil). Parkplatz. Aussicht auf das schmale Tal und den Zipfel des Eidfjord-Sees im Hintergrund. Durch leicht ansteigende, gerundete Landschaft, unterwegs die Abzweigung zum Wasserfall Valurfossen, ständig sumpfige Stellen umgehen, selten sind Holzbohlen ausgelegt. Über mannshohe Felsbrocken waagerecht zum Aussichtspunkt klettern: Valurfossen (272 m) liegt tief unten in einem unzugänglichen Tal, wirkt durch die Vogelperspektive gar nicht so dramatisch. Falls der Wasserfall unter einem Nebelschleier verborgen ist, ruhig etwas warten, denn der Nebel kann sich innerhalb von Minuten verziehen (oder kommen). Zurück zum Pfad nach Viveli, noch unterhalb der Grenze zur Tundravegetation: spärlicher Nadelwald, meterhohe Sträucher und viel Sumpf. An dem Fluß entlang, der Valurfossen speist, Brücke über einen Wildbach. Viveli ist eine verschlossene Selbstbedienungshütte für DNT-Mitglieder. Rückweg direkt nach Hjølmo möglich.

■ **Dyranut – Nybu – Bjoreidalshytta (– Tråastølen) – Dyranut.** Kinderleichter, allerdings schlecht markierter Pfad. Wanderzeit: 3–4 Stunden. Gummistiefel von Vorteil, Fernglas wegen der Rentiere nicht vergessen.

Anfahrt zur »Dyranut Turisthytte« (1250 m) mit Bus oder Auto. Unterwegs bei klarer Sicht tolle Aussicht auf den Gletscher Hardangerjøkulen, nördlich der Straße 7. Parkplatz Dyranut. Links der Hütte beginnt der Pfad nach Süden, hinaus auf die offene Hardangervidda; kein Baum ist zu sehen. Es geht einen leichten Hügel hinauf, dann abwärts. Im Süden tauchen einige Gebäude (Nybu) am Horizont auf. Immer wieder müssen kleine Wasserläufe überquert werden, wodurch der Pfad verloren gehen kann. Die Orientierung fällt dank der rot gestrichenen Wohnhäuser von Nybu nicht schwer. An der Hängebrücke nach Nybu knickt der Pfad nach Osten ab und folgt dem Bach bis zur Bjoreidalshytta (1147 m), an dessen Ufer vereinzelt Wollgrasfelder und niedere Sträucher gedeihen. Unterwegs passiert man eine verfallene Steinhütte, deren moosgedecktes Dach teilweise heruntergebrochen ist. Ab Bjoreidal kann man auf einem Schotterweg 5 km zur Straße 7 zurücklaufen, dann noch einmal 1,7 km von Tråastølen nach Dyranut. Doch der harte Untergrund schmerzt die Gelenke, erschließt auch keine neuen Landschaftsformen, so daß ich den bereits bekannten Weg über Nybu empfehle.

Verschiedenes

■ **Fjordfahrten:** Hardangerfjord-*Expressbåt,* 15.6.–20.8. Siehe oben unter »Ausflüge«. – Der »Trollzug«, *Trolltoget,* befährt die alte Serpentinenstrecke der Straße 7, ein tolles Erlebnis am Hang entlang und durch die Tunnel; ständig gibt es etwas zu sehen. Von Mitte Juni bis Mitte August. Fahrpreis 60/30 NOK retour, 42/21 NOK einfacher Weg (Kombination mit Wanderung durch das Måbødal möglich; siehe oben).

■ **Angeln:** Forellen in einer Vielzahl von Gebirgsseen, auch auf der Hardangervidda. Angelkarten im Touristenbüro und bei einigen Unterkünften, Tageskarten ab 30 NOK.

■ **Fahrradtouren:** Die alte Serpentinenstrecke beginnt 5,5 km oberhalb von Øvre Eidfjord. Sie ist gut in Schuß, abgesehen von den Gesteinsbrocken, die sich gelegentlich vom Fels absprengen. Die Tunnel sind kurz, doch Vorsicht in den Kurven. Fahrzeit Øvre Eidfjord hinauf nach Fossli (13,5 km): 70–80 Minuten. Wer schiebt, braucht entsprechend mehr. – Nicht schieben muß man bei der Tour am Eidfjord entlang ins Simadal.

Fahrradvermietung im Touristenbüro: 80 NOK ganzer Tag, 40 NOK halber Tag.

■ **Reiten:** Das Touristenbüro arrangiert Reitausflüge verschiedener Länge und Anforderung.

■ **Skilauf:** Im *Sysendal Skisenter,* dort oben an der Pforte zur Hardangervidda, 60 km markierte und präparierte Loipen sowie drei Abfahrten. Als bester Ausgangspunkt für Langlauftouren gilt das *Maursæth Turistsenter*, Telefon 5366 5780. Saison von Dezember bis April.

■ **Hauptpostamt**: Nedre Eidfjord.

■ **Transport:** (aus Odda über) Brimnes, Nedre Eidfjord, Øvre Eidfjord, Fossli, Maursæth, Dyranut u.a. – Eidfjord, Simadal.

Weiterreise

■ **Personenfähre:** 15.6.–20.8. nach Ulvik, Lofthus, Kinsarvik, Odda, Utne, Norheimsund; Preise unter »Ausflüge, Hardangerfjord«.

■ **Bus:** nach Odda (82 NOK ab Nedre Eidfjord) über Brimnes, Kinsarvik, Lofthus, Hovland und Tyssedal; in Brimnes Fähre nach Bruravik (Ulvik), in Kinsarvik Fähre nach Utne). – Landeinwärts mit derselben Buslinie über die Hardangervidda nach Haugastøl und Ustaoset (jeweils Anschluß an die Bergenbahn).

■ **Auto: Zum Sørfjord.** 30 Kilometer auf Straße 7 unermüdlich am Fjord entlang bis Kinsarvik, dem ersten größeren Ort am Sørfjord; siehe dort.

Nach Ulvik. Straße 7 am Eidfjord entlang bis zum Fähranleger *Brimnes,* Autofähre nach *Bruravik* (verkehrt ständig), dort nicht dem Strom des Fernverkehrs folgen, sondern rechts ab auf Straße 572 nach Ulvik.

Landeinwärts über die Hardangervidda mit Straßenverbindungen zu den Fährhäfen Oslo (390 km), Larvik (372 km) und Kristiansand (406 km). Unterschätzen Sie nicht die Entfernungen.

Am Sørfjord

Schlote und Obstbäume

Der 42 km lange Sørfjord, der in Nord-Süd-Richtung vom Hardangerfjord abzweigt, vereint so manche Gegensätze. Die Südspitze bildet der Industriestandort *Odda,* Zentrum einer Gemeinde, die nach Süden und Osten weit in das Gebirge hineinreicht (8250 Einwohner). Die nördlich gelegene Kommune heißt *Ullensvang* (3900 Einwohner). Deren drei größte Ortschaften sind *Utne,* am Westufer, sowie *Lofthus* und *Kinsarvik,* am Ostufer, wo die größte Obstbaumkolonie Westnorwegens während der Blüte im Frühjahr die Sinne betört.

Jahrelang quälte sich der Durchgangsverkehr nach Bergen am Ostufer des Fjords entlang, um in Kinsarvik auf die Autofähre nach Utne und weiter nach *Kvanndal* zu wechseln. Um die Fahrzeit zu verkürzen, wurde Ende der 80er Jahre die frühere Nebenstrecke am Westufer ausgebaut, so daß diejenigen, die es eilig haben, nun in Utne »verladen« werden. Das Kapitel soll nun zeigen, daß der Sørfjord mehr als nur einen Stopp wert ist. In den

Seitentälern stößt der Besucher auf eine (rauhe) Natur, die sich deutlich von der am Fjord unterscheidet. Die Gebirgszüge am Ostufer bilden den Auftakt der Hochfläche *Hardangervidda*, die mit 7500 km^2 als Dach des südlichen Norwegens bezeichnet wird. Mehrtägige Wanderungen in dieser Region geraten allerdings oft anspruchsvoll, da es hier häufiger regnet als in den östlichen Zonen der Hochfläche und die Möglichkeiten zu Rundwanderungen beschränkt sind.

Ullensvang

Ein stimmungsvoller Kontrast erwartet den Besucher in der zweiten Maihälfte bzw. Anfang Juni, wenn am sonnenverwöhnten Ostufer Zehntausende Obstbäume blühen, während sich am sonnenentwöhnten Westufer die Schneegrenze nur zögerlich nach oben bewegt. Das Westufer gehört zu einer gut 50 km langen Halbinsel, die sich zwischen Hardangerfjord und Sørfjord schiebt und auf deren Mitte Norwegens drittgrößter Gletscher thront: der *Folgefonn*.

Woher die Idee mit den Obstbäumen stammt? Es waren englische Mönche vom Orden der Zisterzienser, die um 1200 hierher kamen und schließlich erkannten, daß sich der Erdboden und das milde Klima für den Anbau von Obstbäumen eigneten. In den Plantagen rund um ihr *Opedal-Kloster* bei Lofthus ernteten sie hauptsächlich Äpfel, die sie bei der Herstellung von Wein, Marmelade und Soße verwendeten. Im 18. Jahrhundert – die Mönche waren mit der Reformation verschwunden – begannen die Bauern ihr Obst in andere Landesteile Norwegens zu exportieren. Heute gedeihen auf knapp 20 km^2 Anbaufläche in Ullensvang 20 % des einheimischen Obstbaumbestandes: etwa eine halbe Million Apfel-, Pflaumen-, Kirsch- und Birnbäume, mehr als die Hälfte davon Apfelbäume. Während der Erntezeit bieten die Verkaufsstände entlang der Straßen die Gelegenheit, die Qualität des Hardanger-Obstes zu probieren. Die Hänge am Ostufer des Sørfjords bilden einen zusammenhängenden Obstgarten. Durch das warme, aber nicht heiße Klima haben die Bauern relativ wenige Sorgen mit Schädlingen und Baumkrankheiten, weswegen sie mit einem Minimum an chemischen Keulen auskommen sollen. In Lofthus steht eigens ein Institut, dessen Mitarbeiter sich mit Fragen von Wachstum, Klima und Chemie beschäftigen.

Information

■ **Ullensvang Turistinformasjon**, Postboks 73, N-5780 Kinsarvik, Tel. 5366 3112, Fax 5366 3203.

25.6.–20.8. täglich 10–19 Uhr, ab Mai und bis 25.9. Mo–Fr 10–15.30 Uhr, sonst Mo–Fr 12–15 Uhr. Rotes Holzhaus, liegt etwas versteckt in Kinsarvik-Zentrum.

■ **Jondal Turistkontor**, N-5627 Jondal, Telefon 5366 8531, Fax 5366 8717. 1.6.–15.8. Mo–Fr 11–17 Uhr, Sa 11–14 Uhr, So 13–17 Uhr, sonst Mo–Fr 10–15 Uhr und Tel. 5366 8733.

Unterkunft Kinsarvik

■ **Kinsarvik Fjord Hotel**, Telefon 5366 3100, Fax 5366 3374. Etwa 20.5.–31.8. Fjord Pass (D) EZ 720 NOK, DZ 910 NOK, sonst EZ 690 NOK, DZ 860 NOK. Restaurant und Kafeteria.

Nette Zimmer mit Veranda, Textiltapeten und warmen Brauntönen. Aussicht bescheiden.

■ **Kinsarvik Kafé og Pensjonat**, Tel. 5366 3390. EZ ab 290 NOK, DZ ab 390 NOK. Bad auf dem Flur. Hinweisschild »Kafeteria/Rom«.

■ **Harding Motell og Hyttetun**, Tel. 5366 3182, Fax 5366 3345. Ganzjährig geöffnet. Preisniveau Camping: 2, WM 3. 22 Motelzimmer und Ferienhütten für 4–8 Personen 550–785 NOK. Kiosk mit kleinen Mahlzeiten.

Weitläufiger Ferienpark mit Hallenbad, Sauna, Satelliten-TV, Solarium, Kafeteria, Basketballkorb auf Beton etc. Die komfortablen, grasbewachsenen Ferienhütten umgeben die Zeltwiese (mit Obstbäumen) wie eine Wagenburg, der Zeltschläfer auf dem Präsentierteller. Aufenthaltsräume. Gute Sanitäreinrichtung, W & T.

■ **Bråvoll Camping**, Tel. 5366 3358 und 5366 3510. 1.5.–30.9. Preisniveau Camping: 1. 6 Hütten für 2–4 Personen 180–230 NOK, in der Nebensaison 150–180 NOK.

Schiefe, zum Fjord auslaufende Wiese, Kiesstrand mit Abwasserrohr. Große Standardhütten, zu teuer. Sanitärhäuslein leidlich, Ww. Spielplatz.

■ **Ringøy Camping**, 9 km nördlich von Kinsarvik. Preisniveau Camping: 1. Keine Hütten.

Riesige, steil zum Fjord abfallende Wiese, nur der untere Teil eben genug für Zelte. Bäume am Ufer. Ideal für faule Tage am Wasser, Boot umsonst. Leider ist die Straße zu hören. Akzeptable Sanitäranlage.

Unterkunft Utne/Westufer

■ **Utne Hotel**, Tel. 5366 6983, Fax 5366 6950. 1.6.–31.8. Fjord Pass (C) EZ 535 NOK, DZ 760 NOK, sonst EZ 555 NOK, DZ 880 NOK.

Mit Baujahr 1722 das älteste Hotel in Norwegen, teilweise modernisiert (die Hälfte der Zimmer mit Bad), doch durchweg im alten Stil. Jedes Zimmer schaut anders aus, allen gemein ist die urige Einrichtung mit historischen Betten, Kommoden, Nachttischen und Tapeten. Gemütlicher, holzgetäfelter Speisesaal, Salons mit Kamin und Aussicht auf den Fjord. Eigentlich immer ausgebucht, deshalb zeitig anfragen. Der ständige Verkehr am nahegelegenen Fährkai stellt eine eher unwillkommene Belebung in Utne dar.

■ **Eikhamrane Camping**, Måge, Tel. 5366 2248. 1.6.–31.8. Preisniveau Camping: 2. 2 Hütten für 2 Personen 150–200 NOK, 1 für 6 Personen 300 NOK.

Einziger Campingplatz am sonnenarmen Westufer des Sørfjords, 18 km nördlich von Odda. Abfallende Wiese, wenig Platz für Zelte. Gemütliche Hütten mit fließend Wasser.

Unterkunft Lofthus

■ **Hotel Ullensvang**, Tel. 5366 1100, Fax 5366 1520. 1.6.–31.8. Fjord Pass (D) EZ 605 NOK, DZ 910 NOK, sonst EZ 830 NOK, DZ 1060 NOK.

Origineller Bau im Bodega-Stil, ausgerichtet auf Jugend und Sportlichkeit. Zimmer zum Fjord mit Veranda, groß und in angenehmen Farben, aber keineswegs so vorzüglich, wie es der Preis vermuten läßt. Schwimmbecken. Vermietung von Segelbooten. Auf dem Gelände steht noch die *Grieg-Hütte*, in der der Meister komponierte; der Kontrast zum danebenliegenden Badmintonfeld wirkt reichlich schrill.

■ **Ullensvang Gjesteheim**, Tel. 5366 1236. EZ 200 NOK, DZ 400 NOK. Bad auf dem Flur. Frühstück 50 NOK.

Klein, nüchtern, sauber. Rauschender Bach gleich nebenan auf seinem Weg zum Fjord, also bei offenem Fenster schlafen.

■ **Hardanger Folkehøgskole**, Tel. 5366 1180. Nur 1.6.–15.8. DZ um 500 NOK. Zimmer mit Waschbecken, Bad auf dem Flur. Frühstück 50 NOK.

Alte, holzverkleidete Villa in ruhiger Lage am Hang; aufpassen, daß man nicht am Eingang vorbeifährt. Einfache Zimmer, zu teuer trotz Aufenthaltsraum und Bibliothek.

■ **Lofthus Camping**, Telefon 5366 1364. Mai bis Mitte September. Preisniveau Camping: 2. 20 Hütten für 4 Personen 225–300 NOK, 6 Ferienhütten für 6 Personen 540–610 NOK.

Schöne Lage am Hang, weit oberhalb des Fjords. Mit Obstbäumen bestandene Wiese. Die kleineren Hütten wirken gemütlicher, weil sie besser ausgefüllt sind. 1996 soll ein neues Sanitärgebäude stehen, wurde auch Zeit, W & T.

Sehenswertes

■ **Hardanger Folkemuseum** umfaßt mehrere historische Gebäude, die sich, jeweils in idyllischer Umgebung erhalten, in der Gemeinde Ullensvang verteilen. 1.5.–31.8. Mo–Sa 10–16 Uhr (Do bis 18 Uhr), So 12–16 Uhr, sonst Mo–Fr 10–15 Uhr. Führungen Freilichtmuseum zu jeder vollen Stunde oder, etwa in der Nebensaison, nach Absprache mit Tel. 5366 6900. Eintritt 25/0 NOK, Nebensaison 20/0 NOK.

Im Hauptgebäude werden wechselnde Ausstellungen zu kulturhistorischen Themen durchgeführt. Im Freilichtmuseum *Hardanger Folkemuseum* stehen Wohnhäuser aus den beiden letzten Jahrhunderten, ein Kolonialwarenladen und eine Schule. In den Bootsschuppen am Fjord liegen historische Boote fest. Im Garten gedeihen auch Obstsorten, die heute nicht mehr angebaut werden.

Skredhaugen bei Lofthus ist dem Künstler *Bernard Greve* (1886–1962) zu verdanken, der das Anwesen 1918 kaufte und um mehrere Hofgebäude erweiterte, die er aus der ganzen Sørfjord-Region zusammentrug. Greve richtete sie authentisch mit Möbeln, Werkzeug und Zierat ein. 1.6.–20.8. Mo–Sa 11–18 Uhr, So 12–18 Uhr.

Noch fleißiger sammelte *Aamund Bu* (1872–1944), ein Tausendsassa, der sich seinen Lebensunterhalt als Bauer, Händler und Erfinder verdiente und nebenbei noch Ahnenforschung betrieb. Die Sammlungen, in einem Speicher und zwei Räucherkammern untergebracht, umfassen außer ähnlichen Utensilien wie auf Skredhaugen Kleidung, Münzen, Kunsthandwerk und einiges mehr. Bu liegt ganz im Norden von Ullensvang, an der Straße 13 kurz vor Brimnes. Wegen Renovierungsarbeiten vorübergehend geschlossen, in der Verwaltung in Utne nachfragen.

■ **Agatunet**, Aga, Tel. 5366 2214. 15.5.–15.8. täglich 11–18 Uhr. Eintritt 25/0 NOK.

Agatunet ist eine Art norwegische Kolchose, die in den 30er Jahren neun Familien gemeinsam bewirtschafteten. Das älteste Gebäude, die sogenannte Richterhütte, wird dem 13. Jahrhundert zugerechnet. Aga liegt am Westufer des Sørfjords, 17 km südlich von Utne.

Ausflug nach Jondal

Jondal heißt die Gemeinde am Ostufer des Hardangerfjords, auf der anderen Seite der Halbinsel mit dem Folgefonn-Gletscher. Von Utne aus umrundet die Straße 550 die Nordspitze der Halbinsel, durchquert lichte Wälder und hält sich südwestwärts, fast durchweg nahe am Ufer entlang. Die Straße ist sehr schmal, und immer wieder sorgen Kuppen für eine kurzweilige Reise. Die grünen, satten Wiesen deuten auf ein zuverlässiges Niederschlagsquantum hin. Das Zentrum Jondal befindet sich dort, wo die Gemeinde dem anderen Ufer des Fjords am nähesten ist. Eine Autofähre verbindet Jondal mit *Tørvikbygd*.

Die Gemeinde besitzt zwei Vorzüge, die den Touristenströmen leicht entgehen: Zum ersten gibt es hier eine Straße, die bis an den Folgefonn-Gletscher heranreicht, zum zweiten mehrere Plätze, um, abseits der gängigen Touristenrouten rund um den Hardangerfjord, ein paar Tage ungestört auszuspannen.

Die Straße zum Gletscher beginnt im Dorf Jondal, durchquert das landwirtschaftlich genutzte *Krossodal*, wo an einem Holzverschlag Maut für die Reststrecke zum Eis gezahlt werden muß (30 NOK für Pkw). Die Straße steigt Kurve um Kurve hinauf; Schafe und Kühe trollen sich auf der Fahrbahn. Die Vegegation wird karger, die ersten Eisfelder schieben sich über den dunklen Fels, die Luft ist kalt – welch ein Kontrast zur tiefgrünen Farbe unten am Fjord. Zwischen dem nackten Gestein taucht links eine Staumauer auf; der Wasserlauf darunter ist leer. Der Parkplatz (etwa 1200 m ü.d.M.) liegt bereits auf der gleichen Höhe wie die unmittelbar angrenzende Gletscherzunge. Lift und Hütte zeugen vom Sommerskigebiet Folgefonn. Wer Glück hat, dem hoppelt ein Schneehase über den Weg. Einmalige Aussicht auf den Fjord und die gegenüberliegenden Gebirgszüge. Die Straße ist von Mai bis Oktober offen.

■ **Sommerski:** *Folgefonn Sommarskisenter*, mautpflichtige Straße ab Jondal, 1200 m Höhe (An- und Rückfahrt per Bus ab/nach Jondal, 40 NOK). Saison: Juni bis September, 20.6.–20.8. täglich 10.30–16.30 Uhr, sonst nur Sa und So. Liftkarte 140 NOK am Tag. Skizentrum für Abfahrt und Telemarkski, Langlauf und Gletscherwanderungen. Skischule und Vermietung Ausrüstung.

■ **Båtbyggjarskulen** ist die Bootsbauschule, in der die Schüler das Bauen, Restaurieren und Reparieren von Holzbooten und -schiffen lernen. Außerhalb der Ferien, im Sommer etwa von Mitte Juni bis Mitte August, sind Besucher herzlich willkommen.

■ **Unterkunft:** *Jondal Camping*, Tel. 5366 8428. 1.6.–31.8. Preisniveau Camping: 1. Winziger Platz mit Obstbäumen am Wildbach, abgelegen im Tal. Hütte mit Waschbecken und WC.

Jondal Gjestgjevarstad & Motell, Tel. 5366 8563. Ganzjährig geöffnet. EZ 310 NOK, DZ 500–620 NOK. Verkauf von Angelkarten (Forellen).

Folgefonn Hytter og Gardscamping, Krossodal, Tel. 5366 8423. Ganzjährig geöffnet, Camping April bis Oktober. Preisniveau Camping: 1. Wohnliche Hütten mit Veranda für 4 Personen 250 NOK. Dusche, WC und Küche im Haus der Gastgeber.

Vassel Hytter og Camping, Herand, Tel. 5366 8178. Ganzjährig geöffnet. Preisniveau Camping: 1. 10 Ferienhütten für 4–6 Personen 250–500 NOK. Wiese direkt am See. Erstklassige Hütten mit Ofen, Top-Küche und mehreren Schlafzimmern. Gemütlicher Aufenthaltsraum. Sanitäranlage top, schöne

Camperküche. Bestens geeignet zum mehrtägigen Relaxen.

Wanderungen

■ Ausgesprochen reizvoll verläuft die leichte Wanderung durch das **Husedal**, Abzweigung in Kinsarvik. Am besten parkt man dort, wo die asphaltierte Straße aufhört und in eine schmale Buckelpiste übergeht, die nur wenige Ausweichmöglichkeiten zuläßt. Birken säumen zunächst den Fahrweg, der nach 20 Minuten den fotogenen Wasserfall **Tveitafossen** passiert, der direkt neben einer Wasserkraftstation in Kaskaden herabstürzt. Hier ist für alle Privatfahrzeuge Endstation, jedoch kein Parkplatz vorgesehen. Der Weg erreicht den Hardangervidda-Nationalpark und wird zum anspruchsvollen Pfad, passiert mehrere Wasserfälle und die Alm *Nykkjesøy* (600 m). Wetter und Konstitution sollten den Zeitpunkt der Umkehr bestimmen; leider läßt sich die Route nicht zu einer Tages-Rundwanderung kombinieren.

■ Der Guide für die Gemeinde Ullensvang schlägt 20 **Routen** rund um Kinsarvik, Lofthus und Utne vor.

Verschiedenes

■ **Angeln:** Die Angelseen liegen größtenteils weit draußen im Gebirge und sind nur durch mehrstündige Wanderungen zu erreichen! In Seen und Flüssen der Kommune Ullensvang Forellen u.a. Tageskarten ab 30 NOK. – In Jondal Tageskarten ab 20 NOK, Lachs im Fluß *Jondalselva.*

■ **Hardanger Feriepark:** Freizeitpark in Kinsarvik, mit tollem Spielplatz, Wasserrutsche, »Trimmloipe«, Minigolf, Mini-Zoo mit Reitpferden, Verkauf von Kunsthandwerk, Kafeteria und Kiosk. Macht den fjordnahen Ortsteil Kinsarvik gekünstelter, als er ohnehin schon ist. Trotzdem gelungene Abwechslung für die Kleinen, die nicht immer nur Gletscher, Fjorde, Museen oder Kirchen sehen wollen. Die Einheimischen laden hier gerne ihre Kinder ab, wenn sie samstags zum Einkaufen gehen. Etwa 25.6.–15.8. täglich 10/11–19 Uhr, ab 25.5. nur Sa und So 11–19 Uhr. Eintritt 40 NOK.

Odda

Vom Touristen- zum Industriepark

Noch um die Jahrhundertwende soll Odda einer *der* Anziehungspunkte für Westnorwegen-Reisende gewesen sein. Als 1906 die Wasserfälle im *Tyssedal*, leger ausgedrückt, in den Rohren eines neuen Wasserkraftwerks verschwanden, begann die Industrialisierung am Sørfjord. Das geplante Aluminiumwerk in Tyssedal brauchte reichlich

Elektrizität, die nun vorhanden war. Die neuen Fabriken schafften viele Arbeitsplätze; die Einbußen im Fremdenverkehr schienen demgegenüber unbedeutend. Inzwischen wurde auch der einst gewaltige Wasserfall im *Skjeggedal* in den Dienst der Stromgewinnung gestellt.

Die Schlote des Schmelzwerks in Odda qualmen unverändert, wie sie seit Jahrzehnten die Umgebung prägen. Im Ortszentrum liegt regelmäßig der beißende Geruch von Karbid in der Luft, der jedoch in den nächsten Jahren verschwinden soll. Und da alle guten Dinge bekanntlich drei sind, hat sich in Eitrheim, das am Westufer nahtlos in Odda übergeht, die Zinkhütte »Norzink« etabliert. Die Bauten oben am Hang haben übrigens nichts mit der Industrie zu tun; es sind Schutzwälle, die man angelegt hat, seit Anfang 1993 eine mächtige Schneelawine ins Tal tollte und einige Häuser zerstörte.

Information

■ **Odda Turistinformasjon**, Tyssedalsveien 5, Postboks 147, N-5751 Odda, Tel. 5364 1297 und 5364 4255, Fax 5364 4260. Etwa 12.6.–12.8. Mo–Fr 10–20 Uhr, Sa 10–17 Uhr, So 11–18 Uhr.

Unterkunft

■ **Hardanger Hotel**, Eitrheimsvegen 13, Tel. 5364 2133, Fax 5364 3688. 1.6.–31.8. EZ 535 NOK, DZ 710 NOK, sonst EZ 670, DZ 995 NOK.

Zimmer mit Aussicht zum Fjord, Möbel etwas zusammengewürfelt. Video im Speisesaal, guten Appetit.

■ **Sørfjordheimen Hotell**, Bustetungt. 2, Tel. 5364 1411. EZ ab 585 NOK, DZ ab 700 NOK. Kein Restaurant.

Zimmer mit kleinem Balkon, Fußboden mit Korkimitation. Nicht gerade wohnlich; die nahe Straße bestimmt die Geräuschkulisse.

■ Jugendherberge **Odda Vandrerhjem**, Sørfjordheimen, Bustetungt. 2, Tel. 5364 1411. 1.6.–20.8. Mitglieder im EZ 230 NOK, DZ 130 NOK, Mehrbett-Zimmer 130 NOK, Nicht-Mitglieder rund 25 NOK Aufschlag. 7 Zimmer mit 32 Betten, teilweise mit Bad. Frühstück 50 NOK, Abendessen 75 NOK. Kochgelegenheit. Im selben Gebäude wie das »Sørfjordheimen Hotell«: zentral und laut.

■ **Odda Rom- og Hytteutleie**, Jordalsveien 15, Tel. 5364 2327. 125 NOK pro Person. Zimmer mit 1–5 Betten. Ferienhütte für 4 Personen 400 NOK. Kein Frühstück.

Preiswerte Unterkunft mit ordentlicher Ausstattung; auch Möbel, die nicht notwendig sind, den Gesamteindruck aber auflockern – klar besser als die Jugendherberge.

■ **Odda Camping Børsta**, Straße nach Buar, Telefon 5364 3410. 1.6.–31.8. Preisniveau Camping: 2, WM 3. Keine Hütten.

Die Zelte stehen auf einem hübschen Park verteilt, der an den Stadtwald grenzt: Spaziergänge zu Aussichtspunkten, Blick auf den See Sandvinvatnet. Normalerweise keine Geruchsbelästigung durch die ortsansässige Industrie. Begrenzter Raum für Wohnmobile. Gute Sanitäranlage, W & T. Kiosk.

Sehenswertes

■ **Vestnorsk Industristadmuseum**, das Westnorwegische Industriemuseum, setzt sich aus mehreren Abteilungen in Tyssedal und Odda zusammen. 1.5.–30.9. täglich 10–16 Uhr. Eintritt 30/10 NOK.

Am interessantesten präsentiert sich das Museum im ehemaligen Verwaltungssitz der Kraftwerksbetreiber. Der Höhepunkt sind die gekonnt gemachten Diashows zur Industriegeschichte der Region, die dem lokalen Milieu breiten Raum widmen: Sie schildern das Leben im Industriestandort Odda in den 20er Jahren, den Aufbau der Fabriken, die Entstehung der Gewerkschaftsbewegung usw. Top. 1996 soll die Version auf deutsch fertig sein (ansonsten auf englisch und norwegisch). Das Museum umfaßt ferner Ausstellungen zur Wasserkraft und zu kulturhistorischen Themen. Und es kann das alte Wasserkraftwerk besichtigt werden, das 1989 stillgelegt wurde; oben im Gebirge haben neue Stationen mit wesentlich größerer Kapazität die Arbeit übernommen.

In der Folgefonngata in Odda stehen inzwischen restaurierte Arbeiterwohnhäuser, die den Alltag der Bewohner von 1910 bis 1950 dokumentieren.

■ Für die Wasserkraftnutzung entstand die Straße, die ab Tyssedal kurvenreich hinauf in ein Seitental des Sørfjords führt und am See *Ringedalsvatn* endet. Die Fahrt durch das wilde **Skjeggedal** läßt den Fjord schnell vergessen. Die Straße ist schmal (Ausweichbuchten), aber bestens in Schuß. In der Wohnsiedlung, die an der 520 m langen und 36 m hohen Staumauer anfängt, befindet sich die »Talstation« der Kabelbahn *Trallebanen,* die Arbeiter und Material mit schwindelerregender Steigung ab 430 m ü.d.M. auf den Hügel *Mågelitoppen* (860 m) transportiert. In der Hochsaison werden Sonderfahrten für Touristen eingelegt, meist am Wochenende; vorsichtshalber im Touristenbüro Odda nachfragen.

Sie können oben eine Rundwanderung unternehmen und sich dabei auf den Fels *Trolltunga* wagen, der über die Bergkante hinaus ragt und somit über dem Talsee »schwebt«, deshalb der Name Trollzunge.

Wer nicht schwindelfrei ist, kann sich mit dem Spaziergang auf der 529 m langen Ringedals-Staudammauer oder dem Sträßchen am Stausee entlang begnügen. Talabwärts, auf der anderen Seite des

Flussbettes, verläuft der historische Weg, den die DNT 1904 für die Touristen anlegen ließ, die die Wasserfälle im Skjeggedal in Augenschein nehmen wollten.

■ Wer von der Kreuzung *Steinaberg bru* auf der Straße 13 Richtung Odda unterwegs ist, sieht plötzlich einen feinen Wasserschleier vor sich, der über die Straße weht und ein Naturspektakel ohnesgleichen ankündigt. Der Wasserfall **Låtefossen** (164 m) stürzt in zwei Armen direkt neben der Straße vom Gebirge herunter. Neben dem Wasserfall deuten bemooste Mauern ein kurzer Serpentinenweg an, der auf den Hang neben Låtefossen hinaufführt. Früher stand dort ein Haus. Bei Sonnenschein kann man von oben eventuell Regenbogen im Wasserlauf erkennen.

Vorsicht auf der Straße, denn vor lauter Begeisterung suchen sich Amateurfilmer die unmöglichsten Positionen, um die Natur Norwegens im heimischen Wohnzimmer präsentieren zu können.

■ **Buar** ist ein Arm des Folgefonn-Gletschers. Die 6 km lange Abzweigung beginnt in Odda, führt ein Stück am Fjord entlang, biegt in das *Buardal* ein (Landwirtschaft) und durchquert einen Wald mit imposant großen Findlingen. Die Straße, die den vom Gletscher abfließenden Wildbach begleitet, ist so schmal, daß Wohnmobilen kaum Ausweichmöglichkeiten bleiben, und wenn sich zwei größere Fahrzeuge, geht nichts mehr. Am Fuß des Berges gibt es zwei kurz aufeinanderfolgende Parkplätze, der letzte an einem Gehöft. Ein Wanderpfad steigt nach oben, reicht aber nicht an das Eis heran. Bei Nässe auf glitschiges Gestein achten. Wanderzeit hinauf: 1–1,5 Stunden. Allein die Anfahrt ist ein Erlebnis. Schöner Blick auf den See *Sandvinvatnet*, unten im Tal. Wer eine organsierte Wanderung bevorzugt, bitte:

Wanderungen

■ **Gletscherwanderungen** mit Führer vermittelt das Touristenbüro in Odda. Von Juli bis September Touren auf dem Buarbre. Feste Schuhe und warme Kleidung sind Voraussetzung. – 2-Tages-Touren auf dem Folgefonn-Gletscher werden an den Wochenenden in Juli und August angeboten. 700 NOK ohne Kosten für die Unterkunft; oben stehen zwei Hütten. Feste Schuhe und warme Kleidung sind Voraussetzung.

■ Der **Natursti Digranes** umfaßt zwei Wanderwege, die der lokale Ornithologen-Verband instandhält. Tafeln entlang der Strecken informieren (auf norwegisch) über Flora und Fauna am Sørfjord. Die Tafeln stehen von April bis Oktober. Für die kürzere Alternative auf einem leichten Traktorweg ist eine gute Stunde zu veranschlagen. Die längere, schwere Tour ermöglicht ein Pfad, der von dem Traktorweg abzweigt und manch steile Passage bewältigt, dafür aber auch schöne Aussichtspunkte passiert. Diese Wanderung dauert rund zwei Stunden. Unterwegs Rastplätze mit Sitzbänken.

Anfahrt mit Bus oder Auto nach Digranes, 10 km nördlich von Odda, am Westufer des Sørfjords. Schild »Ornitologisk Stasjon«, Abzweigung führt 60 m steil hinauf. Die Station befindet sich in einem alten Schulgebäude. Parkplatz mit Sitzbänken und Grill. Adresse: *Fugleklubben Odda*, Postboks 303, N-5750 Odda.

Verschiedenes

■ **Angeln:** Die Angelseen liegen größtenteils weit draußen im Gebirge und sind nur durch mehrstündige Wanderungen zu erreichen! In Seen und Flüssen der Kommune Odda Forellen und Saiblinge, Tageskarten ab 30 NOK.

■ **Bootsvermietung:** am See *Sandvinsvatnet,* bei »Odda Camping«, siehe »Unterkunft«.

Transport

■ **Personenfähre:** Schnellboot Odda, Nå, Lofthus, Kinsarvik, Utne (weiter nach Norheimsund).

■ **Autofähre:** Kinsarvik, Utne (nur fünf- bis sechsmal täglich).

■ **Bus:** Odda, Tyssedal, Hovland, Lofthus, Kinsarvik (weiter nach Eidfjord). – Odda, Nå, Aga, Grimo, Utne, Vines, Alsåker, Herand, Jondal. – Odda, Tyssedal. – Odda, Eitrheim. – Odda, Toppen. – Odda, Freim, Ragde, Tokheim.

■ **Taxi:** Ullensvang, Tel. 5366 3112. – Odda, Tel. 5364 1444.

Weiterreise

■ **Personenfähre:** Schnellboot Ulvik, Eidfjord, Odda, Nå (x), Lofthus, Kinsarvik, Utne, Norheimsund, dort Busanschluß nach Bergen (x = hält nicht immer).

■ **Autofähre:** Utne, Kvanndal (verkehrt ständig). Kombination Kinsarvik, Utne, Kvanndal ohne Schiffwechsel möglich.

■ **Bus:** *Odda Rutebilstasjon* an der Kreuzung am Fjord, neben der Kirche.

Nach Eidfjord (82/93 NOK) ab Odda über Tyssedal, Hovland, Lofthus, Kinsarvik, Brimnes. – Nach Jondal (93 NOK) über Nå, Aga, Grimo, Utne, Vines, Alsåker, Herand, Jondal. – Nach Bergen (168 NOK, Haukeliekspressen) über Utne, Fähre nach Kvanndal, Øystese (80 NOK), Norheimsund, Arna und Nesttun.

■ **Auto: Nach Eidfjord**. Straßen 13 und 7 am Eidfjord entlang.

Nach Ulvik. Straße 13 bis Fähranleger *Brimnes,* Autofähre nach

Bruravik über den Eidfjord (verkehrt ständig), Straße 572 bis Ulvik.

Nach Voss. Autofähre *Utne-Kvanndal,* Straßen 7 und 13 bis Voss, unterwegs vorbei am malerischen See *Granvinvatnet* und am Wasserfall *Skjervefossen.*

Nach Norheimsund/Øystese (und weiter nach Bergen). Enge Straße 550 von Utne nach Jondal, Autofähre nach *Tørvikbygd* über den breiten Hardangerfjord (verkehrt stündlich), Straße 49 am Fjord entlang nach Norheimsund.

Nach Haugesund. In umgekehrter Richtung beschrieben unter »Haugesund, Weiterreise«.

Nach Ryfylke. In umgekehrter Richtung beschrieben unter »Ryfylke, Weiterreise«.

Register

Die skandinavischen Sonderbuchstaben æ, ø, å werden, wie im Norwegischen, am Ende des Alphabets eingereiht.

Lesertips

Schreiben Sie uns, wenn Sie Preiskorrekturen, Adreßänderungen oder Ergänzungsvorschläge haben! Der Autor, Alexander Geh, und der Verlag freuen sich über jede Zuschrift. Wird Ihr »Tip« in der nächsten revidierten Ausgabe veröffentlicht, schenken wir Ihnen ein *Freiexemplar*. Achtung: An uns gesandte Bücher mit persönlichen Notizen können wir leider nicht retournieren.

Regenbogen-Reiseführer
Stichwort »Westnorwegen«
Münzgasse 3
D-78462 Konstanz

Bildnachweis

Alexander Geh
Birger Holtermann
Auraverkene Fotoarkiv (383)
Sogn og Fjordane Fylkesarkiv (353 unten)
Stavanger Byarkiv (35 unten, 105 unten)

London (Igramhan) 284 S. 24,80
Paris (Igramhan) 284 S. 24,80
Wales (Schmidt) 192 S. 22,80
Kreta (Sperlich/Stromer) 192 S. 19,80
Lanzarote (Stromer) 168 S. 16,80
Niederlande/Wattinseln (Schneider) 204 S. 22,80
Südnorwegen/Oslo (Geh) 320 S. 29,80

LIEFERBARE TITEL

STÄDTE

Amsterdam (Schneider) 5 24,80
Barcelona (Igramhan) 1 24,80
Florenz (Sorges) 9 22,80
Madrid (Igramhan) 2 24,80
New York (Igramhan) 5 32,80
Prag (Sorges) 2 32,80
Rio de Janeiro (Allemann) 0 22,80
Rom (Sorges) 2 24,80
St. Petersburg (Sorges) 3 34,80

GLOBETROTTER-HANDBÜCHER

Aquitanien (Klemm) 5 19,80
Bretagne (Klemm) 4 32,80
Chile (Möbius) 5 32,80
Equador, Peru, Bolivien (Helmy/Träris) 9 36,80
Indien (Schwager) 9 29,80
Indonesien (Möbius) 3 34,80
Karibik/Kleine Antillen (Castro) 5 34,80
Kanarische Inseln (Stromer) 6 34,80
Madagaskar (Schneider) 6 29,80
Malaysia (Möbius) 6 32,80
Malta (Sorges) 3 29,80
Patagonien (Möbius) 5 26,80
Portugal (Möbius) 4 29,80
Südchile/Feuerland (Möbius) 5 24,80
Südflorida (Igramhan) 4 26,80
Südindien/Goa (Schneider) 4 32,80
Südspanien (Möbius) 4 29,80
Südostasien (Möbius/Treichler) 3 36,80
Südwestfrankreich/Midi Pyrenees (Klemm) 4 26,80
Thailand (Möbius) 3 29,80

INSELN / LANDSCHAFTEN („kleine Reihe")

Antigua (Bossung) 4 16,80
Cornwall (Schmidt) 5 19,80
Dominica (Bossung) 4 19,80
Fuerteventura (Stromer) 4 19,80
Goa (Schneider) 4 19,80
Gomera/Hierro (Stromer) 4 19,80
Gran Canaria (Stromer) 6 16,80
Guadeloupe (Bossung) 3 19,80
Irland/West & Süd (Schmidt) 3 19,80
Korsika (Naegele) 9 16,80
La Palma (Stromer) 3 19,80
Mallorca (Stahel) 5 16,80
Menorca (Last) 5 16,80
Mykonos (Sperlich/Reiser) 9 16,80
Nordmarokko (Machalett) 0 16,80
Peloponnes (Sperlich) 4 19,80
Sizilien (Sorges) 0 22,80
Südthailand (Möbius) 5 19,80
Teneriffa (Stromer) 6 19,80
Tunesien (Machalett) 9 16,80
Türkische Ägäis (Tüzün) 9 19,80
Umbrien (Stromer) 6 19,80

SKANDINAVIEN-REIHE

NORWEGEN

Norwegen (Geh) 5 36,80
Westnorwegen/Fjordland (Geh) 6 26,80
Lofoten (Möbius) 5 32,80
Autoreiseführer Norwegen (Stromer) 5 34,80
Norwegen/Nordcap mit Wohnmobil (Adams) 5 24,80

SCHWEDEN

Schweden (Schulte) 5 36,80
Südschweden (Schulte) 5 29,80
Nordschweden (Schulte) 29,80

DÄNEMARK

Dänemark (Geh) 3 32,80
Dänische Inseln/Kopenhagen (Geh) 4 22,80
Jütland (Geh) 4 22,80

FINNLAND

Finnland (Kreuzenbeck) 1 29,80
Autoreiseführer Finnland 1 24,80
Kanuwandern in Nordfinnland 22,80
Kanuwandern in Südfinnland 22,80

WEITERES

Autoreiseführer Skandinavien 1 36,80
Campingführer Skandinavien 1 29,80
Wandern auf Grönland 26,80

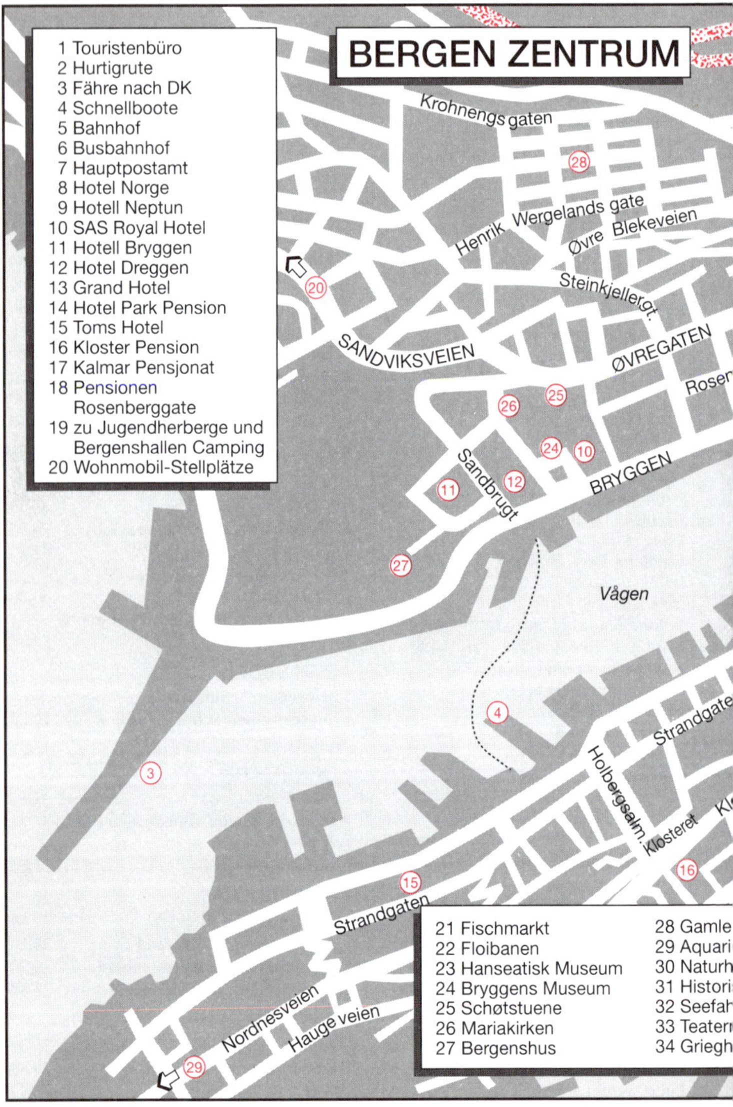
BERGEN ZENTRUM
1 Touristenbüro
2 Hurtigrute
3 Fähre nach DK
4 Schnellboote
5 Bahnhof
6 Busbahnhof
7 Hauptpostamt
8 Hotel Norge
9 Hotell Neptun
10 SAS Royal Hotel
11 Hotell Bryggen
12 Hotel Dreggen
13 Grand Hotel
14 Hotel Park Pension
15 Toms Hotel
16 Kloster Pension
17 Kalmar Pensjonat
18 Pensionen Rosenberggate
19 zu Jugendherberge und Bergenshallen Camping
20 Wohnmobil-Stellplätze
21 Fischmarkt
22 Floibanen
23 Hanseatisk Museum
24 Bryggens Museum
25 Schøtstuene
26 Mariakirken
27 Bergenshus
Krohnengs gaten
Henrik Wergelands gate
Øvre Blekeveien
Steinkjellergt.
SANDVIKSVEIEN
ØVREGATEN
Sandbrugt
BRYGGEN
Vågen
Strandgate
Holbergsalm.
Klosteret
Strandgaten
Nordnesveien
Hauge veien